Wer zu den Quellen will,
muß gegen den Strom schwimmen

Der Reise Know-How Verlag Helmut Hermann
ist Mitglied der Verlagsgruppe
REISE KNOW-HOW

REISE KNOW-HOW®

Frank Mrotzek

Auf nach Asien!

Hals- und Speichenbruch zwischen Bombay und Manila

Rad & Bike

The Wide World of Adventure Cycling

Impressum

Frank Mrotzek
Auf nach Asien!

ISBN 3-89662-301-X

erschienen im
Reise Know-How Verlag D - 83104 Hohenthann

1. Auflage 1997

Gestaltung und Herstellung:
Umschlagkonzept: M. Schömann, P. Rump
Buchgestaltung, Karten: H. Hermann
Druck und Bindung: Fuldaer Verlagsanstalt
Fotos: Frank Mrotzek. S. 235: H. Hermann

Bezug und Auslieferung für den Buchhandel:
Deutschland: PROLIT, Postfach 9, 35461 Fernwald
Schweiz: AVA-buch 2000, Postfach 89, 8910 Affoltern
Österreich: Mohr Morawa GmbH, Postfach 260, 1101 Wien
Niederlande: Nilsson & Lamm bv, 1380 AD Weesp

Inhalt

Pakistan

Indien

China

Malaysia

Sumatra

Philippinen

Sulawesi

Karten

Frank Mrotzek

Geboren 1962 in Hamburg, wohnt heute im Allgäu. Schon in der Kindheit wurde er durch unzählige Ferienausflüge nach Kärnten und Oberbayern mit dem Fernreisevirus infiziert. Mit vier Jahren erstes stützräderloses Fahrrad. Beruf: Als Handwerker verfehlt. Zweiter Bildungsweg: Fernradler, Abenteurer und Reisefotograf. Seit 1987 auf den Highways und Feldwegen dieser Welt zu finden. Radtouren durch Nordamerika, Mexiko, Naher Osten und den Großraum Austral-Asien. Zahlreiche Publikationen in Tageszeitungen und Fahrradmagazinen. Seit 1994 auch Produzent von Dia-Visionen. Neigt als Realist zu ironischem Stil und eindeutig unbewiesenen Übertreibungen.

„Auf nach Asien!“ ist kein Buch, das eine einzelne Extrem-Radtour beschreibt, sondern es ist vielmehr eine aus vier mehrjährigen Radfernreisen – nicht nur nach Asien – gewonnene Erfahrungs- und Lebensphilosophie. 70.000 geradelte Kilometer und 10 Jahre in fremden Ländern rund um den Globus prägen und formen.

Als ich in meinem Bekanntenkreis verlauten ließ, eine Radtour in Richtung „aufgehende Sonne“ zu machen, erklärte man mich schlicht und einfach für verrückt! Mit dem Rad durch Europa oder Nordamerika zu fahren war ja gerade noch zu verstehen. Aber von Asien hörte man doch bestenfalls im Fernsehen oder las in der Zeitung …

Wer allerdings einmal in seinem Leben längere Zeit in Indien, China oder Indonesien war, der weiß, daß einen der dort praktizierte Lebensrhythmus nie mehr loslassen wird. Tempel, Paläste und traumhafte Strände gehören genauso dazu wie Bettler, Diebe und gastfreundliche Menschen. Und wer z.B. die indonesische „Gummizeit“, die keine Hektik aufkommen läßt, oder die überquellenden Großstädte Indiens, die im Gegensatz dazu „geordnetes Chaos“ verheißen, endlich hinter sich gebracht hat, der erlebt asiatisches Leben, wie es tiefgehender kaum vorstellbar ist.

Dschungel, Vulkane und Wüsten zu sehen, die vielen Völker, traditionsreiche Kulturen und Religionen kennenzulernen, sind Erlebnisse, die ein westlich orientierter Mensch meist nur nach „Anlaufzeit“ begreifen kann. Danach aber sind glückliche Momente und Abenteuer kaum noch zu unterscheiden, und die Erlebnisse, die mir auf diesen Reisen widerfahren sind, bleiben ein ewiger Gewinn.

Ein Buch schreibt sich niemals allein. Diese Zeilen sind einigen Menschen gewidmet, die bei der Fertigstellung der folgenden Seiten mitgewirkt haben.
Da wäre zuerst meine *Mutter,* die mich ab Seite 14 daran erinnert hat, den Fischteich zu reparieren.
Dann kommen mein *Vater* und unser Kinomanager *„Yogi“,* deren Fingerabdrücke auch heute noch beweisen, wer einen Großteil meines Dia-Archivs eingerahmt hat. *Susanne,* die mit Sohnemann Jonas auf dem linken und der Tastatur auf dem rechten Arm meinem Komma-Setz-Wahn ein Ende bereitet hat.
Doris und Andreas, die nach sechs Wochen und etlichen Ausdrucken ihres Computers herausgefunden haben, daß China nicht auf Sumatra liegt.
Jürgen, der es zwischen Karrierestreß und Hausbau fertiggebracht hat, den Text so zu überarbeiten, daß ihn der Leser wenigstens halbwegs versteht.
Und ja nicht vergessen soll ich *Britta* und *Eti* aus Sydney, bei denen ich monatelang das Einmaleins des PCs lernen durfte! Vielen Dank.

Dieses Buch ist für ***Susi,***
die mich immer wieder zum Zahnarzt schickt,
meine Klamotten wäscht
und mit 2-Minuten-Nudeln bei guter Laune hält

PAKISTAN

Nach 7500 Kilometern ...

... und einer Tour rund um das östliche Mittelmeer stehe ich am Flughafen von Kairo, checke 30 kg Ausrüstung plus ein überschweres Mountainbike in den gähnenden Schlund eines Airbus A 300 und bedanke mich im stillen bei Air India, daß ich nicht einen Dollar für das Übergepäck bezahlen muß. In diesen Stunden bin ich übernervös, wie eigentlich immer, wenn ich nicht selbst den Reiserhythmus bestimmen darf und möchte so unauffällig wie nur möglich sein, bis ich den indischen Subkontinent betrete. Obwohl, eigentlich fliege ich ja gar nicht nach Indien, sondern nach Karachi. Und Karachi liegt in Pakistan. Ist Pakistan denn nicht Indien? Geographische Vorstellungen schwirren durch meinen Kopf. Schnell ist die Karte aus dem Handgepäck gefischt, ausgebreitet zwischen Stewardeß und staunenden Arabern. Dann bin ich schlauer, denke ich jedenfalls

Übersichtskarte und Reiserouten Südostasien

In Erdkunde hatte ich immer 'ne 3. Jedenfalls in den letzten beiden Zeugnissen. Der Erdkundelehrer war mir 15 Jahre voraus, aber darüber machte ich mir keine Gedanken. Mofas und der Samstagabend waren einfach wichtiger. Er hatte rote Haare und Koteletten. Kein Wunder, wir schrieben ja auch '76. Nachdem ich wußte, wo die Schwäbische Alb liegt, kam ich auf die Idee, meinen Lehrer daheim zu besuchen. Das ganze Hochhaus, in dem er wohnte, roch nach zerkochtem Gemüse und schleimhautreizendem Gewürz. Ich hielt mir die Nase zu und rannte schnaufend zum Fahrstuhl.
„Das sind die Inder aus dem 3. Stock“, meinte mein Pauker. „Die machen den Chinesen im 7. Stock Konkurrenz. Stinkt hier jeden Tag so, aber einladen tun sie mich nie!“
Nachdem ich im zarten Kindesalter von fünf Jahren meinen ersten Schwarzafrikaner sah, war dies also mein zweiter Kontakt mit der fernen Welt, der mir bewußt in Erinnerung geblieben ist.
Von meiner ersten Radtour war ich allerdings noch Lichtjahre entfernt. Nach dieser schicksalhaften Begegnung mit Indien und China machte ich mich daran, mein Mofa zu „frisieren“. Noch mußte die Frage nach dem richtigen Gemisch geklärt werden. Alles weitere würde sich dann schon ergeben.
Pfingsten '79 war es endlich soweit. Nachdem mir mein nagelneuer 28zöller am Bahnhof geklaut worden war, lieh mir Papa seinen Eingänger, und ich saß im Sattel auf dem Weg nach Mölln. Die „Tor“tour dauerte 70 km und komischerweise hab' ich immer Till Eulenspiegel im Kopf, wenn ich an dieses „Abenteuer“ denke. Einzelheiten erspare ich mir. Jeder Radler, der etwas von „survival“ versteht, weiß schon, wovon ich rede. Wie schon erwähnt, das Fahrrad wurde wieder gegen Mofa und später gegen ein Auto getauscht.
1987 brach ich ein weiteres Mal zu einer längeren Reise auf. In Canada sprach man in diesem Jahr vom Mountainbike-„Fieber“. Das fand ich aber erst heraus, nachdem mir durch überhöhte Versicherungsbeiträge die Möglichkeit versagt blieb, einen Wagen zu kaufen. Ein Besuch im Kaufhaus ließ meine Skepsis schnell verschwinden. In einer Ecke parkten jene „Bikes“, die heute jeden Fahrradweg zieren. Spontan kam mir die Idee. Wenn nicht durch die Windschutzscheibe, dann eben vom Sattel aus!
Als Besitzer eines mangelhaft ausgerüsteten „City Bikes“ nahm ich den nordamerikanischen Kontinent unter die Räder. Nach und nach verbesserte ich das Rad, sammelte Erfahrungen und am Ende wur-

de aus einer geplanten dreimonatigen Tour ein ganzes Jahr und 22.000 Kilometer „on the road".
Prägend für die Zukunft, das wurde mir auf jener Reise schnell und hemmungslos klar. Ich war zwar immer noch nicht in Indien, doch Kartenkunde und Kompaßnadel wiesen ab jetzt in die östliche Richtung.

Der indische Subkontinent ...

... besteht ja eigentlich aus mehreren Ländern, nämlich Indien, Pakistan, Nepal und Bangladesch (Karte s.S. 59). Dazu kommt Bhutan, wo erstens die Straßen nicht so gut sein sollen und das sich zweitens gegen westliche Fahrradfahrer verschließt. Drittens gibt es noch einige Länder, die zwar gern Länder sein möchten, aber trotzdem nur Provinzen sind. Dazu zählen der indische Punjab und das im Himalaya liegende Kashmir. Zählt man auch noch die Insel Sri Lanka dazu, auf der immerhin zahlreiche Inder leben, braucht man schon einige Reifen und Ketten, um diese riesige Landmasse zu „erfahren".
Zwischen Kairo und einem Zwischenstopp im arabischen Dubai lese ich im Reiseführer noch ein wenig mehr über Politik, Geographie, Essensgewohnheiten und Straßen die, wie ich später feststelle, zum Teil gar nicht vorhanden sind.
Die Stewardeß, eindeutig aus England und nicht aus Indien, serviert Kebab, Kichererbsen und trockenen Kuchen. Ihr eigenes Kichern wirkt eher entschuldigend auf mich, denn um uns herum wimmelt es von schreienden Kindern, aufgeregten Müttern und wild gestikulierenden Männern. Kein Zweifel, im reichen Dubai sind Gastarbeiter sehr begehrt, doch läßt man die erstmal nach Hause!
„Clear that seat off, Mister! Runter mit den Beinen! Immer das gleiche auf dem Karachi-Flug!"
Ein Steward mit goldenen Schulterlitzen fuchtelt schwitzend mit den Armen, um einen bärtigen, ganz in weiß gekleideten Pakistani gleich von drei (!) Sitzen zu vertreiben. Der Goldbelitzte ist ein hochgewachsener, breitschultriger Inder mit gezwirbeltem Bart und stechenden Augen. Der Weißgekleidete sieht aus, als ob er zu Bett gehen will und sticht gleichermaßen zurück!

Mir fällt ein, etwas über Feindseligkeiten zwischen Pakistan und Indien gelesen zu haben. Unwillkürlich ziehe ich den Kopf ein, klammere Straßenkarte und Reiseführer fest an die Brust und denke an 1947, an das Jahr, in dem das englisch-koloniale Indien unabhängig wird. Neue Grenzen werden gezogen, und das Land versinkt in einem Blutbad. In einer Völkerwanderung ziehen die Moslems nach Westen und die Hindus ins Zentrum des riesigen Landes. Nur ein Jahr später wird der geistige Führer Indiens, Mahatma Gandhi, von einem Hindufanatiker erschossen. Pakistan, Indien und das 1971 von Pakistan abgetrennte Bangladesch entstehen. Aufflammende Stammesfehden und Grenzstreitigkeiten eskalieren immer wieder in Kriege und Konflikte, denen sich bei einem Volk von zusammen einer Milliarde auch ein Steward und ein Gastarbeiter nicht entziehen können.
Als die Maschine endlich abhebt, sitzt der Weißgekleidete neben seiner Frau und trinkt Whiskey. Whiskey? Schnell einen Blick in den Reiseführer. Ist Whiskey in arabischen Ländern nicht verboten? Na klar! Und auch Wein und Bier stehen auf der Liste der Tabus!
In diesem Moment fällt mir auf, wie ich von unzähligen, whiskeytrinkenden Männern beobachtet werde. Weiterhin fällt mir auf, daß ich, außer der englischen Stewardeß, die nirgendwo zu entdecken ist, der einzige Weiße in der Maschine bin. Und es scheint fast so, als ob ich der einzige bin, der nicht trinkt! Fliegt dieses Flugzeug wirklich nach Karachi?
Nach sechs Stunden Flugzeit und ersten Schritten auf subkontinentaler Erde bringen mir freundliche, ganz in weiß gekleidete Arbeiter ein Gepäckstück, das nach Transportraum und Gepäckkarussell sogar noch als Fahrrad zu erkennen ist.
Die Suche nach der Zollkontrolle gestaltet sich einfach. Noch während ich das Rad belade, gesellt sich ein Beamter zu mir.
„Haben Sie Whiskey dabei?"
„Nein!" Ich weiß ja, was sich in einem islamischen Land gehört.
Nach dieser für ihn enttäuschenden Antwort schaut mich der Beamte noch mißtrauischer an und übersieht mindestens zehn Landsleute, die schnell und unerkannt etliche Liter Spirituosen ins Land schmuggeln können.
Vor dem Flughafengebäude empfangen mich einige Grad Celsius zuviel. War es in Kairo nur warm, so ist es hier heiß. Ein endloser Strom aus Lkws, Fahrrädern und anderen Vehikeln hält meine Sinne auf Trab. Linksverkehr! Abgesehen von einem kurzen Besuch in London

kenne ich mich auf dieser Straßenseite nicht aus. Mein Spürsinn schafft es aber dennoch, Rad und Gepäck sicher in die Altstadt von Karachi zu bringen.
Die Beklemmung zwischen Gassen, Menschen und Verkehr löst eine Flut von Fragen in mir aus. Auf mich allein gestellt, kann ich vieles, mit dem ich in anderen Ländern konfrontiert werde, oft erst nach Tagen oder gar erst nach Wochen verstehen.
Wie soll ich mich verständigen, wenn ich der einheimischen Sprache nicht mächtig bin? Wie heißen die im Lokal angebotenen Speisen und Getränke? Und wieso starren eigentlich alle auf meine Beine?
Manchmal wünsche ich mir wirklich einen Partner, mit dem ich das Unbekannte zusammen entdecken kann. Dann wiederum bin ich froh, allein zu sein, nur mir selbst gegenüber verantwortlich, so daß ich jeden meiner Schritte auch allein entscheiden kann. Eine Zwickmühle, die mich immer wieder beschäftigt.
Ich finde das „Hotel Shalimar", bezahle 50 Rupees für ein Zimmer mit Bad, Plastikeimer und klapprigem Ventilator, treffe noch ein paar andere Traveller vor einer schneienden, schwarzweißen „Glotze" und falle später in einen traumlosen Schlaf.
Am Nachmittags bin ich vom Jet lag erholt, ich setze mich ins Hotel-Restaurant. Am Nebentisch sitzen zwei abgemagerte Gestalten, die sich als Liz und Frank aus Australien vorstellen und, wie unter Travellern üblich, ihre ganze Reisegeschichte erzählen. Von Australien bis hierher sind sie mit ihrer BMW gekommen, wollen das Motorrad jetzt nach Kuwait verschiffen, um von dort nach Europa zu fahren.
Es erscheint der in weiße Pyjama gekleidete Hotelmanager und präsentiert mißgelaunt die in Hieroglyphen geschriebene Speisekarte. Essen gäbe es erst ab 5 Uhr, vor einer Woche aber seien zwei Radfahrer aus Neuseeland hiergewesen, die müßte ich unbedingt einholen!
Ich bin erstaunt, daß es noch andere Radler gibt, die es wagen, dieses Land zu bereisen, habe aber Hunger und verschiebe die Verfolgung auf später. Es ist kurz nach vier, Zeit für den theoretischen Unterricht, was pakistanisches Essen betrifft. Mein Namensvetter übernimmt die Einführungsstunde.
„Ganz wichtig und völlig unappetitlich ist *dal.* Das sind zerkochte Linsen, die du im ganzen Land bekommst. *Nan* ist heißes Fladenbrot auf persische Art, wobei ich nicht genau weiß, wo die Grenze zwischen Pakistan und dem Iran gezogen wird. *Chappatis* ist Brot aus Mehl

und Wasser, das im Erdofen gebacken wird. Dann gibt's noch Toastbrot, das man nur in der Pfanne toasten kann, weil es keine Toaster gibt. Steht deshalb nur als „Notbrot" auf der Liste. Oh, unbedingt probieren mußt du *kebab,* das sind Spieße aus Lamm- und Ziegenfleisch. Bei euch heißen die, glaub' ich, ‚Chachlich'".

„Du meinst Schaschlik."

„Ja richtig, ‚Chachlich'. Na ja, und *pani* ist Wasser, mehr braucht man eigentlich nicht!"

Sein dürres Gesicht lacht mich an, und ich denke, lieber ein paar Speisekarten auswendig zu lernen, als einen qualvollen Hungertod zu sterben.

„Sag' mal Frank, du kommst doch aus Deutschland, oder?"

„Ja, warum?"

„Hast du eigentlich schon von der Mauerdemontage gehört?"

„Was?"

„Na, im Osten haben sie gestern die Grenzen aufgemacht."

„Das glaub' ich nicht!"

Auf der Titelseite der englischen Zeitung, die Frank mir zeigt, ist von der Grenzöffnung zwischen Ost- und Westdeutschland die Rede. Dazu Fotos von Menschen, die wie Vögel auf der Berliner Mauer sitzen. Mir bleiben die Worte im Halse stecken.

Erstaunlicherweise wird man überall auf der Welt von der heimischen Politik eingeholt. Selbstverständlich hörte und las ich von den Flüchtlingskarawanen durch Ungarn, auch von den Botschaftsbesetzungen in Warschau, Prag und Budapest. Aber daß sie jetzt schon auf der Mauer sitzen? Wer hätte das gedacht? Wenn ich dagegen mein eigenes Reisetempo betrachte. Bin ich wirklich schon sechs Monate unterwegs? Zeit und Raum bekommen in diesem Moment eine andere Bedeutung für mich. Ich probiere einen Pfannentoast, den man wirklich nur als „Notbrot" bezeichnen kann, schnapp' mir die Zeitung und fall' unter den klappernden Ventilator. Ob der Mauerfall die pakistanischen Straßen verbessert, finde ich aber auch bis spät in die Nacht nicht heraus.

Der nächste Wintermorgen erscheint mit den gleichen Temperaturen wie am Tage zuvor. Wie heiß soll das bloß im Sommer werden? Nach Frühstück und etlichen „Notbroten" kommen Liz und Frank auf die Idee, einen Spaziergang durch die Altstadt zu machen.

„In Pakistan trinkt man keinen Kaffee, sondern Tee", doziert Frank, als wir auf abgenutzten Teppichen im Teehaus sitzen und unter den

Blicken von 20 in Pyjamas gekleideten Männern unsere dritte Tasse Milchtee trinken.
„Und beim Radfahren solltest du besser lange Hosen tragen. Die Frauen haben hier nämlich gar nichts zu sagen, müssen lange Röcke und Schleier tragen, sonst werden sie als Prostituierte betrachtet. Wenn du deine Beine zeigst, denken viele Männer bestimmt, daß du zu haben bist. Für Jungs vom anderen Ufer wahrscheinlich ein aufregendes Abenteuer. Der Koran sagt aber eindeutig, daß Fleischeslust verboten ist. Jedenfalls vor der Ehe, und danach haben die Frauen zu kuschen. Deshalb sieht man sie auch nur selten auf der Straße. Sie sollen von der geilen Männerwelt ferngehalten werden! Kauf' dir also lieber einen Pyjama, dann hast du keine Probleme mit den Männern und dazu halten die Dinger auch noch die Hitze ab. Und denk' daran, Frank: Wenn du Frauen fotografierst, mußt du echt vorsichtig sein. Erwischen sie dich, gibt's zerhackte Filme und bestenfalls drei Tage Knast!"
Frank ist offensichtlich ein Frauenliebhaber, dem die pure Männergesellschaft nicht ganz behagt. Vielleicht hat er auch genug davon, die ganze Zeit auf Liz aufzupassen und sie vor den vielen Männern zu schützen. Liz schüttelt lachend den Kopf und meint, daß es nicht so schlimm sei, wenn man erzählt, daß man verheiratet ist. Alleine gehe sie aber nur ungern auf die Straße. Und wenn, dann nur mit Hundespray!
Die morgendliche Hitze und ein Blick durch glaslose Fenster und türlose Eingänge läßt den Schweiß noch schneller laufen. Durch aufgewirbelten Staub, der bis in die Teetassen weht, quälen sich Pferdekutschen über die holprige Straße. Lärmende Autorikschas mit verängstigt aussehenden Fahrgästen und fanatisch dreinblickenden Fahrern suchen sich dreirädrig ihren Weg durch Menschen und Gassen. Dazwischen dauerhupende Kleinbusse, die rücksichtslos zwischen Obstverkäufer und Schuhputzer fahren sowie jede Menge schwarzgelber Taxen des Typs „Premier", von begüterten Geschäftsleuten zu wichtigen Terminen gejagt. Manchmal ist es zu eng, so daß sich Autos und Rikschas verkeilen. Was dabei rauskommt sind verbogene Felgen, dicke Beulen und zersprungene Lampen. Fünf Minuten dauert das Hupen und Fluchen der Fahrer, dann sieht man wieder nur Staub, Abgaswolken und verzweifelt mit den Armen rudernde Polizisten. Von Ampeln hat hier natürlich noch keiner was gehört.
Nachdem ich mich in einer Bäckerei, die eigentlich wie ein Supermarkt

bestückt ist, mit Corn flakes, Marmelade und „Notbrot" eingedeckt habe, gibt mir Frank noch einen persönlichen Tip:
„Fahr' rauf ins Swat Valley, nach Chitral und Gilgit, das ist die Schweiz Pakistans. Im Vergleich dazu ist das Indus-Tal flach und langweilig. Da sind wir 800 km in zwei Tagen durchgeknallt! Hat zwar ordentlich Rückenmark gekostet, aber die Maschine hat gehalten. Deutsche Wertarbeit, ha!"

Durch das Indus-Tal ...

... führen zwar mehrere Straßen, doch nur wenige, so hat man mir erzählt, verdienen den Namen „Straße" auch wirklich. Um 5 Uhr morgens klopft der Weckdienst an die Tür. Schnell alles zusammenpacken und den Luftdruck der nagelneuen Slicks überprüfen, die mir nach Kairo nachgeschickt worden waren. Taschen ans Fahrrad gehängt, und schon kurz nach halb sieben bin ich auf der Straße. Doch leider werde ich schon nach einigen Kilometern von der Rush hour eingeholt. Innerhalb von Minuten umgeben mich lärmende Menschen, stinkende Fahrzeuge und sauerstoffarme Luft. Die Straße ist mit Schlaglöchern übersät. Am Rand stehen statt Bäumen niedrige Lehmhütten, und in den Höfen entfachte Frühstücksfeuer verbreiten beißenden Qualm.
Nach rund 50 Kilometern verengt sich der Highway zu einer Landstraße. Häuser gibt es keine mehr, und die Landschaft mit ihren wenigen Büschen und Sträuchern hat sich zur Halbwüste gewandelt. Während ich ein trockenes Flußbett durchfahre und ringsherum nur wasserlose Kanäle entdecke, wird mir klar, daß ich mich im Mündungsgebiet des riesigen Indus befinde. In der Trockenzeit fließt nur der träge Hauptarm des Flusses, und die in der Mündung liegenden Seen werden von Zugvögeln als Winterquartiere genutzt. Aus dem Sumpfgebiet, durch das ich kurz darauf fahre, ertönt ein begeistertes Zwitschern und Singen. Weiße und graue Reiher watscheln anmutig durchs Schilf. Raubvögel, Möwen und die immer präsenten Krähen liefern sich einmalige Luftkämpfe, und einige Minor, mit gelben Augenbinden bestückte Verwandte des Stars, prüfen neugierig jeden kleinen Gegenstand, ob er nicht geeignet ist, die Verdauung zu fördern!

In diesen Minuten genieße ich es wie schon lange nicht mehr, auf dem Fahrrad zu sitzen und die Natur um mich herum so „pur“ wie nur möglich aufzunehmen. Welch ein Vorteil, wenn man das Reisetempo selber bestimmt und anhalten kann, wo und wann man will. In solchen Momenten fühle ich mich unendlich frei und bin froh, fernab der materiell denkenden Gesellschaft zu sein.
Bestialischer Gestank und ein am Himmel kreisender Geierschwarm holen mich auf die Realitäten des Highways zurück. Neben der Straße liegt eine verendete Kuh, und ein Dutzend kahlnackiger Aasfresser nagt an den Knochen. Automatisch steigere ich das Tempo. Die Nasenlöcher schließen sich von selbst. Millionen grüner Fliegen machen sich über den zerrissenen Kadaver her, doch für die Leute hier ist diese Szene alltäglich. Sie kümmern sich nicht um das Vieh. Dafür entdecken sie einen in kurzen Hosen daherradelnden Ungläubigen, den sie lachend und jubelnd verfolgen.
„Inglesi, Inglesi!“ kreischen sie verzückt.
Der letzte Weiße in dieser Gegend muß wohl ein Engländer gewesen sein. Da mir aber keineswegs nach Tee zumute ist, bin ich schließlich gezwungen, einen Großteil meiner 18gängigen Palette durchzuschalten, um dieser freudig-erregten Menge zu entkommen!
Kurz vor Thatta befindet sich die Totenstadt Makli, mit über 15 qkm der größte antike Friedhof der Welt. Einige der Mausoleen sind eindrucksvoll mit Mosaiken verziert, aber keines der Grabmäler zieht mich in seinen Bann. Während meiner Tour rund um das östliche Mittelmeer hat mich das Übermaß an griechisch-römischen Ausgrabungsstätten in eine Ruinenlethargie versetzt. Die Letzte war wohl eine zuviel, und der Drang nach antikem Kulturwissen muß sich erst wieder entwickeln. Viel interessanter ist dagegen der Schlangenbeschwörer, der im kühlen Schatten vor einem Grabmal sitzt und zwei Kobras nach seiner Pfeife äh ..., Flöte tanzen läßt. Beturbant hockt er dort im Schneidersitz, wiegt sich zu seinen Flötentönen und meint, die aus den Körben herausblinzelnden Schlangen becircen zu können. Nur dumm, daß Schlangen nicht auf Töne, sondern auf Körperschwingungen reagieren. So rollen sie sich träge zusammen. Doch „zack“ gibt's mit der Flöte was auf den Kopf, und in Sekundenschnelle stehen die Kobras wie eine Eins! Angriffslustig zischen sie in alle Richtungen, und beschwörend grinst mich der Beschwörer an.
„Siehste, klappt doch. Man muß sie nur erstmal in Schwung bringen!“
Des Guten nicht genug – er will dem Zuschauer schließlich was bie-

ten –, weckt er mit einem Fußtritt sein Haustier, einen angeketteten Mungo. Beim Anblick des Geschlängels fängt der wild an zu fauchen und die Kobras igeln sich sofort wieder ein. Als Belohnung für seine Wachsamkeit bekommt der Mungo eine Blindschleiche serviert. Könnte aber auch 'ne Kreuzotter sein, ich bin da nicht so sicher. Auf jeden Fall will mich der Mungo verteidigen, verfällt in wilde Saltos und macht sich ausgehungert über sein Frühstück her. Die Show ist vorbei, der Mungo ist satt und mein Dompteur will Geld. So eine Blindschleiche ist schließlich teuer, und außerdem muß er jetzt los, um eine neue zu suchen!

In Thatta, einst die Hauptstadt der südlichen Provinz Sind, finde ich eine schmuddelige Herberge, in der die Bettwäsche bestimmt schon mehr als einmal benutzt worden ist.
Im Restaurant gegenüber gibt es Hähnchenknochen mit Linsen und fettigen Chappatis. Die im Freien stehenden Tische sind ideale Staubfänger für vorbeiröhrende Lkws. Diesel setzt sich auf Tellern und in Gläsern ab, Fettblasen schwimmen im Tee und die riesigen Kochtöpfe, in denen das Gemüse wohl tagelang kocht, sind schwarz vom Ruß und Dreck. Um nicht ganz den Appetit zu verlieren, wende ich mich den Gaffern zu, die in drei Meter Entfernung einen Halbkreis bilden und es nicht fassen, daß es noch eine andere Hautfarbe außer braun geben kann. Unaufhörlich starren sie mich an, husten, spucken und kauen auf einer rotbraunen, undefinierbaren Masse. TBC im Endstadium? Ewiges Grinsen und schwarze Zahnstummel besagen, daß meine Diagnose daneben liegt. Was aber hat das Spucken und die überall auf der Straße sichtbaren „Blutflecken“ zu bedeuten?
Es dauert noch einige Tage bis ich herausfinde, daß es nicht Blut, sondern Speichel ist, der sich beim Kauen von *pan,* einer Mischung aus Betelnuß und Gewürzen, rot verfärbt und sämtliche Ortschaften verziert. Fast schon als Volksdroge zu bezeichnen wird Pan von mobilen Händlern als Nachtisch verkauft. Muß ich natürlich auch probieren, und in der darauffolgenden Nacht dreimal aufs Klo!

Vor der Großstadt Hyderabad überquere ich zum ersten Mal das riesige Flußbett des Indus. Die gleichzeitig über den Fluß rumpelnde Eisenbahn kommt mir als Fotomotiv gerade recht. Unbekümmert vergesse ich, daß Brücken, genauso wie Flughäfen, Frauen und Imbißbuden auf der Fotoverbotsliste der pakistanischen Regierung stehen. Gerade als ich draufdrücken will, brüllt eine Stimme, daß mir das Rückenmark gefriert!

„Stop! No photo! Not allowed photo of bridge! You with me come! – Nicht erlaubt Foto von Brücke! Du mit mir kommen!“

Ich drehe mich erschrocken um. Vor mir steht der Brückenposten, dessen überlanges Gewehr auf meine empfindliche Magengegend gerichtet ist. “You with me come!“ bellt er ein zweites Mal mit stechenden Augen.

„Wieso denn? Ich hab' doch gar nichts getan, no photo gemacht!“

„No speak English, you arrest! – Kein Englisch sprechen, du festgenommen!“ Er treibt mich und das Rad zu einer naheliegenden Hütte.

„You wait, I telephone chief commissioner. Du warten, ich mit Kommissar telefonieren“.

Er kurbelt am vorsintflutlichen Telefon, brabbelt aufgeregt etwas von „cycle“, „photo“ und „Inglesi“ und hält mir schließlich den Hörer hin.

„I am the chief commissioner of this district. You crossed the highway bridge and are not allowed to take any photographs! Who are you? – Ich bin der Hauptkommissar dieser Gemeinde. Sie haben die Straßenbrücke überquert und haben keine Erlaubnis zu fotografieren! Wer sind Sie?“ Die andere Seite scheint kompetent zu sein.

„Also, ich habe keine Fotos von der Brücke gemacht. Ich bin nur ein ‚cycle tourist‘ aus Deutschland. Es tut mir leid, und bitte sagen Sie dem Soldaten, er möchte nicht immer auf meinen Bauchnabel zielen! Darf ich jetzt weiterfahren?“

Ohne mich aus den Augen zu lassen, nimmt der Soldat den Hörer, schlägt beim ersten Wort die Hacken zusammen und hängt danach ein.

„Und jetzt? Darf ich jetzt weiterfahren?“ Das Gewehr zielt mittlerweile auf meine Füße.

„Darf ich jetzt fahren? Was hat der chief gesagt?“ Langsam werde ich nervös.

„No speak English. You tourist?“

„Ja, ich bin Tourist und ich fahre jetzt zu deinem Boss!“

Endlich stellt er den Vorderlader zur Seite. Was will er denn noch? Vielleicht Geld? Nein, dem fehlen die Worte. Sein Boss hat ihn bestimmt fertiggemacht, obwohl er nur seine Pflicht getan hat. Egal, ich fahr' jetzt einfach los.
„Also, noch einen schönen Tag. Sorry und bye bye." Keine Antwort. Und wenn er mich jetzt aus dem Sattel schießt? Und sagt, ich sei geflüchtet? Bei den ersten Pedalumdrehungen zittern mir die Knie. Alles ist so ruhig um mich herum. Kein Laut ist zu hören. Was für eine Spannung. Die Lkws fahren fast geräuschlos an mir vorbei. Noch einmal drehe ich mich um. Kein Schuß, nur der traurige Anblick eines einsam dastehenden Soldaten, der von seinem Vorgesetzten gefaltet worden ist, weil er rechtmäßig einen Touristen angehalten hat und dieser jetzt Schlechtes über sein Land erzählt. Fast tut er mir leid, ein Spielzeug der staatlichen Hierarchie. Zögernd hebt er die Hand, winkt dann aber doch nicht und ist schnell in seiner Hütte verschwunden.
In der Universitätsstadt Hyderabad sind die Studenten zwar freundlich, sie fallen mir aber bald auf die Nerven mit ihren endlosen Fragen, die Adolf Hitler und deutsche Visa betreffen.
„Hitler war ein großer Mann, der die Juden bekämpft hat. Warum ist Rommel nicht nach Indien gezogen und hat die Hindus niedergemacht? Kannst du mir sagen, wie ich ein Visum für Deutschland bekomme? Ich will dort Wirtschaft und Politik studieren!"
Die beiden 18jährigen, die Tee mit mir trinken, sind nicht von ihrem Vorhaben abzubringen. Daß Hitler Millionen getötet und ins Unglück gestürzt hat, leuchtet ihnen als gläubige Moslems nicht ein. Der Feind heißt schließlich Israel. Genausowenig begreifen sie, daß in Deutschland Ausländer nicht mit Kußhand begrüßt werden und ich nicht der Botschafter bin, der kostenlos Visa verteilt! Eine hitzige Diskussion kommt in Gang, der ich nur durch einen Besuch in der Bäckerei entfliehen kann. Mein Schokoladenvorrat wird knapp, und außerdem hab' ich eine Vorliebe für würziges Gebäck entdeckt. Nützt alles nichts, ich gehöre jetzt der Politik. In unverständlichem Urdu wird weitergetagt, und erst nachdem anscheinend alle Juden aus Hyderabad vertrieben worden sind, darf ich ins Hotel zurück!

Wenn bloß die Straße nicht so schlecht wäre. Überall Schlaglöcher und ausgebesserte Teilstücke, die jeder Straßenbauer als irreparabel bezeichnen würde. Nicht umsonst stehen an solchen Stellen Bau-

maschinen bereit, die nach der Regenzeit damit beschäftigt sind, die zusammengebrochenen Straßen und den schon längst zusammengebrochenen Verkehr noch weiter zu quälen. Erst buddeln sie sich selbst aus dem Dreck, dann flicken sie einige Teilstücke mit weiteren Teilstücken zusammen. Oftmals sind diese Stellen so eng, daß überholende Lkws auf den Sandstreifen ausweichen müssen. Alles was dort liegt – Blätter, Kot und Kadaverreste –, wird dabei aufgewirbelt. Und wer atmet diese gelbsucht- und cholerafördernde Mischung ein? Natürlich ich!
Schon zur Mittagszeit bin ich von einer dicken Staub- und Dieselschicht bedeckt. Zusammen mit meinem Schweiß gibt das eine herrliche Kruste!
Pakistan scheint das Mutterland der privaten Bus- und Transportunternehmen zu sein. Hier gelten noch die ursprünglichen Gesetze, laut denen derjenige das Zuckerrohr transportiert, der zuerst in die Plantage fährt, und nur der Busfahrer Passagiere mitnehmen darf, der mit seinem Bus zuerst auf die Menschenmenge zurast! Das hat zur Folge, daß es auf den Highways zu regelrechten Wettrennen kommt. Selten achten überholende Parteien den Gegenverkehr, geschweige denn auf fast unsichtbare Radfahrer. Ich ziehe es vor, meinen Helm aufzusetzen und bei Geräuschen, die auch nur entfernt an eine Hupe erinnern, das Weite zu suchen.
Die Busse und Lkws, von denen ich ständig umgeben bin, kann man auch als fahrende Kunstwerke bezeichnen. Von vorne bis hinten verchromt und übersät mit handgefertigten Malereien sind sie rundherum mit Fähnchen, Glöckchen und an Kinderwagen erinnernde Rasseln geschmückt. Der im Schneidersitz hockende Fahrer betreibt ein Armaturenbrett, das der Instrumententafel eines Jumbos kaum hinterhersteht und Schalter für mindestens sieben Kompressorfanfaren enthält! Und wenn der auf dem Dach montierte Stander aussieht wie die Schwanzflosse eines Düsenjägers, dann hat diese Buslinie den Namen „Flying Coach“ wirklich verdient.

▲ Kamelkarawane und „Flying Coach“ im südlichen Sind
▼ Kunstvoll verzierte pakistanische Trucks

„Inshallah“

Täglich quäle ich meinen Hintern weiter und muß immer wieder anhalten, um abgesprungenen Satteltaschen eine Lektion zu erteilen. Konzentriert versuche ich, Geräusche zu erkennen, die den Zusammenbruch des Rahmens verkünden, und jeden Abend bin ich froh, einen Tag ohne Plattfuß überstanden zu haben. Daß die drei Wasserflaschen aber, die im Rahmen montiert sind, zum Objekt der Begierde werden und das Rad seither ein „cycle jeep“ ist, daran hätte ich niemals gedacht!
Tourismus ist im Sind und im südlichen Punjab so gut wie unbekannt. Die hier lebende Bevölkerung ist fasziniert und erstaunt über die Anwesenheit eines so seltenen Exemplars der menschlichen Rasse. Ein Radfahrer! Mit Gepäck beladen! Ein Tourist!
„Inglesi“?
Wenn ich anhalte, um einen Tee oder eine Cola zu trinken, werde ich sofort von einer dichten Menschentraube umringt. Um den besten Blick zu erhaschen, treten sie mir fast auf die Füße, und meistens findet sich ein „Lehrer“, der den Unwissenden mit genauso viel Unwissenheit ein Zweirad erklärt. Unnachahmlich, wie es wohl nur die Bewohner des Orients können, hockt die erste Reihe auf den Fersen, spielt mit den Pedalen und drückt an den Reifen.
„This motorcycle!“ beginnt der Fahrlehrer.
„Nein, nein. Das ist ein Fahrrad. Pushbike, bicycle!“
Während der ersten Unterrichtsstunden versuche ich noch, grobe Mißverständnisse zu klären. Das Fahrrad muß schließlich ein Fahrrad bleiben und darf nicht mutieren. Bei späteren Teestopps mit ähnlichen „Lehrern“ wird es langweilig, immer das Gleiche zu erzählen. Und so wird das cycle auch schon mal zum fliegenden Teppich, der mich durch das Indus-Tal trägt!
„Ah, cycle. Very good.“ Der Lehrer wackelt mit dem Kopf, um mir klarzumachen, daß ich keine Ahnung von Motorrädern habe.
„Das hier ist Benzin.“ Er tippt dabei auf die Wasserflaschen.
„Nein, das ist Wasser. Pani!“
„Whiskey?“
Bei diesem Wort rutschen die auf den Fersen Sitzenden unruhig hin und her. Alle drängen nach vorn, um die Wasserflaschen zu berühren.
„Nein, kein Whiskey. Wasser! Das ist ein Fahrrad!“

„Ah, cycle jeep. Very strong. You give me Whiskey? Sehr stark. Geben Sie mir Whiskey?"
Um das Mißverständnis aus dem Weg zu räumen, nehme ich eine der Flaschen, worauf ein vielkehliges „ahh" ertönt. Ich trinke ein wenig und schütte mir Wasser in den Nacken.
Das „ahhhh" wird lauter.
„Er trinkt den Whiskey!"
„Ist doch nur Benzin."
„Er wäscht sich mit Benzin!"
„Fährt das cycle mit Whiskey ...?"
Zwischenzeitlich hat der Lehrer die Gangschaltung entdeckt und fängt an, brutal an den Hebeln zu drehen.
„Das hier ist das Getriebe."
Ich erspare mir die Richtigstellung und sehe, wie sich der hintere Umwerfer verbiegt. Es folgen weitere Kommentare und „ahhs", als sich der Lehrer endlich traut, vom Wasser zu kosten. Die Situation ist bereinigt. Ich will meine Cola bezahlen und weiterfahren.
„Ist schon bezahlt", meint der Shopbesitzer.
„Wer hat bezahlt? Ich möchte mich bedanken."
„Ist schon gegangen."

Ich sitze im Sattel und trete gedankenverloren in die Pedale. Die lachende, mit dem Kopf wackelnde Menge hat mich winkend verabschiedet. Einmal mehr fällt mir die spontane Gastfreundschaft der bei uns als „arm" geltenden Menschen auf, die versuchen, mir meine Reise angenehmer zu machen.
Durch die schnell hereinbrechende Dämmerung rollt ein Fahrrad, das stolz den Namen „cycle jeep" erworben hat. Die Ortschaft, die wir beide ansteuern, heißt Kazi Ahmad und wartet mit einer unliebsamen Überraschung auf uns: Es gibt kein Hotel, und das staatliche Resthouse ist von der Armee belegt. Mein verschwitzter Kopf weiß nicht mehr, wohin ich mich wenden soll. Plötzlich aber, wie durch eine Eingebung, bleiben meine Augen auf den Worten „Police Station" hängen! Das wäre doch eine Idee, und fragen kostet nichts.
Ein gut gekleideter Polizist kommt mir entgegen, zweifellos ein höherer Rang. Nachdem ich mich vorgestellt habe, erzähle ich, daß das Resthouse von der Armee belegt ist.
„Ist es möglich, daß ich auf der Wache übernachten kann?"
Die Haltung des Ranghohen wird steif, verdutzt starrt er einen ver-

dieselten und so gar nicht nach Gentleman aussehenden Menschen an. Nur drei Sekunden später kehrt seine Fassung zurück, und mit einem ernsten „yes, yes, please follow me“ führt er mich zu einem Haus, das sich als Unterkunft für die ranghöchsten Polizisten erweist. Sein Zimmer ist klein, aber aufgeräumt. Die beiden *charpois,* Seilbetten, wie man sie überall auf dem indischen Subkontinent sieht, dienen gleichzeitig als Sofa und Schlafstätte. Sogleich wird *chai,* der obligatorische Begrüßungstee serviert.
Statt in einem Hotelzimmer zu sitzen, die Straßenkarte zu studieren und Tagebuch zu schreiben, sitz' ich also wohlbehütet bei Polizisten und verbringe die nächsten Stunden damit, moslemische Sitten und Gebräuche kennenzulernen. Eine willkommene Abwechslung auf dem Tourenplan.
Es dauert nicht lange, und der Raum füllt sich mit weißen Pyjamas. Wie es sich herausstellt, dienstfreie Polizisten. Die auf Urdu geführte Unterhaltung verstehe ich nicht, und meine Unsicherheit ist deutlich zu sehen.
„Alles easy, kein Grund zur Besorgnis. Wir freuen uns alle, daß Sie den Weg nach Kazi Ahmad gefunden haben“, beruhigt mich mein Gastgeber, der sich als Subinspector Karim vorgestellt hat. Flugs werden mir Seife und Handtuch gebracht und im Hinterhof wartet ein Wasserhahn auf mich. Nach der gründlichen Reinigung, gepaart mit dem Anziehen langer Hosen, sehe ich nun auch endlich aus wie ein ernstzunehmender Mensch.
„Was möchten Sie essen? Huhn, Kartoffeln, Reis? Sie sind mein Gast, wir essen später!“ Schon fast wie einen Befehl spricht Karim diese Einladung aus.
Vor dem Nachtmahl aber heißt es, einen Spaziergang durch den Ort zu machen. Ein Engländer in Begleitung des ranghöchsten Dorfpolizisten, das bedeutet „Prestige“. „Off duty“ und gleichfalls in Pyjamas gekleidet, genießt Karim es augenfällig, von allen Seiten gegrüßt zu werden und als Dolmetscher die vielen Fragen zu übersetzen. Wir trinken noch einige Chai und gehen dann zurück auf die Wache. Zu meinem Erstaunen stehen dort Whiskey und gefüllte Gläser auf dem Tisch!
„Ich dachte immer, daß Moslems keinen Alkohol trinken?“
Karim winkt ab.
„Alle Männer trinken. Möchten Sie Haschisch rauchen?“
Neben mir auf dem Charpois sitzt ein älterer Mann, der dazu ab-

kommandiert wird, die wie aus dem Nichts aufgetauchte Wasserpfeife zu stopfen.
„Das gibt's doch nicht", entfährt es mir auf Deutsch. „Da sitz' ich in Pakistan auf der Polizeiwache und soll Whiskey trinken und Hasch rauchen!"
„Was meinen Sie, bitte?" fragt mich der höfliche Karim.
„Oh, ich dachte gerade, daß ich Ihre Gastfreundschaft sehr zu schätzen weiß und mich freue, in Ihrer Runde zu sitzen."
Geschmeichelt wackeln vom Rauch umnebelte Köpfe, und die Wasserpfeife verbreitet süßlichen Duft. Als die Runde an mir ist, schaut man mich erwartungsvoll an.
„Und wenn ich jetzt rauche, dann sperren Sie mich ein. Das ist doch verboten!"
„Nein, nein", meint Kari, „alles kein Problem, easy. Außerdem bin ich Polizist. Cheers!" Hebt das Glas und kippt den Schnaps in einem Zug. Als wenn die anderen darauf gewartet hätten, trinken jetzt alle. Lautstark und schnell. Mir bleibt keine andere Wahl, will ich nicht das Gesicht verlieren und den Gastgeber beleidigen. Ich muß ihre Stimmung teilen. Und wenn ich ehrlich bin, die Stimmung schmeckt gut!
„Wir gehen jetzt essen!" bestimmt Karim, und sieben Pyjamas plus ein „Inglesi" taumeln kichernd durch die Nacht.
Ich bin ganz schön angeduselt und denke mir einen pakistanischen Kriminalroman aus: „Die Nacht ist warm, die Gassen finster, und sieben Räuber überfallen einen reichen englischen Gentleman". Wenn sie mich hier um die Ecke bringen, wird nie jemand erfahren, wo ich geblieben bin. Karim holt mich aus dem Krimi zurück.
„Wir sind gleich da. Meine Familie hat ein großes Haus. Heute abend essen wir nur Ihretwegen zusammen. Sie sind ein großer Gast."
Kurz darauf taucht ein schwaches Licht vor uns auf, eine große Tür wird geöffnet und im Lichtschein stehen die vollbärtigen Anführer der Räuber!
Als diese aber, entgegen meiner Erwartungen, eine Begrüßungszeremonie in Form von „salaam aleikum" beginnen, meine Begleiter darauf mit entsprechendem „waaleikum salaam" antworten und ein allgemeines Umarmen stattfindet, in das ich ebenfalls mit einbezogen werde, schäme ich mich meiner schlechten Gedanken.
Wir werden ins Wohnzimmer geführt, wo die weißbärtigen Anführer – äh, Hausherren, auf Stühlen Platz nehmen und der Rest der Familie auf Charpois verteilt wird. Für mich ist der einzige, zudem noch

völlig abgewetzte Sessel reserviert. Ich bin ja schließlich ein VIP! Es wird erzählt und gelacht, natürlich über mich.
Dann wird serviert. Die Hausherren essen nicht, sondern schauen nur zu. Die Familie ißt Chappatis mit Dal, und für mich gibt es Hähnchen, Bratkartoffeln und Reis. Genau wie ich bestellt habe! Hab' ich überhaupt was bestellt?!
Es wird gerülpst und geschmatzt und über meine ungelenke Essensweise gelacht. Jemand, der sein Leben lang mit Messer und Gabel gegessen hat, braucht Zeit, um seine Finger auch als Besteck benutzen zu können. Einige Diener reichen Wasser und füllen die Teller auf. Ich frage nach den Verhältnissen, und Karim, der als einziger passables Englisch spricht, erklärt, daß die Diener aus unteren Kasten stammen. Jeder Mann in der Familie habe seinen persönlichen Diener, der ganze Clan sei sehr wohlhabend, und wer kein Geschäft hat, der sei eben Polizist. Natürlich könne man so auch die Geschäfte besser überwachen, meint er geheimnisvoll.
Die weißbärtigen Clan-Führer hören es, unterbrechen barsch auf Urdu und weisen Karim zurecht. Alle Geheimnisse soll ich nun doch nicht erfahren. Macht nichts, ich bin stolz genug, ein Gast der Mafia zu sein, und außerdem hab' ich so köstliche Bratkartoffeln schon lange nicht mehr gegessen.
Mit Ziegenmilch und Umarmungen verabschiedet man uns. Tiefe Rülpser verkünden unmißverständlich, wie gut das Essen mundete, und gerade noch kann ich mir die Frage verkneifen, wo denn die Frauen geblieben sind.
Zurück auf der Wache wird unter dem Beifall aller eine neue Pfeife gestopft. Nach leisem Getuschel trumpft einer der Männer auf: „You want girl?"
Gierige Männeraugen leuchten im Halbdunkel des Raumes. Würde der „Inglesi" seiner Fleischeslust erliegen?
„Oh, vielen Dank. Ich möchte bald schlafen. Morgen muß ich viele Kilometer fahren."
Enttäuschtes Grunzen. Einer von Karims Brüdern, augenscheinlich um Unterhaltung bemüht, läßt dennoch nicht locker.
„Ich kenne alle Mädchen der Stadt. Ich besorge die schönste!"
„Vielen Dank. Vielleicht ein anderes Mal." Mich beschleicht ein Gedanke, der eigentlich undenkbar ist. Welche „Mädchen" meint er bloß?
Geflüster und Gemurmel in der Runde. Dann wird der Joker gespielt: „Ich schenke Ihnen ein ‚Mädchen'!"

Also doch. Unglaublich. Man kann „Mädchen“ kaufen. Es scheint tatsächlich Prostituierte zu geben. Und das in einem Land, von dem ich bisher gedacht hatte, es sei zugeknöpft bis oben. Ich muß aber zugeben, daß es das einzige Mal in Pakistan war, daß mir eine Frau angeboten wurde. Na ja, wie oft übernachtet man auch bei der Mafia?
„Vielen Dank, aber meine Frau würde das gar nicht gut finden.“
Gelächter. Die eigene Frau als Vorwand zu nehmen, pah.
Erneute Krisensitzung. Das Getuschel wird geheimnisvoll.
„Möchten Sie gerne meinen Diener?“
Oh Mann, das ist starker Tobak. Nachdem ich den Knaben betrachte, werden meine schlimmsten Befürchtungen wahr: Er lächelt!
„Er ist sehr gut, ich hab' ihn jede Nacht!“
Nein wirklich, dann schon lieber ein „Mädchen“, aber die will ich ja auch nicht. Wie komm' ich bloß ins Bett – ich meine: alleine!
„Er gefällt mir nicht, und außerdem bin ich müde.“
Ein letztes, verzweifeltes Argument, Karims Bruder versucht selbst, für mein leibliches Wohl zu sorgen.
„Ich bin Police Constable Writer. Wollen Sie's mit mir probieren?“

Es gibt Rauschzustände, für die man am nächsten Morgen mit einem „Kater“ büßt. Als ich erwache, stelle ich glücklicherweise fest, allein zu sein, der „Kater“ noch zufrieden ruht. Karim versieht schon längst wieder seinen Dienst, und kurz nach einem Bananenfrühstück sitze ich wieder im Sattel.
Ist die Fahrt durch das Indus-Tal wirklich so eintönig, wie es mir prophezeit wurde? Staubwolken verdunkeln die Sonne, und umherfliegende Sträucher erinnern mich an die Wüste Nevada. Ausgefahrene Wege und säuberlich gestapelte Lehmziegel weisen zu den überall stehenden Ziegeleien. Wachsende Bevölkerung und steigender Wohnungsbedarf haben diese Fabriken zu einem boomenden Industriezweig gemacht. Profite werfen sie allerdings nur für die Besitzer ab. Die Menschen aber, die in den Fabriken arbeiten und in dieser ansonsten unwirtlichen Region ihr Dasein fristen, sehen oftmals so aus, als wären sie mit der Landschaft verwachsen. Schmutzig und verschwitzt sitzen Arbeiter am Straßenrand und dösen in der Mittagshitze dahin. Bei vielen ist die Kleidung mehr als einmal geflickt, und Schuhe tragen nur die wenigsten. Das Wort ARMUT wird in diesem Teil des Landes wirklich noch groß geschrieben.

Hinter Ranipur taucht unvermittelt ein Felshügel auf, und in Sichtweite der Straße thront die Festung Kot Diji. Im Windschatten der hohen Mauern wurden Ruinen und Überreste einer 5000 Jahre alten Kultur entdeckt. Eine wahre Fundgrube für die moderne Archäologie. Außer leeren Pepsiflaschen, verrosteten Fahrradrahmen und zu Ziegenställen umfunktionierten Grundmauern kann mein geschultes Auge aber keine antike Entdeckung ausmachen. Ich wende mich der langsam zerbröselnden Festung zu, die, wie mit Legosteinen gebaut, aus kleinen Lehmziegeln besteht. Deutlich ist zu erkennen, daß sich das Baumaterial auch nach Jahrtausenden nicht geändert hat. Alle Brüstungen sind noch intakt, und eine Anzeige im „Herald" könnte lauten: „Bezugsfertige Festung zu vermieten. Kleine Reparaturen notwendig. Kühle Zimmer. Phantastischer Ausblick. Handelsstraßeneinkommen garantiert. Angebote unter Chiffre ..."

Nach Osten blickt man über die unendliche Weite einer Sand- und Geröllebene, die sich bis ins indische Rajasthan erstreckt – die Wüste Thar. Im Westen stelle ich mir den unsichtbaren Indus und seine fruchtbaren Flußoasen vor. Dort befinden sich auch die Ruinen eines Zentrums der alten Indus-Kultur, Mohenjo Daro. Sie war bereits im Jahr 4000 v.Chr. eine blühende Zivilisation. Bei Ausgrabungen hat man nur die Grundmauern der ehemaligen Stadt freigelegt. Nichts deutete bei den Funden auf Monumentalbauten oder höfischen Luxus hin. Archäologen aber sind wahre Ausgrabungskünstler. So fanden sie die örtliche Straßenreinigung mitsamt angeschlossener Müllabfuhr und, geradezu sensationell, ein prähistorisches Sanitärsystem mit dazu passenden Wasserklosetts! Fragt man sich nur, wo das Klopapier geblieben ist!

Heutzutage gibt es nicht viel davon. Ich habe schon lange die fernöstliche Sitte angenommen, auf einbetonierten Fußstapfen zu hocken. In der rechten Hand eine Plastikschale voll Wasser und die linke Hand als hygienische Bürste. Der westliche Teil meines Kopfes ist aber immer noch auf Papier programmiert. Auf den Märkten könnte es den Augen niemals entkommen. Wenn ich es bloß finden würde!

Ich wäre ja gern nach Mohenjo Daro geradelt, um mir die Klosetts aus der Nähe anzuschauen, doch leider gibt es an dieser Stelle keine Brücke über den Fluß. So muß ich darauf verzichten.

▲ Ko Diji, alte Festung in der Provinz Sind
▼ Kameldung, Brennstoff in den Ebenen Pakistans

Die Stadt Sukkur ...

... liegt auf der westlichen Seite des Indus' und ist nur über einen Damm zu erreichen, der gleichzeitig als Straße und Eisenbahntrasse dient. Durch die damit verbundene Wasserspeicherung wird das wertvolle Naß in ein Kanalsystem geleitet und gilt als größtes Bewässerungsprojekt der Welt. Einige Millionen Hektar früher unfruchtbaren Landes werden dadurch künstlich bewässert und bilden damit das Rückgrat der Agrarwirtschaft Pakistans.
Daneben gilt Sukkur auch als größter Holzumschlagplatz im Indus-Tal. Möbelhandlungen kann ich aber nirgends entdecken. Erst nach einem Spaziergang am Fluß wird mir klar, daß man von Feuerholz spricht! Überall dümpeln kleine und große Segelboote im schmutzigen Wasser. Baumstämme, Äste und Gestrüpp werden an Land gebracht und auf großen Plätzen gesammelt. Es wird kräftig gefeilscht, und nach erfolgreichen Verhandlungen wird das Brennmaterial auf Rädern oder Rikschas abtransportiert.
Denke ich hier noch an den Beginn des Industriezeitalters, so werde ich beim Anblick der Segelschiffe um Jahrtausende zurückversetzt. Ganze Familien leben auf diesen einfachen Kähnen, die oft wochenlang zu den weit entfernten Sandbänken unterwegs sind, um das begehrte Feuerholz zu schlagen. Von den dort wachsenden Bäumen werden immer nur einige Zweige und Äste abgesägt, damit möglichst lange von einem Exemplar gezehrt werden kann. Feuerholz ist in der Wüste ein seltener Luxus, brennt länger als die sonst verwendeten Dungfladen der Kamele und hat deshalb einen Preis, der nur von besser Verdienenden bezahlt werden kann.
Die Segelschiffe verschwinden im Rot der untergehenden Sonne. Eine verschleierte Frau schöpft Wasser über die Reeling, und ein prächtiger Kranich gleitet im Tiefflug über das Schilf. 1001 Nacht?
Nicht ganz. Der hinter mir am Ufer geparkte Lastwagen holt mich mit fehlzündenden Zylindern und löchrigem Auspuff knatternd in die Moderne zurück. Für mich als heimlichen Romantiker sind selbst fünf Minuten träumen nicht drin. In Pakistan wird gearbeitet. Der Rest ist zu teuer!
Im Hotelrestaurant erzählt mir der Koch von „two Inglesi with cycles from New Zealand", denen sein Essen nicht geschmeckt hat. Wie recht sie doch haben, die beiden Radler, denen ich nun schon tage-

lang auf den Fersen bin. Ich verzichte lieber auf einen Kommentar zu immer gleich schmeckenden Chappatis.
In Sukkurs engen Marktgassen entzückt mich der Anblick einiger Frauen, die, in wunderschöne Salwar-Kamiz gehüllt, ihre Einkäufe erledigen. Wie immer sind sie verschleiert, tragen dazu noch Handschuhe und bewegen sich vorsichtig im Schatten der Häuser. Angst vor zu viel Aufdringlichkeit? Angst davor, erkannt zu werden? Oder Angst vor der eigenen Courage?!
Durch die Straßen weht eine Brise, die den Menschen einen unnatürlichen Schnupfen beschert. Vor den vielen Geschäften stehen riesige Säcke mit den verschiedensten Gewürzen. Roter Chilli, gelbfarbene Curries und brauner Muskat wurde zu stolzen Pyramiden geformt. Eine ideale Angriffsfläche für einfallenden Wind. Der Staub, der hier durch die Luft gewirbelt wird, ist durchsetzt mit Gerüchen aus der ganzen Bandbreite der pakistanischen Küche. Er reizt die Schleimhäute und läßt die Augen wie Geysire brodeln. Verschnupfte Gesichter suchen das Weite, und ich flüchte in die nächstbeste Bäckerei.
Oha, da bin ich mitten in einem Konsumpalast gelandet! Hier konkurriert Schwartau-Konfitüre mit Langnese-Honig. Mars und Snickers bringen verbrauchte Energie zurück, und die vor kurzem entdeckte Kernseife wird mit Nivea-Shampoo zum Händewaschen disqualifiziert! Ein Paradies für das westliche Konsumentenherz. Unter den tränenden Augen des Verkäufers schleppe ich gleich kiloweise Vorräte davon. Wer weiß, wie weit es bis zur nächsten Bäckerei noch ist!
Alle Schätze diebstahlsicher verpackt, stehe ich am nächsten Morgen vor einem überladenen „cycle jeep“, und es kostet einiges an Mühe, den muskelverkaterten Hintern in den Sattel zu hieven.
Zurück auf dem Highway sehen mich die vielen einheimischen Radfahrer nicht nur als Mensch, sondern auch als Herausforderung zu einem internationalen Vergleich. In der gleichen Sekunde, in der ich ansetze zu überholen, hat ihr Schlafwagentempo ein Ende. Klappernd und quietschend nähern sie sich auf vorsintflutlichen „Phoenix“- und „Flying Pigeon“-Rädern (übrigens importierte chinesische Edelmarken) und kleben mir für Kilometer am Rad. Geb' ich Gas, denken die meisten sofort an ein Rennen und versuchen mir quietschend auf den Fersen zu bleiben. Die ersten hundert Meter hecheln wir noch Kopf an Kopf, ich ziemlich verschwitzt, meine Kontrahenten lachend und mit der Zigarette winkend. Danach ist die Luft bei den meisten raus, und bis zum nächsten Sprint kann ich mir ausrechnen, mit welchem

Kraftaufwand es möglich ist, einem trainierten pakistanischen Radfahrer die Pedale zu zeigen! Gleich darauf wird Mathe wieder zweitrangig. Der nächste hat mich entdeckt, und das zermürbende Spiel beginnt wieder von vorn.

Als ich die unsichtbare Grenze in den Punjab überquere, hab' ich wieder mal Glück. In der aufkommenden Dämmerung sind es noch 10 km bis zum nächsten Hotel. Ich will Zeit sparen und fahre im Windschatten eines riesigen Sattelschleppers. Da passiert das Malheur: Das nächste Schlagloch seh' ich nicht, knall' mit dem Vorderrad hinein und verhake mich unter den Laster! Chancenlos dem Schicksal überlassen verdreht sich ein Knäuel aus Mensch, Reifen und Stahl. Durch das abrupte Bremsmanöver lege ich den wohl schönsten Salto hin, den jemals einer der zuschauenden Landbewohner gesehen hat. Was für ein Flug! Das Rad stellt sich kopf, und die Füße schaffen es nicht mehr aus den Pedalen. Wie lange ich stürze, kann ich später nicht mehr nachvollziehen. Es geht schnell und dauert trotzdem eine Ewigkeit. Beim Aufschlag scheinen die Knochen zu bersten, und über den Sand rutschend denk' ich nur an Gips und Hospital!
In einer Staubwolke kommt das Knäuel zum Stehen. Der Kopf ist noch dran. Doch dafür seh' ich seitenverkehrt! Erst jetzt bemerke ich, daß ich auf dem Rücken liege. Hilflos eingeklemmt lieg' ich unter den Trümmern und kann mich nicht mal selbst befreien. Die Last ist einfach zu schwer. Im Staub höre ich Stimmengemurmel und sehe ein Dutzend Gesichter. Zwanzig Hände fangen an meine Einzelteile zu suchen, und kurz darauf entdeck' ich das Wunder: Von oben bis unten bin ich voller Kratzer! Das rechte Knie ist verdreht. Doch gebrochen ist nichts! Wehe aber, wenn ich keine Handschuhe getragen hätte. Das Leder auf den Handballen ist völlig zerrissen. Tollwut und im Sand versteckter Typhus hätten freien Zugang zum Blut gehabt. Allein schon bei diesem Gedanken muß ich mich schnell wieder setzen.
Und das Rad? Ich erwarte ein Gewirr von zerbrochenen Speichen, platten Reifen und verbogenen Gepäckträgern. Doch unglaublich! Nichts dergleichen ist zu entdecken. Nur die Aufhängung der Lenkertasche ist verbogen und die Halterung des Computers gebrochen. Glück im Unglück hab' ich gehabt, und der Beifall, den mir das Publikum bei der wackeligen Abfahrt zollt, den hab' ich diesmal wirklich verdient!
In der nächsten Nacht schlafe ich nicht sonderlich gut. Noch dazu

befindet sich das Hotelzimmer direkt neben dem Kino, und das Publikum ist eher geneigt, die Leiden eines gestrauchelten „Inglesi“ zu sehen, anstatt dem neuesten Schmachtfetzen auf der ergrauten Leinwand zu folgen. Immerzu klopft es bei mir an die Tür und händchenhaltende Männerpaare fragen freundlich nach meinem Befinden.
„Hello Sir. What is your name? Do you like Pakistan? Can you give me visa for Germany? Wie heißen Sie? Mögen Sie Pakistan? Können Sie mir ein Visum für Deutschland besorgen?“
Die Wunden dick mit Jod beschmiert, unausgeschlafen und von Gelenkschmerzen geplagt bin ich froh, endlich Multan, eine Großstadt mitten im Indus-Tal, zu erreichen.
Ich wähle eine kleine Pension, aus der mir ein freudestrahlender Pyjama entgegenläuft.
„Kommen Sie, kommen Sie! Radfahrer hier. Freunde. Warten schon“, brüllt er mir aus nächster Entfernung ins Ohr. Radfahrer? Sollten das etwa die Neuseeländer sein?
Eine Tür geht auf, und vor mir steht ein blonder, langhaariger Hüne. Sein dicker Rauschebart, gepaart mit John-Lennon-Brille, erinnert mich an einen Mann, der vor 2000 Jahren einen neuen Glauben kreiert hat. Nicht aber an einen Maori vom letzten Zipfel der Welt! Oder gibt's dort unten auch Weiße? Vielleicht sogar „Inglesi“?
Ich ertappe mich dabei wie ein Pakistani zu denken und muß unwillkürlich lachen. Mein Gegenüber lacht ebenfalls. Ob er Gedanken lesen kann?
„Ja, wo kommst du denn her? Jetzt trifft man sich schon in der Wüste!“
Er dreht sich um und ruft: „Sabine, wir haben Besuch!“
Dieser Akzent hört sich ja nun ganz und gar nicht englisch an, und „Sabine“, diesen Namen gibt's doch auch nur auf Deutsch. Eine Frau in Pluderhosen, ebenfalls bebrillt und bis zum Kragen zugeknöpft, schaut um die Ecke und staunt genauso wie ich.
„Schau' dir mal *den* an, Carsten. Der ist ja total verdieselt!“
Jetzt lachen wir zu dritt. Es sind nicht die Neuseeländer. Es sind Carsten und Sabine, die unglaublicherweise aus Eggstedt kommen, noch nicht einmal 70 km von meinem Heimatort Norderstedt entfernt! So ein Zufall! Zu Haus in der Marsch trifft man sich nie, aber mitten im Orient, da fährt man sich über den Weg!
„Darauf müssen wir Chai trinken“, meint Carsten. „So ein Treffen kommt ja nicht alle Tage vor.“

Gut gelaunt vergess' ich meine Schmerzen, und das Gespräch nimmt seinen Lauf.
„Wir sind von Deutschland bis nach Istanbul geradelt und von dort nach Karachi geflogen. Nach Bahalwapur haben wir die Bahn genommen, und gestern hatten wir sozusagen unsere Feuertaufe auf pakistanischen Straßen. Grauenhaft, sag' ich dir. Grauenhaft!"
Amüsiert höre ich, daß den beiden an einem Tag all das passiert ist, was ich in einer Woche erlebt habe. Das Gespräch wird noch aufregender, als Sabine erzählt, aus welchem Grund sie diese Reise machen.
„Wir haben uns diese Reise zum Geschenk gemacht, als wir geheiratet haben. Es ist sozusagen unsere Hochzeitsreise!"
„Ist ja irre! So was hab' ich ja noch nie gehört. Hochzeitsreise mit dem Fahrrad durch Asien! Das hört sich ja echt abenteuerlich an. Wie lange soll sie denn dauern?"
„Eigentlich sechs Monate. Aber als Ziel haben wir uns Weihnachten in Goa gesetzt. Da soll um diese Zeit allerhand los sein, mit Parties und so."
„Na, bis dahin ist ja noch Zeit. Ihr fahrt doch auch nach Pindi, oder? Wegen des Visums für Indien, mein' ich. Wollen wir zusammen fahren? Ich könnte Gesellschaft gebrauchen."
„Wir auch, nach dem heutigen Tag. Klar, warum nicht!"

Ein nur wenig schmeichelhaftes Sprichwort auf Urdu lautet: „Vier seltene Dinge gibt es in Multan im Überfluß: Hitze, Bettler, Staub und Friedhöfe."
Ich bin versucht zu widersprechen, denn mit dem einsetzenden Winter sind die morgendlichen Stunden jetzt angenehm kühl. Bettler und Staub gibt es dagegen in jeder Stadt auf dem Subkontinent. Und Friedhöfe? Stimmt, da gibt es das Mausoleum von Sheikh Rukn-i-Alam. Seine Ruhestätte war der Wegweiser eines neuen Baustils für moslemische Grabstätten, der mit dem indischen Taj Mahal seinen Höhepunkt fand. Abgesehen davon ist Multan eine Großstadt mit ärmlichen Slums und schmutzigen Innenhöfen, in denen noch schmutzigere Kinder spielen. Zum ersten Mal sehe ich bewußt, wie dicht die verschiedenen Bevölkerungsschichten miteinander leben. Ohne Scheu und Angst vor Überfällen laufen seriöse Geschäftsmänner durch abstoßende Slums, während vor den Banken und städtischen Einrichtungen die Ausgestoßenen der Gesellschaft sitzen und mit

nach oben gekehrten Handflächen Rupees und Reiskörner erbetteln. Auf dem Subkontinent sind die Menschen, wie wohl nirgendwo sonst auf der Welt, an die Koexistenz von märchenhaftem Reichtum und menschenunwürdiger Misere gewöhnt. Sie sehen aber auch keinen Anlaß, etwas dagegen zu tun. Das Schicksal ist vorher bestimmt. Warum also versuchen, den Lauf der Dinge zu ändern? Als das Mausoleum von Sheikh Rukn-i-Alam gebaut wurde, dürfte es, abgesehen vom neuerdings anfallenden Plastikmüll, kaum anders gewesen sein. Sabine hatte mit ihrer Bemerkung an meiner Eitelkeit gekratzt. Recht hat sie! So dreckig und unrasiert, wie ich bin, darf man einer gebildeten Frau nicht unter die Augen treten. Augen, Ohren und Nase sind zwar offen für das Neue, für das Außergewöhnliche und für die Schönheiten eines fremden Landes. Aber leider auch für Diesel! Solange sich kein Spiegel im Hotelbad befindet, denkt man eben auch weniger an die eigene Optik. Es ist sowieso niemand da, der Diesel- und Teerflecken bemängelt, geschweige denn ein unrasiertes Gesicht.
Der Unterschied zu den Bädern in billigeren Hotels besteht hauptsächlich darin, daß ein Barbier heiße Duschen und eben Spiegel besitzt. Zusammen mit Seife und dem gelieferten Handtuch ein Luxus, den man ab und zu nicht vermeiden kann. Freudestrahlend wetzt der Friseur seine Messer. Wann hat man schon mal die Ehre, einen „Inglesi“ zu rasieren? Heiße Umschläge, cremiger Schaum, und widerstandslos räumen wochenlange Stoppeln das Feld. Ich bezahl’ zwar mehr als ein Einheimischer, fühle mich aber zu wohl, um an eine Beschwerde zu denken. Ab und zu ein großzügiges Trinkgeld ist auch nicht verkehrt.

Fünf Uhr morgens. Ein leises Hüsteln prüft trichterförmige Lautsprecher auf ihre Funktionsfähigkeit. Kurz darauf brüllt es aus unzähligen Moscheen. „Alllaaaahhh …!“ Der Muezzin ruft zum morgendlichen Gebet, und drei schwerbeladene „cycle jeeps“ verlassen unauffällig die Stadt.
Kurz hinter Multan heißt es Abschied nehmen vom geliebten National Highway. Auf genauso schlechten Nebenstraßen genießen wir die durch Zufall geborene Dreisamkeit und gerade mir tut es wirklich mal wieder gut, die eigene Sprache zu sprechen. Das Treffen kam genau zur richtigen Zeit.
Auffallend in diesem Teil des Landes sind die vielen Kamelkarawanen. Majestätisch und beeindruckend langsam schreiten die Höckertiere

mitsamt ihren Karren dahin. In der Ruhe der Nächte sind nur wenige Lkws unterwegs, und im Halbschlaf höre ich oftmals die Glöckchen, die an den Beinen der Tiere befestigt sind. Morgens dann, wenn wir sie einholen, bieten die Karawanen ein uriges Bild. Der Kutscher des ersten Wagens bestimmt Tempo und Richtung. Auf den anderen Wagen heißt das Motto: gelassene Geruhsamkeit! Die Kutscher schnarchen im Heu, und die Kamele trotten einträchtig dahin. Ihre Hauptbeschäftigung kommt aber niemals zu kurz. Man kaut an der Ladung des Vordermanns, und wenn sich Ober- und Unterlippe bei diesem Freßakt tatsächlich mal treffen, dann frage ich mich, ob das Zufall oder Absicht war. Ein „tierischer" Stil, der wirklich seinesgleichen sucht.
Unglücklicherweise bekommt Sabine Durchfall, der nach einigen Tagen nicht nur akut, sondern zu einer unmöglichen Plage wird. Schon morgens sitzt sie schweißgebadet im Sattel, die Augen auf der ständigen Suche nach einem passenden Busch. Nachdem sie zum vierten Mal das gleiche Maisfeld gedüngt hat, haben Carsten und ich ein Einsehen mit ihr. Kaum daß wir ein kleines Hotel gefunden haben, stürzt Sabine an uns vorbei und sieht so bleich wie nach der Nachtschicht aus.
„Laßt mich durch! Ich muß aufs Klo! So'n Scheiß!" Schon hören wir einen geöffneten Wasserhahn. Oder ist das etwa Sabine?
Völlig erschöpft liegt die Gebeutelte im Bett und ringt mit dem Tod. So jedenfalls sehen ihre Ohnmachtsanfälle aus, die sie vor uns zelebriert. Carsten und ich denken aber gar nicht daran, mit ihr zu sterben, im Gegenteil.
Direkt vor dem Hotel lagern fliegende Händler, die uns das Leben versüßen. Da gibt es Walnüsse, Erdnüsse und sogar Kopfnüsse für einige Buben, die ungeschickt versuchen, einige der Nüsse mitgehen zu lassen! Nebenan gibt's gebratene Hähnchen und in Reichweite brutzeln Kartoffeln. Bratkartoffeln! Beim Anblick der Kartoffeln läuft mir förmlich der Sabber vom Kinn. Ich bin schon fertig, bevor ich überhaupt zulangen kann!
Natürlich denken wir auch an Sabine. Um ihr eine Freude zu machen, schleppen wir ihr tütenweise kulinarische Köstlichkeiten ans Bett. Komischerweise scheint sie keinen Hunger zu haben, stiert nur wie wahnsinnig auf den dampfenden Fraß, springt aus dem Bett und rennt schreiend aufs Klo!
Carsten und ich zucken die Schultern. Bleibt eben mehr für uns und wir mampfen, was das Zeug nur hält.

Während Sabine im Bett liegt, nutzen wir die Zeit, um verdreckte Fahrradketten zu säubern. Die nebenan liegende Tankstelle ist gut dafür geeignet. Weitere Angebote des Tankwarts, unbedingt Hasch mit ihm zu rauchen, lehnen wir ab. Es reicht schon, daß wir uns mit den schmierigen Ketten abgeben und oktanlosen Sprit schnuppern müssen. Eigentlich müßte ich ja dringend aufs Klo. Doch das ist immer noch von einer weiblichen „Leiche" besetzt!
Sabine wird genötigt, sich auf ihr frischgeöltes Rad zu setzen und schafft gerade noch die Brücke über den Jhelum-Fluß. Ohne Mineralien, ausgelaugt und ohne Power für nur einen einzigen weiteren Kilometer hängt sie mehr über dem Rad als daß sie es fährt. So entschließen sich die Hochzeitsreisenden, mit dem Bus weiterzufahren.
„Keine Bange, Sabine. In ein paar Tagen bist du wieder auf dem Damm. Fang' bloß nicht an zu schwächeln. Ihr wollt doch schließlich flittern!"
„Seh' zu, daß du heil nach Pindi kommst", meint Carsten. „In zwei Tagen treffen wir uns beim American Express Office."
Und die glasig schauende Sabine macht mir das schönste Kompliment: „Tschüs, Frank. Ich brauche jetzt dringend 'n Klo. Kann es übrigens sein, daß du dich rasiert hast?"

Was sich hinter Kushab aus dem Dunst erhebt, halte ich zuerst für eine Fata Morgana. Eine über 1000 m hohe Hügelbarriere, die Salt Range, ist weithin zu sehen. Sofort kreisen meine Gedanken um Paßstraßen und verschneites Gebirge. Um Gipfelkreuze, Anstrengung und die Gewalt der Natur. Diese Gedanken zerplatzen allerdings wie Seifenblasen, nachdem ich viermal runterschalte und immer noch das Gefühl habe, überhaupt nicht von der Stelle zu kommen.
Für diese erste richtige Anstrengung seit Wochen werde ich mit phantastischen Ausblicken über das Indus-Tal belohnt. In engen Serpentinen führt die Straße bis zum Klippenrand der Salt Range hinauf und mündet danach in ein Tal, das bei Sonnenuntergang den Eindruck eines pakistanischen Grand Canyons macht. Rot und feurig strahlt das Gestein. Erosion hat tiefe Schluchten geformt, und mittendrin stehen Felstürme, so hoch, wie man sie nur aus Westernfilmen kennt. Das Fahren wird zum grandiosen Erlebnis. Wie im Rausch geht es immer schneller bergab, und fast bin ich ein wenig enttäuscht, als sich die Canyonlandschaft mit einem endlosen Hochplateau vermischt. Sanft wiegen sich dort gelbe Senfpflanzen im Wind, Hühner flitzen aufge-

scheucht über die Straße, und aus weißgetünchten Flachdachdörfern treiben Bauern ihre Ochsengespanne aufs Feld.
Hinter der nächsten Kurve wird der Freiheit des Radelns ein abruptes Ende gesetzt. Mitten im Nirgendwo taucht plötzlich das unüberwindbare Hindernis in Form einer Straßenkreuzung auf.
„Nicht du nimmst die Grand Trunk Road, die Grand Trunk Road nimmt dich! So ein Lebensfluß existiert wohl nirgends woanders auf der Welt", schrieb schon Rudyard Kipling vor beinahe einem Jahrhundert über jene Straße, die den nördlichen indischen Subkontinent von West nach Ost durchquert.
Kamele, Fahrräder und Rikschas, bunte Busse, Ochsenkarren und abgemagerte Hunde, Menschen und andere Zweibeiner – so genau kann ich das im blauen Dunst der Abgase nicht ausmachen – und ein ohrenbetäubender Lärm beherrschen diese 5 m breite Straße, die von Peshawar an der Grenze zu Afghanistan bis ins indische Calcutta reicht. Ein Mahlstrom des Verkehrs. Schon bald brennen meine Lungen, und die Augen beginnen zu tränen.
Von hier bis Pindi sind es noch 30 km. Doch schon das Einfädeln in den Verkehr erweist sich als Abenteuer der besonderen Art. Will ich nicht von hupenden Lkws zerquetscht werden und als Fettfleck auf der Straße enden, muß ich mindestens genauso schnell fahren wie sie. Im Windschatten wäre das gerade noch machbar. Will ich aber nicht im dicken, schwarzen Rauch der Kohlenmonoxid ausstoßenden Vehikel ersticken, bleibt mir nichts anderes übrig, als die Auspuffnähe zu meiden. Was wiederum zur Folge hat, daß ich Windschatten und Tempo verliere, vom hinter mir aufholenden Laster zur Zielscheibe für Hupe und Stoßfänger werde und garantiert als Ameisenfutter ende! Doch wie gesagt, bis Pindi sind es nur 30 km.

Rawalpindi

Von den Einwohnern kurz „Pindi" genannt, ist mit Islamabad, der Hauptstadt Pakistans, durch ein 20 km kurzes Autobahnstück verbunden. Damit hat es sich auch schon. Weitere Verbindungen zwischen diesen so grundsätzlich verschiedenen Städten sucht der Besucher vergeblich. Während Pindi ein enges Stadtzentrum mit Basarstraßen und fliegenden Händlern besitzt und mit seinen Pferdekutschen, lärmenden Autorikschas und zahlreichen Moscheen das typische Flair einer pakistanischen Großstadt verströmt, ist in der Hauptstadt das wohlorganisierte Chaos nicht zu entdecken. Durch die verschwenderische Bauweise und ohne die Hektik des unübersichtlichen Verkehrs haftet Islamabad etwas Retortenartiges an. Die Stadt entstand erst Anfang der sechziger Jahre auf dem Reißbrett. Mit ausgedehnten Grünflächen und ungestört wachsendem Marihuana, mit breiten Alleen und langen Paradestraßen, mit zu Schachbrettmustern konzipierten Firmenkomplexen, mit tempelartigen Parlamentsgebäuden und mit der über alles dominierenden Shah Faisal Moschee, die Platz für über 100.000 Gläubige bietet und von Saudi Arabien finanziert worden ist.

Wie verabredet, treffe ich die Flitterwöchner und zusammen fahren wir zum S.S.P. Office, einer speziellen Polizeistation für Ausländer, die ihr Visum verlängern wollen. Nachdem diese Prozedur, die einen ganzen Tag in Anspruch nimmt, überstanden ist, trennen wir uns ein weiteres Mal. Vor ihrem Strandurlaub haben Carsten und Sabine vor, noch einen Ausflug in die Berge zu machen.

Im Tagebuch erscheint ein Freitag. Da dieser Tag traditionell der islamische Sonntag ist, sind Banken, staatliche Einrichtungen und fast alle Geschäfte geschlossen. Wie immer ein Drama. Erstens, weil ich kaum noch Geld besitze und zweitens, weil ich diesen Tag des öfteren vergesse, daher vor geschlossenen Bäckereien stehe und keine Schokolade mehr hab'. Das grenzt schon fast an Dahinvegetieren. Der einzige Vorteil eines Freitags ist der um 75 % reduzierte Verkehr. Die meisten Berufskraftfahrer sitzen in den Moscheen und beten zu Allah, er möge ihnen unfallfreies Fahren bescheren. Trotz Hunger also ein günstiger Tag, um von Pindi nach Islamabad zu ziehen. In die Hauptstadt führt zwar nur die Stadtautobahn und Schilder weisen darauf hin, daß Radfahrer unerwünscht sind, doch wie überall in Asien nimmt man es mit Verboten nicht so genau. Im Gegenteil. Sieht man etwas genauer hin, wird die Autobahn durchweg als Radweg mißbraucht.

Im modernen Islamabad gibt es keine günstigen Hotels. Der Asienreisende kommt hier aber in den seltenen Genuß, offiziell das Zelt aufschlagen zu dürfen. Das „Tourist Camp“ ist der Anlaufpunkt vieler Überlandtouristen. Hier hört man die letzten Gerüchte aus Indien und dem Iran. Hier machen Schauergeschichten über korrupte Grenzbeamte und niederträchtig betrügende Geldwechsler die Runde. Hier werden die „schönsten“ Strände, die „billigsten“ Hotels und das „beste“ Marihuana gehandelt. Hier bietet sich auch eine der letzten Möglichkeiten, in einen der Busse nach Europa zu steigen. Camper, Trekker und Radfahrer finden hier ihresgleichen. Man könnte meinen, auf dem Campingplatz von Ingolstadt zu sein. So ruhig und so grün ist es hier. Da ich im Moment kein Zelt besitze, quartiere ich mich in einer der Hütten ein und fahre am nächsten Morgen zur indischen Botschaft. Dort passiert nicht viel, außer daß ich Albrecht und Michael treffe, zwei deutsche Tourenradler, die ebenfalls nach Indien wollen. Im nahen Basar verbringt Michael zwei Stunden damit, mich über die Vorzüge selbstgepreßten Orangensafts aufzuklären. Mit Vitaminen bis zum Platzen gefüllt, bekomme ich noch am gleichen Nachmittag das Visum für Indien ausgestellt.

Der Campingplatz ist wirklich *der* Treffpunkt für asiatische Fernradler. Besonders magisch werde ich von den meterlangen Bärten zweier Afghanen angezogen. Oder ist es ihr Zelt und die davor geparkten Mountainbikes?! Mein Afghanisch beschränkt sich auf den Willen, die Sprache zu lernen. Um so überraschter bin ich, als zwischen den Bärten deutsche Laute ertönen. Um ihre Ehre zu retten, muß ich sagen, daß es sich um Schwyzer-Dütsch handelt. Eine Sprache, die ich leider nicht so frei übersetzen kann wie Norddeutsch oder Englisch.

„Ja, das stimmt“, meint Heinz, der genau wie Gille die Weste und Pluderhose der Pathanen trägt. „Uns haben schon einige Leute für Mudjahedin gehalten. Es zahlt sich schon aus, die Kleidung der Einheimischen zu tragen.“

Die beiden grinsen, und Gille, der seine Haarpracht unter einem prächtigen Turban versteckt, zeigt auf einen Mann, der schon minutenlang vor meinem Fahrrad sitzt.

„Der da hat größere Probleme mit seinem Aussehen. Ist ein Japaner, aber alle denken, daß er ein Chinese ist. Obwohl die Chinesen mitgeholfen haben, den Karakorum-Highway zu bauen, sind sie hier nicht sehr beliebt. Weil der Japaner die Chinesen nicht versteht, mag er sie auch nicht, und deshalb ist er in nur einer Woche durch ihr Land gerast!“

„Mit der Bahn?“ werfe ich dazwischen.

„Nein, mit dem Rad! Glaub’ ich aber nicht, was er da erzählt. Wenn er überhaupt was erzählt.“

„Unglaublich!“

„Find' ich auch. Der spinnt sich was zurecht. So schnell kann keiner sein. Vielleicht versteh' ich ihn aber auch nicht. Jedenfalls haben wir ihn oben am Paß getroffen."
„Welchen Paß?"
„Am Kunjerab-Paß!"
Welch mystische Wörter! Karakorum-Highway. Kunjerab-Paß. Meine Neugierde ist kaum noch zu bremsen.
„Seid ihr echt da oben gewesen? Wie lange? Wie sind die Straßen? Ich will da auch rauf."
„Ha, das kannst du vergessen. Wir waren vor zwei Wochen am Paß. Der ist 4800 m hoch und wir hatten Glück, heil wieder runterzukommen. Beinahe wären wir eingeschneit. Bis zum Mai tut sich da gar nichts. In den Bergen ist jetzt Winter."
Gille schaut mich geringschätzig an. Denkt wohl, daß er das absolute Flachland-Greenhorn vor sich hat. Der Japaner sitzt vor meinem Rad, zählt meine Speichen und sagt immer noch kein Wort.
Natürlich, die Schweizer haben Recht. Der Winter ist so schnell gekommen, ich hab' es gar nicht gemerkt. Jetzt, da ich vor dem Lagerfeuer sitze und friere, bin ich froh, noch Handschuhe und Wollmütze gekauft zu haben. Hindukusch ade? Ach was. Uneinsichtig wie ich bin, denke ich nicht daran, aufzugeben. Ich werde weiterfahren, solange das Wetter sich hält.
Nachdem ich vergeblich nach den Neuseeländern Ausschau gehalten habe, mach' ich mich im morgendlichen Nebel auf und davon. Es hält mich nichts, ich muß jetzt einfach Berge sehen!

Das Kaghan-Tal ...

... ist das am nächsten liegende unter den vielen Hindukusch-Tälern. Doch anstatt „einfach" dorthin zu fahren, mach' ich es mir wieder mal schwer. Der milchig-trübe Kessel der Niederungen bleibt zurück, und über die gut ausgebaute Straße fahre ich in das nur 50 km entfernte Bergstädtchen Murree. Es waren die englischen Kolonialherren, die solche „Hill Stations" wie Murree kreierten. Orte in höheren Lagen, wo sie die heiße Jahreszeit verbrachten. Heute sind es gutbetuchte Einheimische und neugierige Ausländer, die diese Tradition auf-

rechterhalten. Nichts erinnert mehr an das pompöse Leben vergangener Zeiten. Der sture und konservative Glanz ist verblichen, die Hälfte der Hotels im Winter geschlossen.
Die Bewohner von Murree laufen in dicke Wolldecken vermummt durch die Stadt und wundern sich über einen einzelnen Touristen, der es jetzt noch wagt, in die Berge zu fahren. Murree liegt 2200 m hoch, und von hier aus sehe ich das erste Mal die schneebedeckten Gipfel des mächtigen Himalaya.
Östlich von Murree liegt der indische Bundesstaat Jammu und Kashmir, in dessen Grenzgebiet es immer wieder zu Scharmützeln zwischen Indien und Pakistan kommt. Als dritte Partei wollen die moslemischen Kashmiri einen unabhängigen Staat gründen, natürlich mit Hilfe von Pakistan. Die Pufferzone zwischen Politik und Religion heißt Azad Kashmir, das „Freie Kashmir". Es ist ein schmaler Geländestreifen am Jhelum-Fluß, der von Pakistan verwaltet wird. Die Grenzbeamten, die mich nach einer langen Abfahrt an der Flußbrücke kontrollieren, sind leider nicht gut gelaunt.
Das einheimische Fußvolk, unter denen wahrscheinlich jeder dritte ein Waffenschmuggler ist, darf ohne Kontrolle passieren. Der reiche „Inglesi" auf seinem Fahrrad indes wird nachdrücklich und mit nach oben zeigenden Gewehrmündungen zum Chai eingeladen! Heißer Tee in dieser Kälte? Na gut, das laß' ich mir nicht zweimal sagen.
Der Grenzkommandant und sein eindeutig dollarorientierter Blick sind außerordentlich freundlich zu mir. Zwischen Tee und Zigaretten studiert er meine Papiere und fängt an, mit den Beinen zu wippen.
„Tut mir leid, aber Sie dürfen nicht weiterfahren."
„Wieso? Meine Papiere sind doch in Ordnung!"
„Sie haben keine Genehmigung für Azad Kashmir im Paß."
„Ich habe aber ein Visum für Pakistan."
„Das ist in Azad Kashmir nicht gültig."
„In Islamabad hat man mir etwas anderes erzählt. Außerdem, Sie meinen doch nicht, daß die Menschen dort draußen illegal Ihr Land bereisen, oder?" Ich zeige dabei auf die Brücke.
Er winkt ab. „Islamabad hat gar nichts zu sagen. Hier gelten andere Gesetze!"
Das Wippen mit den Beinen wird stärker. Ganz klar, der will mich nur bluffen.
„Ich war beim Innenminister in Islamabad, wo mir versichert wurde, daß ich keine Genehmigung brauche!"

▲ Schotterpiste über den 3200 m hohen Lowari-Paß
▼ Brötchenverkäufer im Kaghan-Tal

Wenn schon bluffen, denn schon bluffen. Ich lüge einfach zurück.
„Hier ist Azad Kashmir. Sie müssen zurückfahren!"
Zurück? 30 km den Berg wieder rauf? Ich denke gar nicht daran!
„Hören Sie, gleich kommen noch sechs weitere Radfahrer. Wir reisen als Gruppe und ich bin die Vorhut. Wenn Sie uns alle zurückschicken, muß ich noch einmal zum Innenminister und diese Grenzstation wird hinter die Schneegrenze versetzt! Außerdem, Ihr Tee schmeckt vorzüglich. Kann ich noch eine Tasse bekommen? Diesmal bitte nicht ganz so süß."
Neuer Tee wird gebracht, das Wippen hat aufgehört. Ich glaub', ich hab' ihn rum.
„Darf ich jetzt fahren?"
„Nein! Erst muß ich in unserer Hauptstadt Muzaffarabad anrufen und um Erlaubnis fragen."
Der Wachsoldat wird zum Telefonieren geschickt, obwohl mein Gegenüber ein eigenes Telefon besitzt. Verblufft, mein Lieber!
Nach zwanzig Minuten kommt das Alibi zurück, plappert unverständlich drauflos, worauf der jetzt freundliche Kommandant nach der Ankunftszeit der „Gruppe" fragt, ein riesiges Buch aus der Schublade zaubert und anfängt, mit den üblichen Personalien zu spielen. Und was seh' ich dort? Zwischen all den Engländern, Schweizern und Deutschen, die hier schon ihre Nerven gelassen haben, entdecke ich zweimal „cycle" und dahinter „New Zealand"! Die englischen Neuseeländer sind mir nur fünf Tage voraus. Royal Flush! Das Bluffen hat sich gelohnt.

Immer wieder bin ich über die landschaftliche Vielfalt Pakistans erstaunt. War es vor 30 km noch Pinien- und Kiefernwald, der bei träumerischen Pausen Heimweh entfachte, so ist im tiefen Tal des Jhelum kaum noch Pflanzenwuchs zu entdecken. Statt dessen wachsen hier anscheinend Steine, und die zur Schotterpiste ausgebaute Uferstraße paßt sich mit Schlaglöchern, abgestürzten Felsen und knietief zu durchquerenden Bächen gänzlich der Umgebung an. Egal wie schnell oder langsam ich fahre, durch das krampfhafte Festhalten am Lenker schlafen mir die Finger ein und vor lauter Taubheit finde ich kaum noch Kraft, an den Schalthebeln zu drücken. Ein echter Test für Reifen, Arme und Bandscheiben, die ständig mit den Sattelfedern kollidieren. Wie ich doch Schotterpisten liebe!
Trockenen Reifens überquere ich die Furt eines wasserlosen Ne-

benflusses, verlasse Azad Kashmir ohne den nervenaufreibenden Poker einer weiteren Kontrolle und stehe bald darauf am Eingang des weit in die Flußlandschaft reichenden Kaghan-Tals.
Pakistan besitzt eine erstaunliche Anzahl von Jugendherbergen. In Balakot, 15 km hinter dem Taleingang, bekomme ich das erste Mal Gelegenheit, in einem dieser einfachen Gasthäuser zu wohnen. Der Herbergsvater ist ein älterer Mann, der abgenutzte Pyjamas trägt und ein Gebiß, das nicht alle Zahnlücken verdeckt. Ohne daß ich ihn danach frage, erzählt er mir, daß die neuen Lücken späteren Datums sind. Er leide unter Vitaminmangel und fragt mich, ob ich Aspirin dabei hab'! Aspirin gegen Vitaminmangel?
Ich bin der einzige Gast, mach' es mir in einem der Zimmer bequem, nehm' eine eiskalte Dusche und setze mich in die warme Mittagssonne direkt an den Fluß. Der Garten ist ein herrlicher Platz, um zu sinnieren, Tagebuchlücken zu füllen und letzte Weihnachtskarten an Freunde und Familie zu schreiben. Gerade mit den Festtagen ist das so eine Sache. Kein Weihnachtsbaum ist in der Nähe, sondern bestenfalls Palmen. Kein Lebkuchengeruch, statt dessen verbrannte Chappatis. Keine Gänsekeule, dafür Dal und Reis. Die sentimentalen Minuten erreichen ihren Höhepunkt, als ich an Geschenke und Weihnachtslieder denke. „Oh du Fröhliche …" – in diesem Moment wäre ich gerne daheim.
Schneller als erwartet werden meine Gebete erhört. Mitten in der Nacht schlägt das Wetter um, und ein tosender Sturm braust durch das Tal. In Minutenschnelle fällt das Thermometer um zweistellige Grade, und frierend verkrieche ich mich unter zusätzlichen Decken. Morgens wage ich kaum, das Fenster zu öffnen. Eisige Kälte schlägt mir entgegen und die Wiesen auf der anderen Flußseite sind in zartes Weiß getaucht. In der Nacht hat es kräftig geschneit, und noch am späten Vormittag ist das Wetter mit Schneeregen durchsetzt.
Was kann ich mir jetzt noch beweisen? Will ich mir überhaupt etwas beweisen?
Da fahre ich extra in die Berge, um Schnee und Gletscher zu sehen und hab' überhaupt keine warmen Klamotten dabei. Ich komme zu der Erkenntnis, daß ich Weihnachten in der Sonne feiern muß! Sind meine Gedankengänge etwa erkältet? Oder sind das erste Anzeichen von Schizophrenie? Nein, ich habe mich ganz einfach überschätzt. Die Warnungen der Schweizer habe ich nicht wahrhaben wollen. Ich dachte einfach, daß ich alles erreichen kann, wenn ich nur will. Daß es aber

auch natürliche Grenzen gibt, mußte ich erst mal wieder erfahren. Nur allzu leicht werden die Anforderungen einer Reise, die Nerven und Körper gleichermaßen belasten, auf die leichte Schulter genommen. Körperliche Anstrengung, wechselhaftes Klima und schlechte Ernährung. Dazu die immer gleichen Fragen der Einheimischen und die Arroganz der offiziellen Stellen. Alles zusammen führt irgendwann zu dem Punkt, wo „nichts mehr geht". Der Schnee ist ein letzter Hinweis. Ganz klar, ich brauch' eine Pause. Kopf und Muskeln lechzen nach Erholung, und ich sehne mich danach, etwas Gutes zu essen. Am besten gleich drei Tage lang!

Auch im Dorf hat es sich herumgesprochen, daß den „Inglesi" ein Geistesblitz getroffen hat. Ein Busfahrer erzählt, daß die weiterführende Straße von Erdrutschen blockiert und ein Weiterkommen noch nicht einmal für Jeeps möglich ist, geschweige denn für „cycle jeeps"! Er schüttelt mit dem Kopf, und mir bleibt nichts anderes übrig, als seine Worte ernst zu nehmen. 50 km weiter liegt knietiefer Schnee!

Eingehüllt in meine Regenkombi mache ich mich schweren Herzens auf den Weg, um wärmere Gefilde zu suchen. Wo es keinen Asphalt gibt, sind die Straßen jetzt völlig verschlammt. Innerhalb nur weniger Kilometer beweisen die Slicks, auf denen der „cycle jeep" sonst anstandslos rollt, daß sie schlicht und einfach winteruntauglich sind. Jede Kurve wird zum waghalsigen Nervenkitzel und beim Bremsen blockieren die Räder.

Nach 40 km Geschicklichkeitsfahren hat es aufgehört zu regnen. In einem kleinen, unscheinbaren Truckstop fang' ich an, den Schlamm von der Wäsche zu kratzen. Der Hof steht voller Charpois und kleiner Tische, und der Besitzer ist eifrig damit beschäftigt, Chappatis zu backen. Freundlich umarmt er mich nach heimischer Sitte mit „salaam aleikum", bietet mir einen Platz neben sich an und ist sogleich wieder mit den Chappatis beschäftigt. Aus einem kreisrunden Erdofen steigt beißender Qualm in den Himmel. Schon ein Dutzend Chappatis stapelt sich daneben, und eine Handbewegung des Bäckers lädt mich zum Kosten ein. Puuh, sind die heiß! Schmecken aber knusprig und gut.

„Want Gosht? Very good taste", fragt er mich zwischen den nächsten Fladen.

Fleisch? Na ja. Außer Shis Kebab, den hauptsächlich aus Hühnerfleisch gegrillten „Chachlich" hatte ich noch keine pakistanische Fleischprobe gemacht. Wahrscheinlich auch deshalb nicht, weil ich

schon einige der Schlachtereien hier gesehen habe und eine Abneigung gegen die dort ebenfalls residierenden Fliegen besitze. Ich schaue mich um, kann aber nirgends eine Brutstätte dieser Plagegeister entdecken.
„Gosht and Sabzhi? You are my most welcome guest. My kitchen is very good. My daughter is cooking – Fleisch und Gemüse? Sie sind herzlich willkommen. Meine Küche ist sehr gut. Meine Tochter kocht."
Sollten das etwa die berühmt-berüchtigten Überredungskünste sein, mit denen die Einheimischen so viele Engländer in die Falle und danach ins Grab gelockt haben?
„You Inglesi?"
„No, I'm from Germany, not from England." Sicherheitshalber betone ich, daß Deutschland keine Provinz von England ist. Bedächtig nickend schiebt der Bäcker einen weiteren Chappati ins Loch.
„I go bring food. You eat, very good. We friends – ich gehe Essen holen. Sie essen, sehr gut. Wir Freunde!"
Mit diesem Friedensangebot springt er auf und ist in der Küche verschwunden. Schwerbeladen kommt er zurück, und was er mir auftischt, sieht echt vielversprechend aus. Zähneknirschend versuch' ich mich dann an dem sehnigen Fleisch und reiße Stücke aus dem Chappati, um fettige Soße und zerkochtes Gemüse zu löffeln. Hemmungslos tropft mir der Saft vom Kinn. Nachdem ich dreimal gerülpst habe, nickt mir der Bäcker zu und ist mit sich und meinen Anstandsregeln zufrieden. Zum Abschluß dieser vorzüglichen Mahlzeit bekomme ich Chai und fühle mich jetzt stark genug, um den erneuten Kampf gegen den Schlamm anzutreten.
„I wanna pay. How much is the food?"
„No pay. You my guest – nicht zahlen. Sie mein Gast!" Abwehrend hebt der Bäcker die Hände und ich weiß schon aus Erfahrung, daß hier auch längere Debatten nichts nützen. Eingeladen ist eingeladen, und alles andere wäre eine Beleidigung.
Ganz ohne Gastgeschenk möchte ich aber doch nicht gehen. Für solche Zwecke habe ich Fotos von mir und dem „cycle jeep" dabei, ich zaubere eins aus dem Gepäck, schreibe eine Widmung drauf und drücke dem Bäcker das „Autogramm" in die Hand. Ohne viel Aufhebens läßt er es in seiner Brusttasche verschwinden und winkt mir, über meinen schlingernden Fahrstil belustigt, noch lange hinterher.

Von Taxilla bis Lahore ...

... sind es immerhin 300 km. Ich kann mir nicht helfen, es sticht mich der Hafer: Wenn schon keine Berge, dann wenigstens Tagesrekord fahren!
Taxilla liegt in Sichtweite der ewig unter Dampf stehenden Grand Trunk Road. Was diesen Ort so weltbekannt gemacht hat, sind die verstreuten Ruinen und Ausgrabungsfelder. In der Ruinenstadt finden sich Spuren Alexander des Großen, der schon 327 v.Chr. an die Tore Indiens klopfte, von Griechen und von Persern. Auch Ashoka (273 bis 231 v.Chr.), der erste indische Herrscher, der vom Hinduismus zum Buddhismus übertrat, war schon mal hier. Die ältesten Siedlungen von Taxilla sind die von Bhir Mound und Sirkap. Heute hört man zwischen überwucherten Grundmauern längst verfallener Häuser das Blöken unzähliger Ziegen. Von einigen Hirten über die Wiesen getrieben, fungieren die Herden als natürliche Rasenmäher und verhindern, daß der Dschungel die Ausgrabungen wieder verschluckt.
Die kalte Wintersonne spendet gerade so viel Wärme, daß ich nur die Mittagsstunden im Freien verbringe. Jeglicher Aufenthalt im Schatten bedeutet unweigerlich den Kältetod!
Nach dieser Exkursion ziehe ich es vor, das drei Grad wärmere Museum zu besuchen. Werkzeuge, Haushaltswaren und Münzen, die in den Räumen ausgestellt sind, gehören zu den eindrucksvollsten Schätzen aus der Gandharazeit. Während dieser Periode war Taxilla das Zentrum der Wissenschaft, in der u.a. Architektur und Kunst, aber auch Bogenschießen und Elefantenkunde gelehrt wurde. Besonders beeindruckend finde ich die winzigen Tonpuppen, die ohne Zweifel auf einen Voodoo-Kult hinweisen, und die kleinen, tatsächlich rollenden Streitwagen, die nach Ben Hur garantiert der Renner auf dem Spielzeugmarkt waren!
Mein eigenes Wagenrennen beginnt mit dem Augenblick, als ich die Grand Trunk Road erreiche. Nach dem freitäglichen Gottesdienst der Lkw-Fahrer bin ich das auserkorene Opfer! Dem Tagesrekord sind keine Grenzen mehr gesetzt.
158 km später suche ich in einem lauten Hotel nach den irgendwo im Gepäck verstauten Ohrstöpseln, um wenigstens für einige Stunden den Straßenlärm zu vergessen.
Ein letztes Mal den Helm aufgesetzt (denn es gibt immer wieder Lkw-

Fahrer, die ihre Laster mit Kampfpanzern verwechseln), und nach etlichen Zeitrennen, bei denen sich die „Flying Pigeon“ als technisch unterlegen erweisen, hab' ich schon am frühen Nachmittag das Stadtzentrum von Lahore erreicht.
Auf dem Gelände der Heilsarmee, das als „best place to stay in Lahore“ gehandelt wird, befindet sich sogar eine größere Kirche. Während der Festtage ist sie mit einem Vorhang aus roten, grünen und gelben Lämpchen behängt. Zweifellos wurden hier die Ratschläge einiger Dekorateure eingeholt, die sich aus der Fahrzeugbranche zurückgezogen haben und in der Kirchenkunst neue Ziele verfolgen.
Hinter der Kirche befindet sich die Pension der Heilsarmee. Nichtsahnend fahre ich um die Hausecke und bin auf einmal völlig erschrocken! Da steht doch tatsächlich mein Fahrrad! Nee, kann nicht sein. Ich sitz' ja schließlich drauf. Schnell den richtigen Zündfunken gesucht und rationell darüber nachgedacht, daß es nur eine Person in Asien geben kann, die das gleiche Fahrradmodell wie ich besitzt. Zu sehen ist sie nirgends, dafür aber zwei andere Bekannte. Albrecht und Michael, die beiden Saftexperten aus Islamabad!
„Hallo! Wir haben uns schon gedacht, daß du bald kommst. War wohl ein bißchen zu kalt da oben, was?“
Völlig weggetreten überhöre ich die bei mir ansonsten „Kontra“ auslösende Ironie. Meine Blicke haften nur noch an blau, weiß, rot und meine Gedanken an der Besitzerin des Fahrrades.
„Wo ist denn Pia?“
„Keine Ahnung. Sie ist wohl in der Stadt“, meint Albrecht. „Pia hat uns schon von eurer Tour erzählt. Ihr scheint ja allerhand erlebt zu haben.“
Das kann man wohl sagen! Immerhin bin ich mit Pia durch ganz Europa gefahren! Leider hatten wir kurz vor Istanbul eine Auseinandersetzung, die dazu führte, getrennte Wege zu gehen. Im Nachhinein habe ich unsere Trennung schon bitter bereut, doch sie ließ sich nicht mehr rückgängig machen.
„Gibt's noch Betten im Haus?“
„Klar“, meint Albrecht. „Du kannst aber auch draußen schlafen, ist billiger.“
Ich besitze zwar einen Schlafsack, doch draußen ist es mir zu kalt. Nachdem ich es geschafft habe, das Gepäck in den Schlafsaal zu schleppen, hör' ich es draußen rumoren. Ich brauche nicht lange zu raten, wer da ebenfalls ein baugleiches Fahrrad entdeckt. Freude-

strahlend kommt Pia in den Raum gestürzt und fällt mir lachend um den Hals.
„Frankie! Du hast es geschafft! Und ich hatte schon gedacht, dich nie wiederzusehen!"
„Na, und du! Ich hab' ja nun wirklich geglaubt, dich auf dem Flughafen von Kairo zu treffen. Wir hatten doch die gleiche Flugnummer. Ich war echt enttäuscht."
„Weißt du", erklärt mir Pia, „Ich hab' da so einiges über den Haufen geworfen."
Und sie erzählt mir von ihrem langen Aufenthalt in der Türkei, von dem Tauchkurs auf der Sinai-Halbinsel, von den Steinewerfern auf den Straßen Ägyptens und von der wunderschönen Fahrt mit einer Felluka über den Nil. Ich versuche nicht, ihre Geschichten mit eigenen Abenteuern zu übertreffen, sondern gönne ihr den Erfolg, daß sie es alleine und dazu noch als Frau bis hierher geschafft hat. Ich bin nur froh, daß sie gesund ist und, „Inshallah", daß wir uns wiedergetroffen haben.
„Ja, und weil es mir überall so gefallen hat, bin ich eben später geflogen. In Karachi haben sie mir dann gleich einen Schreck eingejagt. Ich soll bloß nicht allein durch das Land fahren, mir sofort einen Schleier besorgen, jedem Mann aus dem Weg gehen und ja keinen anschauen. Es wimmle hier von Banditen!"
„Wirklich?" Ich hab' sofort die Polizeimafia im Kopf.
„Ja, echt. Das hat mir solche Angst gemacht, da hab' ich mir gleich einen Salwar Kamiz gekauft. Gefalle ich dir?" Sie dreht sich einmal um die eigene Achse. Steht ihr wirklich gut, das rote Gewand. Die Mafiosi von Kazi Ahmad hätten ihre reinste Freude gehabt!
„Deshalb bin ich auch mit der Bahn nach Lahore gefahren. Im Zug war es aber okay. Nur das ewige Gekicher im „Ladies only"-Abteil ging mir auf die Nerven. Ich versteh' zwar kein Urdu, aber gemeint war natürlich immer nur ich!"
Wir lachen beide. Wie oft war es mir in der Zwischenzeit ähnlich ergangen.
Plötzlich schaut Pia betrübt und die nächsten Worte kommen ihr nur schwer über die Lippen: „Morgen fahre ich mit Albrecht und Michael über die Grenze. Die beiden haben mich gefragt, ob ich sie begleiten will. Es sind nette Jungs, mit denen ich mich gut verstehe. Daß du jetzt auf einmal auftauchst, damit konnte ich doch nicht rechnen!"
Mir fehlen die Worte. Ich schaffe es einfach nicht, das zu sagen, was

ich eigentlich sagen will. Das geht mir alles zu schnell. Der psychische Verzweiflungsstreß steckt immer noch zu tief.
„Bleibt doch noch ein paar Tage. Dann können wir zusammen fahren."
„Versteh' doch. Wir sind schon eine Weile hier und ich will die beiden nicht enttäuschen."
Ich versteh' gar nichts. Enttäuschen? Was soll denn das? Ich begreife überhaupt nicht, um was es hier geht. Vor einigen Monaten waren wir das beste Team, hatten sämtliche Reisevorbereitungen zusammen getroffen und waren von Zürich, Pias Heimatstadt, bis zu den Türken gefahren. Und jetzt? Sind die Wunden, die wir uns zugefügt haben, noch nicht verheilt? Ich finde nicht die richtigen Worte, um Pia und mir eine neue Chance zu verschaffen. Das Vertrauen ist einfach futsch!
Die Konsequenz liegt eindeutig auf der Hand. Nicht sie will noch einmal enttäuschen, sondern sie ist es, die nicht noch einmal enttäuscht werden will. Deshalb geht sie jetzt ihren eigenen Weg. Ich frage mich nur, ob ich sie jemals wiedersehen werde …

Lahore ist eine Stadt, die voller Überraschungen steckt. Die eine fährt weg, die nächsten kommen an. Zuerst melden sich Carsten und Sabine, die es tatsächlich geschafft haben, ohne nennenswerte Erfrierungen einen Weg durch die Berge zu finden.
„Die meiste Zeit haben wir zwar auf dem Bus gesessen, doch bereuen tun wir es nicht. Gilgit und Hunza sind wirklich phantastisch. So hohe Berge hab' ich noch nie gesehen. Echt riesig!" Carsten schwärmt von den Gletschern und vom Schnee.
„Und die Leute, Frank. Völlig anders als im Süden. Richtig gastfreundlich. Sag' mal, willst du dir nicht den Teer aus den Barthaaren schrubben?"
Sabine hat wohl ein Auge für solche Sauberkeitsmängel. Daß wir im Süden aber oft zum Tee und zum Übernachten eingeladen worden sind, scheint sie völlig vergessen zu haben. Ich will auch gar nicht abstreiten, daß Busfahren manchmal notwendig ist. Mir tut bloß Carsten leid. Achtzehn Stunden neben Sabine im Bus! Was die an seinem Jesusbart wohl alles zu bemängeln hat?
Drei Stunden später stehen die nächsten Räder im Hof. Heinz und Gille haben in Islamabad auf Ersatzteile gewartet und sind jetzt ebenfalls auf dem Weg nach Indien. Allerdings, so versichert mir Heinz,

nicht zu den südlichen Stränden, sondern um in Kashmir Ski zu laufen!
Ich hab' mir schon lange abgewöhnt, über derartige Unternehmen zu staunen. Immerhin bin ich ja selbst ziemlich verrückt. Und mal ehrlich, wer hätte von den Bergvolk-Angehörigen auch erwartet, daß sie Meereswellen und Strände vorziehen?
Nach einigen Tagen Pause, in denen ich mein Hinterrad zerlege und verschlissene Zahnräder auswechseln muß, mach' ich mich daran, Lahore ein wenig genauer kennenzulernen.
Die traditionellen Basarstraßen sind mit den unterschiedlichsten Handwerkssparten bestückt. Neben zwanzig Fahrradläden, die sich mit Dreirädern, Rollern und „Phoenix"-Rädern die Preise gegenseitig kaputtmachen, gibt es auch Geschäfte für Nummernschilder und Kompressorfanfaren. Auf der anderen Straßenseite nehmen erfahrene Gummischnitzer zu Slicks verbremste Pneus zwischen die Knie. In Handarbeit werden in die dünne Lauffläche wieder „Originalprofile" geritzt, und als „Runderneuerte" können die sich getrost wieder mit Neureifen messen! Fragt sich bloß, wie lange.
In der nächsten Straße befindet sich der Kamera-Basar. Trotz eines Einfuhrverbotes internationaler Produkte leuchten hier die Reklamen für Nikon, Canon und Fuji. Die Taschen voll mit günstig erstandenen Filmen nähere ich mich der Altstadt, durchquere den Leiter-Basar und staune über die handwerkliche Kunst, mit der es einige Menschen fertigbringen, den Sieg über moderne Maschinen zu erringen. Schon seit Jahrhunderten werden hier die Leitern aus Bambus, Hanffasern und Knoten gemacht. Leider finde ich niemanden, den ich über Unfallstatistiken auf Baustellen ausfragen kann.
Im Fernseh- und Kühlschrank-Basar ist die Situation nicht anders als bei den Kameras. Sony, Hitachi und Bauknecht bestimmen das Bild. Mitten im Gewühl aus Kartons und Paletten patrouillieren einige Polizisten, die es herzlich wenig kümmert, daß hier der schwärzeste Schwarzmarkt auf dem ganzen Subkontinent blüht (man erzählt sich übrigens, daß die Polizei in Lahore besonders gut verdient)!
Die wimmelnde Altstadt liegt hinter mir, und schließlich stehe ich vor den kolossalen Bauwerken der früheren Herrscher. Das 16. Jahrhundert war der Beginn der moslemischen Moguldynastie. Akbar, Sohn einer Rajputenprinzessin, war der namhafteste der Mogulherrscher, er begann mit dem Bau des mächtigen Forts. Die auffälligsten Dinge der Zitadelle sind der Spiegelsaal, in dem unzählige Spiegel-

splitter ganze Wände dekorieren, und das riesige Eingangstor mit seinen feinen Elefanten-, Löwen- und Engels-Mosaiken.
Aurangzeb, der letzte der großen Mogulherrscher, ging brutal gegen Andersgläubige vor. Er ließ zahlreiche Hindutempel zerstören und auf den Grundmauern Moscheen errichten. 1673 entstand auf diese Weise die Badashi-Moschee. Ein architektonisches Meisterwerk, das gegenüber des Forts in den Himmel ragt. Weißer Marmor, prachtvolle Minarette und Platz für 60.000 Gläubige sollen die Macht und Herrschaft des Islam demonstrieren.
Zwischen den dösenden Pilgern zu sitzen und diese Insel der Ruhe zu genießen, ist wahrhaft Balsam für meine geschundene Seele. Ich bin immer noch durcheinander, und sobald ich anfange nachzudenken, folgt als Ergebnis die „Chaos-Theorie". Die Vorstellung fällt schwer, daß Pia jetzt ohne mich durch Indien fährt.
Zum Glück lenkt mich das Weihnachtsfest ab und der drohende Nervenkollaps verpufft. Das wirksamste Medikament dagegen sind wohl die vielen Briefe und Postkarten, die mich aus allen Teilen der Welt erreichen. Lahore gehört zu meinen „mail-stops", die ich in gewissen Abständen auf die vor mir liegenden Städte verteile. Irgendwie bekommen meine Eltern auch noch die Telefonnummer der Heilsarmee heraus. Am heiligen Morgen klingelt es, und mehr als eine halbe Stunde versichern wir uns, daß wir gesund sind und leben!
Fehlt nur noch der Weihnachtsbaum und das dazugehörige Essen. Der Baum ist mangels Bäume schnell gefunden. Kurzerhand wird der „cycle jeep" auf das Hinterrad gestellt und Felgen sowie Pedale als Kerzenständer genutzt. Außergewöhnlich, doch stilistisch mindestens genauso schön wie die Badashi-Moschee.
Was am Abend auf den Tisch kommt, kann sich dann wirklich sehen lassen: Es gibt Reis mit überbackener Banane, geröstete Walnüsse, geschnetzeltes Huhn in Rahmsoße und Schwarzwälder Kirschtorte aus der gegenüber liegenden Bäckerei! Wenn das der moslemische Weihnachtsmann sieht!
Heinz, Gille und ich verstehen uns mit jedem Tag besser. Abgesehen davon, daß wir für die Winterzeit verschiedene Ziele haben, machen wir uns Gedanken darüber, was man im Sommer alles anstellen könnte.
„Wir könnten im Sommer doch zusammen nach China fahren", meint Gille aus einer Laune heraus.
Totenstille. Wir schauen uns an und lassen den Gedanken reifen. Al-

ternativen werden gesucht, wie man den Subkontinent wieder verlassen kann. Doch immer wieder kommen wir auf den Vorschlag von Gille zurück. Es ist abgemacht und wird per Handschlag besiegelt. Im Juni des nächsten Jahres werden wir uns in Islamabad treffen und die „Seidenstraße" unter die Räder nehmen. Phantastisch. Noch nicht einmal in Indien und mit den Gedanken schon in China!

26.12. Noch 30 km zur Grenze. Die Straße ist fast menschenleer. Nur wenige Händler nehmen die Gelegenheit wahr, den Grenzverkehr mit Indien in die Tat umzusetzen. So ist die Grand Trunk Road in dieser Gegend zu einer dörflichen Landstraße verkommen. Die Grenzbeamten machen große Augen über gleich fünf radelnde „Inglesi", und obwohl man uns Schauergeschichten von langen Wartezeiten und „Baksheesh" fordernden Beamten erzählt hat, geht es hüben wie drüben erstaunlich schnell. Niemand will in unsere Packtaschen schauen. Alle wollen nur wissen, wie viele von uns mit Sabine verheiratet sind! Carstens Miene wird sauer. Doch die Story von der Hochzeitsreise behält er für sich.
Der Schlagbaum öffnet sich und gleich dahinter stellt sich „Campa Cola" vor. Nachdem sich der amerikanische Limonadenhersteller Coca Cola geweigert hat, das Originalrezept rauszurücken, wurde die Firma aus Indien verbannt. Mittlerweile gibt es mindestens ein halbes Dutzend ähnlich schmeckender Marken, und „Campa Cola" hat sogar den Schriftzug mit dem amerikanischen Kontrahenten gemein! Auch der Geschmack erinnert daran, daß man versucht hat, eine Cola zu brauen!
„Hello cyclists!" ruft der überfreundliche Besitzer der Getränkebude, verabreicht uns fünf lauwarme Flaschen und läßt es sich nicht nehmen, eine Begrüßungsrede zu halten.
„Welcome to India! Das macht vier Rupees pro Flasche!"

Ich reise schon zwei Monate –
bald bin ich gar nicht mehr da

Kurt Tucholsky

INDIEN

Der „Goldene Tempel" ...

... von Amritsar ist für die indisch-punjabischen Sikhs heilig. In Amritsar soll es zwar keine billigen Hotels geben, doch dafür kann man umsonst im Tempel nächtigen. Das jedenfalls schlägt mein Reisehandbuch von Lonely Planet vor (in Travellerkreisen wird der Wälzer nicht umsonst die „Bibel" genannt). Das Buch listet jeden Tempel auf und weiß genau, wo es was am besten gibt. Weiter ist zu lesen, daß die indische Stein- und Computerzeit nahe beieinander liegen, daß Kinder in Flüssen baden, an deren Ufern Leichen verbrannt werden, daß Ochsenkarren an Raumfahrtzentren vorbeizuckeln und Maharajapaläste gleich neben Wellblechhütten stehen.

Die 20 km Fahrt auf dem verkehrsarmen Grenzabschnitt reichen nicht aus, um das Gelesene zu verdauen. Eigentlich genügend Gründe, den Lenker herumzureißen und fluchtartig das Weite zu suchen. Denkste! Fernradler gehören schließlich nicht zu den Menschen, die sich von „Bibeln" beeinflussen lassen. Gerade die vielen Gegensätze persönlich zu entdecken, fasziniert mich an exotischen Ländern am meisten. Inwieweit dabei die eigene Psyche belastet wird, ist eine andere Sache. Von Angstzuständen aber, die ein unweigerliches Zurück empfehlen, ist niemals die Rede. Viel zu anziehend ist das Unbekannte, das noch vor mir liegt. Und viel zu langweilig das schon Erlebte, das vor einem Kilometer noch so unglaublich aufregend war.

Kurz hinter dem Stadttor von Amritsar hängt sich ein Scooterfahrer an unsere Fersen, der von seinem dreirädrigen Ungetüm mit einem zerbeulten Megaphon lautstark für die soeben eingetroffene Frühjahrskollektion wirbt.

„Neue Sarees! Direktimport aus Bombay! Unschlagbare Preise! Jeans und Oberhemden aus Ahmedabad! Besuchen Sie unser Geschäft am Gandhi-Tor!" brüllt er. „Und hier sind unsere Weltumradler! Direkt aus Pakistan. Gekleidet in sportlicher Mode aus den United States! Besuchen Sie ...!"

Den Scooterfahrer in seiner Werbekampagne zu unterbrechen ist nicht weiter schwer.

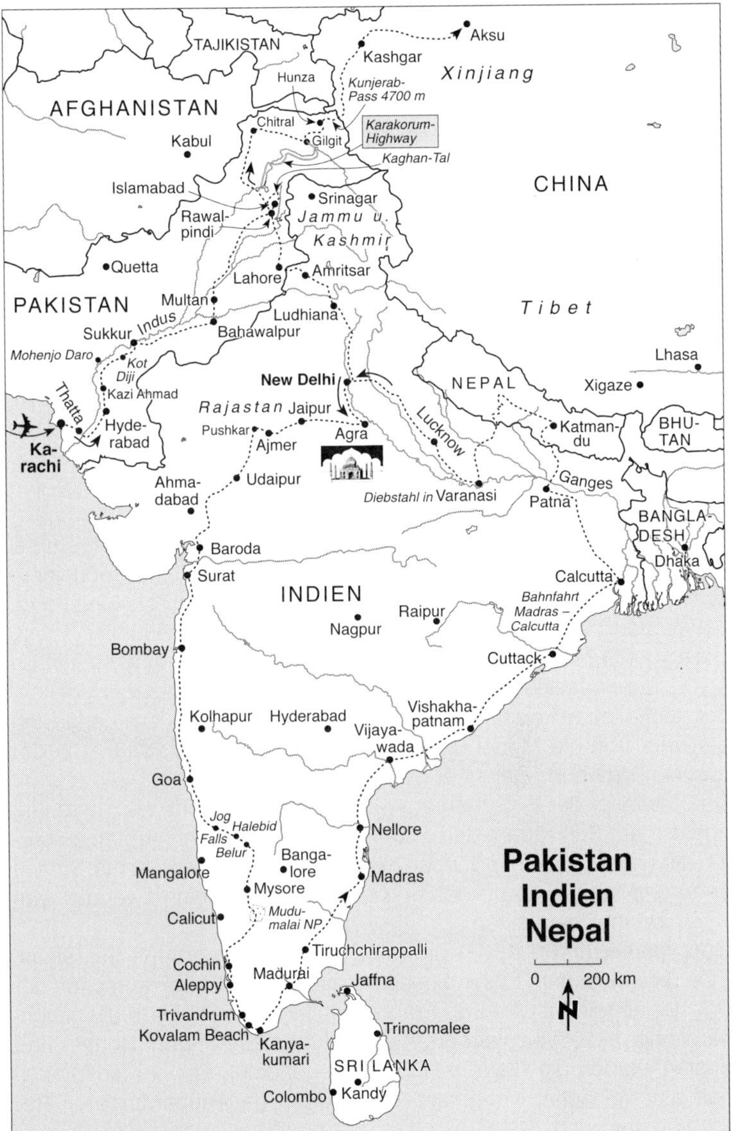
Pakistan
Indien
Nepal
0
200 km
N
TAJIKISTAN
AFGHANISTAN
Kabul
Aksu
Kashgar
Xinjiang
Hunza
Kunjerab-
Pass 4700 m
Chitral
Gilgit
Karakorum-
Highway
Kaghan-Tal
CHINA
Islamabad
Rawal-
pindi
Srinagar
Jammu u.
Kashmir
Quetta
Lahore
Amritsar
PAKISTAN
Multan
Ludhiana
Tibet
Indus
Sukkur
Bahawalpur
Mohenjo Daro
Kot
Diji
Lhasa
New Delhi
NEPAL
Xigaze
Kazi Ahmad
Thatta
Rajastan
Jaipur
Lucknow
Katman-
du
BHU-
TAN
Hyde-
rabad
Pushkar
Ajmer
Agra
Ka-
rachi
Ahma-
dabad
Udaipur
Ganges
Diebstahl in
Varanasi
Patna
BANGLA-
DESH
Dhaka
Baroda
Surat
Calcutta
INDIEN
Bahnfahrt
Madras –
Calcutta
Raipur
Nagpur
Bombay
Cuttack
Vishakha-
patnam
Kolhapur
Hyderabad
Vijaya-
wada
Goa
Jog
Falls
Halebid
Belur
Nellore
Banga-
lore
Mangalore
Madras
Mysore
Mudu-
malai NP
Calicut
Tiruchchirappalli
Cochin
Aleppy
Madurai
Jaffna
Trivandrum
Kovalam Beach
Kanya-
kumari
Trincomalee
SRI LANKA
Colombo
Kandy

„Wo geht's zum Tempel?"
„You follow me please, dear Sir. I'll show you the way – folgen Sie mir bitte, mein Herr. Ich werde Ihnen den Weg zeigen." Wie förmlich sich das anhört. Ist das nun Englisch oder Indisch?
Unermüdlich plärrt es aus der übergroßen Flüstertüte, die uns den Weg durch eine anschwellende Menschenmenge bahnt und uns auf direktem Weg zum „Goldenen Tempel" leitet.
Unglaublich! Da laufen Hunde durch die Straßen! Welch' ein Graus wäre das für einen Pakistani, für den abgemagerte und schmutzige Kläffer genauso tabu sind wie grunzende Schweine! Da gehen Frauen durch die Stadt! Und alle ohne Schleier! Das muß man sich mal vorstellen! Uns frauenentwöhnten Männern (außer Sabine) derartige Anblicke zu präsentieren! Wir verrenken uns die Hälse und scheitern nur knapp an einer Massenkarambolage mit Rikschas und Scootern.
Unglaublich! Frauen in meterlangen Sarees, jenen farbenfrohen Wickeltüchern, deren letzter Zipfel mit eingeübter Eleganz über die Schulter fliegt. Und all diese Bonbonfarben! Die ganze Palette. Von sonnengelb über himbeerrot und purpur bis nachtblau.
Im Gegensatz zu den Farben der Sarees haben die Verkehrsmittel an Farbe verloren. Hier gibt es keine japanischen Luxuslimousinen. Dafür aber dickbäuchige Autos, die offensichtlich von kolonial-antiquarischen Fließbändern rollen. Keine Spur von individueller Kunst. Die Scooterhorden, die uns wie Fliegen umschwirren, sind einheitlich schwarz-gelb lackiert. Unwillkürlich muß ich an den Japaner denken, der nach Hause kommt und sich wundert, daß seine Frau neue Kleider trägt und die Möbel umgestellt hat. Bis er merkt, daß er in der falschen Wohnung gelandet ist!
Der Verwalter der Pilgerherberge staunt nicht schlecht, als gleich fünf „Inglesi" auf Fahrrädern darum bitten, im Tempel übernachten zu dürfen. Nachdem er seinen Turban mehrmals zurecht gerückt hat, stimmt er zu und verschwenderischerweise dürfen wir gleich zwei der winzigen Zimmer bewohnen.
Guru Nanak (1469–1538) gründete die Religionsgruppe der Sikhs. Eine Gemeinschaft, in der es keine Kasten gibt, die Vorherrschaft der Priester abgelehnt wird und Frauen zumindest theoretisch als gleichberechtigt akzeptiert werden. Asketentum, Opferungen, Betteln und Fasten werden als Wege zu Gott nicht geachtet. Es wird die Gleichheit aller Menschen verkündet und Toleranz gegenüber anderen Religionen gefordert.

Überzeugte Sikhs rauchen nicht, nehmen keine Drogen, essen genauso wenig Rindfleisch wie ihre hinduistischen Glaubensgenossen und trinken normalerweise auch keinen Alkohol. Na ja, bei den Pakistanis herrschen ja ähnliche Sitten! Jedenfalls ist überall dort, von wo aus der Tempel zu sehen ist, das Rauchen und Alkohol trinken strikt verboten.
Es gibt aber auch Extremisten unter den Sikhs. Organisationen, die, ähnlich wie in Kashmir, einen unabhängigen Staat namens „Khalistan" fordern. So gibt es immer wieder Auseinandersetzungen mit der Regierung, die 1984 ihren Höhepunkt fanden, als der „Goldene Tempel" gestürmt und ein Blutbad angerichtet wurde! Die Folge waren unversöhnlich-gedemütigte Sikhs, und nur vier Monate später wurde die damalige Premierministerin Indira Gandhi von ihrer Sikh-Leibwache erschossen.
Als ich die Pilger auf ihrem Glaubensgang begleite, wird mir die geheimnisvolle Ausstrahlung des Tempels erst richtig bewußt. Dunst hängt über der Stadt, als eine mit Turbanen und Sarees gekleidete Menschenschlange den Tempel betritt. Musik aus mir unbekannten Instrumenten begleitet die Prozession, und schon am Eingang knien alle Pilger nieder, um den kalten Marmor mit der Stirn zu berühren. Bereits in diesem Moment bin ich tief davon ergriffen, wie diese Menschen zu ihrem Glauben stehen.
Kaum habe ich das Innere der Anlage betreten, übermannt mich ein Gefühl, das ich seitdem in keiner Weise mehr zu spüren bekam. Es ist, als ob die Luft von Energie durchflossen wird, die mich Stück für Stück, ohne daß ich es will, einen vorbereiteten Weg durch Schicksal und Gedanken trägt. Meter um Meter verliere ich meine Scheu, beobachte Familien, wie sie beten und baden, sehe Menschen, wie sie am Teich sitzen und meditieren und fühle regelrecht, wie der Tempel aus zahllosen Augen über die Pilgerschar wacht.
Das eigentliche Heiligtum ist nur über eine Brücke zu erreichen und liegt inmitten des Teichs. Ein Wächter weist mich an, dort nicht zu fotografieren. Doch als ich vor den dort spielenden Musikern sitze, blitzt es ein dutzendmal aus der betenden Menge. „Daß die ‚Inglesi' aber auch alles fotografieren müssen", scheint man in diesem Augenblick zu denken. Die Blicke der anwesenden Pilger richten sich auf mich. Um meine Unschuld zu beweisen, hebe ich die Arme hoch in die Luft. „Wirklich. Ich war es nicht, der fotografiert hat!"
Einige der Anwesenden lächeln und interpretieren meine Gestik als die

westliche Art zu beten. Sie erwidern meine Gläubigkeit mit gefalteten Händen, der Wächter schaut irritiert, und die ungläubigen Fotografen können unerkannt entkommen.
Auf der anderen Seite des Teichs steht ein knorriger Baum, der unzähligen Vögeln als Wohnstätte dient. Dort spielte sich die Legende von Amritsar ab, die eines uralten Mannes und seiner bildhübschen jungen Frau. Als beide zum Einkaufen gehen, bleibt der Mann im Schatten des Baumes zurück und gönnt sich eine Ruhepause. Dabei beobachtet er, wie schwarze Krähen eine weiße Taube über den Teich jagen. Die Taube verschwindet im Wasser, die Krähen tauchen hinterher, und als der Schwarm zurück an die Oberfläche kommt, sind auch aus den Krähen weiße Tauben geworden. „Wie alt ich doch bin", denkt der Greis, „und wie jung und schön meine Frau". Einer Eingebung folgend steigt auch er ins Wasser, und nur kurz darauf kann er seine Frau als junger hübscher Jüngling umarmen! Das Gewässer bekommt daraufhin den Namen „Amritsar – Nektarteich" und ist bis heute ein Wallfahrtsort geblieben.
Um die Gastfreundschaft der Sikhs nicht auf die Probe zu stellen, haben wir die Pilgerherberge gegen eine ordinäre Hotelunterkunft getauscht. Dort gibt es wenigstens eine Dusche, die nach den mahnenden Blicken von Sabine das begehrteste Objekt im Umkreis von 100 Metern wird!
In der Neujahrsnacht verschlägt es Heinz und mich in das stadtbekannte „Hotel Amritsar International", wo krakeelende Gäste nicht genau wissen, ob sie die Orgie mit dem aufgetischten Buffet, mit sareesverkleideten Damen oder zwei uneingeladenen „Inglesi" feiern sollen. Da wir noch nicht bezahlt haben und zuerst einen Blick in den Saal werfen wollen, werden wir kurzerhand von zwei baumlangen Turbanen an die Luft gesetzt. Wir hocken uns auf eine Straßenkreuzung, trinken Chai und finden das von frierenden Rikschafahrern entfachte Lagerfeuer genauso stimmungsvoll wie ein heimisches Feuerwerk. Um Mitternacht landen wir ein letztes Mal im „Goldenen Tempel", wünschen den dort anwesenden Wächtern einen „Guten Rutsch" und erinnern uns vage daran, daß ein dritter Mann fehlt! Zurück im Hotel folgt die große Erleichterung. Kneipen haben in Amritsar Seltenheitswert. Gille aber hat es tatsächlich geschafft, eine zu finden – und liegt jetzt besoffen im Bett!

▲ Dornen sind besonders tückisch
▼ Öffentlicher Wasch- und Badeghat

Auf der Straße nach Delhi ...

... werde ich von unzähligen „Tata"-Trucks des öfteren gezwungen, auf dem Seitenstreifen zu fahren. Bei näherem Hinsehen glaube ich, in den Lastern ein Mercedes-Modell von 1961 wiederzuerkennen. Erst Coca Cola und jetzt auch noch Benz. Wie viele Fälschungen gibt es hier eigentlich noch?
Längst sind die Schweizer auf dem Weg ins Skiparadies. Carsten und Sabine brutzeln bestimmt schon am Strand, und zwischen Schlaglöchern und schmuddeligen Hotels habe ich alle Zeit der Welt, das wiedergefundene Alleinsein auszukosten.
Die Straße führt durch staubtrockenes Land. Es ist kalt und nebelig. Gerade bin ich froh gewesen, den letzten Durchfall auskuriert zu haben, da fängt die Nase an zu laufen. Während ich die Wollmütze tiefer in den Nacken ziehe, hoffe ich, daß dieser Überfall auf die Schleimhäute nichts weiter als ein ordinärer Schnupfen ist. Zusehends leeren sich die Packtaschen, und das Volumen meines Körpers wird größer und größer. Unter der Regenkombination sieht es bald so aus, als ob ein Ball die Straße runterrollt. Etwas unorthodox besteht dieser aus zwei Paar Socken, zwei Hosen, T-Shirt plus zwei langer Hemden, Pullover, Handschuhen und der mir ans Herz gewachsenen Wollmütze. Das dürfte den Schnupfen bezwingen und den Diesel davon abhalten, die Haut zu erreichen! Sollte es zwischen unzähligen Lastern, Bussen, Ochsenkarren und Rikschas doch zu einem Bodenkontakt kommen, so dürften die Klamotten auch noch als Seitenaufprallschutz dienen.
Zum Glück werde ich von derartigen Grausamkeiten verschont und darf mich voll und ganz den Sehenswürdigkeiten widmen, die das wintergebeutelte Land für einen kälteempfindlichen Radfahrer übrig hat. Vom Schnupfen einmal abgesehen fahre ich tagelang auf einer positiven Welle, und selbst Nebensächlichkeiten lassen mich vor Freude anfangen zu schnaufen.
Eine Bahntrasse kreuzt die Straße, und langsam kommt eine schwarze Dampflokomotive ins Bild. Die macht mir beim Schnaufen ernsthaft Konkurrenz und erinnert mich urplötzlich an den Hamburger Hauptbahnhof. Ich weiß noch genau, wie ich als kleiner „Butsche" auf einem der Bahnsteige stand und vor lauter Wasserdampf und Qualm das Bahnhofsdach nicht sehen konnte. Das war 1966 oder

so. Das in westlichen Ländern leider schon ausgestorbene Dampfroß ist in Indien noch öfter anzutreffen. Zwar nicht als Schnellzug, doch immer noch auf Strecken, wo eine 400 km lange Fahrt schon mal zehn Stunden oder länger dauern darf!
Die Technik macht auch vor den Feldern nicht halt. Ab und zu rolle ich an neuzeitlichen Traktoren vorbei, die von wagemutigen Sikhs über schiefe Äcker gesteuert werden. Ein Zeichen, daß auch bei den Großgrundbesitzern im Punjab der von Ochsen und Kamelen gezogene Pflug so langsam aus der Mode gerät.
Wie immer werde ich von Hunger geplagt, und so führt auch in Indien kein Weg an den unbekannten Gewürzen und seltsamen Gerichten vorbei, die sich beim zweiten Zubeißen als „brandheiße" Köstlichkeiten entpuppen! Mit anderen Worten: Ich könnte die Etappe an einem der vielen Truck-Stops beenden und die Geschmacksnerven auf indische Kost programmieren. Das Hungergefühl, das mir schon den ganzen Tag im Kopf herumschwirrt und unaufhaltsam den Magen in Mitleidenschaft zieht, ist kaum zu beschreiben. Ich ertappe mich, wie ich mich nach meinem Lieblingsgericht sehne: *palak paneer,* Spinat in Rahmkäse. Das muß es hier einfach geben, sonst schwing' ich mich zurück in den Sattel und versuch' mein Glück im nächsten Restaurant! Abends schlepp' ich dann beutelweise *samosas,* das sind mit Kartoffeln gefüllte Teigtaschen, und *pakoras,* fritiertes, in Kichererbsenteig gehülltes Gemüse, aufs Zimmer. Sollte das immer noch nicht reichen, haben meine auf „Essen" programmierten Augen schon lange eine Zwischenmahlzeit entdeckt. Ich vermisse zwar die pakistanischen Bäckereien, doch dafür gibt es Kolonialwarenhändler. Und die verkaufen nicht nur Milchpulver und Reis, sondern auch – Schokolade!
„Dairy Milk. Den Block da zu 200 Gramm, bitte!" Der Abend ist mal wieder gerettet.
War der Fahrradbasar in Lahore schon ziemlich groß, so sind es in Ludhiana ganze Straßenzüge, in denen das „Hero", das indische Nationalfahrrad, samt Klingel und Gepäckträger verkauft wird. Um das Statussymbol möglichst lange als neuwertig zu erhalten, wird das braune Kreppband, das jeden Rahmen umspannt, erst mit den Jahren des natürlichen Zerfalls entfernt. Unnötige Kosten spart der umweltbewußte Inder auch dadurch, daß er niemals einen ganz neuen Sattel kauft, sondern immer nur den Bezug. Nach 307 Familienausflügen und 11 Regenzeiten darf man sich daher nicht wundern, an

vielen Rädern nur noch Lederreste und freigelegte Sprungfedern zu sehen. Nicht jeder indische Arbeiter kann sich einen neuen Sattel leisten. Der kostet immerhin einen ganzen Tageslohn, umgerechnet runde 6 DM!
Neben dem stark befahrenen Highway verläuft ein doppelt so breiter Sandstreifen, der auf den ersten Blick wie eine Baustelle wirkt. Auf den zweiten Blick wird er von Radfahrern und Karrenwagen benutzt, die aus der Asphaltzone vertrieben worden sind. Auf den dritten Blick wird mir von einem freundlichen Truck-Stop-Besitzer erklärt, daß ich mit den ersten beiden Annahmen daneben liege.
„Sir! Dieser Sandstreifen ist Eigentum der indischen Armee!“ Drohend hebt er einen Zeigefinger. Erst jetzt bemerke ich, daß er einen Turban trägt, also zu den Sikhs gehört. Die wiederum gehören zu den besten Soldaten Indiens und wahrscheinlich des ganzen Erdballs. Mit denen ist nicht zu spaßen.
„Armee? Wo ist hier die Armee? Was will die Armee auf dem Sand?“
Als angelernter Pazifist befassen sich meine Gedanken nur selten mit militärischen Geheimnissen, Codewörtern und ausgeklügelter Taktik. Erst wenn Gewehre auf meinen Bauchnabel zielen, werde ich persönlich aktiv. Mein Sikh-Gegenüber erkennt seine Chance als Dozent.
„Sir! Die Grand Trunk Road gehört zu den wichtigen Zufahrtsrouten nach Kashmir und Pakistan. Falls die aggressive Politik der dort lebenden Moslems einen Angriff auf die unschlagbare indische Armee befiehlt, wird unsere Strategie durch diese Straße bestimmt!“
Drohend hebt er auch den Zeigefinger der anderen Hand. Seine Augen leuchten, und ich frage lieber nicht, welchen Dienstgrad er besitzt. Kaum werden sie fanatisch, dann sprechen die Leute eine Sprache, die mich zurück in die Kolonialzeit versetzt. Auch Generäle erinnern sich plötzlich daran, Englisch zu können, und als ausmanövrierter Tourist hat man nicht den Hauch einer Chance.
„Also wirklich, Herr General. So schlimm sind Ihre Nachbarn nun auch wieder nicht!“
„Sir!“
Der Tritt in die Pedale erfolgt fast automatisch. Der Kopf hat sich vom Körper gelöst und nimmt gar nicht mehr wahr, daß die Etappen immer länger werden. 120, 130, 140 Kilometer lege ich an einem Tag zurück. Meistens halte ich nur an, um Trinkwasser aufzufüllen, heißen Chai zu trinken und zu essen. In Gedanken sehe ich Panzer, Militär-

laster und aufmarschierende Soldaten über den Sandstreifen ziehen und entscheide mich für den Kampf mit dem Asphalt. Auf der Grand Trunk Road zählen Kilometer, Verkehr und die nächste Nacht in einem billigen Hotel. Lieber gegen Busse und Bettwanzen kämpfen als aussichtslos gegen fanatische und uneinsichtige Politik.
In Delhi angekommen und den Kampf gegen den Verkehr mit Glück überstanden, finde ich eine schmuddelige Unterkunft im zentral liegenden „Tourist Camp". Die winzige Abstellkammer, die mir dort als „De-Luxe-Room" vermietet wird, bietet gerade Platz für ein Bett und ein Rad. Wie ich es schaffe, auch noch das Gepäck dort unterzubringen, ist, im Nachhinein betrachtet, eine logistische Meisterleistung, die ihresgleichen sucht. Quetschen, drücken, umpacken. Und schon beim dritten Anlauf schließt sich die Tür.
Um sich nicht die ganze Zeit Beschwerden über die Zimmer anhören zu müssen, haben die Besitzer die Idee gehabt, ein Restaurant zu eröffnen. Da gibt es supersüße Cola und unappetitlich schmeckende Pizza zu Brechreiz herausfordernden Preisen. Geschlagene 35 Minuten warte ich auf ein Sandwich, das nichts weiter als Notbrot mit Trockenkäse und einer halben Tomate ist! Mein leerer Magen besteht leider darauf, diesen Fraß auch zu essen. Mein Kopf bestimmt dagegen, sofort in den nahen Basar zu laufen, um nach etwas „authentischem", also Spinat und Schokolade, Ausschau zu halten!
Der Orientierungssinn stimmt. In den engen Gassen von Old Delhi komme ich an fliegenden Händlern vorbei, die mir gestikulierend unnützes Plastikzeug unter die Nase halten, vom Spielzeugauto bis zum Schminkspiegel. Eine Straße weiter bieten offene Bäckereien unzählige Süßigkeiten an. Neben der „Dairy Milk" liegen dort *barfis,* das ist Kokosnußkuchen, der für den exquisiten Gaumen in eßbare Silberfolie gehüllt worden ist. Jetzt wird mir auch klar, weshalb es hier so viele Menschen mit häßlichen Zahnlücken oder gänzlich fehlenden Gebissen gibt. Vitaminmangel und unendliche Mengen von *barfis* sind schuld!
Neben den Barbieren, die ihre Kundschaft auf der Straße rasieren, neben den Zahnärzten, die gleich neben den Bäckereien ihre zuckerinvaliden Patienten behandeln und neben den vielen Verkäufern, die unaufhörlich Betelnußblätter rollen (sogenannte *pan wallahs*), dampft es aus riesigen Woks. Alles nur erdenkliche Gemüse brutzelt dort in kochendem *ghee,* dem indischen Speiseöl. In einem der offenen Restaurants ist besonders viel los. Ein Zeichen, daß die Küche gut sein

muß. Statt Spinat gibt es dort *biryani,* ein leckeres Reisgericht mit Safran, Rosinen und Nüssen. Schnell ist das Sandwich vergessen.

Delhi ist für viele Reisende der Ausgangspunkt einer Tour durch Indien. So ist auch das „Tourist Camp“ fast ausschließlich von fremdsprachigen Travellern bewohnt. Erstaunlich ist auch die Zahl der Fahrradreisenden. Als ich mich umschaue, zähle ich nicht weniger als 11 Fahrräder, die in unterschiedlichen Stadien von „gepflegt“ bis „zerfallen“ vor den „De-Luxe-Rooms“ parken.
„Du siehst so aus, als wenn du schon ziemlich lange unterwegs bist!“
Ich schau' ich mich um und kratz' unwillkürlich durch meine Bartstoppeln. Doch Sabine ist nirgends zu sehen.
„Stimmt. Ich bin gerade dabei, den aus Pakistan mitgebrachten Staub loszuwerden.“
„Warst du auch in Pakistan? Meine Frau und ich kommen auch von dort. War ganz schön anstrengend. Aber Indien ist auch nicht ohne.“
So langsam dämmert es mir. Kann das wirklich sein? Der englische Akzent, den der Bärtige spricht, stammt jedenfalls nicht aus England oder Amerika.
„Sag mal, kommst du aus Neuseeland?“
„Richtig. Kann ich nicht verheimlichen. Kiwis haben halt ihren eigenen Dialekt.“
„Und ihr seid von Karachi bis Azad Kashmir und von dort ich weiß nicht wohin!?“
„Bist du Hellseher? Woher weißt du das alles?“ Der Bärtige schaut ziemlich verwirrt.
„Jaaa ..., wenn ich dir das alles erzähle, dauert das ein paar Stunden. Tatsache ist, daß ich euch schon seit Karachi verfolge und zwischendurch immer wieder von neuseeländischen ‚Inglesi‘ gehört habe. Und weil es von denen bestimmt nicht so viele in Indien gibt, müßt ihr es eigentlich sein!“
Der Bärtige nickt belustigt.
„Also, die Route stimmt. Ich nehme an, du hast uns gefunden.“
Wir lachen und schütteln uns die Hand.
„Mein Name ist Ian und meine Frau, die dort drüben in der Sonne sitzt, heißt Jane. Nice to meet you.“
„Ich bin Frank. Na, dann laß' mal eure Story hören.“
Die Zufälle unter den 11 Radfahrern hier häufen sich und die Geschichten gleichen sich. Die Räder sind mal Mountainbikes, mal Tou-

renräder. Nur die Straßen sind nicht immer die gleichen. Die Biker sitzen zusammen, waschen zusammen ihre Wäsche und spielen zusammen auch noch Volleyball. Eine Woche später aber haben alle ihre Ketten geölt, sie schwingen sich wieder in die Sättel und fahren in verschiedenen Richtungen davon.

Ich benehme mich wie ein Indien-Neuling (was ich ja eigentlich auch bin) und schaue mich unter den historischen Bauwerken um, die von der „Bibel“ als ein „Muß“ bezeichnet werden. Am Westufer des Yamuna-Flusses steht ein weiteres „Red Fort“, das Shah Jahan ab 1638 errichten ließ. Ich hoffe auf einen privilegierten Empfang, streife durch Arkaden und Gänge und finde den „Diwan-i-Am“, den Saal für private Audienzen. Leider ist niemand da, der mich empfängt. Der berühmte Pfauenthron ist auch nirgends zu sehen. Der wurde schon vor Jahrhunderten entführt und steht jetzt in Teheran. Vom Pomp der Moguln ist also nicht viel übriggeblieben. Auf den Grünflächen lümmelt sich das Volk, die Mülleimer quellen über und die am Eingang postierten Händler können es nicht lassen, weiterhin mit Spielzeug und Puderdosen zu nerven.
Zwischen Fort und Altstadt hat sich eine ganze Armee von Rikschafahrern postiert. Bereit zum Sturm auf Touristen und auf die ohnehin aus allen Nähten platzenden Straßen. Als Hauptstadt Indiens bietet Delhi eine Menge Möglichkeiten, den touristischen Anspruch zufriedenzustellen. Als Vorzeigestadt ist Delhi aber nur bedingt geeignet. Dafür herrscht hier der gleiche Trubel wie in jeder asiatischen Großstadt und es stinkt hier wie überall nach Küchenfett und Diesel. Hier wohnen 7 Millionen Menschen, die mit ihren Ausscheidungen so umgehen, als wären sie sozusagen nicht vorhanden! Gerade wenn es um Hygiene geht, haben die Bewohner Indiens gewisse Ansichten, die mit denen von Europäern nicht immer übereinstimmen. Auch in Delhi wird jede Mauer, jeder Park und jede Hausnische als öffentliche Toilette genutzt. Überall riecht es streng nach Kot und Urin, und ein Biologe, der eine Rinnsteinprobe unter dem Mikroskop untersucht, würde sich über die dort wimmelnde Fäkalienpalette bestimmt riesig freuen!
Bei meinen Wanderungen durch die Stadt entdecke ich Unterführungen, die zu Zeltlagern umfunktioniert worden sind. Ganze Familien wohnen hier in Pappkartons und Wellblechteilen. Jeder Quadratmeter wird mit Kriegsrecht, mit Drohungen und aggressiven Gebärden verteidigt. Zerschlissene Wolldecken und ein verbeulter Kochtopf stel-

len den Hausrat dar, und als Badezimmer dient ein gewaltsam geöffneter Wasserhydrant. Unter den teilnahmslos vorbeigehenden Passanten waschen sich dort Männer und Kinder, während die Frauen in den Pappkartons kochen und sorgenvoll darauf warten, daß die Polizei auftaucht.
Indische Polizisten gehen mit brutaler Härte gegen ihre wehrlosen Landsleute vor. Zufällig bin ich dabei, wie eine Hydrantenversammlung auf unschöne Weise aufgelöst wird. Stockschläge auf Rücken und Beine sowie Stiefeltritte auf Füße und Genitalien gehören noch zu den harmlosen Aktionen.
Rund um den Connaught Place taucht das andere, das moderne Indien auf. Hier finden sich elegante Boutiquen, vornehme Restaurants und unterirdische Einkaufszentren. Piekfein herausgeputzte Sikh-Familien irren planlos und kaufsüchtig umher, erfüllen ihren ewig quengelnden Kindern die konsumgeilsten Wünsche und würdigen die mit gequälten Gesichtern dasitzenden Bettler kaum eines Blickes.
Vor gläsernen Bankpalästen und riesigen Plakaten, die Verhütungsmittel propagieren, sitzen die Bettler auf schmutzigen Decken und halten mir von Lepra zerfressene Hände entgegen. Wie soll ich helfen? Gebe ich dem einen etwas, muß ich dem anderen auch etwas geben. Selbst wenn ich jedem indischen Bettler nur eine Rupee geben würde, wäre meine Reisekasse in Nullkommanix leer. Im Sattel und auf dem Highway werde ich weitgehend von den Problemen Indiens verschont. Doch in den Städten, in denen ich mich genauer umschaue, werde ich knallhart mit extremen Gegensätzen konfrontiert. Unermeßlicher Reichtum blickt arrogant und selbstherrlich auf bodenlose und schockierende Armut. Als westlicher Ausländer, der in sozial geordneten Verhältnissen aufwuchs, kann ich dieses Problem kaum ignorieren.
Gleich hinter der Touristenmeile „Janpath“, die aus Reisebüros, Schlangenbeschwörern und Souvenirhändlern besteht, entdecke ich das „Jantar Mantar“. Die historische Sternenwarte, die Maharaja Jai Singh (1699 bis 1743) erbauen ließ, erfordert freilich ein wenig astronomische Kenntnis, bevor man sie auch als solche erkennen kann. Die Gebilde darinnen erinnern mich an Spielplatzrutschen, gleichschenklige Dreiecke und die Getriebe alter Lastwagen!
Neben mir riecht's, doch leider nicht nach Getriebeöl. Die schwarzbraunen Würste beweisen, daß ich in der Toilette des Observatoriums sitze. Es reicht! In einer Autorikscha, optisch wie ohrenbetäu-

bend an eine Harley Davidson erinnernd, fahre ich zurück ins „Tourist Camp".
Zu den anderen Radfahrern finde ich, außer am Waschbecken und auf dem Volleyballfeld, nicht den rechten Kontakt. Die meisten Gespräche drehen sich nur um die besten Schaltungen, wie man am leichtesten die vielen Neugierigen von den Rädern vertreiben kann und daß Indien ein übles Land für eine Radtour ist. Der Strand und das Dope in Goa seien aber sehr zu empfehlen ...
Wieder einmal bekomme ich den Eindruck, daß die meisten Traveller nur ihre eigenen Ziele verfolgen und für Land und Leute leider nur wenig übrig haben. Auch ich bin natürlich nur Gast in diesem Land und habe noch keine Ahnung, wie sich hinduistische von moslemischen Sitten unterscheiden. Auch ich verfolge gewisse Ziele. Radfahren gehört aber auch zu meinen Lebensbedürfnissen, ohne die ich es kaum bis hierher geschafft hätte. Meine Schaltung ist zwar nicht die Beste, ich versuche aber, die Eigenarten der Menschen hier zu begreifen und zu akzeptieren. Wenn ich mich unauffällig und höflich verhalte, lerne ich erstens dazu und zweitens lassen sie mich und den „cycle jeep" dann auch meistens in Ruhe.

Das Taj Mahal ...

... und somit der nächste Höhepunkt in einem Land, in dem es vor Höhepunkten nur so wimmelt, ist von Delhi aus in zwei Tagen zu erreichen. Beladen mit Schokolade verlasse ich die Hauptstadt im winterlichen Nebel, beobachte Waschzeremonien unter geknackten Hydranten, sehe Turbane und Schlangen, die morgendliche Touristen beschwören und finde schließlich den Highway, der südwärts bis nach Agra führt.
Bis auf einige Hügel ist die Landschaft immer noch eben. Der Straßenbelag ist erstaunlich gut, nur der aufkommende Wind macht mir mehr und mehr zu schaffen. Beständig fängt es an, von der Seite zu wehen. Ich habe Mühe, das Fahrrad in der Spur zu halten, und ein ums

andere mal blasen mich die Böen fast von der Straße. Schnupfen, Staub und tränende Augen vermischen sich zu einem milchigen Schleier. Beim Gegenhalten verschiebt sich der Horizont aus der natürlichen Lage, und die Seitenprofile der Reifen können endlich beweisen, daß ihr Dasein doch nicht unbegründet ist. Derartige Schräglagen bin ich vorher jedenfalls noch nie gefahren!

Menschen, Fahrzeuge und Dörfer sind im Staub oft nur schemenhaft zu erkennen. Der Sand knirscht zwischen den Zähnen, und wann immer sich die Möglichkeit bietet, halte ich an, um Chai oder Fruchtsaft zu trinken. Der Blick nach Westen sagt alles. Die Sahara scheint gleich um die Ecke zu sein.

Die Nacht verbringe ich in einem sauberen Truck-Stop in der Nähe von Chhata, einem winzigen Ort am Rande des Highways. In der Weite des indischen Landes hätte ich diese Nacht bestimmt schnell vergessen. Doch beim Frühstück mach' ich das erste Mal Bekanntschaft mit *raita,* einem recht würzigen Quark. Das dazugehörige Omelette schmeckt genauso lecker, und alles zusammen hat wohl zur Folge, daß der Sandsturm seine Wirkung verliert. Er flaut zu weniger als einem Lüftchen ab.

Kurz vor Agra umfahre ich die Stadt Mathura, die als Geburtsort Krishnas gilt. Krishna ist eine der Inkarnationen Vishnus, der als Erhalter zu den am höchsten verehrten Gottheiten der Hindureligion zählt. Noch weiß ich aber nicht, was ich mit den Mythen über Götter, Helden und Monde anfangen soll.

In den Vororten von Agra werde ich von Industrie, qualmenden Schloten und zunehmendem Verkehr begrüßt. Die Straßen werden enger. Rikschas, kläffende Hunde und schreiende Kinder bilden ein chaotisches Chaos. Schuhputzer und Bananenverkäufer buhlen um die Gunst der Passanten. Es dauert eine Weile, bis ich mich zum Yamuna-Fluß durchgefragt habe, wo eines der eindrucksvollsten Bauwerke aus der Zeit der Moguln steht.

Hohe Mauern umschließen das Grabmal, das Shah Jahan (wer sonst) ab 1631 für seine verstorbene Frau Mumtaz Mahal bauen ließ. Für das Fahrrad eines „Inglesi" ist das Taj Mahal natürlich tabu. Das jedenfalls meinen die Sicherheitsbeamten, die im gleichen Atemzug zwei nicht zu identifizierende Gestalten auf klapprigen „Hero"-Rädern passieren lassen. Meine Intervention bleibt ungehört. Die Antwort ist schlicht und einfach: "English no speak!" Man dreht sich um und kümmert sich nicht mehr um mich.

▲ Staub und Steine. Auf dem Karakorum-Highway nach China (Kunjerab-Paß)
▼ Buntes Scharfes. Pakistanischer Gewürzhändler im Basar von Sukkur

▲ Indiens steinerne Schönheit. Das Taj Mahal bei Sonnenaufgang

▼ Elefanten haben Vorfahrt ...!

▲ Das goldene Pilgerziel: Der Sikh-Tempel von Amritsar im Norden Indiens
▼ Buntes von oben. Ein Sikh ohne Turban – kaum vorstellbar!

▲ China: Viele Steine, wenig Wege. Es geht am Tianchi-See entlang
▼ Die Freiheit ist einsam. Durch die Taklamakan-Wüste

▲ Die Invasion der Zweiräder. Fahrradparkplatz in Kashgar
▼ In Chinas Steppen sind Kamele unentbehrliche Last- und Nutztiere

▲ „Gelbe Gefahr"? Rikscha-Sightseeingtour durch Singapur
▼ Lachendes Malaysia: Früchteverkäuferinnen auf dem Markt von Kota Bahru

▲ Auch Biker sind willkommen: Ankunft in den Cameron Highlands
▼ Schlangen und Dämonen auf dem Dach: Der Sam-Poh-Tempel

▲ Grüne Blätter für goldene Getränke: Teepflückerinnen
▼ My tent is my castle. Campen unter malaysischen Palmen

Stinksauer über diese unfreundliche Begrüßung schiebe ich den „cycle jeep“ über ein verkacktes Rasenstück. 10 m weiter verkündet ein zischendes Pfeifen, daß die Begegnung zwischen Vorderradschlauch und überlangen Dornen zur Niederlage des schwächeren Gummis geführt hat. Die Ironie dabei ist, daß ich beim ersten Luftverlust seit dem Start in Hamburg noch nicht einmal im Sattel sitze. Der grausame Shiva, ein Gott, der nicht immer willkommen ist, bestraft mein ungebührliches Verhalten mit einem doppelten Platten!
„Haben Sie Probleme? Können wir helfen?“
Zwei gut gekleidete junge Burschen erkennen die Lage, sehen mein freudloses Gesicht und hoffen auf Rupees.
„Vielen Dank. Ich komm' schon allein zurecht.“
„Brauchen Sie jemanden, der Ihnen die Gegend zeigt? Wir wissen, was Touristen sehen wollen. Wo kommen Sie her? Sind Sie Engländer?“
Dem ausgepumpten Reifen und dazugehörigen Fahrer, der in diesem Augenblick sowieso nicht die beste Laune hat, eine derartige Nationalität zu unterstellen, grenzt schon fast an einen Eklat!
„Wissen Sie, ich habe den Weg von Deutschland bis nach Agra gefunden. Da werde ich mich auch noch hier zurecht finden. Außerdem bin ich lieber allein.“
Alleinsein ist für die indische Mentalität genauso unbegreiflich wie für einen Hamburger die bayerische Lederhose. So schnell geben die beiden nicht auf.
„No problem. Wir kennen viele Plätze, von denen kein Reiseführer schreibt. Sie werden begeistert sein.“
Es fängt an, interessant zu werden. Die beiden scheinen die „Bibel“ zu kennen. Obwohl, „no problem“ bedeutet in Indien meistens, daß die Probleme dann erst beginnen!
„Und an diesen Plätzen werden zufälligerweise Edelsteine verkauft. Und die sind dort doppelt so teuer als anderswo, weil ihr noch eure Kommission kassiert, stimmt's? Außerdem möchte ich nichts kaufen. Ich bin nur ein armer Hippie.“
Ein paar Lügen, ein bißchen Wahrheit. Manchmal weiß ich auch nicht, wie ich die immer präsenten „Schlepper“ loswerden soll. Die werden ja auch nicht reich in dem Job.
„Wir wollen Ihnen keine Steine verkaufen. Wir sind arbeitslos und haben nur wenig Geld. Die Industrie in Agra bekommt immer mehr Auflagen, damit die Luftverschmutzung eingedämmt wird. Doch die mei-

sten Betriebe wollen kein Geld für neue Filteranlagen ausgeben. Sie entlassen lieber die Arbeiter und investieren anderswo. Glauben Sie es macht uns Spaß, für ein paar Rupees unsere Kultur zu verkaufen? Ich habe eine Familie und heute noch nichts gegessen. Sie haben ein cycle und sind immerhin hier. Wie geht das? Und wenn Sie ein Hippie sind, dann ein reicher Hippie. Sie können ja schließlich nach Indien fliegen!"
Woher weiß der das eigentlich alles?
Die Augen des Mannes werden größer. Sein Freund hält ihn fest und redet nachdrücklich auf ihn ein. Ich erkenne den Fanatismus eines Moslems und versuche mich aus der Affäre zu ziehen. Doch wieso eigentlich? *Ich* habe doch gar nichts getan. Im Gegenteil. Mein Vorderreifen ist platt, und eigentlich hätte *Ich* Grund sauer zu sein. Außerdem sehen die Typen gar nicht so arm aus, in ihren neuen Pullovern und sauber gebügelten Bundfaltenhosen. Sogar auf Hochglanz polierte Slipper tragen sie. Und vielleicht gehören ihnen sogar die Fabriken, von denen sie reden!? Was ist das hier für eine Show? Wo sind die Kameras? Wo sind die Leprakranken? Denken die wirklich, ich bin mit derartigen Geschichten aufs Kreuz zu legen? Wieso haben die eigentlich mich angesabbelt? Mir reicht's. Ich muß hier jetzt weg.
„Tut mir leid, Jungs. Bei mir gibt's nichts zu holen. Ich besitze wohl ein paar Rupees mehr als ihr, doch mein Magen ist genauso leer. Ich hab' heute auch noch nichts gegessen! Ich glaub', es wird Zeit."
Mit diesen Worten laß' ich zwei verdutzte Typen stehen, die zweifellos erkennen, keinen Eindruck auf mich schinden zu können. Jedenfalls kommen sie nicht hinter mir her.
Der Plattfuß nervt und der Magen knurrt. Luftlos und humpelnd mache ich mich auf Hotelsuche und werde das Gefühl nicht los, einen kranken „cycle jeep" an der Leine zu führen. Standesgemäß findet sich ein Zimmer im Hotel „Shah Jahan". Die dortige Dachterrasse eignet sich hervorragend zum Flicken von Schläuchen, und während ich ein *continental breakfast* der pseudo-westlichen Art verzehre (inklusive Notbrot), taucht aus dem gräulichen Smog die umweltverschmutzte Schönheit eines Grabmals auf, wie es nur einmal auf unserem Erdball zu sehen ist.
Als ich später im Park sitze und das „Taj Mahal" aus allernächster Nähe betrachte (nicht ohne den Rasen vorher auf wurstförmige Gebilde untersucht zu haben), bin ich endgültig von der Pracht, die Indiens Monumentalbauten ausstrahlen, fasziniert. Schon allein die

Größe der Kuppel, die in den marmorfressenden, mit Schwefeldioxid geladenen Himmel ragt, nimmt mir den Atem. Noch aufregender aber sind die vielen Marmorintarsien aus Halbedelsteinen, die als wahre Kunstwerke nicht nur Touristen, sondern schon so manchen Sammler lockten. Da wo einst Achate und Karneole den Marmor schmückten, da gähnen heute Löcher.
Daß Sammler, Herrscher und sonstige Diebe nur kurz vorbeischauten, um sich schnell zu bereichern, kann ich nach einigen Tagen im stinkenden Industrieabfall sehr gut verstehen. Wer weiß, ob man Lepra nicht auch durch Dioxide bekommt!
Wie in fast jeder Stadt auf dem Subkontinent, die eine moslemische Vergangenheit hat, steht auch in Agra das dazugehörige „Red Fort". Der an Verschwendungssucht leidende Shah Jahan mußte auf Anraten seines Sohnes Aurangzeb den Regierungssitz räumen und wurde in die geschlossene Anstalt des Forts überwiesen. Soweit zu familieninternen Machtwechseln, die mit Brudermord und vergifteten Trauben zum alltäglichen Leben der Moguln und Maharajas gehörten. Shah Jahan hatte sogar noch Glück: Von der Balustrade des Forts durfte er noch jahrelang sein Lebenswerk betrachten.

In Rajasthan ...

... warten märchenhafte Paläste, mystische Städte und stinkreiche Maharajas auf mich. So jedenfalls sieht meine Vorstellung aus, die ich mir schon vor Jahren beim Studieren von Büchern und Landkarten gemacht habe. Bauliche Sehenswürdigkeiten gibt es in den nächsten Tagen allerdings nicht zu bestaunen. So nutze ich die Zeit, um vernachlässigte Oberschenkel zu bewegen und stelle mit Zufriedenheit fest, daß sie noch nicht eingerostet sind. Die langsam wieder steigenden Temperaturen tun ein übriges, das Gefühl der wiedergewonnenen Freiheit zu steigern. Ich bin froh, der Dunstglocke von Agra den Rücken zu kehren. Dreck und Lärm der Großstädte mochte ich noch nie. Geschweige denn, dort Rad zu fahren.

Das tiefschwarze Asphaltband führt an der Geisterstadt Fatehpur Sikri vorbei. Die Stadt wurde von Akbar im 16. Jahrhundert gebaut, nachdem ihm Shaik Salim, ein dort lebender Heiliger, die Geburt eines Thronfolgers prophezeite. Bereits 14 Jahre später wurde die Stadt wegen Wassermangels wieder verlassen.
Wassermangel? Ein ungastlicher Ort für einen Radfahrer, der ständig auf dieses kostbare Naß angewiesen ist. Noch dazu flößt die am Stadtrand aufmarschierte Schleppertruppe nicht unbedingt Vertrauen ein. So gebe ich diesem von der „Bibel" proklamierten „Muß" eine unmißverständliche Abfuhr, die man im Fachjargon auch mit „Runterschalten und Gasgeben" übersetzen kann.
In der Nähe von Bharatpur, nur 60 km von Agra entfernt, befindet sich der „Keoladeo National Park". Ein riesiges Sumpfgebiet, in dem Wasservögel aus nördlichen Erdteilen eine winterliche Zwischenlandung machen. Ruhe und Abgeschiedenheit sind für in Großfamilien aufgewachsene Inder, die auspufflose Laster und Massendemonstrationen verehren, ein unbegreiflicher Luxus. Doch selbst der horrende Eintrittspreis von 85 Pfennig, um den Nationalpark mit dem Fahrrad zu befahren, schreckt mich nicht ab. Saubere Luft und das Gefühl, endlich mit mir selbst und meinen Gedanken allein zu sein, sind es allemal wert, den doppelten Preis zu bezahlen wie ein Besucher mit indischem Paß!
Je weiter ich mich in die Welt der Einsamkeit wage, desto lauter wird das Zwitschern und Kreischen. Immer um einen Spitzenplatz bemüht sind hoch oben in den Bäumen einige Geier zu sehen. Seelenruhig sitzen sie dort und warten ab. Es könnte ja sein, daß ein Nestling einen Fehlstart produziert. Ein Stück weiter tauchen Schlangenhalsvögel ins Wasser, benutzen ihre biegsamen Hälse als Speere und machen sich gierig über das aufgespießte Fischfrühstück her.
Die aufsteigende Sonne vertreibt den Nebel und bald brauch' ich die Vögel nicht mehr zu suchen. Wohin ich auch schaue, überall präsentieren sich Federn und Schnäbel. Am Ufer eines Sees setze ich mich ins taufrische Gras, vertraue mich dem Tagebuch an und finde heraus, daß sich das Verhalten der Gefiederten kaum von dem der Menschen unterscheidet: Da wird gebrütet, da wird gefressen, und wenn man sonst nichts zu tun hat, wird einfach der Kopf in die Federn gesteckt.
Hordenweise ziehen Reiher an mir vorbei. Weiße Löffler waten durchs Schilf und wühlen mit flachen Schnäbeln unermüdlich im Wasser. Ho-

cherhobenen Hauptes stolzieren Sariskraniche über die Wiesen, und wie auf ein Kommando starten Hunderte von Polargänsen zu einem Erkundungsflug über den See.
Die Attraktion des Parks ist eine kleine Gruppe sibirischer Kraniche. Nur noch etwa 200 Exemplare gibt es von dieser Art, die akut vom Aussterben bedroht ist. In diesem Winter haben gerade sieben (!) den Weg hierher gefunden und werden von Vogelbeobachtern aus aller Welt eingehend studiert. Das Gefühl, mit diesen seltenen Tieren zusammen zu sein, ist aufregend und beklemmend zugleich. Sie werden verschwinden, und wir Menschen haben sie am Ende auf dem Gewissen.
Natürliche Ruhe wie an diesem Tag zu finden gehört in Indien genauso zu den seltenen Erlebnissen, wie ein überholender Laster, dessen Fanfare nicht funktioniert. Heute scheint aber alles zu klappen. Den Tag beschließt ein wunderschöner Sonnenuntergang. Die Schlangenhalsvögel haben sich zu Gruppen gefunden, sitzen schattengleich in den Bäumen und strecken ihre Flügel den letzten Sonnenstrahlen entgegen. Über den Park senkt sich die Nacht.

Endlich einmal eine Straße, die die Bezeichnung „indisch“ verdient! Ich war schon drauf und dran, die Wörter „Schlagloch“ und „Schotterpiste“ aus meinem Wortschatz zu streichen. Beides bekomme ich auf den 170 Kilometern von Bharatpur nach Jaipur serviert. 170 Kilometer, die mein Hintern nicht so schnell vergißt.
Apropos Wortschatz: Auch in punkto indische Wörter und Namen hab' ich einiges dazugelernt. Mit *wallahs* werden in Indien Menschen bezeichnet, die irgendeine Dienstleistung verrichten, und ein Cola-ähnliches Getränk heißt „Thums Up“. Andere Wörter brauche ich nicht zu kennen, um eine durstmachende Schüttelpiste wie diese wenigstens halbwegs glimpflich zu überstehen.
Zwischen Halbwüste, Truck-Stops und Bratküchen beginnen drei Rikscha wallahs das aussichtslose Unternehmen, einen „Inglesi“ überholen zu wollen. 18 Gänge bewähren sich ein weiteres Mal. Kurz darauf meint ein Truck wallah, daß nur der Seitenstreifen gut genug für Radfahrer ist und schickt mich hinterhältig in den staubigen Graben. Dem nebenan im Wasserloch stehenden Dobi wallah fällt bei meinem Anblick die Wäsche aus der Hand. Nicht weil dieser Hinterhalt nun wirklich hinterhältig war, doch wann hat schon jemals ein englischer Radfahrer in seinem Waschhaus gestanden?!

Beim nächsten Chai wallah streiten der Truck wallah und die Rikscha wallahs, wer jetzt meinen Tee bezahlen darf. Wo die Moslems fanatisch sind, halten die Hindus überhaupt nicht zusammen. Mein Gott *wallah,* ich glaub', mir steht noch einiges bevor!

Es gibt aber auch Lebewesen, die derartige Streitereien schlicht und einfach ignorieren. Der Pfauenvogel, das Wappentier Indiens, ist besonders im Buschland von Rajasthan verbreitet. Majestätisch versucht er miauend eine Katze zu imitieren, schlägt ein eindrucksvolles Rad und dreht mir verächtlich den Rücken zu. Immer auf der Suche nach außergewöhnlichen Verhaltensweisen wird mir klar, daß er mein buntes Fahrrad als Rivalen betrachtet. Die „Hero"-Räder sind schließlich alle nur schwarz. Die braunen Weibchen haben von den Machos aber schon lange genug. Unzählige Küken im Schlepptau machen sie sich im wahrsten Sinne des Wortes schnell aus dem Staub!

Nach unzähligen „Thums Up" aus zu Eisboxen umfunktionierten Bananenkisten erreiche ich Jaipur. Ein weiteres Mal bestaune ich die verwirrenden Strukturen eines mittelalterlichen „Jantar Mantar" und setze mich für ein Schwätzchen zu den Wachposten am City Palace. Diese davon zu überzeugen, daß das Fotografieren von steinernen Elefanten keineswegs die Bezahlung eines Rupees rechtfertigt, ist ein schwieriges Unterfangen. In Indien kann immerhin schon ein unabsichtliches Augenzwinkern eine nach oben gehaltene Handfläche nach sich ziehen ...

Gleich um die Ecke steht die Hollywoodfassade des „Palace of the Winds". Der fünf Etagen hohe Bau besteht aus unzähligen Erkern, Nischen und Treppen, hinter denen die vormaligen Haremsdamen ungesehen vorbeiziehende Feierlichkeiten verfolgen konnten. Ein Luxusgefängnis der besonderen Art.

Der farbige Eindruck, den die „Pink City" Jaipur liefert, wird noch verstärkt durch bunte Turbane und Trachten, durch goldbehängte Frauen und bettelnde Kinder, durch Heerscharen von Rikscha wallahs, bläulichen Dieselqualm und aus allen Winkeln auftauchende Edelsteinverkäufer.

„Hello my friend. You like to visit my shop – möchtest Du mein Geschäft besuchen?"

„Thank you. I'm not interested in stones – ich bin nicht an Steinen interessiert."

„Look here. Wonderful Lapis. Are you from England? – Hier, schauen Sie. Diese wunderschönen Lapis. Kommen Sie aus England?"

„No, from Germany.“
„Ah, Deutschland. Ich habe sehr gute Beziehungen zu Geschäften in Idar-Oberstein ...“
„Tut mir leid. Ich bin aus Hamburg. Dort sind gerade *pebbles* – Kieselsteine – in Mode!“
Ehe der verdutzt blickende Schlepper wieder zu sich kommen kann, bin ich im Gewühl verschwunden. Was wäre dieses Land bloß ohne seine alles verkaufenden Verkäufer mitsamt ihren fast perfekten Verkaufsstrategien!?
Durch ständiges Beobachten kann ich mittlerweile in Sekunden entscheiden, ob ich es mit Gaunern oder mit ehrlichen Mitmenschen zu tun habe. Sicher, ab und zu trete ich noch ins Fettnäpfchen, verliere einige Rupees und manchmal auch das Gesicht. Grundsätzlich habe ich mir jedoch zur Regel gemacht, daß diejenigen, die mich ansprechen und etwas Außergewöhnliches und nie zuvor Gesehenes für mich parat haben, nur mein Bestes wollen, nämlich mein Geld. In Städten wie Jaipur, wo es viele Touristen gibt, wird man übrigens sehr häufig angesprochen.
Wenn ich tatsächlich etwas suche oder Hilfe brauche, dann schaue ich mich nach Leuten um, die achtlos an mir vorbeigehen. Die sind im ersten Moment zwar überrascht, wenn ich sie anspreche, im zweiten aber oft hilfsbereit, wenn es um eine Auskunft geht. Manchmal heißt es aber auch lapidar: „English no speak!“

Die nächsten 160 km gewöhnen sich meine Augen an eine sandgelbe Trockenheit, die widerspiegelt, daß ich mich nun im indischen Teil der Wüste Thar befinde. Einen Landstrich, den ich bereits gut genug aus Pakistan kenne.
Im Laufe des Tages dreht sich der Wind und weht mir warm ins Gesicht. Aus kleinen Gehöften ist das ununterbrochene Knarren der Wassermühlen zu hören. „Antriebsaggregate“ sind Kamele mit verdeckten Augen, die an die Mühlen gebunden im Kreis spazieren und auf diese Weise das Wasser aus den Brunnen pumpen. Auf Trab gehalten werden sie dabei durch singende Bauern. Ein Inbegriff alter indischer Tradition. Gern erinnern sich die Inder auch an die früheren Königssöhne, die Rajputen, die es vorzogen, in einer aussichtslosen Schlacht zu sterben, als jahrelang an der Wassermühle zu stehen. Ihre Furchtlosigkeit und Todesverachtung ist Legende geworden, ebenso der *jauhar,* der Opfertod ihrer Frauen. Während ihre Männer

auf dem Schlachtfeld starben, verbrannten sie sich bei lebendigem Leib.
Der Feuertod ist heute verboten, wird aber dann und wann noch illegal praktiziert. Dabei dreht es sich weniger um das heldenhafte Verhalten des Mannes, als vielmehr darum, daß die Mitgift nach dem Tode des Mannes an die Familie der Frau zurückgezahlt werden muß. Um das zu verhindern, wird die Witwe gebeten, ihrem geliebten Gatten zu folgen. Daß dies nicht freiwillig geschieht, ist sonnenklar. Es dreht sich aber um Geld. Und da hält die Familie zusammen.

Dort wo der Schöpfergott Brahma eine Lotusblüte verlor, entsprang ein kleiner See, der seitdem zu den heiligen Orten der Hindus gehört. Für mich bedeutet das zuerst, einige Hügel zu überqueren und antike Felszeichnungen als Werbung für Zahnpasta zu dechiffrieren. Endlich im heiligen Pushkar, muß ich alle Ansichten, die ich bis jetzt über Indien gesammelt habe, gründlich revidieren!
Pushkar ist ein Ort mit über 500 Tempeln, die auf den umliegenden Hügeln oder in versteckten Hausnischen zu finden sind. Ein Ort, wo sich Hippies und Globetrotter gegen Pauschaltouristen verschworen haben. Wo es Pizza und Pfannkuchen anstatt Reis zu essen gibt. Wo sich Profibettler ein geregeltes Einkommen verschaffen. Und wo von weither gekommene Sadhus hoffen, das ersehnte Karma zu finden. Pushkar ist außerdem berühmt für die jährlich im November stattfindende „Mela", der größte Viehmarkt im ganzen Land, auf dem hauptsächlich Kamele angeboten werden. Dagegen haben selbst die Schlangenbeschwörer keine Chance, die geifernd westliche Touristen anmachen, weil diese nicht bereit sind, für abgemagerte Kobras ihre Rupees zu zücken.
Pushkar bedeutet Pilgergesänge aus Tempeln, die dem dickwanstigen Elefantengott Ganesh geweiht sind. Pushkar bedeutet schwarzgesichtige Affen, die es rücksichtslos auf die Picknickkörbe der Pilger und auf die Kameras der Touristen abgesehen haben. Und Pushkar bedeutet selbstverständlich Souvenirhändler, die mit Silberschmuck und Wasserpfeifen westliche Konsumenten und mit Glasarmreifen und Plastiksandalen die einheimischen Pilger betören. Unzählige Secondhand Bookshops, die alles in ihrem Sortiment haben, was das lesende Traveller-Herz begehrt. Vom „Spion, der aus der Kälte kam" über Thailand-Reiseführer bis hin zur sechs Wochen alten BILD-Zeitung.
Und dann bricht der Tag an, an dem ich ein Jahr älter werde und den

ich nicht vergessen will zu feiern. Gefeiert wird mit Mineralwasser, Schokolade und Klopapier! Wahnsinn! Und das in einem hinduistischen Pilgerort, in dem es nicht ein Gramm Fleisch zu kaufen gibt. Zum Frühstück studiere ich dafür die BILD und freue mich über den Turm aus blütenweißem Papier.
Bei einem Spaziergang durch das Hinterland von Pushkar begegnen mir einige Bauerntöchter, die sich bei meinem Anblick sofort in Pose werfen. Lauthals verlangen sie „one photo, one Rupees!!" (Interessant: für fast alle Inder ist „Einzahl" gleich „Mehrzahl", wenn es um Geld oder Essen geht: „one Rupees, one meals" u.s.w.).
Nicht nur, daß ich gar keine Kamera dabei habe und so nicht auf ihr Verlangen eingehen kann. Die Mädels werden auch noch frech, schneiden Grimassen und geben mir zu verstehen, daß ich verschwinden soll, wenn ich für die Begegnung mit ihnen nicht bezahlen will! Ich bin echt schockiert und frage mich, wie die Präsenz zahlungskräftiger Ausländer das dörfliche Leben noch weiter beeinflussen wird. Um die Realität nicht ganz zu vergessen, stelle ich mir vor, daß Pushkar ein indisches Disneyland mit Comicfiguren und dazugehörigen Souvenirständen ist. Chaotisches Gemeindeleben paart sich mit Schönheit und Geldgier, mit mythologischer Vergangenheit und keuscher Gegenwart. Aus unverständlichen Gründen wurde vergessen, an öffentliche Toiletten zu denken. Es wird Zeit, wieder in den Sattel zu steigen.

70 km weiter in Beaver, einer typischen Kleinstadt in den Hügeln der Aravalli Range. Zwischen Lastern und „What is your name?" hocke ich auf einem Charpois und beobachte einige Vierbeiner, die nicht zu den störenden, sondern zu den ständigen Einrichtungen gehören, mit denen Indien lebt. Nein, es sind keine Kamele, obwohl es gerade von ihnen in Rajasthan eine Unmenge gibt. Es sind Kühe, die hier und überall im Land das Straßenbild und die Verkehrsregeln bestimmen. Egal, ob sie über die Straße laufen, vor Geschäften ihren Mittagsschlaf halten oder mitten auf der Kreuzung eine Stunde Wiederkauen üben. Sie haben immer Vorfahrt. Egal ob ein Bus oder der Regierungsinspektor kommt.
Als ob dies die heiligen Kühe wüßten, lassen sie sich nicht stören und fressen sich durch Abfallhaufen und die Gemüsestände der fliegenden Händler, ganz zum Leidwesen der Besitzer. Weder angedrohte Schläge noch verbale Attacken hält die Viecher von ihrer Lieb-

lingsbeschäftigung ab: Alles was grün ist, lädt zum Fressen ein. Auch wenn es nur grüne Wellpappe oder grüne Plastiktüten sind. Richtig abgebrühte Kühe hab' ich auch schon in der Schalterhalle eines Postamtes gesehen. Wahrscheinlich wegen der grünen Formulare, die es dort zum Nachtisch gibt.
Ein knirschendes Geräusch läßt mich herumfahren und beinahe verschütte ich den Tee. Da macht sich doch so ein Vieh an meinem Ledersattel zu schaffen! Das geht zu weit. Erstens sind Kühe Vegetarier, das hab' ich gelesen. Und zweitens ist mein Sattel schwarz und nicht grün!
Meine drohenden Gebärden gegenüber einem heiligen Staatselement bleiben nicht unbeobachtet. Das Lächeln in den Augen der umstehenden Menschen verschwindet. Niemand fragt mehr, ob ich ein Freund des deutschen Botschafters bin und Visa ausstellen kann, niemand fragt mehr nach „money" und „pen". Alle starren mich an. Wie kann es ein „Inglesi" nur wagen, eine heilige Kuh zu beschimpfen!
Heilige Kuh? Ich bin wieder einmal völlig verwirrt, steige schnell in den heiligen Sattel und mach' mich unter den strengen Blicken dieser Menschen nach Süden davon.
Durch die letzten Wintertage, die so schnell verschwinden, wie sie gekommen sind, radle ich weiter durch die Ausläufer der Thar. Aus dem hellbraunen Wüstensand stechen rote Turbane hervor. Junge Frauen, denen die Nasenringe bis zur Unterlippe hängen, kichern immerzu hinter mir her. Erdhörnchen verschwinden pfeifend in ihren Löchern, und auf der anderen Straßenseite zieht eine Kamelkarawane vorbei. Diesmal sind es aber nicht die kauenden Wüstenschiffe, sondern einige Hunde, die meine Aufmerksamkeit erwecken. Schwankend sitzen sie auf den Höckern der Kamele und versuchen verzweifelt das Gleichgewicht zu halten. Ob es für sie nicht sinnvoller wäre, zu Fuß zu gehen? Vielleicht ist das aber auch die Generalprobe für einen Zirkusakt. Wer weiß!

Das Schild auf einer Paßhöhe erzählt von 776 Höhenmetern und das schwäbische Radlerpaar, daß ich dort treffe, kommt geradewegs aus Bagdad hierher. Im Lärm des vorbeiziehenden Verkehrs können wir uns kaum verstehen. Doch scheint das in diesem Moment auch nicht so wichtig zu sein. Schnell bauen die beiden ihren kiloschweren Basarkocher auf und wir brauen uns Tee. Nach einer halben Stunde Verkehrslärm weiß ich immer noch nicht ihre Namen. Dafür aber, daß es von nun an nur noch bergab geht. Als die beiden über die Bergkuppe verschwinden, sehe ich noch lange ihren riesigen Kocher, der oben auf den Packtaschen thront. Insgeheim muß ich grinsen, denke an Hochzeitsreisende und afghanische Schweizer, die zum Skifahren nach Indien kommen. Und auf einmal bin ich mir sicher, nicht der Einzige zu sein, der so verrückt ist, durch dieses Land zu radeln.

Udaipur hat einen ähnlichen Charme wie Jaipur, mindestens genauso viele Bettler wie Edelsteinverkäufer und jede Menge Hunde, die immer nur mich ankläffen, wenn ich durch die Gassen des Basars spaziere. Auch hier besuche ich den City Palace. Die alten Gemäuer sind ein einzigartiges Labyrinth aus Spiegelwänden, Mosaiken und Kacheln mit aufgemalten holländischen Mühlen. Von einem Pavillon ist der Pichola-See zu sehen, aus dem der großartige Lake Palace ragt. Der Palast wurde sogar schon als Kulisse für einen James-Bond-Film benutzt.

Abends im Jagdish Tempel lausche ich einer etwas unharmonischen Musik, die schon von den Beatles verbreitet den Weg in westliche Herzen fand. So verzückt habe ich später keine Schwierigkeiten, im mit sieben Rupees unschlagbar billigen Schlafsaalbett zur wohlverdienten Ruhe zu finden. Was für eine angenehme Stadt Udaipur doch ist!

Die Frage der Übernachtung gehört auch in den nächsten Tagen zu den Prioritäten, die ich mir ab vier Uhr nachmittags setze. Da mir das Campen in dichtbesiedelten Gebieten nicht behagt und ich nach 150 Kilometern „What is your name?“ ungestört die Tür hinter mir zumachen möchte, bleibt nur die Ausschau nach Hotels oder Pensionen.

Mit dem Einbruch der Dunkelheit erreiche ich eine Ortschaft, die von der Größe her gerade noch auf der Landkarte zu sehen ist. Somit ist der winzige Funken Hoffnung entzündet, daß es dort eine Unterkunft gibt. Leider machen mein verschwitztes Gesicht und die verschmierten, von einer abgesprungenen Kette gekennzeichneten Finger keinen Eindruck auf den *chowkidar,* den Wächter, der das Regime über das staatliche Resthouse führt. Nachdem er mich geringschätzig von oben bis unten betrachtet hat, rümpft er die Nase und trifft die für ihn einzig richtige Entscheidung.

„All rooms full, Mister. Inspector comes tonight – alle Zimmer belegt. Heute nacht kommt der Chef!“

So sieht also die Antwort auf meine Frage nach einem Zimmer aus, die ich bis zu diesem Zeitpunkt noch nicht einmal gestellt habe!

„Gibt es in der Stadt ein Hotel?"
„Im Basar."
Und damit ist für ihn die Sache erledigt. Er dreht sich um und ist, immer noch naserümpfend, schnell im Haus verschwunden. „English no speak, was?" Ich bin sauer. Deprimiert schiebe ich das Rad durch die nur spärlich beleuchtete Straße, frage mich mit Händen und Füßen durch den Basar und lande schließlich vor einem dunklen Gebäude, das ganz und gar nicht wie ein Hotel aussehen will. Dem vor der Tür sitzenden Eigentümer fällt bei meinem Anblick beinahe die „Bedee"-Zigarette aus dem Mund. Er hat sich inmitten der mir gefolgten Kinderschar aber schnell wieder im Griff und bittet mich freundlich herein. Nachdem ich fünf Minuten lang erklärt habe, daß ich ein Bett suche, hebt er fünf Finger.
„Panj Rupees – Fünf Rupees!"
Sofort wird er von der zu Hilfe geeilten Kinderschar eines Besseren belehrt, erinnert sich, daß er noch zwei Finger mehr besitzt und erhöht sein Angebot auf sieben!
„Saat Rupees, Sahib. Sie sind ja schließlich ein reicher ‚Inglesi'!"
Na gut. Zehn Pfennig mehr laß' ich mir gerade noch gefallen. Wir sind hier ja immerhin auf dem Land!
Die Tatsache, daß es sich bei dem Zimmer um eine Abstellkammer inklusive Charpois und flüchtenden Kakerlaken handelt, die Tür trotz Vorhängeschloß eine Handbreit offen bleibt und das Klo nichts weiter ist als eine Nische samt Gartenschlauch, wird angesichts des freundlichen Alten wieder wettgemacht. Nach meinem Einzug hockt er sich neben eine Gaslampe und fängt an, Chappatis zu backen. Zwanzig Minuten später, nach einer dürftigen Schlauchreinigung, stehen tatsächlich dampfende Fladen und leckeres Dal vor meiner Tür. Daneben sitzt der zahnlose Alte, und während wir essen, probiert er sein Hindi an mir und ich mein Englisch an ihm aus. Etwas später sehen wir ein, daß wir uns zwar verstehen, uns aber nicht unterhalten können.
Spät in der Nacht hör' ich es rascheln, schau' durch den Türspalt und seh' den Alten, wie er auf einem Charpois direkt vor meinem Zimmer liegt. Dem ausländischen Gast wird die größtmögliche Sicherheit geboten. Auf dem Land muß man schließlich vorsichtig sein!

Die Straße nach Bombay ...

... hat nichts mehr mit den Reichtümern der Maharajas zu tun. Erst recht nichts mit der Vorstellung armer Dorfbewohner, ihre reichen Gäste vor Räubern schützen zu müssen. Sie ist ganz einfach erschreckende Realität.
Um wenigstens eine der vielen Großstädte im Bundesstaat Gujarat zu umfahren, entschließe ich mich, die Nebenstraße über Lunawada zu nehmen. Eine üble Fehlentscheidung. Schlaglöcher und Flickenteppiche bestimmen hier das Straßenprofil, das genauso alt aussieht wie die nebenan wachsenden Bäume. Dahinter breiten sich trockene Reisfelder aus. Hier wohnen ärmliche Bauern, die sich künstliche Bewässerung nicht leisten können und auf eine zusätzliche Ernte verzichten müssen. Dafür arbeiten sie fleißig an der Straße, jedenfalls die Frauen. Die klopfen am Straßenrand schwitzend Steine und schleppen mit verzerrten Gesichtern Körbe voller Sand hin und her. Und Frauen sind es auch, die in zerrissenen Sarees urzeitliche Teeröfen betreiben. Der flüssige Asphalt verbreitet einen beißenden Rauch. Das rhythmische Steineklopfen und die monotonen Gesänge zeugen von schwerer körperlicher Arbeit. Unweigerlich werde ich an eine römische Galeere erinnert. Wo sind bloß die Männer?
Die sitzen am Straßenrand, passen auf, daß ihren Frauen nichts zustößt und warten auf den Regen, der ihre Reisfelder berieseln soll. Daß der Regen aber erst in vier Monaten kommt, scheint niemanden zu stören. Später erfahre ich übrigens, daß die Frauen für diese Knochenarbeit nur halb so viel verdienen wie ein Mann, der die gleiche Arbeit verrichtet. Begründung: Frauen leisten nicht so viel wie ihre männlichen Kollegen.

Der braune Wüstensand bleibt allmählich zurück. Blaßgrüne Weiden bestimmen jetzt das Landschaftsbild. Genau so wie die Landschaften ändern sich auch die Temperaturen. Die Mittagssonne entwickelt schon wieder eine Kraft, der kaum ein Sonnenschutzmittel gewachsen ist. Ich bin Hitze jedoch schon ziemlich gewohnt und könnte mich eigentlich zu den Asphalt schleppenden Frauen gesellen. Daß die neben den Teeröfen nicht anfangen zu rösten, ist mir ein Rätsel.
In der Stadt Baroda ist selbst nach langen Verhandlungen kein günstiges Zimmer zu bekommen. 40 Rupees und mehr sind die Regel.

„Strom und Wasser sind teuer“, meint der Besitzer eines Billighotels. Stimmt. So teuer, daß ab und zu der Strom ausfällt. Und als ich mich waschen will, ist auch das Wasser abgedreht.
Sind das wirklich die Abenteuer, die Indien so abenteuerlich machen? Eine Frage, die ich mir fast jeden Tag stelle. Heute ist die Antwort sehr einfach: Man braucht nur auf dem Highway 8 zwischen Baroda und Bombay unterwegs zu sein.
Sogar nachts hab' ich noch das Hupen der vorbeirasenden Busse und Laster im Ohr. Ich habe Alpträume, in denen ich mit schwer bewaffneten Busfahrern kämpfe, die an meinen Packtaschen zerren und mir das Fahrrad stehlen wollen! Handgreiflichkeiten steigern sich bis zu Revolverduellen. Kurz vor der Schießerei wach' ich glücklicherweise auf.
187 km weiter finde ich mich zwischen Tausenden von „Bedford“-Lastern wieder, hoch beladen mit Industriegütern, Zuckerrohr und Menschen. Schwerfällig ziehen sie an mir vorbei, der luftverpestende Dieselqualm läßt meinen Atem immer schwerer gehen. Aus den Bustüren und -fenstern lehnend starren sie mich immer und ewig lächelnd an. Diese gutmütigen und neugierigen Menschen, die zu wahren Raubtieren werden, wenn es um ihr „Recht auf der Straße“ geht!
Da ist ein vollbesetzter Bus mit einem Lkw zusammengekracht! Leichen liegen im Blut und hängen aus den Wracks. An einem Brückenpfeiler hat sich ein Lkw die Hinterachse abgerissen! Diebe plündern gerade den auf das Dach gerollten Truck. Da liegt ein Tanklastzug im Graben, explodiert und zerborsten, noch rauchend in der Mittagshitze. Wahnsinn regiert den Verkehr. Das Gaspedal ersetzt die Regeln. Wer bremst, ist feige und verliert das Gesicht. Ich versuch' noch schneller zu fahren und bin trotzdem mittendrin.
In diesem Inferno bekomme ich schnell das Gefühl von zart geräucherten Oberschenkeln. Immer wieder frage ich mich, wie ich die Schwärze bloß runterkriege, ohne gleich die oberste Hautschicht abzukratzen. Hoffentlich gibt es in Bombay hochgradigen Ersatz für die zur Neige gehende Niveamilch …
Die vielen Flüsse, die es zu überqueren gilt, leuchten in rosa, grün und pink. Ganze Regenbogen sind da unten zu sehen. Welcher Chemielaster wohl hier seine Ladung verloren hat? Und immer wieder sind Menschen zu sehen, die in dieser todbringenden Soße baden und waschen.
Ein Stückchen weiter lächelt mich ein Teeverkäufer an. Doch als ich

an seinen Gläsern rieche, schüttel' ich nur mit dem Kopf. Wer weiß, wo das Wasser herkommt!
Kaum ein normaler Mensch würde nach derartigen Beobachtungen noch Appetit auf eine anständige Mahlzeit haben. Die Bedürfnisse eines Fernradlers sehen dagegen völlig anders aus. Die Kalorienmenge, die mein Körper nach 120 Kilometern verbraucht hat, ist ohne weiteres mit der eines Stahlarbeiters oder eines Triatlethen zu vergleichen. Mit den Monaten auf der Straße haben sich Nase und Augen zu wahren Spürhunden für kalorienreichen Nachschub entwickelt. Kein noch so kleiner Imbiß ist vor ihnen sicher. Wann immer sich die Möglichkeit bietet, schaufel ich rein, was der Magen nur fassen kann. Genüsse sind es leider nur selten. Wenn's ums Essen geht, ist Otto-Normal-Nordinder nicht gerade ein Gourmet. So ist das Gemüse in den riesigen Kochtöpfen meist hoffnungslos zerkocht, Kartoffeln sind nur noch zerstampfter Brei und das, was noch ein wenig aussieht wie Fleisch, ist ein mit Knochenstücken durchsetzter, sehniger Fraß. Lieber gar nicht erst fragen, was da serviert wird. Schnell runter damit und Ausschau nach dem nächsten Imbiß halten.
Die Tage auf dem Diesel-Highway entwickeln sich zu einer Jagd auf Straßenrestaurants, ohne deren Vorhandensein ich wohl kaum in der Lage wäre, das tägliche Kilometerpensum zu schaffen. Zum Glück gibt es auch noch leckere Früchte, und die Bäckereien sind gut mit Schokolade bestückt. Manchmal überkommt mich aber auch ein gewisses Heimweh, das eng mit Mutters Küche verbunden ist.

Die kleine Enklave Daman direkt am Arabischen Meer (früher eine portugiesische Kolonie) ist Anlaufpunkt aller Trucker des Highways 8. Warum, wird mir spätestens beim Anblick der unzähligen Bier- und Schnapsreklamen klar. Gujarat gehört zu den indischen Bundesstaaten, die absolut „trocken“ sind. Da bietet sich ein Abstecher für Trinksüchtige geradezu an. Der hinter den Hotels liegende Strand hat mit einem tropischen Paradies leider nur wenig gemein. Umherliegende Flaschen ersetzen die Palmen, und die Nutzung als öffentliche Toilette verleidet mir das Bad im einladenden Meer. Um von den stolpernden Gestalten, die den Weg von einer Kneipe in die nächste suchen, nicht erkannt zu werden, ziehe ich es vor, zur Verdunklung eine Sonnenbrille zu tragen. So gehöre ich am Morgen zu den wenigen Frühaufstehern unter den Fahrern, die es vorziehen, möglichst viele Kilometer zwischen sich und ihren promillegeschädigten Kollegen zu bringen.

Während derartiger Durststrecken, auf denen es keine Sehenswürdigkeiten zu bestaunen gibt, finde ich die Gelegenheit, Zusammenhänge im indischen Leben näher kennenzulernen. Tatsache ist, daß Religion und Alltag streng miteinander verknüpft sind. Das sogenannte Kastensystem, dem fast alle Hindus und somit 80 % der Bevölkerung angehören, ist überall präsent.
Da gibt es die Kasten der Krieger, Händler und Bauern. Mit der Geburt und aufgrund der Kastenzugehörigkeit ist der Lebensweg eines jeden Hindus vorprogrammiert. Traditionell festgelegt ist somit auch der Beruf, denn der Aufstieg in eine höhere Kaste wird nur in den seltensten Fällen erlaubt. Wer will schon jemanden aus einer niederen Kaste heiraten? Vor allem, wenn Hochzeiten sowieso arrangiert werden, um den Wohlstand zweier Familien zu vermehren oder anzuheben. So ist das System in sich geschlossen, starr und religiös zementiert. Liebesheiraten sind immer noch die Ausnahme. Nur in den Großstädten, wo westliche Sitten nach und nach ihren Einzug halten, werden kulturhistorische Bräuche langsam in den Hintergrund gedrängt. Hier gehören Jeans und Discos zum Leben der westlich aufgeklärten Jugend, Börsenmakler tragen Krawatten und so manch ein Kastenloser, der vormals nur die unreinen Arbeiten der Lederverarbeitung oder Leichenverbrennungen ausführen durfte, hat es bereits zum Busfahrer gebracht!
Die unteren Kasten umfassen den größten Bevölkerungsanteil und die sozialen Mißstände sind unübersehbar. Bauern und Handwerker leben an der Armutsgrenze, während die hochwohlgeborene Gesellschaft von Tag zu Tag betuchter wird. Doch auf das Handeln verzichten auch die Reichen nicht, selbst goldbehängte Frauen achten darauf, beim Kauf von Schmuck oder importierten Luxusartikeln eine allerletzte Rupee herauszukitzeln.
Indien gehört nicht mehr zu den armen Entwicklungsländern. Das Land kann sich überwiegend selbst versorgen. Kampagnen wie „Be Indian, Buy Indian" („Sei indisch, kaufe indisch") sollen die nationale Wirtschaft unterstützen. Indien besitzt sogar die Atombombe und ein eigenes Raumfahrtprogramm. Doch uneinsichtiges Verhalten der Menschen, Korruption und unkontrolliertes Bevölkerungswachstum, Fehlplanungen und Investitionen in Prestigeobjekte lassen die Kluft zwischen arm und reich immer größer werden. Einige Gründe, weshalb Indien auch in Zukunft ein reiches armes Land bleiben wird.

Kinoreklame in Bombay · Die Granitstatue „Lord Gomateshwara“
Das „Red Fort“ in Dehli

Bombay: Zahllose Brücken verbinden die vielen Inseln, auf denen das größte Slum Asiens wuchert. 50 km vor der Stadt beginnt ein unübersehbares Gefüge aus Zeltbahnen, Plastikfolien und Wellblechhütten. Die Betonburgen der Reichen mit ihrer eigenen Energieversorgung und privatem Wachpersonal verlieren sich förmlich darin.
Dreckige Wassertümpel, vierspurige Straßen und 500.000 Slumbewohner stehen einer Filmindustrie gegenüber, die als „Bollywood" bekannt wurde. Nirgendwo sonst auf der Welt werden mehr Liebesfilme und „Curry"-Western produziert als hier. Die stundenlange Fahrt bis in die Innenstadt läuft wie in einem dieser Schmachtfetzen an mir vorbei. Zuerst noch Elend und Armut, und dann, so scheint es, bin ich auf einmal in – England!
Doppelstöckige Busse und viktorianischer Baustil vermitteln London-Gefühl. Alle Werbetafeln, Richtungsweiser und Straßenschilder sind in Englisch geschrieben, und nur die überlaute Musik sowie der chaotische Verkehr machen mir klar: „Nein, du bist hier in Indien!"
Öl- und staubverschmiert stehe ich endlich vor dem „Gateway of India", das, zusammen mit dem riesigen Hotelklotz „Taj Mahal Intercontinental", zu den unübersehbaren Wahrzeichen Bombays zählt. Gleich dahinter befinden sich etwas günstigere Hotels, wo ich eine ca. 6 qm kleine Pappschachtel zum Preis einer Luxussuite ergattern kann. Doch nicht nur die Hotelpreise, sondern auch der allgemeine Lebensstandard hat in Bombay höchste Höhen erreicht. Eine weltoffene und moderne Stadt.
Schockiert über die Kosten versuche ich, meine geschäftlichen Angelegenheiten so schnell wie möglich zu erledigen. Neben den Sehenswürdigkeiten, die aus Moscheen, Märkten und öffentlichen Toiletten bestehen, führt aber kein Weg an 10 Millionen Einwohnern vorbei, die hier täglich 24 Stunden lang die Straßen bevölkern.
Zur Post scheint es zuerst ein angenehmer Spaziergang zu werden, doch plötzlich wird ein wahrer Spießrutenlauf daraus.
„Change money? Good rate! Want hashish? Brown sugar? Very good, strong, man, strong! Buy Walkman? Cheap price. You sell your camera?
So tönt es mir überall unter den Arkaden entgegen. Beim Anblick eines „Inglesi" denken Geldwechsler, Drogendealer und Schwarzmarkthändler sofort an das große Geschäft.
Die Stände der „alles-was-das-Herz-begehrt-Händler" scheinen kein

Ende zu nehmen, Schuhputzer, Pan wallahs und obligatorische Bettler versperren zusätzlich den Weg. Überwacht wird das ganze Szenario von knüppelschwingenden Polizisten, die genau beobachten, wer wie viele Rupees in seine Tasche steckt. Schutzgelder bezahlen zu müssen, ist hier genauso üblich wie Kinderarbeit, Prostitution und professionelle Bettelei. Von ihren Eltern aus Geldmangel verkauft, werden fünf- bis zehnjährige Kinder von Organisationen erniedrigt, gefoltert, versklavt und oft auch verkrüppelt. Schließlich werden sie zu schauspielerischen Glanzleistungen erzogen, die ich sarkastischerweise als „Bettlertheater" bezeichnen muß.

Wie aus dem Nichts tauchen sie plötzlich neben Passanten auf – vorzugsweise natürlich Touristen – und zeigen auf Buckel und fehlende Gliedmaßen. Tränen rollen über schmutzige Wangen, und aufgehaltene Hände verlangen aggressiv nach Rupees. Ein drei-Minuten-Schauspiel. Gewinnen tut entweder das Opfer, wenn es auch nach 100 Metern gnadenloser Verfolgung nicht bereit ist zu zahlen. Oder der Bettler, wenn er mit Münzen losgekauft urplötzlich keine Behinderung mehr hat und lachend über den Bürgersteig hüpft.

Im „Leopold-Café" sitzen steinreiche Araber und überlegen, welches Viertel sie heute aufkaufen sollen. Am innerstädtischen „Chowpatty Beach" flanieren Stammeshäuptlinge aus Kenia, die mit weggeworfenen Whiskeyflaschen dafür sorgen, daß der Strand noch dreckiger wird. Sind die auf Urlaub hier?

Für mich bewahrheitet sich ein weiteres Mal, daß ich Indien noch immer nicht verstehe. Schnell ist das Fahrrad geputzt, eine neue Kette montiert und eine weitere Großstadt, die zum Radfahren untauglich ist, von der Karte gestrichen.

Der Palmenstrand von Goa ...

... von vielen Reisenden, die ich unterwegs getroffen habe, nachhaltig als Paradies beschrieben, rückt in greifbare Nähe. Nur noch 550 km bis dorthin! Ein Katzensprung, wenn ich mir die bisher gefahrene Strecke auf der Karte betrachte.

Bei Panvel teilt sich die Straße. Der Schwerverkehr biegt nach links ab, nach Poone, in das ehemalige Bhagwanzentrum. Die Küsten-

straße bleibt, bis auf wenige Motorroller, ungenutzt. Was für ein Glück für einen nach Ruhe suchenden Radfahrer! Ich hatte schon geglaubt, dem endlos strömenden Verkehr niemals entkommen zu können.
Von einem zum anderen Kilometer ändert sich nun die Welt. Die Landschaft wird grüner, die Luft sauberer und das Klima feuchter. Die Menschen sind auf einmal viel kleinwüchsiger als im Norden, und ihre Hautfarbe ist dunkler. Eigentlich schon schwarz. Unvermittelt bekomme ich das Gefühl, eine unsichtbare Grenze überfahren zu haben, die Nord- von Südindien trennt.
Die Straße folgt sanft ansteigenden Hügeln, die aus grünen Reisfeldern bestehen. Nebenan ist das riesige Bett eines halbtrockenen Flusses zu sehen. Das schmutzige Rinnsal läßt kaum erahnen, welche Wassermassen hier in der Regenzeit fließen. Und schon geht es wieder bergab. Ein herrliches Gefühl, wie der Fahrtwind den Schweiß trocknen läßt und die Haut abkühlt. Ohne den nervenaufreibenden Verkehr bekommt das Fahren einen ganz anderen Sinn. Ich fühle mich wie verwandelt, und auch noch viel, viel später kann ich das „Hoch" dieser Tage nachempfinden. Kopf und Beine fühlen sich merkwürdig frei. Was war die Straße bis nach Bombay doch für ein traumatisches Erlebnis, und jetzt fahre ich durch die wohl schönste Landschaft, die ich bisher in Indien gesehen habe!
Auch das Essen ändert sich. Statt Fleisch und öliger Saucen jetzt nur noch Reis und Gemüse. Das sogenannte *thali* wird von den Restaurants als „meals" angepriesen. Meist wird die Mahlzeit auf Bananenblättern serviert und mit den Fingern gegessen. Was bleibt, ist der Service, der überall gleich abläuft: Ein „Ober" nimmt die Bestellungen entgegen – selbstverständlich behält er alles im Kopf – und gibt sie an den Kassierer weiter. Danach steht der „Ober" herum und wartet, daß etwas passiert. Aber was? Schließlich bequemt er sich, mir ein Glas Wasser vor die Nase zu stellen, doch nicht ohne mich grimmig anzuschauen. Das war wohl schon zuviel verlangt. Ein Junge, höchstens zehn Jahre alt, läuft derweil mit einem Kübel voll mit schmutzigem Geschirr durch den Raum und wischt mit einem dreckigen Lappen über die schmierigen Tische. Der Kübel verschwindet dann unter der Kasse, um kurze Zeit später zum nächsten Tisch getragen zu werden. Wohl gemerkt, er wird noch lange nicht geleert. Man muß ja was zum Vorzeigen haben. Das Essen kommt, wird über drei „Ober" an meinen Tisch gereicht und schmeckt ausgezeichnet. Am Nebentisch Gefluche. Erst kommt das Essen nicht, und dann etwas ganz

anderes, als bestellt wurde. Kein Wunder, der „Ober" schreibt ja auch nie etwas auf.
Beim Bezahlen die gleiche Hierarchie. Dem ersten „Ober" sage ich, daß ich die Rechnung will. Der wiederum sagt es dem Teilhaber. Und erst als der Kassierer es weiß, wackelt dieser zustimmend mit dem Kopf. Auf dem gleichen Weg kommt die „bill" dann zurück, zusammen mit einem Schälchen Aniskörner. Das ist gut für die Verdauung, doch schlecht, wenn man Löcher in den Zähnen hat.
Einen Schein aufs Tablett, und ab geht's zum Kassier, Wechselgeld zurück, endlich geschafft.
„Wissen Sie eigentlich, daß Sie Privilegien haben?" fragt mich der Lokalbesitzer, als ich mich zum Gehen wende.
„Na ja, es gibt da schon einige ‚Inglesi', die meinen, sie gehören zur Kaste der Hyperbrahmanen und versuchen, das auch noch auszunutzen."
Da mein Gegenüber nicht mit dem Kopf wackelt, sondern nur die Stirn runzelt, scheint meine Antwort nicht ganz angekommen zu sein. Ich beeile mich zu sagen: „Nein, eigentlich nicht."
„Dieses Hotelrestaurant gehört zu einer Bushaltestelle. Jeder Busfahrer, der hier hält, bekommt ein „meals" umsonst. Die Fahrgäste bezahlen dafür zwei Rupees mehr. Sie aber bezahlen nur den normalen Preis."
Diese entwaffnende Offenheit ist wieder einmal nicht zu begreifen.
„Vielen Dank. Aber warum, wenn ich fragen darf?"
Der Besitzer zwirbelt seinen Zwirbelbart und wird zwei Zentimeter größer.
„Erstens möchte ich nicht, daß Sie den Eindruck von überhöhten Preisen in meinem Haus bekommen. Zweitens sind Sie mit dem Fahrrad hier. Das verlangt nach Respekt. Und drittens sind Sie Ausländer und daher Gast in meinem Land. Ich wünsche Ihnen gute Fahrt, und erzählen Sie ihren Fahrradfreunden, daß sie herzlich willkommen sind bei Khamat in Chiplun."
Spricht's und ist seinen Zwirbelbart zwirbelnd in der Küche verschwunden.
Ich bin beschämt. Ausländerfreundlichkeit! Gibt es das noch? Das gibt mir auf jeden Fall zu denken. Da fahre ich nun Tausende von Kilometern durch ein ärmliches Land, werde überall beschissen, und jetzt auf einmal das.
Beim Gehen werfe ich noch einen langen Blick zurück und sehe den

Jungen, wie er mit seinem Kübel voll dreckigem Geschirr mit seinem noch dreckigeren Lappen über meinen schon schmierigen Tisch wischt. Daneben steht der „Ober“, und beide lächeln mich an …

Monströse Banyanbäume mit gewaltigen Baumkronen lassen die Straße im Schatten versinken. Hathkamba, Rajapur und Kankauli, nichtssagende Orte, in denen wohl noch nie ein Reisender gehalten hat (und die außer lauwarmer Cola auch nicht viel zu bieten haben), bleiben genauso zurück wie hektisch knatternde Wasserpumpen und überflutete Felder. Eine Nebenstraße führt zur Küste zurück. Erste Palmenoasen tauchen auf, und der salzige Geschmack des nahen Meeres legt sich frisch auf die Lippen. Was für ein Ausblick! Vom Rand einer Klippe ist nur noch Sand zu sehen, und die dazugehörigen Kokosnüsse kann ich unschwer erahnen. Hie und da steht eine Hütte. Ausgebreitete Netze trocknen im Sand und geparkte Auslegerboote warten auf die nächtliche Fahrt. Kleine Wellen kräuseln das tiefblaue Meer. Die frische Brise läßt den Schweiß schnell vergessen, der Unterschied zwischen Großstadt und Natur könnte niemals größer sein. Schon im 16. Jahrhundert nahmen portugiesische Seefahrer von Goa Besitz. Die natürlichen Häfen, die Schutz vor den Monsunstürmen boten, und die sagenhaften Strände waren einfach zu verlockend. Erst 1961 wurde Goa in die Indische Union integriert, aber die portugiesische Vergangenheit ist noch überall gegenwärtig.
Die Straße nach Panaji, der Hauptstadt Goas, führt durch verschlafene Dörfer, die aus mediterran anmutenden Häuschen mit überhängenden Balkonen und roten Ziegeldächern bestehen. Unzählige weiße Kirchen sind zu sehen, die am heutigen Sonntag zum Gottesdienst läuten.
Die Frauen, die mir entgegenkommen, tragen Spitzenkleider und tatsächlich Schuhe! So was ist man von indischen Frauen nun echt nicht gewohnt. Fischer sitzen im Schatten der Bäume und Gitarrenklänge vermischen sich mit der rauschenden See.
Der Staat ist so klein, daß ich beinahe die Abzweigung nach Colva verpasse. Nachdem ich ein kleines Zimmer in Strandnähe gefunden habe, gebe ich mich ganz dem Faulenzen hin und mache volle vier Tage Pause.
Der 40 km lange Colva Beach ist zwar eintöniger als die Buchten im nördlichen Goa, doch dafür knirscht der Sand unter den Reifen, und nach einigen Kilometern hab' ich das ganze Paradies für mich allein.

Also runter mit der Hose, rein in den Schatten eines einsam daliegenden Fischerbootes und dem Nudistendasein frönen. Ganz allein bin ich aber hier wieder nicht. Als ich mich im Wasser austobe, schweift mein Blick zurück zum Strand. Ich sehe, wie sich ein halbes Dutzend Krähen über meine Bananen und Kekse hermacht! Selbst wildes Geschrei und Gefuchtel mit den Armen nützt da nichts mehr. Mein Lunch fliegt auf und davon.
Da Goa einer weiteren Eroberungswelle in Form von westlichen Touristen standhalten muß, ist das nächste Restaurant zum Glück nicht weit. Außer an Palmen, Meer und weißem Sand kann man sich an kulinarischen Genüssen pseudo-westlicher Küche erfreuen, angereichert mit hochtrabenden Namen wie „Spaghetti", „Frühlingsrolle" und den komischerweise immer gelungenen „Fruchtsalaten".
Das Buch über „Mehr Kilometer mit der richtigen Ernährung" ist aus Gründen der Gewichtsersparnis schon im letzten Paket nach Hause geflogen. Diesmal ist die Gesundheitsfibel dran. Denn mittlerweile weiß ich, was mich in den Bäckereien erwartet und daß ich die nach Leitungswasser schmeckende Soda nicht trinken sollte, ist mir ebenfalls schon länger bewußt.

Dann passiert mir eine dumme Sache. Der Sonnenbrand, der mich nach einem Nickerchen am Strand überrascht, hat fatale Folgen. Schon nach kurzer Zeit werden die Schultern knallrot, und als ich mich in der Nacht von einer Seite auf die andere wälze, nehmen die Schmerzen noch zu. Schweißgebadet und von Juckreiz verfolgt, packe ich meine Sachen. Von Sonne und Strand bin ich völlig kuriert. Die nächsten 100 km nach Süden nehme ich nur durch Schweiß und Schmerzen wahr. Bald ist der ganze Rücken voller Blasen, die Haut löst sich in riesigen Fetzen ab. Es brennt wie Feuer. Unvermittelte Schweißausbrüche lösen sich mit Schüttelfrost ab, Hitzewellen mit eisiger Kälte. Unter Stöhnen und Keuchen sind die Beine die einzigen Körperteile, die noch einigermaßen gehorchen. Völlig am Ende erreiche ich den Ort Ankola und beziehe Quartier in einer kleinen Pension. Ein Blick in den Spiegel offenbart alles. Schnell unter die Dusche und die Verbrennungen kühlen. Alles, was ich an kühlender Niveamilch habe, verbrauche ich. Ich schimpfe mit mir, was für ein dummer Tourist ich doch bin! Sonnenbaden als ungefährliches Vergnügen betrachten und dabei die intensive UV-Strahlung vergessen! Für diese Dummheit wird mich der Rücken noch einige Tage bestrafen.

▲ In den Backwaters von Alleppy nach Quilon
▼ Banyanbaum-Allee hinter Goa

Tempel und Tiere ...

... habe ich zwar schon einige gesehen, doch laut Reiseführer hält der Bundesstaat Karnataka gleichfalls jede Menge Kultur- und Naturschauspiele parat. Da muß ich einfach hin.
„Geladen" mit einem Haufen Flüche, die die Sonne, Schweißausbrüche und den verkohlten Rücken betreffen, entschließe ich mich, einen Umweg zu fahren. Statt an der Küste zu bleiben und vor lauter Juckreiz sowieso nichts von den Palmen zu sehen, biege ich bei Honovara auf den State Highway 68 ab und fahre in die Hügelkette der Western Ghats. Die Straße ist so neu, daß sie noch nicht einmal auf der Karte verzeichnet ist. Was heißt in Indien aber schon „neu"? Hier wurde einfach ein ehemaliger Karrenweg überasphaltiert. Kein Wunder also, daß ich schon nach kurzer Zeit über Schlaglöcher und Bodenwellen „surfen" muß.
Hinter Gerroppa geht es nur noch bergauf und selbst kleinste Gänge können den Muskelschmerz nicht mehr verdrängen. Noch dazu nervt mich der Schweiß, und ich würde einiges dafür geben, den geplagten Rücken gegen einen Eisklotz zu tauschen. Die Straße zieht sich wie eine klaffende Wunde durch steile und bewaldete Hänge. Stundenlang werde ich von Vögeln und Affen begleitet, und manch ein Banyanbaum ist so riesig, daß seine Lianen erst auf der anderen Straßenseite die Erde berühren. War auf dem Highway bis nach Goa schon wenig Verkehr, so ist hier überhaupt kein Motorengeräusch mehr zu hören. Die Steigung hat zu viele Prozente für voll beladene Trucks. Über vier Stunden habe ich für die letzten 25 km gebraucht. In Anbetracht des hinter mir liegenden Karrenweges ein beträchtlicher Schnitt.
Am Ende der Paßstraße sollen die atemberaubenden Jog Falls zu sehen sein. Und was wird mir geboten? Ein lächerliches Rinnsal, das noch nicht einmal Anstalten macht, zu „fallen"! In der Trockenzeit etwas anderes zu erwarten, wäre sicherlich auch vermessen. Doch für einen weitgereisten „Inglesi" hätte man den Hahn wenigstens etwas weiter öffnen können ...
Statt lauschiger Wasserfälle also wieder einmal Sprachprobleme. Jetzt habe ich mich endlich überwunden, ein paar Brocken Hindi zu lernen, und schon versteht man mich nicht mehr. In Südindien wehrt man sich gegen die Überfremdung der eigenen Sprache. Hier spricht man

Kannada, Tamil und zum Glück auch noch Englisch, das sich als Geschäftssprache zwischen Nord- und Südindien durchgesetzt hat.
„What is your name? This is a pen. – Wie heißen Sie? Das ist ein Schreiber!"
Was mir in abgelegenen Dörfern als Willkommensgruß zugerufen wird, läßt mich langsam erschauern. Der Bildungsstandard der Bevölkerung kann bei weitem nicht mit europäischen Maßstäben verglichen werden. Nicht alle Kinder gehen zur Schule. Die Mehrheit muß schon in jungen Jahren arbeiten, Rupees verdienen und sich um das Wohl der Familie kümmern. Viel mehr als rechnen, lesen und schreiben lernen Schulkinder nicht. Aber fast alle können Englisch!
„What is your name? This is a pen!"
Aus zwanzig, fünfzig, ja manchmal sogar hundert Kehlen tönt es hinter mir her. Vor allem, wenn ich eine Schule passiere, in der unglücklicherweise gerade Mittagspause ist.
„This is a pen!"
Aufgeregt laufen die Kinder neben mir her und kritzeln imaginäre Worte in die Luft.
„This is a pen!"
Wie nett. Sie wollen mir zeigen, wie ein Schreiber aussieht. Oder?
„This is a pen!"
Bis ich endlich kapiert habe, vergehen mindestens 983 Mal „This is a pen!" Sie wollen mir nicht ihre Schreiber zeigen. Sie wollen gerne einen besitzen!
„This is a pen!"
In jedem Dorf und auf jedem Markt werde ich von Kindern belagert.
„This is a pen!"
Wenigstens die korrekte Frage hätte man ihnen doch beibringen können. Wo sind die Englischlehrer bloß mit ihren Gedanken?
In einem Hotel fragt mich ein anderer Gast, wo ich denn herkomme. Schon ganz automatisch und ohne aufzublicken, denn diese Frage habe ich schon genauso häufig gehört, antworte ich: „From Germany."
„Ah, Deutschland", gibt er kopfwackelnd zurück. „I had lessons in German when I was in Highschool. It's long time ago, but I remember one question – ich hatte Deutsch in der Schule. Ist zwar schon eine Weile her, aber ich kann mich noch an eine Frage erinnern."
Dann fragt er mich in bestem Deutsch:
„Wie heißen Sie bitte, Sir?"
Ich bin froh, als ich die Tür hinter mir zuschließen kann.

Da die Western Ghats die Monsunwolken davon abhalten, das Hochplateau des Deccan zu erreichen, ist die grüne Landschaft ein weiteres Mal einer braunen Einöde gewichen. Neben den Menschen sind es nur noch endlose Baumalleen, die mich tagelang durch Felsen und Steine begleiten. Über eine staubige Nebenstraße erreiche ich schließlich zwei der eindrucksvollsten Tempelanlagen Südindiens, nämlich Halebid und Belur. Es sind Heiligtümer aus der Herrschaft der im 12. Jahrhundert regierenden Hoysala-Dynastie.
Was haben sich hier die Bildhauer angestrengt! Picasso und Dali haben ja auch nicht schlecht gemalt, und auch Moore hat sich gut bewegt, als er den Meißel geschwungen hat. Aber das hier übertrifft alles. Eher klein und gedrungen, von weitem sogar unscheinbar, wirken die Tempel. Kommt man aber auf Sichtweite heran, kann man nur noch staunen. Jeder Zentimeter der aus Speckstein errichteten Mauern ist mit Skulpturen versehen. Manche sind lebens-, andere nur handflächengroß. Sie zeigen Götter, Tiere und das tägliche Leben der damaligen Zeit. Auf zehn Metern Länge spielt sich z.B. der Krieg zwischen zwei Stämmen ab. Elefanten, Wagen und Lanzen sind bis ins kleinste Detail wiedergegeben. Und schließlich darf man auch noch sehen, was nach den Feldzügen und Gottesdiensten passierte. Das Feiern kam jedenfalls nicht zu kurz, und die erotischen Spiele in allen Positionen des Kama Sutra überzeugen mich schnell, daß man damals nicht viel von der Missionarsstellung gehalten hat!
Wie prüde das Land dagegen heute wirkt. Die alten Kulturen sind fast alle verschwunden. Schaut man dagegen nach Europa, dorthin, wo man vor noch gar nicht so langer Zeit bis obenhin verschnürt herumlief, da liegen wir heute nackt am Nudistenstrand und warten darauf, daß es noch freizügiger wird.
90 „this-is-a-pen"-Kilometer weiter werde ich überzeugt, daß nicht alle meine Überlegungen der Wahrheit entsprechen. In Sravanbelgola führen 614 heiße Stufen zur 18 m hohen Granitstatue von Lord Gomateshwara, dem allerheiligsten aller Jain-Heiligen. Oben angekommen stehe ich als keuscher Tourist zwischen Dutzenden von Pilgern, die, außer mit einem Wedel aus Pfauenfedern, nur mit Luft bekleidet sind. Für die Jains ist die Befreiung von Leidenschaft und Materie der Weg ins Nirvana. Ihr wichtigstes Gebot ist es, keinem Lebewesen zu schaden. Der riesige, gerade 1000 Jahre alt gewordene Monolith ist ebenfalls nackt, wobei sein ..., ich meine sein primäres Fortpflanzungsorgan, besonders aufwendig gestaltet ist. Die anwesenden

Frauen tuscheln und schmunzeln, und ich wundere mich, daß keine Goa-Jünger anwesend sind!

Vorerst letzter Kulturstopp ist die große Stadt Mysore, in der ich hauptsächlich pausiere, um verlorengegangene Kalorien wieder anzufuttern. Dazu gehört, den Basar unsicher zu machen, dem Duft von Sandelholz und leckeren Thalis nachzugehen und dem für Besucher geöffneten Maharajapalast meine Aufwartung zu machen. Neogotischer Stil, Gemälde von Aufmärschen und dick mit Silber beschlagene Türen, die vorsichtshalber mit Kunststoffrahmen und Alarmanlagen gesichert sind, gehören zu den opulentesten und bizarrsten Beispielen der indosarazenischen Kolonialarchitektur. Das meint jedenfalls der Reiseführer, der mich in Momenten von Null-Ahnung reichhaltig mit Kulturinformationen versorgt.
Nach einer Kaffeepause, die in Südindien den so unersetzlichen Chai abgelöst hat, erfahre ich, daß auf dem nahen Chamundi Hill ein Tempel der Schutzgöttin Durga steht. Oben angekommen, werden 15 Busladungen Pilger plus ein „Inglesi" von Kokosnußverkäufern, Souvenirhändlern und Fremdenführern verfolgt. Während die Pilger dank ihrer Sprache die Schutzgöttin um Schutz anflehen können, bleibe ich als Tourist natürlich völlig ungeschützt. Ob Griechisch, Türkisch, Urdu oder Hindi, keine dieser Sprache beherrsche ich ausreichend, um Durga um Hilfe ersuchen zu können. Englisch oder gar Deutsch will die Schutzgöttin partout nicht verstehen!
Nach kurzer Zeit sind die Kaufangebote, die mir lauthals und pausenlos unter die Nase gehalten werden, nicht mehr zu ertragen. Ich flüchte zurück ins Hotel und träume von Sandelholznußknackern, die von Durga auf die Suche nach Früchten geschickt werden und mit Shivas Dreizack bewaffnet den Souvenirhändlern das Fürchten lernen. Noch im Halbschlaf prüfe ich den Luftdruck der Reifen und habe schon bei Sonnenaufgang 25 km Vorsprung herausgefahren.

Beschreibungen indischer Straßenverhältnisse sind stereotyp. Die Hauptstraßen sind genauso übervölkert wie das ganze Land, und die Nebenstraßen, so eine, auf der ich heute fahre, sind einfach schlecht. Einzig ein großes, handgemaltes Schild, auf dem sich ein gefräßiger Tiger anschickt, einsame Radfahrer zu verschlingen, macht mich darauf aufmerksam, daß es hier Bestien gibt, die es auf das zarte Fleisch unachtsamer „Inglesi-cyclists" abgesehen haben. Statt auf Schlaglöcher achte ich nun lieber auf den urplötzlich auftauchenden Wald, auf Unheil verkündendes Geraschel im Busch und auf schwarz-gelb gestreifte Fellbündel, die man zur Kategorie „Großkatzen" zählen muß. Einen Tiger zu sehen, wäre natürlich das größte. Andersherum kommen diese Raubkatzen bestimmt nicht in die Nähe der nach Mensch riechenden Straße, und zu Katzenfutter zerkleinert zu werden, danach steht mir auch nicht der Sinn.

Kurz darauf erreiche ich das Informationszentrum von Mudumalai, das mit den angeschlossenen Nationalparks von Bandipur und Wynad zum „Project Tiger" gehört. Dieses Unternehmen, durch die bekannte Organisation WWF unterstützt, soll die letzten verbliebenen Tiger Indiens vor der Ausrottung bewahren. Überbevölkerung, das Besiedeln bislang unberührter Lebensräume und nicht zuletzt Umweltverschmutzung und Wilderei haben die Bestände des größten Raubtiers Asiens auf ein Minimum zusammenschrumpfen lassen. Leider wird auch in den Nationalparks nur wenig Rücksicht auf die Tierwelt genommen. Artenschutz wird an keiner indischen Schule unterrichtet, und ein Wilderer, der einen Tiger erlegt, kann mit dem Profit, den er dadurch macht, leicht seine ganze Familie ernähren. Auch die Händler, die Felle und zermahlene Knochen als Potenzmittel nach Taiwan oder Korea verkaufen, werden nur selten bei ihren Geschäften ertappt.

Heia Safari! Auf dem Rücken eines wohlerzogenen Elefanten, zusammen mit „alles-sehen-wollenden" Touristen, erlebe ich ein wahres Desaster! Ein Japaner hält dem Mahout immer wieder die im Camp gekaufte Postkarte unter die Nase, auf der ein Tiger brüllt, und zeigt danach auf seine drei Nikons. Ein pensionierter Anthropologe aus Berlin hält Ausschau nach Völkern, die noch nicht entdeckt worden sind. Und eine Platinblonde aus Wien will partout Elefanten haben, am liebsten „beim Dingsda", kichert sie hinter manikürten Fingernägeln.

„Die tun's nämlich gut und gern eine Stunde", hat sie gelesen.

„Da können Se wenigstens nichts verwackeln, wenn Se ein Foto machen", brummt der Anthropologe.

Doch mit den Tigern wird es nichts, die Wilderer waren vor uns da. Dann aber haben wir Glück. Mitten im trockenen Busch, auf einer Gratwanderung zwischen Erleuchtung und ausgefahrenen Wegen, entsinnt sich der Mahout, daß sein Trinkgeld von der Anzahl aufgespürter Tiere abhängen wird. Schon umzingelt von dieselnden Jeeps „entdecken" wir eine Herde wilder Elefanten. Der Japaner schießt aus allen Rohren und die Blondine seufzt alle paar Sekunden „ein Tierparadies!“ Trompetend ziehen sich die Elefanten zu den unentdeckt gebliebenen Wilden zurück. Der Japaner hat keine Filme mehr und die Wildschweine, die bei unserer Rückkehr das Camp nach Essenresten durchwühlen, lernen der Blonden derart das Fürchten, daß sie sich weigert, vom Elefanten zu steigen! Der Garten Eden ist aber auch in Mudumalai nicht zu finden.

Nach diesem Ausflug durch den Nationalpark bin ich froh, wieder im Sattel zu sitzen. Vorbei an übergroßen und nicht zu übersehenden Termitenhügeln, verfolgt von zähnefletschenden Affen und beobachtet von in Baumkronen sitzenden Rieseneichhörnchen rase ich durch den Wald. Mit dem Quietschen der Bremsen versuche ich, die unzähligen Katzen, die mich heimlich aus dem Busch beobachten, zu verscheuchen, lädiere auf der holprigen Straße etliche Bandscheiben, verliere dazu über 1000 Höhenmeter und gelange nach nur 50 Kilometern zurück in die Palmenregion der feuchtheißen Küste. Gerettet!

Von Ernakulam aus, dem großen Hafen im zentralen Kerala, will ich die jüdische Gemeinde auf der Insel Cochin besuchen. Doch eine riesige Spinne macht mir dabei einen Strich durch die Rechnung.

Fast so groß wie ein Suppenteller taucht sie morgens zwischen Wasserflaschen, Keksen und Kamera auf. Mein Adrenalinspiegel steigt in Sekunden, und die Angst vor einem eventuell tödlichen Biß läßt mich schnell reagieren. Zu schnell. Mit einer fegenden Handbewegung wische ich den Tisch leer und rufe den Hotelmanager zur Hilfe. Doch der hat ebensolche Angst vor Spinnen wie ich. Zum Glück aber nicht der Küchenchef. Der jagt die Spinne kreuz und quer durch das Zimmer und macht ihr den Garaus, als sie versucht, mein linkes Bein hochzuklettern! Ein teurer Sieg, denn das Resultat dieses Kleinkrieges ist nicht nur eine Spinnenleiche, sondern auch auf dem Boden verstreut liegende Kamerateile. Kaputt, alles ist kaputt! Ein Kameragehäuse ist gebrochen und die Focusringe zweier Objektive verbogen.

Verzweifelt eile ich durch die Stadt und finde nach stundenlanger Suche ein Elektronik-Reparatur-second-hand-Kamera-irgendwie-geht-es-schon-Ersatzteillager namens „Alltronics“.

Beim Anblick der lädierten Kamera und Objektive hören sämtliche Köpfe sofort auf zu wackeln. Die Linsen werden mir aus den Händen gerissen und verschwinden hinter Voltmetern, zerborstenen Fernsehröhren und von Motten zerfressenen Lautsprechern. Drei Tage

später lachen und wackeln die Köpfe. Ich halte eine komplett sanierte Ausrüstung in den Händen. Frisch poliert, ausgebeult und geklebt, so funktionstüchtig, wie ich sie einst gekauft habe. Ohne zu handeln, schicke ich drei Kreuze zu Durga und lege den ungeheuerlichen Reparaturpreis von umgerechnet 12.50 DM auf den Tisch. Die fotografische Dokumentation meiner Reise kann weiter fortgesetzt werden.
Nun folgt also doch noch der Abstecher zur Insel Cochin. Bis auf 25 Juden wohnen zwar schon alle in Israel, doch neben der Synagoge steht immerhin noch die St. Francis Church. Mit 400 Jahren auf dem Turm ist sie die älteste Kirche in Indien und war sogar einst die Grabstätte von Vasco da Gama. Dann meinte jemand, daß es hier zu feucht für seine Knochen sei und transportierte die Leiche nach Portugal ab. Neben der Kirche erstreckt sich ein Strand, der wie üblich ohne WC-Schilder ausstaffiert ist und den Chinesen gehört. „Chinesische Fischernetze" heißen auch die riesigen Fangnetze, die zwischen zwei halbkreisförmigen Stangen hängen und unter Zuhilfenahme von Steingewichten ins Wasser gelassen werden. Wunderbarerweise zappeln beim Wiederhochziehen neben Flaschen und anderem Gerümpel auch zwei oder drei Fische im Netz. Chinesen dagegen sehe ich keine auf Cochin.
Kerala gehört zu den reichsten Bundesstaaten Indiens. Die Analphabetenrate ist niedrig und die Frauen sind emanzipiert. Es wird immer noch überwiegend Kaffee statt Tee getrunken, und die Turbane sind Sonnenschirmen gewichen. Männer tragen *lunghis,* jene etwas zu groß geratenen Handtücher, die einfach um die Hüften gewickelt werden.
Das politische Engagement in diesem Teil Indiens ist unübersehbar linksgerichtet. Von Mauern und Zäunen prangen Parolen, die mit Hammer und Sichel verziert sind. Versammlungen und Streiks gehören zum täglichen Leben und begleiten mich die ganze Malabarküste entlang. Außer einer 65 km langen Straße, die mit einer erstaunlich glatten Oberfläche den Titel „Highway" ausnahmsweise verdient, bestaune ich noch begleitende Sümpfe und Lagunen, bis ich schließlich Alleppy, das „Venedig Indiens" erreiche.
Schmale Kanäle, von Wasserhyazinthen in immergrüne Teppiche verwandelt, durchziehen den Ort. Doch ganz so pompös wie auf dem venezianischen Markusplatz sieht es hier nun auch wieder nicht aus. Außerdem fehlt der Dogenpalast, und statt Gondeln ist nur ein faulender Schiffsfriedhof zu sehen.

„Der Bootsbetrieb der Gouvernment-Fähre ist eingestellt worden. Das Boot ist bei Niedrigwasser auf Grund gelaufen und wird gerade repariert.“
Diese Nachricht verkündet mir ein nervös mit Kopf und Beinen wackelnder Reiseleiter im Touristenbüro.
„Also fährt kein Boot mehr durch die Lagune?“
„Doch, doch. Es gibt ja noch das Touristenboot. Und das fährt jeden Tag!“
Mit 70 Rupees kostet das Boot auch nur unwesentlich mehr als die normale Fähre, die nur 8 Rupees gekostet hat! Als ich zögere, zieht der Reiseleiter seine Trumpfkarte.
„Im Moment fahren wir für einen Discountpreis von nur 50 Rupees, ich vergaß ...“
Am nächsten Morgen verlade ich für 35 Rupees den „cycle jeep“ auf einen frisch gestrichenen Seelenverkäufer und streite mit zwanzig dünngliedrigen Hippies, alle in typischen Pushkar-Klamotten, um die wenigen Sitzplätze an Bord. Zehn Minuten später riecht es bereits nach süßem Rauch, und ich kämpfe gegen Armeen von Wanzen, die aus den Sitzen kriechen, um sorglos Schlafende anzuzapfen.
Während ich Bisse sammle, fliehen die Hippies auf das glühend heiße Wellblechdach. Da oben weht zwar ein Lüftchen und es gibt weniger Wanzen, doch mein Rücken erinnert immer noch daran, daß mit der Sonne nicht zu spaßen ist. So nutz' ich die Gelegenheit, um zu schreiben, zu dösen und die vorbeitreibende Landschaft zu betrachten. Es ist eine gemütliche Fahrt.
Der Bootsführer zeigt uns eines der vielen „snake boats“, die in den Seitenkanälen unter Palmendächern stehen. Jedes Jahr im August finden Rennen statt, in denen diese zehn Meter langen Ruderboote die Hauptrolle spielen. 120 Paddler treiben dann so ein Boot in vier Minuten einen ganzen Kilometer voran! Ein schier unglaubliches Tempo.
Was für ein verzweigtes Wassernetz die Lagune doch ist! Auf Baumstümpfen sitzen Kormorane und schielen nach Beute. Am Ufer stehen chinesische Fischernetze (wieder ohne Chinesen) und überall Kokospalmen mit winkenden Wedeln. Zwischen den Palmen wiederum unzählige Kinder, die uns ihre Fremdsprachenkenntnisse zurufen. Nachdem wir einige Schleusen passiert haben, erreichen wir Quilon, und ein Rudel rotgebrannter Lobster taucht wieder vom Wellblechdach auf.

Auf dem Stahlroß fühl' ich mich allerdings wohler als auf dem Wasser. 80 weitere Kilometer und ich bin in Trivandrum, der Hauptstadt Keralas. Doch die letzten Kilometer bis an die Südspitze Indiens, die schaff' ich einfach nicht mehr!
Am Kovalam Beach mach' ich die Bekanntschaft von Moni und Werner. Und das gerade jetzt, wo ich eine Phase der Entspannung brauche. Doch als Werner den Whiskey auf den Tisch stellt, weiß ich genau: Mit Entspannung wird das nichts! Da biste mal wieder an die falschen Leute geraten.
So beginnt der „Urlaub" in Kovalam, und um das Chaos richtig chaotisch zu machen, holt Werner auch noch seine „Boombox" raus und knallt uns den härtesten Rock um die Ohren.
„Alles in Bangkok gekauft, Alter! Spottbillig, sag' ich dir, Alter! Da kriegst du den neuesten Sound! Zieh's dir rein, Mann!" und reißt den Lautstärkeregler noch weiter auf.
Moni und Werner kommen aus Lindenberg im Allgäu. Das erzählen sie mir dreimal am Tag, und das soll ich ja nicht vergessen. Wie könnte ich? Außerdem kommen sie gerade aus Thailand, aber da hat es ihnen überhaupt nicht gefallen.
„Nur Nepp und dicke Deutsche, die sich ein Weib nach dem anderen bestellen! Handeln ist nicht mehr, weil Neckermann sowieso bezahlt, ohne zu fragen. Und in unserem Stammlokal sollten wir nach zehn Tagen sogar die Zitrone für die Drinks bezahlen! Kannst du dir das vorstellen? Völlige Scheiße dort!"
Werner regt sich tierisch auf. Sein langer Zopf weht in der schwülen Brise und seine Hände zittern, als er nach der Flasche greift. Ein kräftiger Schluck „Gold"-Whiskey kann ihn gerade noch zur Besinnung bringen. Moni wechselt das Thema.
„Gehungert haben wir aber nicht!" Dabei schlägt sie sich auf den flachen Bauch, den sie, zusammen mit dem Rest ihrer traumhaften Figur, wirklich nicht zu verstecken braucht.
„Apropos Essen. Wie sieht's denn mit 'nem ‚Five Star' aus, Frank?"
Moni hat meine schwache Ader schon am ersten Abend entdeckt. Ich kann einfach nicht „Nein" sagen, und schon schieben wir uns mit glitzernden Augen die Schokoriegel rein!
„Sunglasses! Sunglasses! Many, many colours! Cheap price!"
Wie aus der Geisterbahn eines indischen Vergnügungsparks taucht in der Strandmenge eine von oben bis unten mit Sonnenbrillen behängte Figur auf. Früchtefrauen wedeln mit ihren Messern: „Want

banana? Pineapple? Coconut? Cheaper price, yes!“ Und auch Lunghi-Verkäufer mischen fleißig mit. Unablässig suchen die Händler nach Opfern, doch die Kundschaft zieht es vor, sich ins Wasser zu verziehen, um sich danach an anderer Strandstelle fünf Minuten Ruhe zu gönnen.
Die „paar Tage“ Strand, an die ich eigentlich dachte, ziehen sich dann endlos hin. Das Leben zwischen den Früchtefrauen und einfühlsamer Musik ist einfach zu schön. Es dauert drei Wochen, bis ich weiß, wo Lindenberg liegt, und mindestens 5 Tage, bis der „cycle jeep“ von Staub und Spinnenweben befreit ist. Als ich es mir wieder im Sattel bequem machen will, da paßt irgendwas nicht. Der Bauch ist zwar etwas gewachsen, aber an den Hintern hab' ich überhaupt nicht gedacht. Und alles nur wegen zwei Bayern. Verzeihung – Allgäuern!
Schließlich erreiche ich doch noch Kanniyakumari, wo das Arabische Meer, der Golf von Bengalen und der Indische Ozean aufeinandertreffen. In günstigen Zeiten soll man hier gleichzeitig die Sonne unter- und den Mond aufgehen sehen. Als ich da bin, passiert das natürlich nicht. Nach der langen Pause am Strand habe ich Muskelkater und das Gefühl, als ob die „Batterie“ noch länger brauchen wird, bis sie wieder aufgeladen ist. Es wird wohl Zeit, die Tour wieder von der etwas ernsteren Seite zu betrachten …

Acht Wochen später …

… fühl' ich mich um acht Jahre gealtert. Nicht, daß ich in einem Wettbewerb für Zeitsprünge den ersten Preis gewonnen habe. Doch das Auf und Ab, von dem ich begleitet werde, hat nicht nur mit unebenen Straßen und Paßhöhen zu tun.
In Madurai, wo der riesige Meenakshi-Tempel das Stadtzentrum überragt, nehme ich mir vor, dem wundgescheuerten Hintern einen Ruhetag zu gönnen. Leider wird aber nichts daraus.
„He Frank! Was machst du denn schon hier? Ich dachte, wir wollten uns erst wieder in Lindenberg treffen?!“
Wer mir diese Worte, natürlich vor leckeren Thalis sitzend, aus einem Restaurant zuruft, brauch' ich wohl nicht mehr zu sagen. Moni und Werner haben sich an meine Fersen geheftet, so viel steht fest!

Und nicht nur in Madurai treff' ich die beiden. Auch in Mahabalipuram laufen sie mir über den Weg, in einer Bäckerei. Wo auch sonst? Selbst in Calcutta – mittlerweile traut sich mein vollgefressener Ranzen nicht mehr in den Sattel, ich bin auf den Zug umgestiegen –, bin ich vor ihren Whiskey- und „Five Star"-Angeboten nicht mehr sicher. Es sieht fast so aus, als ob sich Moni und Werner vorgenommen haben, meiner Fahrradkarriere ein Ende zu setzen.
Erst in Nepal, einem Land, das mir nicht nur wegen der vielen 8000er, sondern hauptsächlich wegen der „German Bakery" in Kathmandu in Erinnerung bleibt, komm' ich langsam wieder zur Besinnung. Aber auch hier wartet eine Überraschung auf mich. Automatisch stellen sich meine Lauscher auf, als ich folgendes Gespräch mitbekomm':
„Mit'm Rucksack durch Asien? Das kann man heute doch schon im Geschichtsbuch erwähnen. Der neueste Hit ist wohl das Radfahren", meint mein Tischnachbar.
„Gerade heute ist eine große Blonde in meinem Hotel abgestiegen. Wie die es wohl schafft, ihr vollbeladenes Rad in Schwung zu kriegen? Ich glaub', sie kommt aus der Schweiz!"
Eigentlich fliege ich mehr als daß ich in das besagte Hotel gehe, ich sause die Treppe rauf und summe unsere Erkennungsmelodie vor der verschlossenen Tür. Angespannte Sekunden. Auf einmal wildes Stuhlgeschiebe. Ein lautes „Frank, ich glaub' es nicht!" Die Tür wird aufgerissen und Pia fällt mir in die Arme! Endlich haben wir die Muße, um uns über die Vergangenheit zu unterhalten. Für eine gemeinsame Zukunft ist die Zeit aber auch diesmal zu knapp. Pia hat bereits ein Flugticket nach Hongkong in der Tasche. Auch diesmal bleibt mir nichts anderes übrig, als allein weiterzufahren.
Nachdem ich es geschafft habe, die letzten 500 Kilometer von Patna in Indien bis nach Kathmandu im Fahrradsattel zu verbringen, wird die Freß- und Sauflust, der man auch in Nepal frönen kann, wieder von der Abenteuerlust verdrängt. Nepal gehört aber nicht unbedingt zu den Ländern, in denen man eine Fahrradtour absolviert. Es sei denn, man besitzt ein mit Spikes ausgerüstetes Mountainbike, um über die Gletscher des Himalaya zu rutschen.
In Pokhara verabschiede ich mich endgültig von Moni und Werner und rolle in die heiße Ebene nach Indien zurück. Es wird Zeit, auf dem schnellsten Wege nach Pakistan und in das Tourist-Camp von Islamabad zurückzukehren. Mitte Juni bin ich dort mit Heinz und Gille verabredet, und die Seidenstraße spukt mir schon arg durch den Kopf.

▲ Kathmandu, Nepal. Nach langer Pause wieder im Sattel
▼ Für den Anbau werden in Nepal die Berge terrassiert

Es folgt das tiefste Tief auf dieser Tour. Wochen, die ich eigentlich vergessen möchte, die ich aber nicht vergessen kann. Sie gehören eben genauso dazu, wie z.B. das glückliche Hoch nach der Durchquerung einer menschenleeren Wüste. Wo ist Durga geblieben? Die indischen Götter scheinen mich nicht mehr zu schützen …
In Varanasi, der heiligen Stadt am Ganges, werden mir alle Wertsachen und meine Kameraausrüstung gestohlen. Ein Unglück, das nicht nur mir, sondern auch schon vielen anderen Reisenden passiert ist. Mit dem kleinen Unterschied, daß ich dachte, mir würde so etwas nie passieren: Im Zug nach Neu-Delhi sitzend werde ich von einem älteren Herrn angesprochen, der ausnahmsweise nicht wissen will, woher ich komme.
„Guten Tag. Reisen Sie nach Neu-Delhi?“ fragt er mich stattdessen.
„Ja, richtig.“
„Dann passen Sie bloß auf. In Varanasi und auf dieser Zugstrecke gibt es viele Diebe!“
„Woher wissen Sie denn das?“ frage ich argwöhnisch zurück.
„Ich bin Polizist. Im Moment habe ich dienstfrei, sehen Sie hier.“
Irgendwie schafft er es, aus dem Pyjama einen Ausweis zu zaubern. „Police“ steht da drauf. Mehr kann ich nicht erkennen und bin nur froh, eine derartige Persönlichkeit in der Enge des schaukelnden Zuges neben mir sitzen zu haben. Langsam fange ich an, mich zu entspannen und erzähle ihm von meiner bisherigen Tour.
„Das ist ja eine großartige Reise, die Sie da unternehmen. Möchten Sie etwas trinken?“
Ohne weiter nachzudenken nehme ich sein Angebot an, und nur kurz darauf schlürfen wir beide Thums Up.
„Machen Sie auch Fotos?“ werde ich beiläufig gefragt.
„Natürlich. Indien ist doch in jeder Hinsicht ein einmaliges Land. Erzählen allein genügt nicht. Meine Freunde erwarten Bilder von mir.“
„Was für eine Kamera haben Sie denn?“
„Eine Canon.“
„Darf ich die mal sehen?“
Unbekümmert hole ich die Kamera aus der Lenkertasche.
„Ein tolles Modell. Die ist bestimmt ziemlich teuer“, meint mein Nachbar so nebenbei. „Passen Sie bloß auf Ihre Tasche auf. Denken Sie an die Diebe!“
„Keine Bange“, gebe ich zurück und klopfe zur Bestätigung auf die Tasche neben mir. „Die laß ich niemals allein.“

Nach einer guten Stunde meint der Polizist, daß er an der nächsten Station aussteigen muß und verabschiedet sich freundlich von mir. Als der Zug hält, stelle ich mich ans Fenster und winke ihm hinterher. Kurz darauf, wir sind schon wieder angefahren, kommt ein Schaffner und will die Tickets kontrollieren. Als ich meine Tasche aufmachen will, durchzuckt mich ein eisiger Schreck – wo ist die Tasche? Meine Lenkertasche ist weg! Das gibt es doch nicht!
„Wo ist meine Lenkertasche, meine Lenkertasche ist weg!!“
Ich fange an, auf Deutsch herumzubrüllen, schaue in Panik umher und ernte von allen Seiten nur unverständliche Blicke.
„Meine Lenkertasche, da war doch alles drin!“
Verzweifelt schaue ich unter jede Sitzbank im Umkreis von zehn Metern, in jedes Gepäcknetz und scheuche alle Passagiere von ihren Plätzen.
Weg! Die Tasche ist wirklich weg! Geklaut! Und ich Idiot hatte dort alles drin, was wichtig ist: Meine Kamera. Belichtete Filme. Reisecheques. Bargeld. Kreditkarte. Impfzeugnisse und Reisepaß. Und auch mein Adreßbuch!! Welch ein Wahnsinn!
Zum Glück hat der Schaffner ein Einsehen mit mir und läßt mich auch ohne Fahrkarte weiterfahren. In mich zusammengesunken sitze ich da und weiß nicht mehr ein noch aus. Wie hat er das gemacht? Ich bin mir völlig sicher, daß der Polizist oder was immer er auch war, meine Tasche gestohlen hat. Aber wie? Hatte er einen Komplizen?
Stundenlang grüble ich über die vergangenen Minuten nach, werde von meinen Mitreisenden fürsorglich mit Chappatis gefüttert und komme zu keinem Ergebnis. Alleinige Tatsache ist, daß meine Lenkertasche mit all den wichtigen Habseligkeiten, die ich besitze, gestohlen worden ist.
Mit einem letzten Notgroschen komme ich in Delhi an. Dort dauert es geschlagene zwei Wochen, bis durch Überweisungen und Ersatz von Reisecheques wenigstens die Finanzen wieder stimmen. Genauso lange dauert es, der deutschen Botschaft einen neuen Paß abzuschwatzen.
Kurz darauf fange ich mir auch noch eine Amöbenruhr ein. Ob durch unsauberes Essen oder nicht entkeimtes Wasser, das kann ich nicht mehr nachvollziehen. Alles, was ich fortan esse, sucht sich krampfartig und schnell wieder den Weg ins Freie. Der sogenannte „Wasserhahn-Effekt“, der mich bei jeder Sitzung quält, hält mich wochenlang auf Trab. Wahrscheinlich ist das auch einer der Gründe, daß sich meine

Reiseansichten völlig verändern. Ich sehe die Menschen plötzlich mit anderen Augen, werde wachsamer, gleichzeitig aber auch ernster und aggressiver.
Dann heißt es noch die indische Einwanderungsbehörde zu überzeugen, daß ich beraubt worden bin und nicht illegal in Indien verweile. „Ich gebe Ihnen fünf Tage, Sir. Dann müssen Sie Indien verlassen haben!" droht mir ein wackelnder Kopf, der hinter Stapeln von Aktenordnern sitzt. Diese scheinen allesamt von betrügerischen „Inglesi" zu erzählen, die keine Rupees übrig haben, um ihr Visum zu verlängern und deshalb aus dem Land gewiesen werden.
Die Ruhr macht mir dermaßen zu schaffen, daß ich es nicht fertigbringe, eine längere Strecke mit dem Rad zu fahren. Außerdem habe ich von Indien, Räubern und Bürokraten die Nase gestrichen voll. Ich will von hier so schnell wie möglich weg.
Nach Amritsar bleibt nur die Fahrt mit der Bahn. Die Grenze nach Pakistan ist schnell und problemlos überquert, und in Lahore erinnere ich mich daran, daß es dort einen Kamera-Basar gibt. Für einen guten Preis erstehe ich dort eine neue Ausrüstung.
Ich mache mich auf den Weg zum Tourist-Camp von Islamabad. Wir schreiben Juni 1990. In Deutschland ist die Wiedervereinigungseuphorie verflogen. In Jugoslawien fängt man an, die ersten Massengräber zu schaufeln. In Kuwait werden Bunker gebaut, um zukünftig neue Waffen zu testen. Und ich komm' noch nicht mal dazu, Heinz und Gille zu begrüßen. Zuerst muß ich aufs Klo!
„Mensch, Frank. Wir haben schon zehn Tage auf dich gewartet. Was is'n los? Fühlst du dich nicht wohl? Du siehst ja aus, als wenn du acht Jahre älter geworden bist!"
„Ja, genauso fühl' ich mich!"
Die beiden Schweizer haben die kashmirische Winterbräune im Gesicht und ihre Bärte sind noch länger geworden. Auch ihren Humor scheinen sie noch nicht verloren zu haben. Ich geh' zwar vor Schwäche fast in die Knie, als wir uns auf die Schultern klopfen, doch die Wiedersehensfreude ist groß.
„Und? Wie war's denn so im Schnee?" Meine Neugierde, wie es Heinz und Gille beim Skifahren erging, ist groß.
„Super! Ich glaube, wir waren die einzigen, die sich im Winter nach Kashmir getraut haben", grinst Heinz durch seinen bauschigen Bart. „Echt wahr", ergänzt Gille. „Vollpension direkt unter der Loipe. Sogar richtig gute Ski haben die Kashmiris für uns gehabt. Wir haben aber

mindestens so viel Zeit vor dem Kamin verbracht wie auf dem Berg. War höllisch kalt da oben."
Was die beiden alles noch erzählen, klingt mächtig abenteuerlich. Ich bin völlig aufgeregt und kann es trotz meiner därmlichen Infektion kaum erwarten, zurück in die Berge zu kommen.
„Worauf warten wir dann noch? Auf geht's zum Kunjerab-Paß! Auf nach China!"

Dafür benötigen wir erstmal ein paar Stempel. Auf der Botschaft der Volksrepublik China werden wir zwar schlitzäugig bestaunt, bekommen aber ohne Probleme die Visa ausgestellt. Zu uns gesellt sich noch Darcy. Ein Australier, den ich schon in Delhi kennengelernt habe und der nicht weiß, wohin er eigentlich will.
„Zuerst wollte ich ja nach Indien. Aber da ist es mir jetzt zu heiß. Was soll's. Fahr' ich also nach China. Irgendwo werd' ich schon landen. In welchem Land und in welcher Stadt, das ist mir nicht so wichtig."
Einige Traveller, die gerade aus China kommen, erzählen uns Geschichten von „geschlossenen Gebieten", die ein Ausländer nicht betreten darf, von Geldstrafen und von konfiszierten Fahrrädern einiger Radler, die es gewagt haben, diese Verbote zu mißachten. Und sie halten uns schlicht und einfach für verrückt, als sie von unseren Plänen hören, das riesige Land China mit den Rädern von West nach Ost zu durchqueren. Wir zucken nur mit den Schultern. Mit etlichen Radelkilometern in den Beinen wird man wohl übermütig und Unbekanntes reizt noch mehr.
Ein paar Tage später hören wir, daß es in Xinjiang, der nordwestlichen Provinz Chinas, zu politischen Unruhen gekommen ist. Das führt dann auch dazu, daß die im Winter zu Pakistan geschlossene Grenze erst zwei Monate später als üblich geöffnet wird. All das kann uns jedoch nicht abhalten, unsere Pläne zu verwirklichen. Ausgerüstet mit neuen Reifen, Ersatzteilen und Kartenmaterial, das wir mindestens dreimal am Tag kopfschüttelnd unter die Lupe nehmen, machen wir uns zu viert auf den Weg.

Wer weniger bedarf, der ist leichter
in der Lage, auf vieles zu verzichten

Plutarch

CHINA

Die Seidenstraße

Eine Fahrradreise quer durch China war bis vor nicht allzu langer Zeit ein fast undenkbares Unternehmen. Seit 1979 aber öffnet sich das mit 1,3 Milliarden Einwohnern bevölkerungsreichste Land unserer Erde immer mehr für den Fremdenverkehr.

Endlose Wüsten, die höchsten Berge der Welt und Entfernungen, die man auf einer normalen Landkarte überhaupt nicht begreifen kann, warten auf uns. Fest steht nur, daß wir Weihnachten in Hongkong feiern wollen. Doch bis dorthin ist es noch ein weiter Weg. Allein der alte Karawanenweg zwischen Kashgar im äußersten Westen des Landes und Chinas alter Hauptstadt X'ian, die „Seidenstraße", ist rund 3500 Kilometer lang. Schon vor 3000 Jahren wurde auf diesen Straßen und Pfaden, die mit Umwegen bis ins italienische Venedig reichten, intensiver Handel getrieben. Damals waren es Edelsteine, Gewürze, Porzellan und Seide, die auf diesem Weg Europa erreichten. Heute sind es schwarz importierte Elektroartikel aus Taiwan, gold- und silberdurchwirkte Stoffe aus Pakistan und dicke Damenstrümpfe aus Rußland, mit denen hier gehandelt wird.

Unablässig liest Gille aus dem Reiseführer vor (wir haben wieder einmal den von Lonely Planet dabei), damit wir wenigstens einen kleinen Überblick von dem bekommen, was uns in China in den nächsten Monaten erwarten wird.

„Da wohnen sogar Türken!"

Gille macht Witze.

„Wo? In Istanbul?" Ich fall' nicht darauf rein.

„Nee. In China! Und dazu auch noch jede Menge Araber!"

„Glaub' ich nicht."

„Steht hier aber geschrieben. Und der Reiseführerautor sollte doch wissen, wovon er schreibt."

Daß allein 56 nationale Minderheiten in China wohnen, wußten wir nicht. Auf einmal fällt es mir aber wie Schuppen von den Augen: Wie viele Länder, Völker und Orte entlang der alten Seidenstraße hatte ich auf dieser Reise schon besucht! Venedig, Istanbul, Damaskus, die alte Ruinenstadt Petra in Jordanien, ja sogar die indischen Städte Agra, Varanasi und Calcutta waren Zentren dieses alten Handelsweges. Da fallen ein paar Orte und Völker mehr auch nicht mehr ins Gewicht.

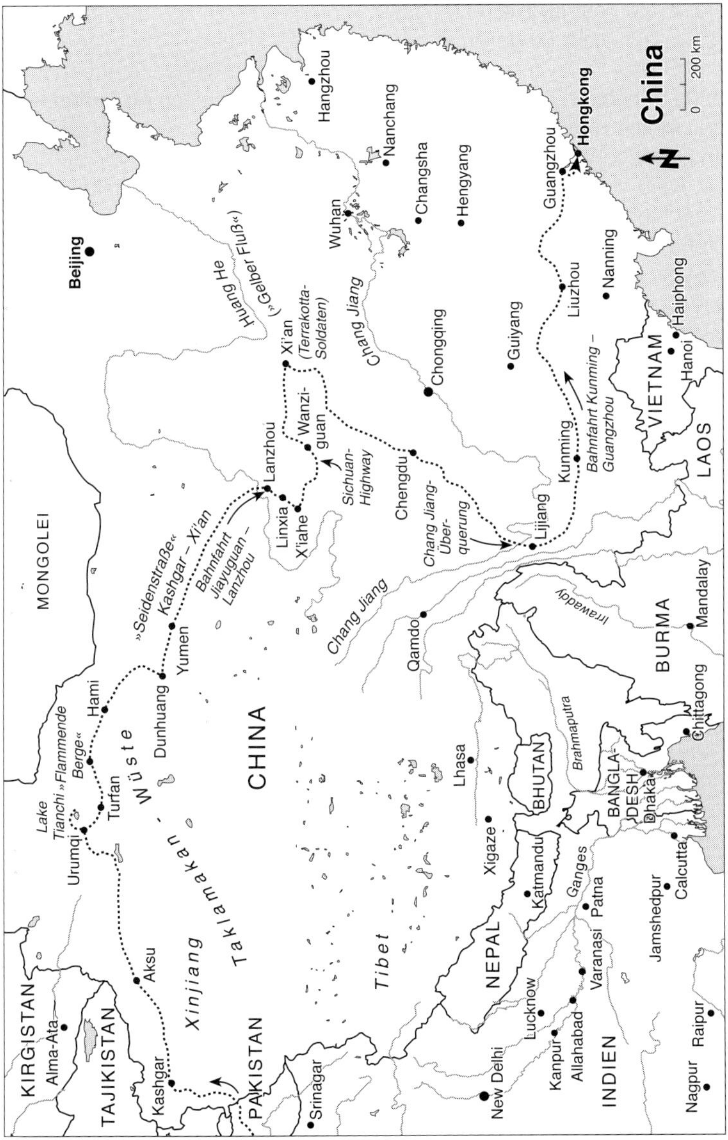
China
0 200 km
MONGOLEI
KIRGISTAN
TAJIKISTAN
PAKISTAN
CHINA
NEPAL
BHUTAN
BANGLA-DESH
INDIEN
BURMA
VIETNAM
LAOS
Beijing
Hongkong
Alma-Ata
Kashgar
Aksu
Urumqi
Lake Tianchi
»Flammende Berge«
Turfan
Hami
Dunhuang
Yumen
»Seidenstraße« Kashgar – Xi'an
Bahnfahrt Jiayuguan – Lanzhou
Lanzhou
Linxia
X'iahe
Wanzi-guan
Sichuan-Highway
Xi'an
(Terrakotta-Soldaten)
Huang He
(»Gelber Fluß«)
Hangzhou
Nanchang
Wuhan
Changsha
Hengyang
Chang Jiang
Chongqing
Chengdu
Chang Jiang-Über-querung
Lijiang
Kunming
Bahnfahrt Kunming – Guangzhou
Guiyang
Liuzhou
Nanning
Guangzhou
Haiphong
Hanoi
Xinjiang
Taklamakan
Wüste
Tibet
Qamdo
Lhasa
Xigaze
Katmandu
Srinagar
New Delhi
Kanpur
Lucknow
Allahabad
Varanasi
Patna
Ganges
Brahmaputra
Irrawaddy
Dhaka
Calcutta
Jamshedpur
Chittagong
Mandalay
Nagpur
Raipur

Der erste Test für meine langsam wieder in Form kommenden Innereien läßt nicht lange auf sich warten. Mit furiosem Start radeln wir das Chitral Valley hinauf, quälen uns auf Schotterwegen über den rund 3200 m hohen Lowari-Paß und finden uns inmitten von Afghanen wieder. Heinz und Gille fühlen sich zwischen den Flüchtlingen, die hier im Grenzgebiet ein zweite Heimat gefunden haben, ganz wie zu Hause. Kein Wunder, nach fast einem Jahr zwischen Freiheitskämpfern verschiedener Nationen. Beim Gespräch mit einem Chai wallah stellt sich heraus, daß viele der Flüchtlinge unbedingt nach Afghanistan zurück wollen. Nur die Angst vor der zu diesem Zeitpunkt pro-sowjetischen Regierung hält sie davon ab.
„Was können Bauern schon ausrichten?" fragt der Vollbärtige achselzuckend und mit traurigem Blick. „Wir haben zwar Gewehre, aber die Sowjets Panzer. Wenn wir Männer sterben, kümmert sich niemand mehr um unsere Söhne." Ein netter Mann. Wenn er sich doch bloß auch Gedanken um seine Töchter und Frauen machen würde.
Es sind viele Männer zu sehen, die anscheinend nur darauf warten, auf Panzer losgelassen zu werden. So bedrohlich wie sie um uns herumstehen, mit ihren urtümlichen Vorderladern, den mächtigen Säbeln am Gürtel und den schnellen Kalashnikows in der Armbeuge möchte ich kein Panzerfahrer sein, der vergessen hat, die Turmluke zu schließen.
Immer stromaufwärts folgen wir einem breiten Fluß, bis wir Chitral erreichen. Schneebedeckt türmt sich der erste Bergriese vor uns auf, es ist der mächtige, 7708 m hohe Tirich Mir, der zu den wahren Königen des Hindukusch-Gebirges zählt.
„Chachlich" mit den Mujaheddin zu essen zählt zu unseren Hauptbeschäftigungen in Chitral. Ihre Gesichter sehen alle sehr ähnlich aus, ich kann kaum einen Unterschied zwischen Pakistanis und Afghanen erkennen. Doch die Money Changer, die auf den Gehwegen ihre Wechselstuben ausgebreitet haben, erkenne ich sofort. Sobald sie weiße Gesichter sehen (Darcy und ich sind ein wenig auffälliger als Heinz und Gille), dreht sich alles nur noch um Dollar. Dollar um Fernseher zu kaufen, Dollar für „Chachlich", Dollar dafür, um die Sowjets aus Kabul rauszuschmeißen. Daß man auch hier nach streng islamischen Regeln lebt, ist deutlich zu spüren. Auf den Straßen und in den Geschäften ist nicht eine einzige Frau zu sehen. Eine so ausgeprägte Männergesellschaft wie in Chitral habe ich wirklich noch nirgendwo erlebt.

▲ Schroffe Felslandschaft im Hindukusch
▼ Karakorum-Higway am 7754 m hohen Rakaposhi

Am nächsten Tag erledigen wir die letzten Dringlichkeiten. Wir kaufen Lebensmittel ein, lassen Schuhe und Packtaschen flicken und denken nebenbei an die grausame Schüttelpiste, die ab morgen auf uns wartet. 400 km lang ist der Weg, der von Chitral bis nach Gilgit führt. Unterwegs gibt es zwar kleinere Dörfer, aber keine Märkte oder gar Läden. So werden die schon schwer beladenen Räder zusätzlich mit Kartoffeln, Reis und Keksen bestückt. Nicht zu vergessen auch mit „Diary Milk“, Schokolade muß natürlich ebenfalls mit!
Um halb fünf klingelt der Wecker, doch niemand steht auf. Um halb sechs scheuch' ich die anderen aus den Betten. Um sechs gibt es Kaffee. Und bis wir um acht endlich im Sattel sitzen – bis dahin wollten wir eigentlich schon 20 km gefahren sein –, ist das Gemurre von „leidenschaftlichen“ Frühaufstehern nicht zu überhören.
„Ich brauch' jetzt 'ne Frühstückszigarette!“ Anstatt zu packen, fängt Heinz damit an, den im Gepäck verstauten Tabakbeutel zu suchen.
„Was? Jetzt vor dem Frühstück?“ Schon der Gedanke, so früh der Nikotinsucht zu frönen, zieht meine Gedärme in Richtung Toilette.
„Ist jemand auf Klo?“
„Damned! The basket is too small – Mist! Der Korb ist zu klein!“
Darcy, der ohne Vorderradtaschen fährt und statt dessen Einkaufskörbe durch die Gegend karrt, versucht krampfhaft, sein Zelt und seinen Schlafsack darin zu verstauen. Einkaufskörbe als „Low-Rider“-Taschen? Am liebsten möchte ich mich gleich wieder zu Gille legen, der immer noch nicht aufgestanden ist.
„Keine Bange“, schnarcht der durch seinen Bart. „Ich hab' schon gestern abend gepackt.“

Kurz hinter Chitral ist vom Teer nichts mehr zu sehen. Rechts dafür eine Felswand, links ein 100 m tiefer Abgrund, der erst im Mastuj River endet. Zwischen den kahlen Bergen fahren wir immer wieder durch kleine Dörfer, in denen Feigen, Datteln und Aprikosen wachsen. Die Bäume am Weg werfen kühlenden Schatten und es geht immer weiter bergauf. Selbst hier im Hochgebirge liegen die Mittagstemperaturen selten unter 30 °C. Nur in den Nächten ist es angenehm kühl. Hinter Laspur überqueren wir das Hochplateau des 3600 m hohen Shandur-Passes. Mehr als einmal müssen wir absteigen und schieben. Auf den extremen Steigungen mit kopfgroßen Steinen nützt auch der kleinste Berggang nichts mehr. Manche der Bäche, die über die Piste fließen, sind tief und eisig kalt. Nachdem ich einen zirkusreifen

Überquerungsversuch mitten im Wasser abbrechen mußte, entschei-de ich mich fortan, das Rad zuerst auf die andere Bachseite zu tragen. Das dauert zwar etwas länger, erspart mir aber auch das Trockenlegen von Schuhen und Tretlager.
Wir campieren unter Felsen und auf grünen Weiden direkt am Fluß. Die warme Sommersonne zu genießen ist ein herrliches Gefühl, und die so ruhige, aber gleichzeitig auch wilde Berglandschaft ist tausendmal schöner, wie ich sie mir vorher vorgestellt habe. Langsam kann ich verstehen, warum sich Yogis und Gurus in die Weiten der Berge begeben, um dort die Erleuchtung zu suchen. Und im Gegensatz zu den dichtbevölkerten Niederungen braucht man hier keine Angst zu haben, von einer Toilette in die nächste zu stolpern. Nur selten wird die Ruhe und Einsamkeit unterbrochen, einmal von einem Flugzeuggeräusch.
„Der wird wohl nach Gilgit fliegen“, meint Gille.
„Die Schokolade ist fast alle! Wer ist heute mit Kochen dran?“
„Sonne! Bitte mehr Sonne! Zum Baden ist der Fluß echt zu kalt.“
„Stell’ dich nicht so an. Denk’ einfach ans Eisbecken in der Sauna!“
„Brrr! Ich will doch nicht erfrieren!“
„What a wonderful place to die – was für ein schöner Platz zum Sterben!“
Darcy kommt zwar aus Australien, und dort hat man mit Erfrieren nicht viel im Sinn, doch die deutsch-eidgenössische Mimik, wenn es darum geht, die Eiszeit nachzuspielen, ist auch für einen Aussie leicht zu verstehen.
„Laßt uns lieber noch einen Tag länger hier bleiben. Auf dieser Wiese läßt es sich wunderbar schlafen.“
Ein Vorschlag wie dieser wird von rundum zufriedenen Radfahrern mit Begeisterung quittiert. Zurücklehnen und faulenzen. Ein anderes Programm scheint es im Moment nicht zu geben.
Kurz vor dem kleinen Ort Singal werden wir gleich zweimal überrascht. Links neben der Straße kommen uns drei Kamele entgegen. Ganz und gar „unwild“ schlendern sie mit zur Seite geneigten Höckern an uns vorbei. Dabei kauen sie mit den so unnachahmlichen Kieferbewegungen und würdigen uns kaum eines Blickes. Diese Kamele sind die ersten freilaufenden Tiere, die wir seit langem zu Gesicht bekommen. Der Hindukusch ist schon seit geraumer Zeit seiner wilden Ziegen, Schafe und Bären beraubt. Wir sehen zwar oft stundenlang keine Menschenseele, und trotzdem ist es hier für diese Tiere zu dicht

besiedelt. Die letzten ihrer Arten sind in die unwegsamen, höheren Regionen geflüchtet.
„Knack!“ macht es auf einmal. Wir sind erschrocken und erstaunt zugleich. „Was ist los?“
Gille und sein Rad taumeln wie betrunken hin und her.
„Meine Schaltung spielt verrückt! Die Gänge rasten nicht mehr ein!“
Gleich nach dem Absteigen sehen wir die Bescherung: An Gilles Rad ist das Ausfallende auf der Zahnkranzseite gebrochen! Weiterfahren unmöglich. Zuerst sitzen wir vor dem Problem und wissen nicht weiter. Dann aber haben wir Glück. Gleich hinter der nächsten Kurve befindet sich tatsächlich eine kleine Pension. Einfach zwar, doch wenn man aus der Pampa kommt, bedeuten Matratzen ein Schlaraffenland. Am nächsten Morgen werden Gille und das Rad von einem Jeep ins 60 km entfernte Gilgit mitgenommen. Als wir später den beschaulichen Ort ebenfalls erreichen, bin ich beim Anblick der ersten Pepsi-Reklame kaum noch zu bremsen.
Wie vorteilhaft es ist, mit einem Stahlrahmen durch Asien zu fahren, finden wir am nächsten Tag heraus. Schon in der ersten Werkstatt, die wir ansteuern, holen ölverschmierte Pyjamas einen Schweißbrenner raus. Es dauert nur eine halbe Stunde, bis Gille mit einem (fast) neuen Rad von dannen ziehen kann. Bei Aluminium wäre die Tour für ihn zu Ende gewesen.
Wir stellen fest, zu viele Zwiebeln und zu wenig Kartoffeln dabei gehabt zu haben, zum Glück aber genügend Bremsbeläge. Nach dem Staub und Schotter der vergangenen Tage kommt keiner von uns daran vorbei, die Gummis zu wechseln. Der Abrieb war einfach enorm.
Gilgit ist für viele Touristen die Basis, um Ausflüge in die spektakuläre Bergwelt des Hindukusch zu machen. Von hier aus kann man nach Skardu und nach Chilas fahren oder auf dem Karakorum-Highway bis nach Hunza und weiter bis zum Kunjerab-Paß. Etliche Hotels und Souvenirgeschäfte warten auf zahlungskräftige Kunden. Sogar Beef- und Chickenburger sind hier nicht unbekannt. Einen Mountainbike-Verleih, so wie ich ihn in Nepal gesehen habe, gibt es hier aber nicht. Gille und ich spielen kurz mit dem Gedanken, den Bike-Boom auch in Pakistan zu fördern. Nachdem wir aber ein weiteres Mal die China-Karte studieren, schwingen wir uns schnell wieder in den Sattel.
Nach nur wenigen Kilometern setzt sich die Landschaft noch mehr in Szene. Abgesehen vom Himalaya, den ich in Nepal nur hinter Wolken vermuten konnte, sind dies die höchsten Berge, die ich jemals

zu Gesicht bekommen habe. Gigantisch ragen die 6000er des Naltar Valleys in die glasklare Luft. Lange Gletscher erstrecken sich bis tief in die Täler, und als wir um eine Biegung fahren, da stockt mir wirklich der Atem! Direkt neben der Straße türmt sich der 7754 m hohe Schneeberg des Rakaposhi auf. Phantastisch hoch und zum Greifen nahe scheint der Gipfel zu sein. Ein spektakulärer Anblick, den das laute Geräusch des dahinschießenden Hunza-Rivers noch um einige Grade verstärkt. Große Eisplatten hängen unter der Spitze, und einer der Gletscher hat es fast bis zum Highway geschafft. In meinen Augen reicht allein schon dieser Berg, um auszudrücken, was die Natur imstande ist zu schaffen.
Von Karimabad, das hoch oben über dem Hunza-Valley liegt, hat man den besten Ausblick über das Tal und die Berge. Auf jedem Hausdach sind Aprikosen zum Trocknen ausgelegt, Bewässerungskanäle durchziehen die Wiesen und überall sind Bienen und Schmetterlinge damit beschäftigt, aus bunten Blumen Nektar zu schlürfen.
Was für ein friedlicher Ort. Da wirkt das alte Fort, das hoch oben über dem Ultar-Massiv thront, schon beinahe fehl am Platz. „Seidenstraße" – auch hier hat man natürlich an Steuern und Wegzölle gedacht. Fehlt nur noch die passende Konkubine, und ich würde anfangen, einen Liebesroman zu schreiben.
Nachdem wir in Sust die pakistanische Ausreisekontrolle hinter uns gebracht haben, dauert es noch ein wenig, bis wir nach China einreisen können. Von hier bis zum chinesischen Kontrollpunkt in Piralli sind es immerhin 85 km! Die Straße verläßt nun das Tal und schlängelt sich in steilen Serpentinen den Berg hinauf. Überall sind chinesische und pakistanische Straßenbauer mit Ausbesserungsarbeiten beschäftigt. Erosion und durch Regenfälle verursachte Erdrutsche machen den Karakorum-Highway zu einem Straßenjob rund um die Uhr.
Langsam, aber sicher fange ich an, Kopfschmerzen zu kriegen. Und auch im Bauch fängt es merkwürdig an zu rumoren. Schau' ich in die Gesichter meiner Radlerkollegen, scheint es den Jungs ähnlich zu gehen. Die weiße Hautfarbe hat im Moment jedenfalls nichts mit aufgewirbeltem Staub zu tun. Sauerstoffmangel! Höhenkrankheit! Und ich hab' immer gedacht, Reinhold Messner leidet als einziger daran.
Dann sind wir oben. Ein einsam dastehender Grenzsoldat, ein in drei Pyjamas eingehüllter Pakistani, bewacht den 4700 m hohen Kunjerab-Paß. Was für ein Gefühl, genau auf der Grenze zwischen Pakistan und China zu stehen!

„Gille! Mach' doch mal 'n Bild! Das glaubt mir sonst keiner!"
In so einem Augenblick werden selbst die Kopfschmerzen unter die dünne Schneedecke gekehrt.
Der chinesische Grenzposten Piralli besteht nur aus wenigen Häusern, der Zoll- und Einwanderungsbehörde, einem Restaurant, einer Bank und einer Busstation. Mehr ist auf 3000 Metern Höhe sowieso nicht zu erwarten. Oder doch? Vor dem winzigen Imbiß mit der schneebedeckten Kulisse des Pamir-Gebirges im Hintergrund steht doch tatsächlich ein Billardtisch, an dem einige Bauern ihre Künste versuchen. Die höchste Billardkneipe der Welt? Man könnte es fast vermuten.
Nachdem wir Geld und Fahrräder deklariert haben, gönnen wir jedem der grünuniformierten Beamten die Freude, eine Runde um das Zollhaus zu radeln. Ins Land hineinfahren läßt man uns zu diesem Zeitpunkt aber nicht. Was für ein Ärgernis. Da hilft kein „wenn" und auch kein „aber". Wir müssen die Räder auf ein Busdach schnüren.
„Was soll denn das? Warum dürfen wir uns nicht frei bewegen?"
Unsere Nasen kleben förmlich an den schmierigen Busfenstern, die phantastische Berglandschaft zieht viel zu schnell vorbei.
„Wahrscheinlich weil die Russen hier gleich um die Ecke wohnen", meint Gille. „Es könnte ja sein, daß wir sie besuchen wollen ..."
Stimmt. Die Grenze zur damaligen Sowjetunion ist nur 25 km entfernt. Daß Gille und ich neun Monate später auf dem Roten Platz in Moskau stehen würden, ahnte zu diesem Zeitpunkt noch keiner von uns.
In Tashkurgan müssen wir im „Tourist Hotel" übernachten. Man will die Kontrolle über uns unter keinen Umständen verlieren. Schon hier sehen wir, daß der offizielle Staatsapparat fast nur von Han-Chinesen gesteuert wird. Die in diesem Teil des Landes lebenden 5000 Tadjiken haben überhaupt nichts zu sagen. Sie sind Bauern und sollen ihre Steuern zahlen. Mehr wird nicht von ihnen verlangt.
Neben der Politik ist auch die Sprache neu für uns. Sie hat wirklich Ähnlichkeit mit dem Türkischen.
„Also so was. Jetzt kann ich endlich ein paar Brocken Urdu. Und nu? Kann ich nicht mal Reis bestellen!" Gille ist sichtlich frustriert.
„Keine Bange, Mann. In Kashgar sprechen sie Uigurisch. Tadjikisch ist nur ein lokaler Dialekt!" kläre ich ihn lächelnd auf.
„Was? Dort schon wieder 'ne andere Sprache? Da lohnt sich das Lernen ja gar nicht mehr!"

Kartenstudium auf dem Weg nach China

Fort Altit in Hunza

Heinz und Gille, die „afghanischen“ Schweizer

Gille hat recht. Im Gegensatz zu anderen asiatischen Sprachen ist Chinesisch (im Norden „Mandarin“, im Süden „Cantonesisch“) nur schwer zu erlernen. Die verschiedenen Betonungsarten, die aus „Vielen Dank“ schon mal „Du Pferd“ werden lassen, sind in kurzer Zeit weder zu begreifen noch zu erlernen. Mit Händen und Füßen haben wir bei der Verständigung weitaus mehr Erfolg.
Und die Minderheiten? Wo hört die eine auf, wo fängt die nächste an? Manchmal ist es nur möglich, durch Kleidung oder kulinarische Spezialitäten herauszufinden, mit wem wir es gerade zu tun haben. Bei den Tadjiken sind das „Chachlich“ und Nudelsuppe. Letztere wird mit Stäbchen geschlürft. Eine „Unsitte“, die uns bis Hongkong verfolgen wird. Dazu gibt es süßen Sprudel, der wie Schaumwein schmeckt, in Gläsern eingemachte Vogeleier und gleich palettenweise Bier und Schnaps. Die Bauern an den Billardtischen wollen ja auch promilletechnisch bedient werden. Nicht weiter erstaunlich ist daher auch, daß pakistanische Händler in den Spielsalons zu sehen sind.
Die Fahrt im Bus führt durch eine atemberaubende Landschaft. Vorbei am 7000 m hohen Muztagata, dem „Vater der Eisberge“, und vorbei am noch höheren Kongur-Shan. Dazwischen, eingebettet auf einer riesigen Hochfläche, glitzert das dunkle Gewässer des Lake Karakul. Überall stehen Jurten, die Zelte der Nomaden. Auf den Weiden grasen Ziegen und Yaks. Durch einen tiefen Canyon geht es steil bergab, und auf einmal machen die Berge einer weiten Ebene Platz. Urplötzlich haben wir die Ausläufer der Taklamakan-Wüste erreicht. Außer einigen Oasen ist nur noch Staub und Sand zu sehen, und auch die Temperatur ist mächtig gestiegen.

In Kashgar ...,

... der ersten größeren Stadt im westlichen Wüstenland Chinas, dürfen wir den Bus endlich verlassen. Auf den ersten Blick wirkt die Stadt ziemlich modern. Der viereckige Beton-Baustil der Sechziger hat auch vor Zentralasien nicht Halt gemacht. Auf den zweiten Blick ist der Unterschied zu anderen Ländern deutlich zu sehen. Privatautos und Laster sind selten. Der Straßenverkehr wird fast ausschließlich von Fahrrädern und Karrenwagen dominiert. Parkplätze für Autos sind da-

her nicht so wichtig, Parkplätze für Fahrräder dagegen sehr. Wie man auf so einem Parkplatz, auf dem Hunderte von Fahrrädern der gleichen Marke stehen, sein eigenes Rad wiederfinden kann, ist mir in China aber immer ein Rätsel geblieben. Die „Flying Pigeon", „Phoenix" und „Golden Lion" parken dort für minimale 2 Fen. Komme ich aber als „Ausländer", wird für mein wertvolles Mountainbike gleich der zehnfache Preis verlangt, nämlich 2 Mao. Zwanzig Pfennig für vier Stunden parken, was für ein Wucher! Wenn man bedenkt, daß in China über 300 Millionen Fahrräder spazieren gefahren werden, so muß das Parkplatzgeschäft wirklich florieren.
Zwischen den Fahrrädern rollen zu Taxis umfunktionierte Eselskarren, pakistanische Händler machen Geschäfte mit Russen und chinesische Beamte, korrekt im Zweiteiler oder in grüner Uniform, schauen gehetzt umher. Letztere sind in Kashgar nicht gerne gesehen. Immer wieder verlangen die hier ansässigen Uiguren nach Unabhängigkeit. Politische Versammlungen sind größtenteils verboten, nächtliche Auseinandersetzungen unüberhörbar. Dabei geht es richtig zur Sache. Fäuste treffen knallhart auf Zahnfleisch und Messer blitzen im Laternenlicht. Wer nur mit einem blauen Auge davonkommt, hat wirklich Glück gehabt!
Wir „Touristen" bleiben von solchen Vorfällen zum Glück unbehelligt. An uns will man schließlich verdienen.
„Schänsch Mooonie?" flüstert mir ein kahlgeschorener Kopf ins Ohr. Natürlich ein Uigure.
„Na klar!" gebe ich mit dem unmißverständlichen Reiben von Daumen und Zeigefinger zurück.
„Hau matsch? Doollar?"
Auch heute noch wird entlang der alten Seidenstraße unerbittlich gehandelt. Vor allem die nur für Ausländer bestimmte Währung, die seit kurzem abgeschafften FEC, sind überall begehrt. Offiziell dürfen Ausländer nur mit FEC bezahlen, was vor allem in Hotels und beim Eintritt zu Sehenswürdigkeiten nachdrücklich in die Tat umgesetzt wird. Wer weiß in der Wüste aber schon, was FEC sind? Dort, wo kaum Touristen verkehren, bekommt man als Wechselgeld nur die niedriger im Kurs stehenden RMB, das chinesische „Volksgeld" zurück. Allesamt heißen die Scheine „Fen", „Mao" und „Yuan". Mit FEC können in staatlichen Geschäften aber auch importierte Waren gekauft werden. Kein Wunder also, daß der Schwarzmarkt blüht. In den nächsten Wochen finden wir heraus, daß es am besten ist, eine gutsortierte Menge von

FEC, RMB und Dollars in der Tasche zu haben. So sind wir für jede Situation bestens gewappnet!
Gleich gegenüber des Schwarzmarkts steht die im 18. Jahrhundert gebaute Id-Kah-Moschee. Das größte islamische Heiligtum in ganz China. Wenn die Männer nach dem Gebet die Moschee verlassen, bringen ihnen mit braunen Tüchern verschleierte Frauen Brot und Tee. Übrigbleiben darf nichts. Die Reste werden den Armen und den Vögeln gegeben. Seitdem die Minderheiten wieder ihre Religion ausüben, ihre Sprache sprechen und ihre Feste feiern dürfen, ist Chinas „Wilder Westen" zu einem Leben zurückgekehrt, das den Han-Chinesen schon immer verdächtig war. Im chinesischen Viertel von Kashgar macht deshalb ein alter Herr auf sich aufmerksam – eine riesige Mao-Statue wacht über die Ausfallstraße der Stadt!
Die Hauptattraktion des Ortes allerdings ist der allwöchentliche Sonntagsmarkt. Hier finden wir das Kashgar, wie es schon Marco Polo beschrieb, als er die Stadt im 13. Jahrhundert besuchte. Manchmal wird dieses Treffen von bis zu 90.000 Menschen besucht! An diesem Tag durch die engen und in Staub gehüllten Gassen zu streifen, ist wahrhaftig abenteuerlich. Eselskarre reiht sich an Eselskarre. Die Ausdünstungen von Pferden, Schafen und Kamelen hängen dick in der Luft. Kahlgeschorene Barbiere sind leistungsaktiv damit beschäftigt, den neuen Trend „Glatze" an ihren Kunden auszuprobieren. Händler aus den Bergregionen feilschen um Felle und Leder, und gleich im Dutzend sind fleißige Schuster dabei, hufeisenförmige Stahlkappen auf hochhackige Schuhe zu nageln. Ich beschließe, mir eine neue Lenkertasche „bauen" zu lassen, kaufe Yak- und Kamellederreste bei einem der Händler und setze mich zu den Schustern. Es ist zwar nicht einfach, doch mit der Zeichensprache kann ich einem der Jungs schließlich erklären, daß ich keinen Pferdesattel, sondern eine Lenkertasche will! Und keine drei Stunden später halte ich das Endprodukt in den Händen.
„Wahnsinn!" lacht Gille, „damit bist du der Star unter den Radlern!"
„Vor allem daheim", geb' ich stolz zurück. „Eine Lenkertasche aus Kamelleder hat in Hamburg wohl noch keiner gesehen!"
Zusammen mit diesem ewig haltbaren Gepäckstück geht es zurück in den Trubel. Gelehrte schreiben Briefe in arabischer Schrift, Pferde stehen Schlange, um beim Schmied neu beschlagen zu werden und gleich daneben ist die Rennbahn, auf der halbwilde Hengste auf ihre Belastbarkeit getestet werden. Wir schauen den „Nudelmachern"

zu, die mit waghalsigen Verrenkungen halbfertige Teigware durch die Luft wirbeln lassen, kaufen Maisbrötchen in einer der vielen „Open air"-Bäckereien und schwatzen einem Messerschmied kunstvoll verzierte Brieföffner ab. Dabei beobachten wir, daß fast jeder Uigure so einen Brieföffner am Gürtel trägt. Eine Augenweide sind die von vielen Neugierigen umlagerten Teppichhändler. Erhaben sitzen sie auf ihren „Echt Orient" und schauen uns mißtrauisch an.
„Schau' dir mal diese Farben an. So was hab' ich ja noch nie gesehen. Den muß ich haben!"
Schon sitzen wir neben den Männern, befühlen Muster und Knoten.
„Dao shao shien – was kostet so was?"
Die Mienen der Glatzköpfe verdunkeln sich. Hier spricht man kein Chinesisch.
„Entschuldigung."
Um die Situation zu bereinigen, zieh' ich einige Scheine aus der Tasche, und sofort entwickelt sich ein interessantes „Gespräch". Es wird gehandelt und gestöhnt, mit der Glatze gewackelt und um die so wichtigen Dollars gefeilscht. Wir gehen weg und werden wieder zurückgeholt. Zum Schluß sind wir um einige Teppiche reicher und wurden doch übers Ohr gehauen. Macht nichts. Diese Stücke sind einmalig. Bald darauf sind wir schwerbeladen mit Teppichen und Brieföffnern beim Postamt zu sehen. All diese guten Stücke wiegen natürlich etliche Kilos. Gleichzeitig aber eine Radtour zu machen und als „Fliegender Teppich" aufzutreten, das paßt dann doch nicht zusammen.

„Puh. Wie wär's denn jetzt mit einem kühlen Bier?" Unsere Aktivitäten verlangen nach einer Pause. Was bietet sich eher an, als ins „Oasis Café" zu gehen. Rob, hängengebliebener Traveller aus England und verheiratet mit der Uigurenschönheit Shasha, hat nicht nur das Geschäft, sondern auch die Speisekarte fest im Griff. Auf ihr stehen so wichtige Gerichte wie Pizza, „Kash"burger, Pommes und sogar Quiche! Zum Dessert gibt es Schokoladenkuchen, und das Ganze läßt uns vergessen, daß wir doch eigentlich in China sind.
Gille und ich sind jetzt öfter allein unterwegs. Es sieht so aus, als wenn sich unser Team gespalten hat. Warum, ist leider nicht herauszubekommen. Heinz und Darcy bleiben meistens auf ihrem Zimmer oder sind allenfalls im „Oasis Café" zu sehen. Aus irgendeinem Grund gefällt ihnen „alles" nicht und immer öfter reden sie davon, so schnell wie möglich nach Thailand zu fahren. Ich komm' da nicht ganz mit.

„Was wollt ihr denn in Thailand? Da wart ihr doch schon. Wir haben den Weg hierher doch nicht umsonst gemacht!“ Ich bin ärgerlich. Ist es nicht möglich, ein Team ohne Probleme zusammenzuhalten?
„Ach was! In Thailand ist es so herrlich locker. Die ganze Polizei hier und die vielen Gesetze. Das paßt mir überhaupt nicht.“
Die Krise ist nicht zu verleugnen. Doch die Einstellung von Heinz, ein Land, das wir noch gar nicht richtig kennengelernt haben, so negativ zu sehen, ist in meinen Augen völlig falsch. Nein, ich werde mein Vorhaben, durch China zu radeln, ganz bestimmt nicht zu den Akten legen!
„Also, ich finde, wo wir schon einmal hier sind, sollten wir hier auch radeln!“
Immerhin ist Gille, der sich schon halbwegs der Uigurensitte angepaßt hat und neuerdings ohne Afghanenbart durch die Gegend läuft, auf meiner Seite. Trotzdem. Die Spannung, die sich unter uns aufgebaut hat, ist nicht zu übersehen. Wenn Heinz mit Gille spricht, dann nur noch in Schwyzer-Dütsch, was wohl so viel bedeuten soll wie „alle mal weghören. Das ist ein Privatgespräch!“ Darcy sagt sowieso nicht allzuviel, und ich mache mir die kompliziertesten Gedanken, warum es nicht klappt, daß die Gruppe zusammenbleibt. Eigentlich verrückt. Ich sollte viel egoistischer sein. Wer kümmert sich schon um mich, wenn ich Probleme habe? Da ist sich jeder doch nur selbst der Nächste. So ist es auch in diesem Fall. Es scheint alles auf eine Trennung hinauszulaufen.

Mittlerweile sind wir aus dem „Chini Bagh Hotel“ (früher das englische Konsulat, jetzt eine lärmende Baustelle) in das etwas bessere „Seman Hotel“ (früher das russische Konsulat) umgezogen. Zwischen diesen Gebäuden, die für politische Intrigen und als Anlaufstelle professioneller Schatzsucher berühmt geworden sind, spielten die Engländer mit den Russen das „Great Game“ – das große Spiel um die Aufteilung der westlichen Wüstenoasen, die das chinesische Kaiserreich nicht imstande war zu halten.
Das Spiel ist schon lange vorbei. Die arroganten Großmächte haben verloren, das revolutionäre China gewonnen. Geblieben ist das „Seman Hotel“.
Mitten in der Nacht, so gegen sieben, werden wir durch das Geklimper des Schlüsselbundes geweckt, mit dem die uigurische Putzfrau verzweifelt versucht, die noch ruhenden Gäste aus den Betten zu trei-

ben. Jeden Morgen kommt sie unangemeldet in unser Zimmer, klaut uns im Halbdunkel die Thermoskanne vom Tisch und reißt mit einem Fluch die Vorhänge zurück!
„Das gibt's doch nicht. Mei you! Ich will noch schlafen!"
„Mei you! Mei you!" wiederholt die zornige Putzfrau und reißt auch noch das Fenster auf.
„Oh Gott! Frische Luft! Mei you, mei you! Das grenzt ja schon an Hausfriedensbruch!"
Doch selbst „mei you", ein typisch chinesischer Ausdruck, der so viel bedeutet wie „gibt's nicht, haben wir nicht, wollen wir nicht, Ruhe jetzt, Scheiße, halt die Klappe, du kannst mich mal usw.", den wir schon nach einer Woche China perfekt beherrschen, zeigt bei der Putzfrau keine Wirkung.
„Mei you!" lacht sie und knallt die Zimmertür mit kräftigem Schwung wieder zu.
„Wie spät haben wir es eigentlich?" grummelt es aus Gilles Bett.
„So viertel nach sieben."
„Kashgar-Zeit oder Beijing-Zeit?"
„Pakistan-Zeit!"
„Dann ist es ja schon viertel nach neun!"
„Echt? Dann dauert es ja nur noch zwei Stunden, bis die Bank aufmacht."
Im ganzen Land gilt nämlich offiziell die Beijing-Zeit. Und demnach wäre es jetzt viertel nach elf.
„Dann müßte die Bank ja schon seit zwei Stunden auf sein!"
„Ach was. Die öffnen die Bank doch nicht mitten in der Nacht."
„Also, was denn nun?"
Großes Durcheinander und noch mehr Diskussion, als uns einfällt, daß in Beijing auch noch die Sommerzeit gilt! Das Resultat dieses Durcheinanders wird klar, als zwei Reisende zurück ins Hotel kommen. Bus verpaßt. Ist schon vor zwei Stunden gefahren. Wir stellen die Uhr lieber zwei Stunden vor und machen die Vorhänge schnell wieder zu. So haben wir die Zeit wenigstens halbwegs im Griff.

Endlich wieder auf der Straße. Leider zwei Stunden später als geplant. Das Tarimbecken, das so endlos und groß wie ein ganzer Planet vor uns liegt, flimmert in der mittäglichen Hitze. So weit das Auge reicht ist außer Sand und Steine nichts zu sehen. Schnurgerade zieht sich die Straße dahin. Kontrollpunkte aber, die uns an der Weiterfahrt hin-

dern könnten, sind nirgendwo zu entdecken. Heinz und Darcy bleiben immer wieder zurück, und so langsam finden Gille und ich uns damit ab, die Tour bald alleine fortsetzen zu müssen.
Nudeln mit Bohnen. Nudeln mit Fleisch. Nudeln mit Kartoffeln. Runtergespült wird das Ganze mit Tee oder lauwarmen Bier. Das ist alles, was die Oasenorte Aksu, Kuqa und Korla zu bieten haben.
Nach etlichen Kilometern durch wüstenhafte Einsamkeit tauchen urplötzlich die schneebedeckten Gipfel des Tian Shan-Gebirges vor uns auf. Die Spitze des 5445 m hohen Bogda Feng ist deutlich zu sehen, genauso deutlich wie die qualmenden Fabrikschornsteine der Wüstengroßstadt Urumqi. Von den fast einer Million Einwohnern, die hier ein tristes Leben führen, sind mindestens dreiviertel umgesiedelte Han-Chinesen. Das Politbüro in Beijing tut alles, um den Westen Chinas endlich unter Kontrolle zu bringen. Große Häuserblocks auch in dieser Stadt. Dazu viele Busse und Kohle transportierende Lastwagen. Die Fahrradparkplätze sind auch in Urumqi unüberschaubar. Jetzt heißt es, auf den Verkehr aufzupassen. Eine Ampel haben wir schließlich schon länger nicht mehr gesehen.
Nach kurzem Aufenthalt geht es weiter. Zuerst noch Fabriken und endlose Schlangen von Radfahrern. Dann liegt die Stadt schon hinter uns und vor uns breitet sich eine weite Steppenlandschaft aus. Wir sind zwar immer noch in Xinjiang, die hier lebenden Menschen aber gehören zu einem anderen Volk. Es sind Nomaden vom Stamm der Kazakhen. Das eigentliche Kazakhstan gehört zu diesem Zeitpunkt noch zur Sowjetunion. Doch das im Sommer in den Bergen und im Winter in der Steppe lebende Reitervolk weiß wohl auch nicht so genau, wo die Grenzen verlaufen. Hier zählt vor allem das Weideland für Ziegen und Schafe. Beijing ist weit, und chinesisch sprechen nur die allerwenigsten.
Nur eine Tagesfahrt von Urumqi entfernt, mitten im Tian Shan-Gebirge, liegt der wunderschön in diese Landschaft passende Lake Tianchi. Eingekesselt zwischen schneebedeckten Bergen wird er nicht umsonst der „Himmelssee“ genannt. Überall wachsen Fichten, Tannen und Laubbäume. Hier in den Bergen bekommen sie schon langsam eine herbstliche Farbe. Waren wir gerade noch der Hitze der Wüste ausgesetzt, so fröstelt uns jetzt.
Wir schlagen unser Zelt neben der Jurte einer Kazakhenfamilie auf. Diese besteht aus Mama, Papa, zwei Töchtern, zwei Söhnen, Reitpferden und einer unüberschaubaren Anzahl Ziegen. Die Familie fin-

det Gefallen daran, uns täglich mit Köstlichkeiten wie Käse, Brot und Ziegenfleisch zu versorgen.
„Want bread? Want goat – wollt ihr Brot? Wollt ihr Ziege?" Jeden Morgen steht einer der Söhne mit seinem zerfledderten Englisch-Lexikon vor unserem Zelt und preist die Küche seiner Mutter an.
„Goat" ist heute ausgegangen. Es wird also Zeit, für Nachschub zu sorgen. Freundlich und gewissenhaft um seine Einnahmequelle bemüht, lädt uns der älteste Sohn ein, der Schlachtung beizuwohnen.
„You come with me. We kill goat – kommt mit. Wir schlachten eine Ziege!"
Mir ist ein wenig mulmig zumute.
„Du kommst doch von der Alm, Gille. Hast du schon mal 'ne Ziege geschlachtet?"
„Wir haben keine Ziegen. Bei uns gibt's nur Kühe."
Das beantwortet zwar nicht meine Frage, doch Gilles Blick drückt deutlich aus, daß seine Alm kein Schlachthof ist. Und ich? Ich kann sowieso kein Blut sehen und fang' bei fast jeder überfahrenen Ameise an, eine Trauerrede zu halten. Andererseits, das Fleisch, das wir essen, muß ja irgendwo herkommen.
Am Abend gehen wir rüber in die Jurte. Mama hat schon Tee aufgesetzt, und wir machen es uns zwischen Teppichen und Kissen bequem. Kurz darauf kommt einer der Jungs mit der ausgesuchten Ziege ins Zelt. Sie weiß wohl, was sie jetzt erwartet, sie blökt und sträubt sich gegen die vielen Hände. Nur eine einzige Kerze verbreitet schummriges Licht. Die Stimmung ist unheimlich, und ich rutsche weiter in meine Ecke.
Mama gibt Anweisungen. Die Beine der Ziege werden mit Stricken verknotet, und schon blitzt das Schlachtermesser auf. Der ältere Sohn hält der Ziege die Schnauze zu und schneidet ihr mit einem tiefen Schnitt die Kehle durch. Mensch, ging das schnell! Das Blut wird in einer Schüssel aufgefangen und neuer Tee wird gebraut. Das ganze Blutbad hat keine fünf Minuten gedauert, und so langsam kann ich mich wieder entspannen. Jetzt also noch ausnehmen. Das macht der jüngere Sohn. Zu Hilfe kommt ihm eine fast leere Taschenlampe und die langjährige Erfahrung der Mama. Im Nu liegt der Kopf in einer Ecke, und die wartenden Hirtenhunde schleppen die ersten Knochen davon. Mama macht sich über Leber, Darm und Nieren her, und auf dem abgezogenen Fell liegen ausgebreitet ein paar saftige Steaks für uns. Als ich die Stücke in unseren Sack verstaue, drückt mich Ma-

ma beiseite, um alles zu kontrollieren. Dann lacht sie mich an und schiebt mit einem Augenzwinkern noch eine Keule dazu.
Frische Ziege frisch auf dem Grill. Am Lagerfeuer sitzend schneiden wir das Fleisch in kleine Stücke, stecken es standesgemäß auf Fahrradspeichen und schon nach kurzer Zeit bräunen die „Chachlich" über der Glut.

Heinz und Darcy kommen von einer Wanderung zurück und erklären offen, daß der Himmelssee die Endstation für sie ist.
„Seid nicht böse. Aber wir haben uns nun mal anders entschieden."
Die beiden Abtrünnigen planen, mit der Bahn bis nach Kunming oder Hongkong zu fahren, um von dort ins geliebte Thailand zu fliegen.
Bis zu diesem Zeitpunkt hätte ich nicht geglaubt, daß Heinz und Gille sich trennen. Immerhin waren die beiden lange Zeit zusammen unterwegs. Da sollte doch einiges verbinden. Vielleicht kriselt es aber auch schon länger zwischen den beiden. Ich weiß es nicht und frage auch nicht danach. Afghanisch, äh, Schwyzer-Dütsch ist nicht so leicht zu verstehen.
Gille und ich verstehen uns jedenfalls weiterhin gut. In den nächsten Tagen beobachten wir, wie das Vieh ins Tal getrieben wird, baden im See und sind rundum zufrieden. Erst als die Töchter „unserer" Familie ernsthaft beginnen, sich für uns zu interessieren, wird es Zeit, wieder aufs Rad zu steigen. Es ist noch zu früh, um sich endgültig niederzulassen.

Auch in den Niederungen sind die Temperaturen ein wenig gesunken. Ideale Voraussetzungen, um weitere Kilometer durch die Wüste zu pedalen. Steine, Staub und Einsamkeit haben mich schon immer fasziniert. Doch was das Tarimbecken und die darin liegende Taklamakan-Wüste zu bieten haben, ist wirklich einmalig auf dieser Welt.
„Knack!" macht es da ein weiteres Mal.
„Aus! Vorbei! Schluß mit Radfahren!" Gille steigt aus dem Sattel.
„Was ist denn los? Hast du etwa 'n Platten?" Im gleichen Augenblick schwant mir aber schon Übles. Verzweifelt zeigt Gille auf sein Hinterrad. Es ist tatsächlich wieder der Rahmen. Die Schweißnaht aus Gilgit hat nicht gehalten und das Ausfallende flattert lose im Wind.
„So ein Mist. Was machen wir jetzt? Zurück nach Urumqi?" Gille kratzt sich ratlos am Kopf.
„Zurück? Niemals. Aber ohne Werkstatt geht es auch nicht weiter."

Zufälligerweise kommt ein einheimischer Radfahrer vorbei. Wie es in China so üblich ist, hält er an, um uns zwei neugierig zu bestaunen. Wir zeigen ihm den Schaden und er schüttelt besorgt mit dem Kopf.
„Wo gibt's hier einen Schweißbrenner? Zztt, zztt!! Verstehen Sie?"
Das geräuschvoll mit Stimme und Händen ausgedrückte Imitieren dieses für uns so wichtigen Geräts trifft, man mag es kaum glauben, sofort auf Verständnis. Der Radfahrer zeigt die Straße hinunter und malt eine imaginäre „2" in die Luft.
„Wetten, daß wir in zwei Kilometern garantiert das finden, was wir brauchen? Los, da schieben wir hin!"
Und tatsächlich, keine zwei Kilometer weiter taucht ein kleiner Ort vor uns auf. Mittendrin eine kleine Werkstatt und vor der Tür steht ein uraltes Schweißgerät!
„Gewonnen!"
Die Mechaniker staunen natürlich nicht schlecht, sind aber sofort bemüht, uns zu helfen. Diesmal wird zusätzlich noch eine Verstärkung angeschweißt. Das sollte ewig halten. Bloß, das hatten wir auch schon in Gilgit gedacht! Zehn Yuan kostet die Arbeit, umgerechnet nur drei Mark. Da lohnt es sich glatt, noch nach nebenan in den Imbiß zu gehen. Schnell eine Nudelsuppe geschlürft, und schon ist das Problem aus der Welt geschafft.
„Mensch, da haben wir aber Schwein gehabt", lacht Gille, als wir weiterfahren. „Nicht auszudenken, wäre das mitten in der Wüste passiert."
Der Tag fängt also bestens an. Relativ gesehen ...
Kurz darauf müssen wir einen Kontrollpunkt passieren. Ein wenig komisch ist uns schon zumute, als wir den Schlagbaum umfahren. Die grünen Uniformen, die dort im Schatten sitzen, lachen aber nur und winken uns freundlich hinterher. Ein gutes Omen? Oder gar: Entspannungspolitik?
Außer einigen Pappeloasen sind weit und breit nur Steine zu sehen. Mehrmals überqueren wir die Bahnlinie, die nach Urumqi führt. Neben dem schwarzen Asphaltband und der im Nichts verschwindenden Telefonmastenreihe ist die Bahn der einzige Bezugspunkt zur Zivilisation. Links neben der Straße steht einsam und verlassen ein riesiges Tor. Der dazugehörige Zaun ist aber nirgends zu sehen. Unverständliche Schriftzeichen weisen geradewegs zum Horizont. Wohin führt dieser Weg? Vielleicht zu einer Bahnstation? Nur flimmernde Hitze ist zu erkennen. Was sich dort hinten verbirgt, bleibt ein Geheimnis für uns.

Pakistanisch/chinesischer Grenzposten im Pamir-Gebirge
Durch die Taklamakan-Wüste · Unter kühlen Weinreben in Turpan

„Das Land des Feuers“

Die Oase Turpan liegt 154 m unter Meeresniveau, nach dem Toten Meer in Palästina der zweittiefste Punkt unseres Planeten. Am 13. Juli 1975 stieg hier die Temperatur auf 49,6 °C, die höchste, die bis zu diesem Zeitpunkt in China aufgezeichnet wurde. Statt in der Mittagshitze durch die Straßen zu laufen, ziehen wir es vor, unter den Weinreben im „Turpan Binguan“ zu sitzen, das Weinlaub spendet wohltuend Schatten und Kühle, wie auch die hohe Decke unseres Zimmers. Überhaupt scheint die ganze Oase nur aus Weintrauben zu bestehen. Zuckersüß und fast ohne Kerne schmecken sie eigentlich schon fast zu gut. Daß die Sitzungen auf dem Gemeinschaftsklo in Zukunft etwas länger dauern, ist daher nicht verwunderlich. Es kommt aber auch vor, daß man die Klos gänzlich meidet!

„Mist! Die Toilette ist schon wieder übergelaufen!“ Sichtlich berührt und noch keineswegs erleichtert kommt Gille aus dem Toilettentrakt zurück.

„Geh’ da bloß nicht hin. Da stinkt es wie die Pest!“

Die Chinesen haben eine Menge Unsitten, die uns „Ausländern“ gar nicht gefallen. „Spucken“ steht ganz oben auf der Liste. In jeder Straße und in jedem Haus, immer und überall wird gespuckt. Auch beim Essen im Restaurant, im städtischen Bus wird kräftig der dicke „Grüne“ hochgeholt und geschickt neben die Schuhe der Mitmenschen plaziert. Diese revanchieren sich natürlich gleichermaßen. Geht man durch eine schmale Gasse, sollte man nicht den Regenschirm vergessen. Wenn es dort aus den Fenstern regnet, ist das keineswegs ein meteorologisches Tief!

Auch auf den Toiletten spuckt man um sich. Zeitungslesend hocken die Menschen über einer abgrundtiefen Rinne und beobachten furzend und speiend, wie die Fäkalien des Nachbarn einem unbekannten Ziel entgegenstreben. Nur selten wird mit Wasser nachgespült, was zur Folge hat, daß die Toiletten dauernd verstopfen. Macht nichts! Dann geht man eben ins Badezimmer, um dort das Geschäft zu verrichten! Daß den nur selten anzutreffenden Putzfrauen so ein Verhalten nicht gefällt, ist allzu verständlich. Im „Turpan Binguan“ hat man sogar an ausländische Schmutzfinken gedacht. In englischer Schrift prangt dort ein Verbotsschild unter der Dusche: „Das Defäkieren im Badezimmer ist strengstens verboten!“

Gelbe Augen sind bei Chinesen übrigens nicht nur mit ihrer Haut in Verbindung zu bringen. Eine Statistik besagt, daß fast jeder zweite Einwohner einen Gelbsuchtvirus in sich trägt. Tunlichst vermeiden sollte man es deshalb, mit den im Imbiß ausgelegten Stäbchen zu essen. Und soweit es möglich ist, sollte man Gemeinschaftstoiletten nur aus sicherer Entfernung betrachten!

13 km westlich von Turpan, 30 m hoch auf einer Canyonklippe, liegen die Ruinen der alten Stadt Jiaohe.
„Mensch, hier trau'n sich doch nicht mal Tote her! Außer Staub gibt's hier doch wirklich nichts zu sehen."
Gille ist von den Überresten brauner Lehmziegelbauten auffällig begeistert. So fällt es uns nicht schwer, die eingestaubte Geschichte des alten Handelspostens noch weiter zu verfolgen.
Bereits während der Han-Dynastie (206 v.Chr. bis 220 n.Chr.) war Jiaohe die Hauptstadt des Che Shi-Königreiches. Was mag sich hier wohl vor 2000 Jahren abgespielt haben, als auf der Seidenstraße noch Kamelkarawanen vorüberzogen? Dschingis Khan beendete das geschäftige Treiben im 13. Jahrhundert. Am Ende des 14. Jahrhunderts wurde der Rest der alten Stadt durch Feuer zerstört. Nur noch der Klosterkomplex mit der turmhohen Stupa ist zu erkennen und gibt uns einen Eindruck von dem früheren Baustil der Stadt.
Auch Gaochang, ein weiterer Außenposten, liegt ganz in der Nähe. Dessen Abstieg begann erst, als viele Händler versuchten, China über das Meer zu erreichen. Wir ersparen es uns, auch dorthin zu fahren. Eine Ruinenstadt reicht völlig aus, den Appetit auf mehr zu zügeln. Zwei wären schon wieder eine zuviel. Und von der dritten würden wir bestimmt keine Notiz mehr nehmen. So jedenfalls sieht die Philosophie von zwei durch China fahrenden Radlern aus.
Statt dessen besuchen wir das 1777 gebaute Emin Minarett. Es ist immerhin 37 m hoch und mit islamisch-dekorativen Mustern versehen. Außer von Touristen wird es auch noch von „richtigen" Pilgern besucht. Genauso wie Kashgar wird auch Turpan von moslemischen Uiguren bewohnt. Braune Baumwollstrümpfe, indianisch anmutende Webmuster und bunte, glatzkopfschützende Kappen, so ist hier die Mode. In der Altstadt strecken uns Kleinkinder aus den Hosen schielende Pobacken entgegen, Bewässerungsgräben werden gleichzeitig als Badezimmer und Waschmaschine genutzt und überall wird Lehm für Mauersteine gewälzt.

„Weintrauben! Frische Weintrauben! Das Kilo nur ein Yuan!"
Dreißig Pfennig für ein Kilo Weintrauben? Das lassen wir uns nicht zweimal sagen.
Das eigentliche „Traubental" liegt etwas nördlich von Turpan. Zwischen sandigen Hügeln gelegen kann man es getrost als grünes Paradies bezeichnen. Bäume und Blumen erfrischen das Auge, und Wasser aus unterirdischen Bächen, *karez* genannt, lassen die Reben wie im Rheintal wachsen. Die röhrenförmigen Karez transportieren das Wasser bis in die tiefer liegenden Wüstenoasen. An recht vielen Stellen sind sie sogar begehbar. Ein ausgeklügeltes Bewässerungssystem, mit dem auch der Gemüseanbau in den Oasen möglich geworden ist.
Der erste Teil der Weinlese ist schon vorbei. Tonnenweise hängen die Trauben in den luftigen Trockenhäusern oder liegen schon zu Rosinen getrocknet auf dem Markt in Shanghai. Leider hat man hier noch nichts von den bei uns so beliebten Weinproben gehört, gemütliche Weinstuben sind jedenfalls nirgends zu sehen.
Sämtliche Packtaschen mit Weintrauben und Rosinen gefüllt, fahren wir an den „Flammenden Bergen" entlang. Tatsächlich leuchten die zerklüfteten Hügel je nach Tageszeit in verschiedenen Farben. Der Sandstein macht es möglich. In der hochstehenden Mittagssonne bekommen die Berge eine rötliche Farbe und flimmern im staubigen Dunst.
Auf einer Nebenstraße erreichen wir die „1000 Buddhas der Bezkilik-Höhlen". Von der Balustrade, die sich vor den Höhlen erstreckt, hat man einen herrlichen Ausblick in alle Richtungen des Tals. Früher war dies ein Ort, um die Erleuchtung zu finden.
Aber auch der ringsherum wachsende Wein fand bestimmt den Zuspruch der anwesenden Mönche. Die ältesten Höhlen stammen bereits aus der Northern Dynastie (386 v.Chr. bis 581 n.Chr.), wobei ich sagen muß, daß mich das Gerangel zwischen den einzelnen Dynastien und ihren Kaisern immer noch ein wenig verwirrt. Auch die chinesischen Künste, die Poesie, die verschiedenen Religionen und die aus Drachen, Schlangen und Affenkönigen bestehenden Märchen sind nicht so einfach mit einem Leben, das aus Fahrradtour, Ersatzreifen und Spirituskocher besteht, in Einklang zu bringen!
In den Bezkilik-Höhlen haben die „Roten Garden" den steinernen Buddhas die Köpfe abgeschlagen und die herrlichen Wandmalereien zerkratzt. Ich wundere mich immer wieder, was die Anhänger Ma-

os in so abgelegene Gebiete getrieben hat. Die „Kulturrevolution" wird jedenfalls nicht in chinesischen Reiseführern erwähnt. Es sieht fast so aus, als möchte man eines der dunkelsten Kapitel des Landes verdrängen. Es bleibt ein Rätsel für uns, was viele bewogen hat, sich innerhalb nur weniger Jahre in eine aggressive und zerstörerische Horde zu verwandeln.

In den Oasen der Taklamakan-Wüste hat man von Mao jedenfalls die Schnauze voll. Neuerdings dreht sich hier alles nur um Touristen, Wein und FEC.

„Ami! Ami!" schallt es uns aus den Oasendörfern hinterher. Wir werden zwar nur als „Ausländer" bezeichnet. Doch jeder „Ausländer" wird grundsätzlich mit Amerika in Verbindung gebracht. So auch bei der Mittagspause in der Nähe von Shanshan. Zwei mit Kellen bewaffnete Uniformierte erscheinen im Imbiß. Fröhlich und um der gähnenden Langeweile zu entgehen, sehen sie in uns „Ausländern" geeignete Opfer. Sind wir jetzt „dran"? Ist das hier etwa ein „geschlossenes Gebiet"? Konfiszieren sie jetzt unsere Räder? Oder erleben wir nun, wie in dem Film „Midnight Express", die „Vorzüge" eines chinesischen Gefängnisses? Wohl kaum. Die Polizisten sind immerhin Uiguren.

Einer der Uniformierten kramt ein Englisch-Wörterbuch hervor.

„You Muselmaaan?"

„Nein, wir sind Christen."

Alles lacht. Sofort wird über Religion diskutiert. Natürlich auf Uigurisch. Die Nudeln lassen sich auf einmal doppelt so gut schlürfen. Hier werden wir nicht als Verbrecher betrachtet.

„You group? How many – seid ihr eine Tourgruppe? Wie viele Leute?"

„One group. Two People – eine Gruppe. Zwei Leute."

„Ah, very good." Man scheint zufrieden mit unserem Englisch zu sein.

„You Ami? Me Gua – seid ihr Amerikaner?"

„Mei you – wir sind De Gua. Deutsche."

„Ah, very good."

„Mei you. Gar nicht wahr!" Gille fährt dazwischen. „Ich bin nicht De Gua. Ich bin aus der Schweiz! Frank, was heißt „Schweiz" auf chinesisch? Ich vergeß' das immer wieder."

„Schweiz? Keine Ahnung. Jetzt paß' mal auf, Gille. Wir wollen doch diese friedliche Unterhaltung nicht durch den Umstand durcheinanderbringen, daß du kein De Gua, sondern Schweizer bist, oder?"

Unsere auf Deutsch geführte Unterhaltung wird von den Uiguren als

Amerikanisch interpretiert. Als aber auch das Wörterbuch keine weitere Auskunft gibt, wird die Mittagspause für beendet erklärt.
„Hello! Bye bye!“
Freundlich grüßend machen sich die beiden davon. Draußen werfen sie noch einen Blick auf unsere Räder, schütteln mit dem Kopf und sind dann schnell auf ihren Motorrädern verschwunden.
„War das jetzt 'ne Kontrolle, oder was?“
Mit den Schultern zuckend schwingen wir uns zurück auf die Räder. Lieber fahren wir erstmal ein paar Kilometer. Es könnte den Uniformierten ja einfallen, daß wir eigentlich nur „Ausländer“ sind. Und außerdem: Was macht eine zweiköpfige Tourgruppe allein auf einem Highway in Xinjiang?

Eines Morgens wache ich etwas früher auf als sonst. Es kitzelt an meinem Bart und raschelt in den Klamotten. Als ich die Augen öffne, mach' ich sie vor Schreck gleich wieder zu. Da sitzt doch tatsächlich eine Wüstenratte vor meinem Gesicht und versucht sich in meinem Schlafsack eine Zweitwohnung zu bauen!
„Was willst denn du Großer hier? Und ausgerechnet in meiner Höhle?“ scheint sie zu fragen, als sie anfängt an meinem Schnurrbart zu riechen. Eine Sekunde später ist sie blitzartig in einer Erdhöhle verschwunden.
Schlaftrunken kann ich erkennen, daß der Boden rings um unser Lager vor Löchern nur so wimmelt! Am gestrigen Abend waren wir bis in die Dunkelheit gefahren und hatten nicht mehr darauf geachtet, den Lagerplatz genauer zu inspizieren. Wir hatten uns nur noch schnell einen Tee gekocht und waren dann ohne Zelt in den Schlafsack gekrochen. Daß wir uns in eine Wohngemeinschaft chinesischer Wüstenratten einquartiert haben, finden wir erst jetzt heraus.
Außer den kleinen Nagern und manchmal über die Straße stolzierenden Kamelen halten sich die Repräsentanten der Tierwelt aber eher zurück. Vögel sind nur selten zu hören und überhaupt nicht zu sehen, und auch die in der Wüste sonst in großer Anzahl anzutreffenden Reptilien verkriechen sich lieber im Sand. Liegt das vielleicht daran, daß die Chinesen Allesesser sind und auch nicht davor zurückschrecken, kulinarisch studierte Suchtrupps selbst in die Wüste zu schicken? Was uns in einigen Restaurants zum Essen vorgesetzt wird, reicht aus, um lieber nicht zu fragen, was in der Suppe schwimmt.

Stille in der Luft. Nur angestrengtes Keuchen ist zu hören, als sich zwei schwerbeladene Radfahrer einen Hügel hinaufziehen. Selten werden wir von Lastern oder Kleinwagen überholt. Gerade aber die Lkw-Fahrer sind es, die anhalten, um uns mit Trauben, Melonen und Wasser zu versorgen. Sprachlich ist die Verständigung zwar gleich gegen Null, doch gemeinsame Lachanfälle, vor allem, wenn es darum geht, Mißverständnisse zu vertuschen, und ein Blick auf die Straßenkarte machen alles wieder wett. Die Hilfsbereitschaft der hier lebenden Menschen ist völlig überraschend. Manchmal kommt sie aber auch wie gerufen. Viele auf der Karte verzeichnete Ortschaften sind nur noch vom Sand überwehte Ruinen und Wassernachschub Fehlanzeige. Ohne die Lkw-Fahrer wären wir ganz schön arm dran.
160 km ohne eine menschliche Behausung. Endlich taucht eine alte Karawanserei vor uns auf. Wir müssen schon ziemlich schmuddelig aussehen. Doch die Mutter des Hauses bedient uns sofort mit Brot und Tee. Bestimmt sind wir die ersten Radfahrer, ja vielleicht sogar die ersten westlichen Touristen, die die herbeigeeilte Familie zu Gesicht bekommt. Mit ihren breiten Gesichtern sehen sie schon fast mongolisch aus.
Neben den flachen Lehmbauten, schutzlos den übermächtigen Sandstürmen ausgeliefert, sind die Reste einer Mauer und eines Turmes zu sehen. Mauer? Ein Blick auf die Karte reicht. Wir haben das westliche Endstück der „Großen Mauer" erreicht! Das mächtigste Bauwerk der Erde ist mehr als 5000 km lang. Sogar vom Mond aus soll sie angeblich zu sehen sein. Wir lassen die schon abfahrbereiten Räder noch ein wenig geparkt. Diesen Anblick wollen wir noch länger genießen.

Hinter der Oase Hami endet die Provinz Xinjiang. Leider aber auch die gut asphaltierte Straße. Und mitten in dieser Sandwüste kommen uns auf einmal zwei schwerbeladene Radfahrer entgegen. Es sind keine Bauern, nein, es sind richtige „Radler"! Zwei Chinesen aus Guangzhou und schon einige tausend Kilometer unterwegs. Die beiden wollen bis zur Grenze nach Pakistan fahren und das Ganze auch wieder zurück!
„Was macht ihr denn, wenn ihr einen Kontrollpunkt erreicht?" fragen sie uns in gebrochenem Englisch.
„Kontrollpunkte?" Wir schauen uns an. „Welche meint ihr denn? Wir haben noch keine gesehen."

Angesichts der sandigen Piste fragen wir die Jungs, wie sie denn vorwärts kommen.
„Manchmal müssen wir schieben. Gerade am Nachmittag ist der Gegenwind doch ziemlich stark."
Ist das vielleicht der Grund, weshalb Gille und ich den Morgen meistens verschlafen? Für uns kommt das Windproblem ja aus der anderen Richtung. Später dann, das Treffen ist schon lange Geschichte, denken wir ein wenig darüber nach.
„Eh, von Guangzhou bis zum Kunjerab-Paß und zurück! Tolle Typen." Gille ist immer noch begeistert.
„Und das mit diesen eingängigen Oldtimern! Schau' mal, wie wir durch den Sand hier eiern. Was müssen die erst schaffen!" Unsere Achtung für die beiden wächst noch ein wenig mehr.

Dunhuang! Eine riesige Oase, in der sich die Seidenstraße in eine Nord- und Südroute gabelt. Rund um den Ort türmen sich Sanddünen auf, die wir natürlich unbedingt besteigen müssen. Und wie überall, wo es kulturrevolutionär geschädigte Kultur zu bestaunen gibt, blüht auch hier das Geschäft mit den Touristen. Jedem westlichen Gesicht versucht man sofort, das zwei- oder dreifache der normalen Preise abzunehmen. Ganz schlimm ist es bei den „Mogao-Grotten", den ebenfalls aus der Northern Dynastie stammenden Höhlen, die durch ihre Malereien berühmt geworden sind. Chinesen bezahlen dort 1 RMB Eintritt, „Ausländer" 16 FEC! Unsere Versuche, den Preis etwas zu drücken, werden von stur dreinblickenden Kassierern völlig ignoriert.
„Mei you!" Die altbekannte Antwort läßt mich genauso stur reagieren.
„Dann eben auch Mei you bei uns! Ich hab' schon genug Höhlen gesehen!"
Kurzentschlossen kommen wir überein, diese sogenannte „Attraktion" zu boykottieren. Gesicht verloren oder Gesicht bewahrt? Das ist uns in diesem Moment völlig egal.

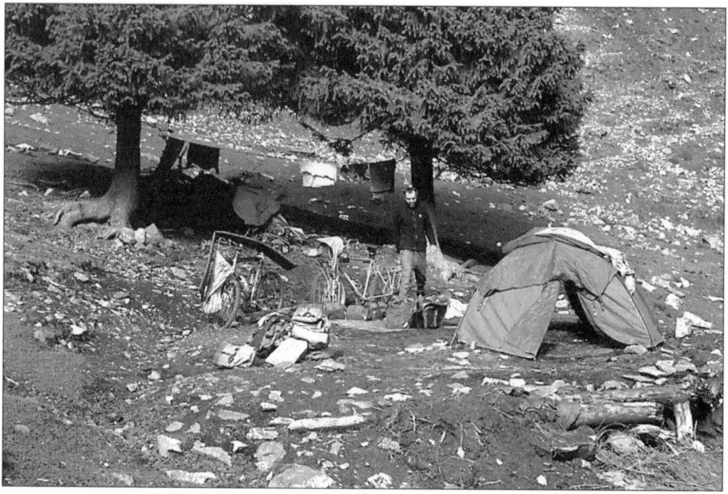

▲ Unser Zeltplatz am Lake Tianchi
▼ Die Bezkilik-Höhlen

In der Provinz Gansu ...

... wird der in den letzten Tagen schon morgens blasende Gegenwind schier unerträglich. Sobald wir aufhören zu treten, fangen wir buchstäblich an, rückwärts zu rollen. Das Wetter soll uns die gute Laune aber nicht verderben. Wir entscheiden uns, mit der Bahn bis Lanzhou zu fahren.

Die erste Großstadt, die uns in China unter die Räder kommt, besteht hauptsächlich aus Industriequalm ausstoßenden Schornsteinen, Fahrradparkplätzen so groß wie Fußballfelder und Kaufhäusern, in denen die Verkäufer nichts anderes zu tun haben, als den Schlaf des wenig Verdienenden zu schlafen! Auch die Geldwechsler geben uns den schlechtesten Kurs, seitdem wir Kashgar verlassen haben. Unerhört! An jeder Straßenkreuzung werben riesige Transparente für das VW-Werk in Shanghai, und vor den Kaufhausfenstern versammeln sich die Menschen, um dort ausgestellte 10-Gang-Mountainbikes zu bestaunen. Der Konsumrausch nimmt auch in China bedrohliche Formen an. Es scheint schon sehr viele Annehmlichkeiten des Westens zu geben, außer Kläranlagen. So wird wenigstens der Huang He, der Gelbe Fluß, seinem Namen gerecht. Als Auffangbecken sämtlicher Gemeinschaftstoiletten fließt er gelb und träge durch den Dunst dieser Millionenstadt.

Dreck und Gelbsuchtviren machen es einfach, die nächste Entscheidung zu treffen. Trotz der vielen Fahrradwege, die auf einigen Straßen sogar breiter als die Autospuren sind, ist eine Radtour auf dem Land dem Großstadtchaos immer vorzuziehen.

Der Gegenwind hat sich in Luft aufgelöst. Doch dafür ist es kalt geworden. Zum Glück habe ich mir in Lanzhou eine lange Unterhose gekauft. In den folgenden Nächten – wir campieren in abgeernteten Maisfeldern und auf trockengelegten Reisterrassen – möchte ich nicht auf diesen Wärmespeicher verzichten.

Wir fahren nach Süden, immer am Rand des tibetischen Hochplateaus entlang. Das Land ist hier wesentlich fruchtbarer als weiter im Westen. Von Wüste ist nichts mehr zu sehen. Dafür Reisterrassen und kultivierte Felder, die sich bis zu den Hügelspitzen erstrecken. Überall wächst Kohl und Mais, und viele Bauern sind mit der Ernte beschäftigt. Tonnenweise wird Gemüse auf Laster verladen, und was an Zwiebeln noch neben der Straße liegt, das reicht fürs nächste Jahrzehnt.

In Linxia werden wir von chinesisch dekorierten Minaretten und vom Ruf des Muezzin begrüßt. Eine Araberstadt mitten in China. Wer hätte das gedacht! Bewohnt wird der Ort von der Minderheit der Hui. Die Männer tragen weiße Hütchen und spitze Kinnbärte, die Frauen schwarze Kopftücher und breite Besen. Vor den Stadttoren sind sie damit beschäftigt, herabgefallene Blätter der in allen Herbstfarben schimmernden Bäume zusammenzufegen. Nicht daß die Männer faul wären. Die haben offensichtlich mehr tierisches im Sinn. Vor unzähligen Gerbereien stapeln sich Felle und Häute, und auf Karrenwagen festgezurrte Schweine werden quiekend in die nächste Schlachterei gefahren. Letztere gehören Han-Chinesen. Mit den neuen liberalen Lebensreformen haben die Hui auch den Koran wiederentdeckt. Unter Mao wurden sie gezwungen, Schweinefleisch zu essen. Heute ist das wieder tabu.

„Anhalten! Da gibt es Ravioli!" Ausgehungert stürzt Gille an mir vorbei. Eigentlich ist das doch mein Job, nach solchen Köstlichkeiten Ausschau zu halten! Kaum hat Gille jedoch den Duft gedünsteter „Baoze", wie Ravioli in China genannt werden, erschnüffelt, ist er kaum noch zu bremsen. Nach der dritten Portion und einem Glas Pflaumentee loben wir Marco Polo, daß er es fertiggebracht hat, chinesische Teigwaren in Europa bekanntzumachen.

Mitten in der Stadt finden wir einen großen Basar. Kein Zweifel, auch Linxia liegt an der Seidenstraße. Ausgebreitet liegen dort die letzten Felle ausgestorbener Tiger. Wolfs-, Schafs- und Fuchspelze hängen neben Mänteln und Decken. Teppichhändler machen Silberschmuckverkäufern Konkurrenz. Und mittendrin sorgen einige Geldwechsler dafür, daß wir immer mit der richtigen Währung bezahlen. Außer „Dollaaaar?" haben sie zwar noch kein Englisch gelernt, doch ins Geschäft kommen wir trotzdem.

Gleich nebenan hat ein Medizinmann seine Apotheke aufgebaut. Wie auf einem deutschen Flohmarkt sitzt er dort vor Geierkopf und Bärentatze. Eingemachte Zähne grinsen uns aus Marmeladengläsern an, und die parat liegende Bohrmaschine spricht dafür, daß unser Wunderheiler auch als Zahnarzt fungiert.

Von alldem unberührt schreitet ein stolzer Jäger durch die Platz machende Menge. Auf dem ausgestreckten Arm hockt geduckt seine drohende Waffe. Es ist ein ausgewachsener Habicht!

Das tibetische Hochplateau ist schon beinahe zu sehen. Doch als wir den ersten Angehörigen eines dort lebenden Stammes begegnen, sind

wir ehrlich erstaunt. Kampas, Steppenbewohner, und früher räuberische Reiternomaden kommen uns in Begleitung einiger Mönche entgegen. Die Männer tragen um die Hüften gewickelte Mäntel und breitkrempige Hüte. Die Frauen stehen auf Bo-Derek-Frisur (oder hat sich Bo das hier abgeschaut?) und sind schwer mit Silberschmuck beladen. Sie sind genauso fremd hier wie wir und kommen von weither zum Einkaufen in die Stadt. Wir grüßen uns freundlich und laden uns gegenseitig zum Teetrinken ein.
„Was meinst du, Gille. Das könnte man doch fast als Zusammentreffen von Minderheiten betrachten, oder?"
Im Teehaus sitzend, wackelt auf einmal der Boden unter uns!
„War das 'n Erdbeben, oder was?!"
Wir zucken mit den Schultern. Alles ist wieder ruhig, und auch auf der Straße scheint man keine Notiz von dem Gewackel genommen zu haben. Keine Unruhe ist unter den Menschen zu spüren. Alles geht dort seinen Gang. Zehn Minuten später das gleiche Gewackel noch einmal! Diesmal sogar heftiger. Beinahe verschlucken wir uns am Pflaumentee. Also doch ein Erdbeben! Der Blick über den Balkon läßt uns aber auch jetzt nicht in Panik verfallen, denn der riesige Berg Orangen unter uns hätte den Sturz bestimmt gut gebremst! Später hören wir, daß es ein Beben der Stärke 6,0 gewesen ist. 500 km entfernt hat es schwere Verwüstungen angerichtet, 50.000 Menschen sind obdachlos geworden!
Wir lernen Suleman kennen, der zur Minderheit der Qiang gehört. Suleman sieht aus wie ein Grieche und ist ein wahres Sprachgenie. Zusammen spazieren wir durch Pavillons und gesellen uns zu einigen Lehrern, die an Sonnenblumenkernen knabbern. Die Gelegenheit, mit „Ausländern" über das liebste Thema der Chinesen, die Philosophie, zu philosophieren, kommt der Lehrerschaft geradezu recht. Aber auch Politik, die Bibel und die leckeren, im Pavillon servierten Pellkartoffeln kommen dabei nicht zu kurz. Für einen 23jährigen besitzt Suleman ein erstaunliches Wissen. Er weiß Bescheid über Martin Luther King, kennt alle Präsidenten Europas und ist Anhänger von Bismarck und Wilhelm II.!
„Vor sechs Wochen war hier ein Mädchen aus der Schweiz zu Besuch. Auch mit dem Fahrrad. Genauso verrückt wie ihr. Die hieß Heidi. Kennt ihr die?"
„Wie bitte?" Statt auf die Pellkartoffel beiß' ich mir fast auf die Zunge. „Heidi war hier? Das gibt es doch nicht!" Heidi! Das ist nun schon

vier Jahre her. Highway 1, die kalifornische Pazifikküste entlang. Da standen sie am Straßenrand und mampften Brombeeren in sich hinein. Die „Round the World Biker" Heidi aus der Schweiz und Alex aus Mexiko. Nur zwei Tage fuhren wir zusammen. Dann wurde mir das Tempo der beiden zu hoch. In Mexiko hörte ich wieder von ihnen und aus Ecuador bekam ich sogar Post. Danach aber schienen die beiden „unbekannt verzogen" zu sein. In Kashgar hörten wir dann die unglaubliche Geschichte. Dort trafen wir nämlich zufällig zwei Journalisten aus Hongkong.
„Mit dem Fahrrad durch China? Tolle Sache. Doch unser Reisestil ist etwas bequemer. Wir sind aus Chengdu hierher geflogen", erzählten sie uns. Und: „Im Hotel dort haben wir zwei Frauen aus der Schweiz kennengelernt. Auch mit dem Fahrrad, genauso verrückt wie ihr. Die hießen Heidi und Pia. Kennt ihr die?"
Irgendwann auf Reisen erreicht man einen Punkt, da verwundert einen gar nichts mehr. Heidi in China! Zusammen mit Pia! Später schreibt Pia mir von ihrem Zusammentreffen mit Heidi. Aber auch Frauen passen nicht immer zusammen. So fahren die beiden bald wieder getrennte Wege. Was wäre das für ein Zufall gewesen, wenn wir uns hier getroffen hätten!

Unsere Visa laufen ab. Also gehen wir zur Polizei, um es verlängern zu lassen. Freundlich nimmt man uns dort in Empfang, studiert unsere Pässe und schickt uns genauso freundlich wieder zur Tür hinaus.
„Mei you! Tut mir leid", gibt uns einer der Beamten zu verstehen. „Hier verlängern wir kein Visum. Dafür müssen sie nach Lanzhou."
Wir sind erschrocken. Zurück nach Lanzhou? Morgen ist Samstag. Morgen laufen aber auch unsere Visa ab. Das ist zu spät. Das könnte Ärger geben. Suleman muß her!
Wir treffen ihn im Teehaus und erklären unsere Situation.
„Ich werde tun, was ich kann", meint Suleman. „Ich weiß aber auch nicht, ob die Polizei hier autorisiert ist, Visa zu verlängern."
Sulemans Freundin ist die Tochter des Polizeipräsidenten! So wird die Kugel also ins Rollen gebracht.
„Zwei ehemalige ausländische Studienkollegen von mir brauchen neue Visa!" Auch im Flunkern hat Suleman einiges drauf. Wieder sitzen wir bei den Grünuniformierten. Tee wird gereicht und die üblichen Befehle erteilt. Damit wir nicht allzu viele Umstände haben, wird ein

Beamter aus dem „Foreign Affairs Bureau" extra zu uns rübergeordert. Ein nagelneuer, völlig trockener und garantiert noch nie benutzter Stempel wird ausgepackt, zwei Formulare ausgefüllt, und für die nächste Zeit brauchen wir uns keine Sorgen mehr zu machen.
„Sag' mal, Gille. Hat hier überhaupt schon mal jemand nach einer Visumsverlängerung gefragt?"
„Glaub' ich nicht. Schau' dir doch den Stempel an. Der hat noch nie ein Stempelkissen gesehen."
Der Dank gehört natürlich Suleman, und die abendlichen Ravioli, die wir zusammen mit ihm und seiner Freundin futtern, schmecken auf einmal doppelt so gut.

Einen Radeltag weiter und 600 m höher liegt der kleine Ort X'iahe. Hauptattraktion dieses ansonsten unscheinbaren Dorfes ist das Labrang-Kloster. Aus welchen Gründen auch immer ist hier der buddhistische Klosterkomplex von der Kulturrevolution verschont geblieben. Die Mönche der Gelbhut-Sekte, die hier wieder studieren dürfen, führen uns bereitwillig im Kloster herum. Wir haben Glück.
Gleichzeitig mit uns wird auch eine Prozession durch das Heiligtum geschleust. Ungefähr 100 Bauern und Nomaden warten darauf, daß man ihnen Einlaß gewährt. Vom Dach des Gebäudes rufen zwei Gelbhüte alle Mönche des Klosters zusammen. Immer mehr rote Kutten strömen in den Innenhof, setzen sich auf breite Stufen und fangen an, im monotonen Singsang zu beten. Wie ein römischer Kaiser, das Haupt von einem großen, gelben Hut bedeckt und in der rechten Hand einen langen, kräftigen Stab, schreitet der Obermönch vor seinen Schülern auf und ab.
Im großen Saal ist es dunkel. Nur wenige Kerzen verbreiten schummriges Licht. Die Wände sind mit wunderschönen Malereien versehen. Sie zeigen Pilger, Tiere und natürlich immer wieder Buddha. Die Mönche sitzen auf langen Teppichreihen und fahren fort zu beten. Zwei junge Schüler kommen vorbei und tragen Kannen, aus denen der ranzige Geruch von Buttertee strömt.
Das Beten der Mönche wird lauter und zwischendurch wird leise in die Hände geklatscht. Auf einmal leuchten vor mir Tausende kleiner Butterlämpchen, die säuberlich aufgereiht auf langen Tischen stehen. Dahinter die wie Bronzestatuen aussehenden Skulpturen verschieden großer Buddhas. Doch der erste Blick täuscht. Sie sind allesamt aus Butter gegossen!

Die Obermönche nehmen kleine Gaben an. Meistens Geldbeträge und Speisen. Dann erteilen sie ihren Segen. Auch ich bekomme einen Klaps auf den Kopf. Kurz darauf bin ich zurück an der frischen Luft und muß mich nach dieser Aufregung erst einmal setzen. Was geht in diesen Menschen bloß vor? Wäre ich doch bloß ihrer Sprache mächtig, dann könnte ich ihren Glauben bestimmt besser verstehen. Alles, was es über Buddhismus zu erfahren gibt, könnte ich zwar in Büchern nachlesen. Doch Theorie ist mir einfach zu theoretisch und ein Schweigetempel zu ruhig. Religion hat schon immer eine Bedeutung auf unserer Erde gehabt. Doch so ganz will mir einfach nicht einleuchten, warum ich mich darauf verlassen soll, was ein Priester mir sagt. Ich fühle mich noch immer mir selbst verantwortlich und verlasse mich lieber auf mein persönliches Gefühl.
Einen der Nachmittage nutzen Gille und ich zu einem gepäcklosen Ausflug in die umliegenden Hügel. 1:1 ist angesagt. Mühsam arbeiten wir uns den mit Steinen übersäten Pfad eines Seitentales hinauf. Wir fahren an der alten Ruine eines Bergklosters vorbei und schließlich müssen wir schieben. Zu steil ist der Weg. Endlich oben, werden wir für diese schweißtreibende Arbeit reichlich belohnt. Der Ausblick ist einfach phantastisch. Soweit wir schauen können, sind nur schneebedeckte Berge zu sehen. Bunte Gebetsfahnen flattern im Wind und die braune Steppe gibt uns das Gefühl endloser Weite. Die Luft ist so rein und die Wolken sind zum Greifen nahe. Hier sind wir wirklich auf dem „Dach der Welt"!
Dann folgt die Abfahrt.
„Los, Mann! Schneller!" Gille ist nicht mehr zu halten. Ohne die Bremsen eines Blickes zu würdigen sausen wir hinab in das Tal. Ab nach links einen Grashang hinauf, um etwas „Gas" wegzunehmen. Dann wieder mit „Schuß" durch die nächste Steilkurve! Keine Zäune versperren den Weg. Die Piste für unseren „Downhill" ist unendlich weit. Auf einmal taucht eine Yakherde auf. Und das mitten auf der Fahrbahn!
„Bremsen, Mann! Paß auf!"
Staub und Steine fliegen durch die Luft. Mitten unter den schwarzen Tieren verursachen wir fast eine Stampede! Für die Kampas aber, die die Herde begleiten, sind wir die größte Show. Lassoschwingend und lachend reiten sie neben uns her und verheddern sich beinahe in ihren Seilen. Völlig aufgeregt sind sie beim Anblick ihresgleichen auf Rädern!

▲ „Unsere“ Kazhaken-Mutter am Lake Tianchi
▼ „Glatze“, der neue Trend in Kashgar

Als wir den Ortsrand von X'iahe erreichen, fällt es uns schwer, auf eine langsamere Gangart umzuschalten. Wir sind uns einig: Es muß nicht immer Tibet sein. Die weite Steppenlandschaft, besiedelt von „Cowboys" und „Indianern" und durchzogen von großen Yakherden, die findet man auch hier, im Süden der Provinz Gansu.

Die letzte Etappe der Seidenstraße liegt vor uns. Wir folgen dem alten Sichuan-Highway, der die meiste Zeit einem ausgewaschenen Flußbett gleicht. Der Asphalt hat sich wieder mal in Sand verwandelt. Und das für die nächsten 500 km! Obwohl wir jetzt nach Osten fahren und uns langsam vom tibetischen Hochplateau entfernen, hört die bergige Landschaft nie auf. Innerhalb nur weniger Tage überqueren wir 14 (!) Pässe, die fast alle über 3000 m hoch sind! Wir befinden uns immer noch in beträchtlicher Höhe, und die Steigungen sind wegen des schlechten Untergrundes nur schwer zu bewältigen. Oftmals müssen wir absteigen und schieben. Entschädigt werden wir dafür bei den Abfahrten. Schnell den Pullover übergezogen, und mit einer Staubwolke am Hinterrad geht es steil bergab.
Alle Gemeinden in dieser Gegend sind für „Ausländer" geöffnet. Bloß gesehen wurde hier wohl noch keiner. So werden wir oft zum Essen und zum Tee eingeladen und campieren auf Wiesen und Feldern. Langsam werden die Flüsse breiter und die Straßen sind an vielen Stellen von Erdrutschen davongespült. Lkw-Verkehr ist zum Glück ziemlich selten. So bleiben wir von den Staubvorhängen, die überholende Laster hinter sich herziehen, meistens verschont. In den Tälern sind die Bauern dabei, das Heu einzufahren. Laubbäume leuchten in rot-gelben Farben, und in den Dörfern hängen Mais und Granatäpfel kunstvoll von den Wänden der Häuser. Sofort bin ich von staunenden Menschen umringt, als ich anhalte, um einige Fotos zu machen. Ich frage mich, was hier wohl interessanter ist: Die Kunst am Haus oder der Exot auf dem Rad?
Abends, als wir in einem Truck-Stop übernachten, klopft es laut an die Tür.
„Hallo! Kommen Sie doch herein!" Mit einer weit ausholenden Handbewegung versuche ich, den angetretenen Dorfsheriff und seine ein Wörterbuch tragende Tochter zu überzeugen, daß er es mit friedlichen Naturen und keineswegs mit Me Gua-Kampfmaschinen zu tun haben wird. Trotzdem. Die Hand des Uniformierten fährt automatisch zum Colt. Sein Gesicht versteinert sich, was aber auch am zu eng

geschnürten Kragen liegen könnte. Erst nach der dritten Einladung nimmt er endlich Platz. Während sich mein Lächeln zu einer Grimasse verändert, das jedenfalls erzählt Gille mir später, entlädt sich des Sheriffs aufgestaute Spannung mit einem höflichen Furz. Gleich darauf entdeckt er, daß wir noch keine Thermoskanne besitzen und erteilt Befehle in uns unbekanntem Dialekt. Die Tochter stürzt aus der Tür. Der Sheriff grinst uns gelbzähnig an. Die Tochter kommt mit der Kanne zurück, und gleich darauf steht dampfender Tee auf dem Tisch. Schweigen.
Nachdem die Tochter minutenlang im Wörterbuch geblättert hat, zeigt sie urplötzlich mit spitzen Fingern auf mich.
„Passport!"
Oha. Jetzt wird es ernst. Denk' ich mir so. Von wegen. Der Sheriff hat alles unter Kontrolle. Mit zungenbrecherischer Geschwindigkeit fährt er seine Tochter an und macht sie zur Sau, weil sie es wagen konnte, zwei freundliche Kampfmaschinen zu beleidigen. So jedenfalls hört sich das Stakkato an.
Gleich darauf lacht mich der Sheriff an, zwinkert mir zu und stößt mir kurz in die Seite. Klar kann er unsere Pässe sehen. Was haben wir hier schon zu befürchten?
Zwei verschiedene Pässe in den Händen haltend ist außer ehrfürchtigen „Ahs" und Ohs" nichts zu verstehen.
„Ah! Me Gua! Ami!"
„Nein. Nicht Me Gua. De Gua!"
„Nein. Nicht De Gua. Schweiz! Frank, sag' mir endlich, was ‚Schweiz' auf Chinesisch heißt!" Daß Gille aber auch immer so leicht beleidigt sein muß.
„Youu mooonie?" Ach so. Englisch hat der Sheriff auch gelernt.
„Geld? Wieso Geld? Wir haben das Zimmer doch schon bezahlt!"
„Der will kein Geld, Frank. Der will unser Geld sehen! Der hat bestimmt noch nie einen Dollar gesehen!"
Die „Aahs" und „Ohhs", als wir dem Sheriff eine 5-US-Dollar-Note zeigen, sind eigentlich schon als recht unkontrolliert zu bezeichnen. Dann wird umgerechnet. Wie viele Yuan sind ein Dollar? Wie viele Dollar sind …
„Der hat auch bestimmt noch nie einen FEC gesehen!" stößt Gille mich an.
Als der Sheriff einen RMB und einen FEC in den Händen hält, ist weder „ah" noch „oh" zu hören. Als wir ihm auch noch erklären, daß ein

FEC mehr wert ist als ein RMB, da schaut er uns ganz komisch an. „Beijing?“ fragt er nur und zeigt mit gelben Fingern auf das so wertvolle Papier.
„Beijing!“ geben Gille und ich einstimmig zurück.
Der Sheriff lacht und schüttelt mit dem Kopf. Er glaubt uns nicht. Auch wenn er besser lesen kann als wir, was auf den Scheinen steht, denkt er bestimmt, daß wir zur Falschgeld-Mafia gehören. Wir stecken das Geld also schnell wieder weg. Lieber trinken wir noch einen Tee, als uns über Wirtschaftskriminalität unnötige Gedanken zu machen.
Von Orten wie Wudu, Minxian oder Wanziguan, wo Tee und das Zusammentreffen mit Polizisten die Knochen erwärmen, hat wohl noch nie jemand etwas gehört. Und trotzdem. Sie existieren genauso auf dieser Welt wie London oder Paris. Zurückversetzt in die Zivilisation fühlen wir uns aber erst, als wir die Stadtgrenze von X'ian überqueren. Etliche Nächte im „Dschungel“ spiegeln sich in unserem Erscheinungsbild wieder. So richtig sauber sehen wir nicht aus. Einige Löcher in den Klamotten müßten ebenfalls geflickt werden. Doch das ist vorerst Nebensache. Zuerst wird Schaumwein gekauft und dann gefeiert. Im „Victory Hotel“ stoßen wir an. Wir haben den Ausgangspunkt der Seidenstraße erreicht!
X'ian war eine der ersten Städte, die in China für den Tourismus geöffnet wurden. Dementsprechend hoch werden die Attraktionen gehandelt und dementsprechend hoch sind auch die Preise. Einige dieser Sehenswürdigkeiten sind aber auch wirklich interessant!
Da sind zu allererst die Terracotta-Soldaten. Lebensgroße Figuren aus Ton, die über das Grab des gottgleichen Kaisers Shi Huangdi wachen. Mehr als 7000 Krieger, 600 Pferde und 100 Streitwagen sind bis heute ausgegraben worden. Ein naturgetreues Abbild einer jener Armeen, die 220 v.Chr. der Schrecken der Feinde des Kaisers gewesen sind. Schon 1974 entdeckt, wird auch hier widerlegt, daß nicht alle Altertümer Chinas von den „Roten Garden“ zerstört worden sind.
In der Nähe des historischen Museums steht die große „Wildganspagode“. In ihrem Innern liegen die buddhistischen Schriften, die der Pilger Xuanzang (602–664) von seiner Reise durch Indien mitgebracht hat. Ein Beweis dafür, daß man auch im Altertum schon gern gewandert ist.
Vom Museum bis zur Stadtmauer ist es nicht mehr weit. Rings um den Altstadtkern führt dieses Relikt aus vergangener Zeit. Mittlerweile hat man die zehn Meter breite Mauer an vielen Stellen restauriert,

und es ist sogar erlaubt, sie mit dem Fahrrad zu befahren.
Wir sind allerdings nicht die einzigen Radfahrer. Ganze Armeen von Fahrrädern klingeln sich durch die engen Straßen. Das hektische Treiben, durch das wir uns tagtäglich kämpfen, hätte hierzulande schon lange zum Verkehrsinfarkt geführt. Lärm, schlechte Luft und das ewige Handeln, um als Tourist nicht schon beim Kaugummikauf übers Ohr gehauen zu werden, machen es uns schließlich leicht, X'ian wieder zu verlassen.

Das endgültige Ziel ...,

... um von einer Durchquerung Chinas reden zu können, ist immer noch Hongkong. Und bis dahin haben wir noch einige Kilometer zu fahren. Es geht quer durch das fruchtbare Sichuan-Becken, die Kornkammer Chinas, und kurz darauf sind wir schon in Chengdu. Das Schicksal schlägt zu, unglücklicherweise ist für Gille die Tour hier zu Ende. Wichtige Familienangelegenheiten rufen ihn direkt nach Hongkong. Wir verabreden, uns dort in einigen Wochen zu treffen.
Nur einen Tag später kann ich mein Glück zuerst gar nicht fassen. Im „Black Coffee Hotel" lerne ich Alison aus England kennen. Nicht nur, daß diese Frau ein Faible für das Abenteuer hat. Auch meine wiedererstarkte Seele kommt gut bei ihr an. Daß wir in den nächsten Tagen kaum auf der Straße zu sehen sind, hat aber nicht nur mit der Seele zu tun!
Eigentlich will Alison zur „Großen Mauer". Ohne Mauerfotos kann man eben nur schlecht beweisen, daß man in China war. Ich kann sie aber überreden, sich um 180 Grad zu drehen und zusammen mit mir einen Abstecher nach Yunnan, in die südwestliche Provinz Chinas, zu machen. Wir gehen in ein Fahrradgeschäft und finden zwischen all' den „Fliegenden Tauben" auch noch ein 12gängiges Tourenrad für sie!
„Frank, this is crazy! I've never been on a biketrip before – Das ist verrückt! Ich hab' noch niemals eine Fahrradtour gemacht!" Alison ist sichtlich schockiert, sich in Zukunft abstrampeln zu müssen.
„Macht nichts. Das ist genauso wie mit der Liebe. Irgendwann ist immer mal das erste Mal!"
Um das Maß richtig voll zu machen, kaufen wir noch einige Lederta-

schen, die wir mit Geschick und Improvisation an den Gepäckträgern des Rades befestigen. Hinten drauf der Rucksack, vorne drauf der Schlafsack. Schon steht das „Bike“, und die Tour kann endlich weitergehen!

Die ersten Radeltage sind für Alison ein hartes Los. Wir müssen des öfteren längere Pausen einlegen, damit sie sich an das Etappenfahren gewöhnt. Nach einiger Zeit jedoch macht es ihr genauso viel Spaß wie mir, und als radelndes Paar genießen wir die Wintersonne des subtropischen Südens. Reisfelder und Bambushaine bleiben zurück. Überall wachsen riesige Bananenstauden und nirgendwo ist eine Kontrollstelle zu sehen. Kaum zu glauben. Bis jetzt ist uns so gut wie nie eine Polizeistreife begegnet.
Eines Nachmittages kommen wir an einem Truck-Stop vorbei.
„Halt! Laß uns hier essen. Vielleicht können wir hier sogar übernachten.“ Alison ist recht zuversichtlich in solchen Sachen. Ich bin da eher skeptisch.
„Hier? Von Privatpensionen hab' ich in China noch nichts gehört. Na gut, wir können es ja versuchen.“
Alison hat den richtigen Riecher gehabt. Der Besitzer kommt aus dem Haus, winkt uns lächelnd hinter sich her und stellt sofort einen Schnaps Marke „Angebrannte Kehle“ auf den Tisch. Von allen Seiten werden wir bestaunt. Die Verbrüderung läßt nicht lang' auf sich warten, und was uns von der Familie zum Abendessen aufgetischt wird, das kann man wirklich als Festmahl bezeichnen. Suppe, Fleisch, Reis und Fisch! Wir platzen fast aus allen Nähten. Alles aufzuessen ist einfach nicht drin.
Nach dem nächsten Schnaps können wir plötzlich Chinesisch! Wir machen Fotos und die Familie will uns sogar Geld dafür geben, daß wir ja nicht vergessen, Abzüge zu schicken! Das geht natürlich zu weit. Höflich, aber bestimmt weisen wir dieses Angebot zurück. Die Fotos bekommen sie natürlich umsonst. Dafür gibt es noch einen Schnaps und auch die Übernachtungsfrage ist schon lange geklärt. Gästezimmer gibt es nicht. Wir werden geradewegs ins Familienschlafzimmer geführt!
„Hier sollen wir schlafen? Das geht doch nicht!“
Doch, doch. Ist schon alles beschlossene Sache. Sanft und lächelnd werden wir ins Zimmer gedrückt, nur wenig später ziehen wir uns eine flauschige Decke über den Kopf.

In den nächsten Tagen geht es mehr bergauf als bergab. Der Wetterhahn hat sich gedreht, und es ist merklich kühler geworden. Auf den Pässen, die wir überqueren, liegt sogar Schnee am Straßenrand. Während der Abfahrten fröstelt es uns, und wir sind froh, im nächsten Tal einen Truck-Stop zu finden. Heißer Tee auf dem Tisch und noch heißere Kohlen in einer Schüssel zwischen den Füßen bringen vergessene Lebensgeister zurück.

In den Bergen sehen wir in bunte Trachten gekleidete Frauen, wie sie Kühe und Ziegen von den Weiden in die Täler treiben. Der Asphalt ist mal wieder verschwunden und die Schotterpiste, auf der wir jetzt fahren, staubig und schlammig zugleich.

Auf einmal hören wir ein Rauschen und Brummen. Mit jeder Minute wird es lauter und tiefer. Plötzlich taucht die Geräuschquelle unter uns auf. Der Chang Jiang. Einer der längsten Flüsse der Welt, der sein Quellgebiet in Tibet hat. Bestimmt schon 100 m ist er hier breit. Ein mächtiger Strom, der noch einige tausend Kilometer vor sich hat, bevor er bei Shanghai das Meer erreicht.

Gleich hinter der Flußüberquerung beginnt die Straße in Serpentinen anzusteigen. Immerhin wieder Asphalt. Doch die nächsten 30 km geht es nur noch bergauf. Es wird schon dunkel, als wir endlich die Paßhöhe erreichen. Aus fast 3000 Metern Höhe ist tief unter uns das Lichtermeer von Lijiang zu sehen, und eine Stunde später haben wir auch diese Etappe geschafft.

In der Gegend rund um Lijiang leben die Naxi. Das Einmalige an dieser Minderheit ist, daß hier die Frauen „die Hosen anhaben". Während die Männer mit Traktoren durch die Gegend knattern, beim Schachspiel vor den Häusern sitzen oder mit den Kindern spielen, erledigen die Frauen die Geschäfte. Sie kontrollieren die Marktstände und haben die Finanzen in der Hand.

In der Altstadt von Lijiang ist immer Betrieb. Die in blauen Trachten gekleideten Frauen schleppen Gemüse umher, Kinder toben herum und zwitschernde Singvögel hocken in Bambuskäfigen vor fast jedem Haus. Über der Stadt thront der 5596 m hohe Mt. Satseto. Allein und mit einer riesigen Schneehaube bedeckt wächst der Berg aus einer weiten Ebene hervor.

Als wir den Ort verlassen, bin ich mal wieder um einige Filme ärmer und um einige Einblicke in das richtige China reicher geworden. Nach einem letzten 2500 m hohen Paß geht es fast nur noch bergab.

Weihnachten rückt näher und die letzte Etappe, auf die wir uns be-

geben, ist eine der härteren Sorte. In Kunming setzen wir uns in die Bahn, die uns Tag und Nacht durch eine graue, verregnete Landschaft treibt. Schreiende Kinder und Rinnsale, die an den Gelben Fluß erinnern, laufen durch den Waggon. Wir fahren „Hard Seat". Ein Schlafwagenabteil war nicht mehr zu bekommen. Im schmutzigen Speisewaggon werden uns kümmerliche Portionen serviert. Das dazugehörige Bier wird uns an Stationen durchs Fenster gereicht. Auf dem Boden schlafen? Unmöglich. Auch in der Bahn wird fleißig gespuckt. Am zweiten Morgen schauen wir nur noch müde aneinander vorbei. 53 Stunden können sich dehnen. Endlich in Guangzhou, kriechen wir völlig erledigt ins nächste Hotel.
Hongkong, 22.12.1990. Schiffssirenen, Autolärm und Wolkenkratzer bringen uns in die westliche Gegenwart zurück. Rolex, Mercedes und Toblerone gehören hier zum Alltag. Leider aber auch hohe Preise. All' das vergeß' ich erstmal, als ich einen dicken Stapel Briefe von der Post abhole. Alison hat nur noch Weihnachtsgeschenke im Kopf und ist im Gewühl zwischen konsumfreudigen Chinesen verschwunden. Gille ist schnell im vereinbarten Hotel gefunden. Das Reich der Mitte ist durchquert. Das Weihnachtsfest kann beginnen.

Es ist besser
eine Meile zu reisen
Anstatt tausend Bücher zu lesen

Konfuzius

MALAYSIA

Silvester ...

... 1992. Anflug auf Singapur. Die Bremsklappen sind ausgefahren und heulen durch tropische Luft. Passagiere rutschen unruhig auf den Sitzen hin und her und mich durchströmt ein Glücksgefühl.
Endlich wieder auf Reisen! Nach der letzten, zwei Jahre dauernden Fahrradtour, beschränkte sich mein Aufenthalt in heimischen Gefilden nur darauf, kurz nach dem „Rechten" zu schauen. Ich hatte Europa, den Nahen Osten und Teile Asiens mit dem Fahrrad bereist und die damalige Sowjetunion mit der Transsibirischen Eisenbahn durchquert. So viele Länder, so viele Begegnungen, so viele Geschichten. Und immer noch nicht genug. Eigentlich war ich mit dem Kopf gar nicht zu Hause, sondern immer noch auf dem Weg zu neuen Abenteuern. Asien hatte ein besonderes Gefühl der Anziehung in mir geweckt. Ich mußte einfach zurück. Diesmal sollten es also Singapur, Malaysia und Indonesien sein. Südostasien. Ob es dort auch Schokolade gab?
Die Ankunft in einem anderen Land ist eigentlich nichts Neues mehr für mich. Auf dem Flughafen das Rad zusammenbauen, gehört zu jenen Ritualen, die ich blind erledigen kann. Neben mir versucht Susi das gleiche, doch sie hat noch leichte Schwierigkeiten dabei. Macht nichts, denn immerhin muß man das, was Susi in letzter Zeit alles bewerkstelligte, als komplette Lebensveränderung bezeichnen. Da fällt es nicht ins Gewicht, wenn das Reifenaufpumpen nicht sofort klappt.
Vor sechs Monaten lernte ich Susi auf einer meiner ersten Dia-Visionen kennen und konnte einfach nicht anders, ich mußte mich verlieben! Ohne die unwichtigen Details hier öffentlich zu verbreiten, galt es trotzdem, einige Hürden zu überwinden. Die erste war meine nächste, schon in der Vorbereitung stehende Tour. Die letzte, daß Susi das Wort „Fahrrad" zwar kannte, mit der praktischen Verwendung dieses Verkehrsmittels aber ansonsten kaum belastet war. Das passende Rad zu finden, war nicht weiter schwer. Ich glaube, sie wäre mit jedem Modell zufrieden gewesen, nur blau mußte es sein! Ebenso einfach war es, die Sattelhöhe einzustellen und schließlich einen Käufer für ihr Auto zu finden. Danach wurden Wohnung und Möbel verkauft (und aus dem Gedächtnis gestrichen), und schließlich mußte ich ihr nur noch erklären, daß zwischen Asien und dem Allgäu mehr als nur ein Klimaunterschied besteht.

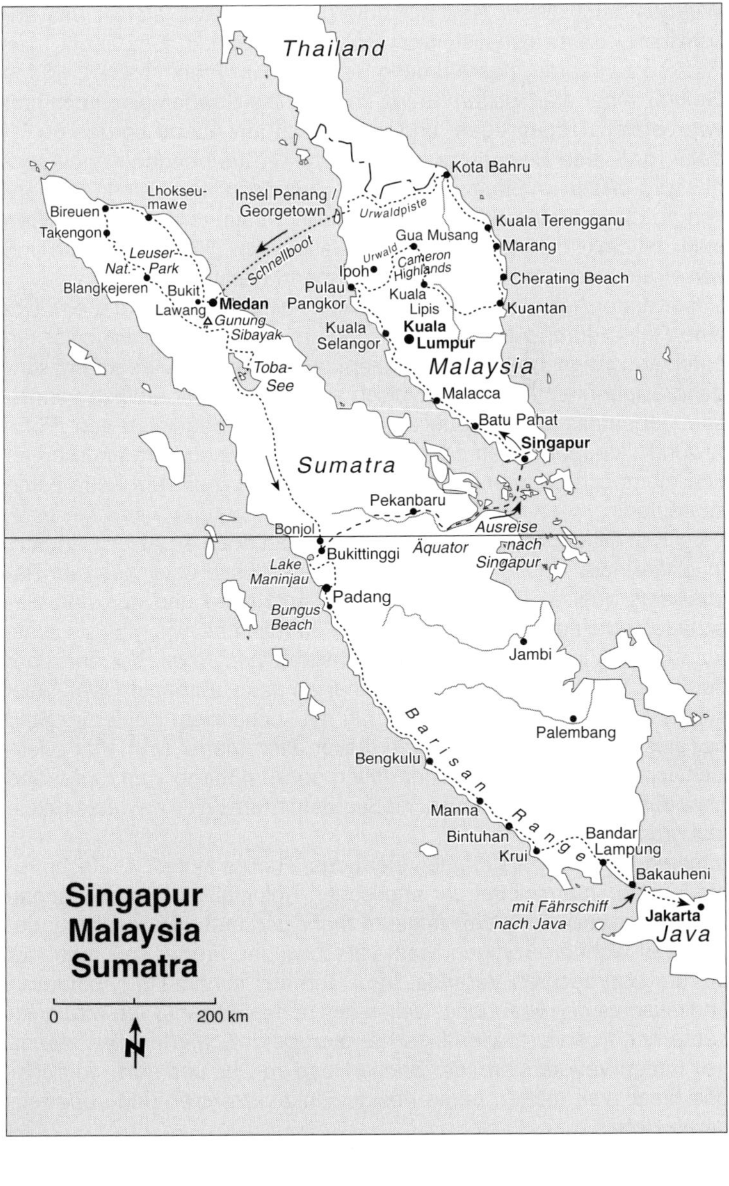
Thailand
Kota Bahru
Lhokseu-
mawe
Insel Penang /
Georgetown
Urwaldpiste
Bireuen
Takengon
Kuala Terengganu
Gua Musang
Marang
Leuser-
Nat.- Park
Schnellboot
Urwald
Cameron
Highlands
Ipoh
Cherating Beach
Blangkejeren
Bukit
Lawang
Medan
Pulau
Pangkor
Kuala
Lipis
Kuantan
Gunung
Sibayak
Kuala
Selangor
Kuala
Lumpur
Malaysia
Toba-
See
Malacca
Batu Pahat
Singapur
Sumatra
Pekanbaru
Ausreise
nach
Singapur
Bonjol
Äquator
Bukittinggi
Lake
Maninjau
Padang
Bungus
Beach
Jambi
Palembang
Barisan Range
Bengkulu
Manna
Bintuhan
Krui
Bandar
Lampung
Bakauheni
mit Fährschiff
nach Java
Jakarta
Java
Singapur
Malaysia
Sumatra
0
200 km
N

Wirkung zeigt dieser Nachhilfeunterricht aber erst, als wir uns anschicken, dem klimatisierten Flughafengebäude Singapurs den Rücken zu kehren. Keine dreißig Sekunden im Freien haben wir das Gefühl, in der städtischen Sauna zu sein. Die Straßen sind noch naß vom letzten Tropenregen, und selbst jetzt am Abend sorgen 30 °C dafür, daß jede Bewegung zu einer schweißtreibenden Angelegenheit wird. Mitten im Stadtzentrum finden wir dann eine Unterkunft, denken an die in Deutschland stattfindenden Neujahrsfeiern und stoßen statt mit Sekt diesmal mit kaltem Wasser an. „Prost Neujahr! Und schiet ans olle Jahr!“ wie man so schön in Hamburg sagt.

Unser erster Aufenthalt in Singapur soll nur wenige Tage dauern. Um eine Reise durch Asien zu beginnen, ist diese Großstadt zwar ein guter Ausgangspunkt, doch Wolkenkratzer und per Gesetz erzwungene Sauberkeit lassen ein typisch asiatisches Flair einfach vermissen. Jedenfalls bei mir. Susi ist natürlich völlig begeistert von „Futureworld“, klappert einen chinesischen Tempel nach dem anderen ab und meint schon nach kurzer Zeit, daß sie los muß, um neue Filme zu kaufen.

Es gibt in Singapur aber auch Stadtteile, die noch an Asien erinnern. In „Little India“ quellen nach wie vor die Abflüsse über, aus den Restaurants quellen Gerüche der indischen Küche und aus den Geschäften quellen bunte Sarees und weiße Pyjamas, wie man sie sonst nur auf dem indischen Subkontinent sieht. Der Smog, der dort über den Straßen hängt, erinnert aber eher an das Ruhrgebiet. Was nützt schon Katalysatorzwang, wenn man mit kochendem Kühler im Stau der Rush-hour steht? Die Zeiten dieser alten Viertel sind aber offensichtlich gezählt. Alte Gebäude fallen der Abrißbirne zum Opfer und generalstabsmäßig geplant schießen dafür neue Wolkenkratzer in die blaugraue Luft.

Inmitten all’ dieser Neubauten steht das „Raffles Hotel“. Als frisch restauriertes Überbleibsel der englischen Kolonialzeit blickt es ängstlich umher und sieht, daß ringsum mehr und mehr Atmosphäre dieser einst wohl großartigen Stadt verschwindet. Früher saß man hier auf der überdachten Veranda, trank Tee aus feinem Chinaporzellan und lauschte den Brandungswellen des nahen Ozeans. Tee wird auch heute noch serviert, allerdings hat man beim Schlürfen den ständigen lauten Verkehrslärm der Bridge Road im Ohr, und dort, wo früher das Meer war, stehen heute riesige Einkaufszentren und supermoderne Hotels.

▲ Singapur, die glänzende Handelsmetropole Südostasiens
▼ Einfahrt nach Malacca

Landgewinnung, u.a. auch aus dem Müll, den die 2,5 Millionen Einwohner produzieren, hat die Insel stellenweise vergrößert. Ohne Palmenstrände sitzen wir in der Hotelbar, schauen auf angelaufene, schwarzweiße Wandbilder und denken an vergangene Zeiten. Beim Anblick der vielen Touristen, die mit uns Bar und Wehmut teilen, bezweifle ich allerdings, jemanden zu treffen, der alt genug ist, sich an diese Zeit zu erinnern.

Zweistöckige Busse rasen durch hochaufspritzende Wasserlachen, dreirädrige Fahrradrikschas stehen bis zu den Achsen im winterlichen Regen, und fast schon schwarz fließt das Wasser den Singapur-River hinab. Uns reicht es langsam. Umtost vom Straßenverkehr und ohne den Luxus eines einzigen Radweges ist das Stadtzentrum von Singapur wirklich nicht der geeignete Ort, um für eine Radtour zu trainieren. Der Grenzposten zu Malaysia ist aber gleich um die Ecke. Packtaschen angehängt, Computer eingeschaltet und nur 20 km weiter stehen wir auf dem Damm, der Singapur mit dem malaysischen Festland verbindet. Ein großes Schild weist darauf hin, daß man die Insel nur mit dreiviertel vollem Tank verlassen darf, denn in Malaysia ist Benzin wesentlich günstiger. Wird ein Übeltäter bei Stichproben mit weniger erwischt, drohen bis zu 500 Singapur-Dollar Strafe!

„Selamat Pagi – guten Morgen!" Am südöstlichsten Punkt des eurasischen Festlandes begrüßt uns der Zoll. Mit den Gedanken noch bei den pakistanischen Benzin-Whiskey-Lehrern öffne ich automatisch eine der Wasserflaschen, um den Uniformierten vom randgefüllten Inhalt zu überzeugen.

„It's only water – kein Benzin!"

Susi schaut mich komisch an. Der Zollbeamte schaut mich noch komischer an, und ich habe das unbestimmte Gefühl, daß meine Bemerkung nicht ganz passend war. Hinter der Zollabfertigung begrüßt uns ein großes Schild mit der Aufschrift „Welcome to Malaysia".

In Johore Bahru, der ersten Stadt auf der Malaysischen Halbinsel, ist der Einfluß Singapurs mehr als deutlich zu bemerken. In einem modernen Einkaufszentrum ringen gleich mehrere Banken um die Gunst von devisenbringenden Touristen. Die Rolltreppen sind so schnell, daß wir uns kaum trauen, mit den Dingern zu fahren, und die Einkaufswagen, die unter Kopftüchern versteckte Frauen durch die Etagen kutschieren, sind hochbeladen mit Tiefkühlkost und Kinderschokolade.

„Ich dachte immer, Asien ist schmutzig und arm." Susi kommt aus dem Staunen nicht mehr heraus.

„Ich sag's dir ganz ehrlich. Ich auch! So hab' ich mir Malaysia auch nicht vorgestellt. Liegt vielleicht daran, daß Johore Bahru beinahe ein Vorort von Singapur ist. Schau' dich mal um, wieviel Chinesen hier wohnen. Wo die sind, ist meistens auch das Geld."
„Chinesinnen mit Kopftüchern hab' ich vorher aber noch keine gesehen. Und das liegt bestimmt nicht daran, daß ich noch nie in Asien war!" So leicht ist Susi nun doch nicht zu überzeugen.
„Laß' uns erstmal weiterfahren. Wir finden bestimmt noch heraus, wo wir überhaupt sind."

In den nächsten Stunden erleben Susi und ich das klaustrophobische Syndrom. Eingekeilt zwischen Schulbussen und Schwertransportern, zur Seite gedrängt von modernen Volvos und Hondas sind wir außer den zahllosen Mopeds die einzigen Zweiradfahrer, die den Highway benutzen. Selbstmordabsichten haben wir nicht im Sinn, doch Alternativen gibt es nicht. Auf zwei Spuren wird vierspurig gefahren und es gibt nur diese eine Straße, die nach Norden führt! An das, was links und rechts neben dieser Straße abläuft, vermögen wir uns abends nicht mehr zu erinnern. Zu sehr waren wir mit dem Verkehr und den gefährlichen Überholmanövern der Autos beschäftigt. Fanfarenartiges Hupkonzert dröhnt durch meinen Kopf, und quietschende Reifen lassen mich noch im Traum an den Bremshebeln ziehen. Ich hoffe bloß, daß Malaysia kein Radel-Alptraum wird!
„Du! Da war 'ne Ratte!" Ein Taschenlampenstrahl, begleitet von der ängstlichen Stimme Susis, leuchtet mir in die verschlafenen Augen.
„Hat sie dich gebissen?"
„Nee, aber als ich aufgewacht bin, war sie gerade dabei, unter deine Decke zu kriechen!"
Das muß man sich mal vorstellen! Den ganzen Tag fahren wir durch chaotischen Verkehr, und jetzt hab' ich Alpträume, sitz' kerzengerade im Bett und untersuche meine Beine nach tollwütigen Wunden. Für Susi war es dazu noch ihr erster Tag mit einem vollbeladenen Rad auf einer asiatischen Straße. Und jetzt? Jetzt sitzt sie in einem schmuddeligen Hotel, blättert im Licht ihrer Taschenlampe im Medizinbuch und hofft, daß dort was über Tollwutgefahr in Malaysia steht! Nachdem ich keine Wunden entdecken kann, such' ich schnell meine Decke und finde noch schneller in meinen Alptraum zurück.
Hinter dem Ort Kulai folgt die scheinbare Erlösung. Die Nebenstraße, die zur Küste führt, ist nur wenig befahren. Wir können uns sogar den

Luxus erlauben, nebeneinander zu radeln. Und was noch schöner ist: Endlich können wir von Rad zu Rad miteinander sprechen, ohne den Verkehrslärm übertönen zu müssen.
Entlang dieser Straße bekommen wir zum ersten Mal das Hauptanbauprodukt der Westküste Malaysias zu Gesicht: Kautschukbäume. Doch seitdem der größte Teil der Industrie auf Synthetik umgestiegen ist, hat der Absatzmarkt für Gummi deutliche Einbußen erlitten. Malaysia ist aber nach wie vor ein führender Produzent. Eine Kautschukplantage reiht sich an die nächste. Weißer Saft rinnt aus der angeschnittenen Rinde der Bäume, wird unten am Stamm in kleinen Behältern gesammelt und zu Rohgummi verarbeitet.
In den Dörfern, in Malaysia *kampongs* genannt, werden wir von lachenden Kindern begrüßt. Ganze Schulklassen, in blau-weiße Einheitsuniformen gekleidet, die Bücher eng an die Brust gedrückt, bereiten uns Empfänge, wie sie eigentlich nur einem Staatsoberhaupt gebühren.
„Hello! How are you? Welcome to Malaysia!“ Die von überall auftauchenden Kinder winken uns freundlich hinterher. Zuerst ist mir ein wenig mulmig zumute, denn gerade in islamischen Ländern muß man nach meinen Erfahrungen immer damit rechnen, daß sich liebe kleine Kinder plötzlich und ohne ersichtlichen Grund in eine steinewerfende Meute verwandeln! Nicht so in Malaysia. Die Erziehung in den Schulen ist streng, hat aber internationales Niveau. Englisch wird schon in der ersten Klasse unterrichtet. Der hohe Bildungsstandard scheint sich auch auf das Benehmen der Kinder zu übertragen. Natürlich, wie überall auf der Welt sind die Kinder erstaunt und aufgeregt, eine andere Hautfarbe zu sehen, und wenn die dazugehörigen Personen auch noch ungewöhnlich angezogen sind und auf Fahrrädern daherkommen, ist es nicht verwunderlich, daß fast jede Begrüßung zu einer Art Staatsempfang eskaliert.
„Welcome to Malaysia! Welcome to Malaysia!“ Aufdringlich aber werden sie nie.
Für Susi sind diese ersten Tage in Malaysia, trotz der Straßenverkehrsprobleme, ein wunderbarer Einstieg in eine bisher nur in Träumen erlebte Welt. Die Menschen, denen wir begegnen, sind offenherzig und freundlich. Reisfelder und exotische Vögel hat sie daheim nur im Fernsehen und in der Zoohandlung gesehen. Und dann dieser großartige Wald! Es ist zwar kein Primärurwald mehr, doch das leuchtende Grün, die schwüle Hitze und der süßlich-faule Geruch ver-

rotteter Pflanzen lassen uns doch ein wenig von dieser Illusion.
Wir erreichen die Küste. In Batu Pahat schau' ich mich nach einem passenden Hotelzimmer um. Beim Betreten eines Gebäudes, das mir von vorbeigehenden Chinesen lächelnd als ein „very good Hotel“ empfohlen wird, habe ich allerdings meine Zweifel, ob dies der richtige Ort für eine Übernachtung ist. Überall leuchten rote Lämpchen. Räucherkerzenduft hängt schwer in der Luft, und im Halbdunkel sehe ich eine Bank, auf der einige Männer sitzen. Die warten wohl darauf, daß der Doktor sie ruft. Als ich den Gang hinunterschiele, sehe ich noch mehr rote Lämpchen und jede Menge Mädchen, die vor roten Zimmertüren stehen. Und worauf warten die? Hat hier jeder Doktor sein Mädchen?
„Was kann ich für Sie tun?“ Überrascht blicke ich mich um und stehe vor einer eher leicht bekleideten Frau, die offensichtlich die Vorzimmerdame ist.
„Äh, ja. Ich suche ein Zimmer. Aber ich glaube, zwischen den vielen Ärzten finde ich wohl keins.“
„Wollen Sie nur übernachten, oder ...?“ Dabei schaut sie mich so schlitzäugig an, daß ich ihre Augen kaum mehr erkennen kann.
„Haben Sie denn noch ein Doppelzimmer für uns?“
„Oh, Sie sind nicht allein?“
„Nein, meine Frau wartet unten auf mich.“
„Ach so. Ja, ein Doppelzimmer hätte ich noch frei. Bitte kommen Sie mit.“
Vorbei an den vielen Arzthelferinnen, die verschwitzt darauf warten, neue Patienten in die Kartei aufzunehmen, betreten wir einen der Behandlungsräume, der sich als schmuddeliges Doppelzimmer erweist. Die fleckigen roten Vorhänge, die fleckigen roten Bettlaken und der fleckige rote Teppich passen zwar gut zu den roten Lämpchen, doch der Duft der vielen Räucherkerzen ist mir aber einfach zu streng.
„Vielen Dank, aber ich suche ein luftiges Zimmer. Und möglichst mit Blick aufs Meer!“
Die Augenschlitze der Vorzimmerdame verengen sich zu einem Lächeln.
„No problem. Sie sind jederzeit willkommen, unsere Dienste in Anspruch zu nehmen!“
Als ich das Ärztezentrum verlasse und einen Blick auf die im roten Licht sitzenden Männer werfe, sind meine letzten Zweifel verflogen.
Gespannt wartet Susi auf meinen Bericht.

„Na, wie sehen die Zimmer aus? Schmuddelig?"
„Also, ich kann mir nicht helfen. Entweder war das ein Ärztezentrum oder ein Puff!"
„Was redest du da?" Wie immer, wenn ich nachdenklich bin, schaut Susi mich ungläubig an.
„Na ja. Die Zimmer waren nicht so gut. Aber ich glaube, wenn wir eines gefunden haben, geh' ich später noch mal zurück. Chinesische Medizin, vor allem gegen Muskelkater, soll gar nicht so schlecht sein, hab' ich gehört!"
„Darf ich mitkommen?" Gute Miene zum bösen Spiel zu machen ist eine von Susis Eigenschaften, die ich so fürchterlich liebe!
„Wo denkst du hin? Dieses Ärztezentrum ist exklusiv und nur für Männer gemacht. Ich muß aber ehrlich sagen, so einen roten Puff hab' ich noch niemals gesehen!"
Im nächsten Hotel sind keine Mädchen zu sehen. Doch mittlerweile ist es dunkel geworden und so bleibt uns heute abend der Blick auf das Meer verwehrt.
Nach zwei weiteren Radeltagen und Übernachtungen in schmuddeligen Hotels nimmt die Verkehrsdichte wieder zu, doch auf Nebenstraßen können wir nicht ausweichen. Der tägliche Kampf „Fahrrad gegen Lkw" ist ziemlich ermüdend und die Hafenstadt Malacca kommt uns gerade recht, eine Pause einzulegen.

Moslemisch like America ...

... ist die Lebensweise der Malayen, mit der wir in Malacca die Bekanntschaft machen. Als wir durch die Altstadt spazieren, kommen uns in Kopftücher und bodenlange Kleider gehüllte Frauen entgegen. Doch im Gegensatz zu ihren arabischen Religionsgenossinnen verbergen sie sich fast nie hinter einem Schleier. Malaysia hat eine eigene Autoindustrie, und erstaunlich ist, daß man moslemische Frauen auch hinter Lenkrädern sieht. Der Kurs in Richtung moderne (westliche) Normen hat aber nicht nur mit der Nähe Singapurs zu tun, sondern hauptsächlich damit, daß Malaysia ein Vielvölkerstaat ist. Neben den größtenteils für den Staat arbeitenden Malayen sind die Chinesen für die Finanzpolitik zuständig, während man die indische Minderheit fast nur in der Landwirtschaft sieht. Sichtbare Spuren haben auch westlich-koloniale Einflüsse hinterlassen. Es wird links gefahren, und weil die Sprachen und Dialekte der einzelnen Volksgruppen derart vielfältig sind, bedient man sich des Englischen als übergreifende Umgangssprache. Konzerne wie Esso und Shell beherrschen das Tankstellenbild, McDonalds und Kentucky Fried Chicken die Fast-food-Szene in der modern denkenden Stadt. Als ich auch noch Spielshows sehe und rockende Sänger im Kabelfernsehen, fühle ich mich fast nach Amerika versetzt. Wie kommt dieser Einfluß hierher? Fast schon ein wenig enttäuscht schauen die Leute, wenn wir auf ihre Frage, woher wir kommen, mit „Germany" antworten. Erwartet man zwei stattliche und mit Gepäck beladene Biker doch eigentlich aus den USA …

Malacca, vor 400 Jahren eine blühende Hafenstadt, wurde zuerst von den Portugiesen besucht. Eine Festung und zwei Kirchen wurden gebaut und Franz Xavier konnte von hier aus die Missionen studieren. Beliebt war der heilige Mann wohl überall. So wollte man ihn auch nach seinem Tod in jeder Mission. Sein Grab ist jedenfalls leer und angeblich soll er jetzt in Indien ruhen.
Dann kamen die Holländer und haben den Portugiesen den Garaus gemacht. Da flogen bestimmt allerhand Kugeln, denn der frühere Stadtkern Malaccas besteht nur aus Ruinen. Der Rauch verzog sich und schließlich kamen die Engländer als Kolonialmacht Nr. 3. Heute wird alles, was noch steht, hauptsächlich von Deutschen und Japanern bestaunt. Letztere hatten Malaysia übrigens auch kurz besetzt, sollen während ihrer Herrschaft im Zweiten Weltkrieg aber nicht sehr brav gewesen sein!
Wir schauen uns das alte Stadthaus und die daneben stehende Christuskirche an, laufen zum Fluß und sehen, daß man die Stadt sogar vom Boot bestaunen kann. Was in dieser Brühe aber alles so treibt: Kartons und Plastikflaschen sind noch der sauberste Dreck!
Aus einigen Kuttern, die gerade anlegen, wird ohne mit dem Ruder zu zucken, auch noch Altöl verklappt, und von Klärung und Kanalisation hat man in dieser Weltstadt von einst wohl auch im 20. Jahrhundert noch nichts gehört.
Endlich aber asiatisches Flair! Mit weniger als sechs Touristen setzt sich das Sightseeing-Boot, auf dem man die Stadt vom Fluß aus betrachten kann, erst gar nicht in Bewegung, doch selbst als zehn Leute warten, ist der Captain nirgends zu sehen!

Hauptausflugsziele der kameraschwingenden Japaner sind das übriggebliebene Tor der einstigen Festung Formosa und die Ruine der St. Pauls Church, die gleich dahinter steht. Gitarrenmusik schallt durch die alten Gemäuer, und verstohlen zeigt uns ein Souvenirhändler echt alt aussehende Münzen. Wow! Sind die wirklich echt? Neben den Gräbern wirbt ein Maler mit Reisbauernhut und Selbstportrait, und als wir glauben, endlich durch zu sein, zieht uns eine Japanerin noch schnell in ihr „Gruppenbild mit Europäern"!

Vor dem Stadthaus stehen Manager in Trainingsanzügen, Bankdirektoren in Shorts und schwitzende Reiseleiter herum. Die Tour ist einfach zu lang, das Lunch fiel aus Zeitmangel ins Wasser und auch Susi ist nicht mehr zu bremsen: Sie hat den Stand mit der größten Postkartenauswahl entdeckt!

Der kleine Ausflug in die Touristenwelt hat zur Folge, die nächsten Kilometer etwas schneller anzugehen. Hinweisschilder zeigen uns, wo es zu den besten und teuersten Beach-Ressorts geht. Die Straßen dorthin sind gut asphaltiert, die Strände eher schmutzig. Wie in jedem Land, das anfängt Geld zu sammeln, ist auch in Malaysia der Bauboom ausgebrochen. Gerade die Städter wollen ihren Einfluß zeigen. Wo kann man das besser, als im Paradies? Der Swimmingpool keine 100 m vom Meer entfernt, ein kühler Drink unterm Sonnenschirm und das Handy immer griffbereit. Der Mittelstand liebt diese Show, und die Reihe der Strandhotels wird länger und länger. Wir fahren durch Port Dickson und durch die Vorstädte von Kuala Lumpur, vermeiden es aber, ins Zentrum der Hauptstadt zu fahren. Die große Welt der Kampongs gefällt uns besser als die kleine Welt der Glaspaläste.

Inmitten einer Kautschukplantage entdecken wir einen *warung,* einen Imbißstand, wir halten an und werden mit Eistee begrüßt. Die dort ebenfalls zum Lunch eingekehrten Malayen tuscheln und lachen. Natürlich über uns. Um herauszufinden, wann hier das letzte Bleichgesicht eine Rast gemacht hat, muß man wohl das lokale Geschichtsbuch wälzen. Als der Koch merkt, daß uns seine *mee goreng*-Nudeln schmecken, faßt er sich ein Herz und setzt sich zu uns an den Tisch. „Your bicycle is very nice. You come from where? – Ihr Fahrrad ist sehr schön. Wo kommen Sie her?"

Das Gespräch ist etwas holprig. So wird schnell der Sohn geholt, der, so sagt man uns, schon im fünften Jahr die englische Sprache studiert. „Your bicycle is very nice. You come from where?" „Aus Singapur", erzähle ich, erstaunt über die Studien, die man hier so studiert.

Sanftes Reisen: Susi und beschirmte Frauen, Sulawesi. Sanfte Rundungen: die „Chocolate Hills“ auf Bohol. Sanfte Landschaft: Chinesische Kazakhen-Bäuerin

▲ Sumatras Norden: Schlammpiste durch den Leuser-Nationalpark
▼ Sumatras Sonnenuntergänge: Traumhaft! Hier am Bungus Beach

▲ East meets West. Hochzeitsfeier in Takengon, Sumatra
▼ Dorfbegegnung. Kinder sind der Reichtum Indonesiens

▲ Rauchzeichen: Der 3000 m hohe Gunung Merapi bei Bukittinggi, Sumatra
▼ Warten auf Kundschaft. Indonesische Fahrrad-Taxis heißen „Becak“

▲ Vitamine zuhauf: Auf dem Markt von Cebu City
▼ Philippinische Maskerade: Auch dahinter wird gelächelt

▲ Straßenkampf im Straßengewühl, Cebu City: Jeepney gegen Zweiradfahrer
▼ Philippinsche Traumstrände, hier auf der Insel Bantayan

▲ Die phantastischen Reisterrassen von Malegcong
▼ Mindoro, Reisanbau auf bewässerten Feldern

▲ Eigenwilliger Architekturstil: Torjajabauten auf Sulawesi

▼ Blut für die Götter: Büffelschlachten im Torajaland

„Aus Singapur? Das ist aber sehr, sehr weit weg!"
Um die natürliche Neugierde dieser netten Menschen zu stillen, hole ich unsere Karte und lasse sie von den Mee Goreng schmatzenden Gästen befingern. Fettige Nudeln tropfen auf das Hochglanzpapier, und staunend wird über die eingezeichnete Strecke gerülpst.
„You like to eat coconut – möchten Sie eine Kokosnuß?" Der Koch ist völlig von den Socken, schwingt sich auf sein Motorrad und knattert durchs Dorf. Zehn Minuten später ist der Tisch unter Kokosnüssen und noch mehr Eistee begraben, und die Fragen der Plantagenarbeiter beanspruchen mehr als die Zeit ihrer Mittagspause. Als wir endlich aufbrechen und bezahlen wollen, wehrt man entschieden ab.
„You are my guest. You like my Mee Goreng. You don't pay! – Sie sind meine Gäste. Sie mögen meine Mee Goreng. Sie bezahlen nicht!"
Die Haltung des Kochs wird förmlich und steif. Hab' ich das nicht schon mal erlebt? Ich schaue dem Koch in die Augen und schaue in das Gesicht eines Inders. Jetzt fällt's mir wieder ein. Doch bevor ich weiterdenken kann, muß ich mich auf die Kokosnüsse konzentrieren, die man unter weiteren Fragen auf die Fahrräder schnallt.
„Good coconut. You drink milk later! – Trinken Sie die Milch später!"
Geht natürlich alles auf Kosten des Hauses, und als wir vorsichtig die schwankenden Räder besteigen, kommt der Sohn mit dem Geschichtsbuch aus der Schule gerannt …

Kurz vor Kuala Selangor taucht ein verheißungsvolles Schild vor uns auf. „Nature Park" steht dort in großen Lettern geschrieben. Von der Highway-Brücke sehen wir einen versandeten Fluß. Das ewige Spiel zwischen Ebbe und Flut, Erosion und Monsun hat Spuren hinterlassen. „Nature Park"? Vielleicht meint man Wattwandern damit! Wir steigen vor dem „Hotel Selangor" ab, machen es uns in einem der kühlen, schmuddeligen Zimmer bequem und fragen den Manager, was es mit dem Park eigentlich auf sich hat. Bereitwillig gibt er uns Auskunft, und so erfahren wir von dem nahen Küstenstreifen, der 1987 zu einem Naturpark erklärt worden ist. Ein Teil des Mangrovenwaldes wurde kultiviert, ein künstlich aufgestauter See für Zug- und Seevögel geschaffen und versteckte Hütten für „Birdwatcher" gebaut. Ich hab' es geahnt: Der Ort lädt ein, für ein paar Tage zu bleiben.
Der Muezzin aus der nachbarlichen Moschee holt uns mit seinem „Alllaah …" aus dem Bett, und schon kurz nach dem Frühstück sitzen wir im Sattel. Bis zum Visitor Centre des Naturparks brauchen

wir nur wenige Minuten, und von hier aus gehen wir zu Fuß an den künstlichen See. Rund 150 Vogelarten, darunter viele Zugvögel, wurden bis jetzt in der Umgebung gezählt. Leider hat es in der Nacht geregnet, der Waldboden ist matschig, und unablässig werden wir von blutsaugenden Mücken verfolgt. Undurchdringlich scheint der Wald zu sein und durch das wuchernde Blätterdach fällt nur spärliches Licht. Immer wieder bleiben wir an Spinnennetzen kleben, die das Gefühl vermitteln, daß dieser Weg schon seit geraumer Zeit nicht mehr begangen wurde.

„Puh, ist ja richtig unheimlich. Also allein würde ich mich hier nicht reintrauen!“ Susi hängt sich an meine Hacken und bekommt sofort die kreischende Unterstützung eines fliehenden Affen. Trotz schattenspendender Bäume sind wir verschwitzt, als wir eine sonnenüberflutete Wiese erreichen. Ist das nun das feucht-tropische Klima oder die Angst vor dem Wald und den dort lebenden Tieren? Vor uns liegt der künstliche See. Grotesk wirken die grauen Bäume, die durch das Einlassen von Meerwasser abgestorben sind, in den laublosen Kronen befinden sich Nist- und Landeplätze für das gefiederte Volk. Eisvögel huschen über das wellenlose Wasser und Kraniche waten langbeinig durchs Schilf. Dort wo ein Schleusentor den Wasserabfluß ins Meer behindert, herrschen ideale Bedingungen für kleines Salzwassergetier. Guckt man etwas genauer hin, sieht man nicht nur Krebse und Krabben, auch der in den Mangroven verbreitete Mudskipper schaut uns aus neugierigen Augen an. Wie eine Mischung aus Fisch und Eidechse sieht er aus, er bewegt sich äußerst wendig auf beinartigen Flossen und ist bei Gefahr schnell wie der Blitz verschwunden. Seine Behausung ist eine halbüberflutete Höhle und auch hier wird er seinem Namen gerecht. So richtig wohl fühlt er sich halt nur im Schlamm. Nachdem wir den Rundgang um den See beendet haben, gehen wir ins Visitor Centre zurück. Selbst in den „Birdwatcher“-Hütten wird es zu heiß, und die mittägliche Aktivität der Vögel ist auf ein Minimum zusammengeschrumpft.

Das Zentrum von Kuala Selangor ist der Bukit Melawati, ein großer Hügel, auf dem auch der richtungsweisende Leuchtturm steht. Luftig und frisch ist es auf der Hügelkuppe, Palmenblätter rascheln im Wind und endlich einmal können wir die landschaftliche Ruhe genießen, ohne von dröhnenden Schwertransportern belästigt zu werden. Das am anderen Ufer des Selangor-Flusses stehende Fischerdorf erscheint fast wie mit Streichhölzern gebaut, und der neben dem Leuchtturm ge-

parkte Getränkewagen wird von herumlungernden Affen belagert. Wir kaufen ein paar Nüsse und fangen an, die kleinen Diebe zu füttern. Ohne Zweifel sind sie schon an geschenkeverteilende Besucher gewöhnt. Die Blicke, mit denen sie uns beobachten, weichen allerdings nie von unseren Augen ab. Man ist zwar schon zivilisationsgeschädigt, aber immer noch wachsam!
Am nächsten Tag gehen wir zum Gemüsemarkt und schauen uns den alten Fähranleger an. Die große Brücke, die außerhalb der Stadt über den Selangor-Fluß führt, wurde erst vor wenigen Jahren gebaut. Vorher floß der Verkehr durch den Ort und wurde per Fähre auf die andere Flußseite geschifft. Nur noch Nostalgie ist der Anleger heute, fällt er doch langsam in sich zusammen. Längst ist die Fahrrinne wieder versandet, Mudskipper wühlen im Schlamm der Gezeiten und vor sich hindösende Fischerkähne liegen verrostet im Sumpf. Schlingpflanzen gewinnen den Kampf gegen modernde Schiffsplanken, und es wird nicht mehr lange dauern, dann hat sich der Dschungel zurückgeholt, was ihm einst genommen wurde.
Vor uns ein Verkehrslichtblick. Auf der neuen Küstenstraße kurz vor Telok Intan haben wir den Asphalt ganz für uns allein. Was wir an Vorbereitung in die Räder und Ausrüstung investiert haben, können wir jetzt nicht nur sehen, sondern auch hören. Die mit verstärkten Speichen versehenen Hinterräder laufen wie immer rund und halten jedem Schlagloch stand. Die neuen Lenkkopf- und Tretlager sind noch gar nicht richtig eingefahren. Und auf neuen Langlaufreifen ist jeder Bremstest ein Vergnügen. Endlich haben wir Platz und nutzen ihn für wild aussehende Fahrkapriolen. Auch das Gepäck hängt gut verstaut an den Trägern. Die einzigen – leisen – Geräusche stammen vom Freilauf und von der gut geschmierten Kette. Alles funktioniert bestens. Auch Susi fühlt sich wohl auf dem Rad. Das war immer einer jener Gedanken, die uns vor der Abfahrt oft beschäftigten. Würde sie überhaupt den Willen haben, so eine lange Tour durchzustehen? Die Kraft war keine Frage. Mit jedem Kilometer kommen schließlich neue Muskeln dazu. Wichtig war aber, schon nach kurzer Zeit zu wissen, ob sie die psychologische Standhaftigkeit besitzen würde, einer neuen Welt – nämlich Asien – ohne Vorbehalte und mit einer kleinen Portion Abenteuerlust entgegenzutreten. So wie sie gerade vor mir fährt, glaube ich – abgesehen von den Übernachtungen in schmuddeligen Hotels –, daß sie glücklich ist mit dem Los, das Unbekannte zu suchen. Den Rückwärtsgang einzulegen, kommt ihr jedenfalls nicht in den Sinn.

„Snack und Softdrink inklusive …"

… verheißt ein großes Schild, das wir im Hafen von Lumut entdecken. Einige Restaurants und Hotels reihen sich die Promenade entlang. Dazwischen ein menschenleerer Park, in dem auf Hinweisschildern so ziemlich alles verboten wird, was man verbieten kann. Daneben ein kleines Häuschen, in dem es hektisch rumort.
„Hierher! Ticket hier kaufen!" schallt es uns von weitem entgegen. Der Fahrkartenkauf ist schnell abgewickelt, und nur fünf Minuten später sind die Räder auf einem Schnellboot verzurrt. Snacks und Softdrinks gibt es zwar nicht, doch das Boot fährt zur Insel Pangkor. Das hat man uns versichert.
Pangkor ist dicht dem Festland vorgelagert und, ganz im Gegensatz zum flachen Küstenstreifen, mit Hügeln und Palmendschungel bedeckt. Das Boot fährt bis zum Kampong Sungai Pinang Kecil, ein kleiner Ort an der Ostseite der Insel. Die schöne Küste ist mit Werften und Anlegern zugebaut, und in schwarzem Schlamm wühlen Krabben und Mudskipper. Bis vor kurzem haben sich die Inseldörfer nur von Fischfang ernährt, doch mittlerweile machen die „Kedai Kopi" Cafés den Fischern ernsthafte Konkurrenz. Beim Einkauf in einem Mini-Markt entdecken wir sogar Dosenfrüchte und in Plastik eingeschweißten Trockenfisch! Das hatten wir von einem Palmenparadies eigentlich nicht erwartet. Nachdem wir beim Bäcker aber den doppelten Preis für Schokoladenkekse bezahlen, sind wir uns sicher: Der Tourismus ist hier schon lange gelandet.
Am Pasir Bogak, dem bekanntesten Strand auf der Insel, finden wir ein einfaches Haus und bereiten uns auf das Wochenende vor. Zum Glück sind Privatautos auf der Insel verboten, und an den Stränden hat man zum Sonnenbaden noch Platz. Am Samstag ist aber noch mehr außer Palmen zu sehen: Schon vormittags um zehn rollen Burgerküchen, Fruchtsaftstände und „I was on Pangkor"-T-Shirt-Verkäufer über den Strand. Der Weg dorthin wird von Motorroller fahrenden Teenies zum Formel-1-Kurs umgebaut, und Mädchen wie Buben nutzen die Gunst der Ferien, um ihren „Mountainbikes" die Promenade zu zeigen. Wir sind gespannt, was die Insel sonst noch zu bieten hat.
Zwischen Sand und Palmen beobachten wir die „Bandenkriege" von Einsiedlerkrebsen, finden tote Seesterne und werden beim Baden von winzigen Quallen verbrannt. Das seichte Wasser ist zwar einladend

warm, doch die Quallen haben gewonnen. Da kriegt mich heute keiner mehr rein, ich bleibe lieber bei den Krabbenbanden am Strand! Urige Urtiere, wie umherschleichende „Monitor Lizards“ und meterlange Pythonschlangen, sind ebenfalls noch zu entdecken, zu unserem Bedauern aber öfter in den chinesischen Garküchen als freilebend im Dschungel. Morgens werden wir dafür mit Vogelkonzerten geweckt. Riesige, mit Krummschnäbeln bewaffnete Nashornvögel sitzen zuerst noch in den Kronen der Palmen, um dann mit kräftigen Flügelschlägen den nächsten Nußbaum anzusteuern. Äpfel aus Nachbars Garten werden dabei auch nicht verschmäht, sind wegen der Größe aber auch für Nashornvögel nur schwer zu genießen.
Gerade bin ich dabei, die Eßgewohnheiten dieser Vögel zu studieren, da rollen zwei schwerbeladene Fahrräder an mir vorbei. Eigentlich nicht erstaunlich, denn bis jetzt sind mir auf jeder Tour andere Fernradler begegnet. Irgendwo fährt man sich immer über den Weg.
„Hey cyclists! Would you like to meet other cyclists? – Hallo Radler! Wollt ihr andere Radler kennenlernen?“
Auf mein Winken und Rufen halten die beiden an. Sie stellen sich als Karin und Wouter aus Holland vor, die schon seit Bangkok auf ihren Mountainbikes sitzen und seitdem einen großen Teil von Thailand und Malaysia unter die Räder genommen haben.
„Und wo kommt ihr jetzt her?“
„Aus Ipoh. Das ist eine ziemlich große Stadt mit vielen Chinesen. Die bereiten sich gerade auf das Neujahrsfest vor. Kaum eine Nacht ohne Feuerwerk! Da geht es ganz schön zur Sache.“
Zum Dinner treffen wir uns im „Anchor Restoran“, machen uns über gefüllte Krabben her und geben unsere Abenteuer zum Besten! Hauptsächlich dreht es sich dabei um Kettenritzel, Schweißverlust und wie man am besten einen dreifachen Plattfuß flicken kann. Unter Radfahrern sind solche Gespräche natürlich nicht zu vermeiden, und Susi hat sowieso noch einiges in Werkstattkunde zu lernen.
Das Gespräch hat bei mir ein Kribbeln verursacht. Inselaufenthalt ohne Inselrundfahrt? Susi gähnt, als ich ihr von dem Vorhaben erzähle. Soll wohl heißen, daß sie lieber am Strand liegen bleibt. Macht nichts, ich bin schon lange nicht mehr „solo“ gefahren. Auch wenn's nur 20 km sind, es wird mal wieder Zeit! Ein komisches Gefühl ist es aber schon, so ganz ohne Gepäck zu fahren. Richtig leer sieht der „cycle jeep“ jetzt aus, und die Lenkung funktioniert auch viel zu leicht.
Am nördlichen Inselende angelangt, stehe ich vor einer riesigen Bau-

stelle. Die Palmen sind schon lange abgeholzt und auf der roten Erde sind nur große Baufahrzeuge zu sehen. Bauplanungsschilder machen es deutlich: Die Vögel, die hier bald landen werden, haben Triebwerke und sind ziemlich laut!
Erste Adresse für die einfliegenden Gäste ist das „Pan Pacific Resort“. Große Tore, Hecken und Zäune schirmen die Clubanlage von der Außenwelt ab. Will man aber unbedingt den Privatstrand besuchen, so kostet der Tagesaufenthalt „nur“ dreißig Malaysia-Dollar. In unserem Haus kann man dafür zweimal übernachten, doch der besondere Clou im Ressort ist, daß „Snack und Softdrink inklusive“ sind!
Über einen Hügel führt die Straße an die Ostseite der Insel. Vorbei am Schiffsfriedhof und der mit Ziegen und Bränden übersäten Müllkippe sind es nur einige Kilometer und ich bin wieder am Strand. Susi gähnt immer noch, meint, daß ich nach Mülleimer riech’ und scheucht mich kurzerhand ins Wasser.
Der letzte Inselabend, den wir zusammen mit unseren Radlerfreunden verbringen, ist ziemlich verbrannt. Bei mir sind Quallen die Ursache, bei Susi die Sonne. Wir verabschieden uns vom indischen Imbiß-Besitzer, der uns nochmals versichert, daß Pangkor eine schöne Insel werden wird. Gerade legt ein Seelenverkäufer ab, der Touristen auf die private Nachbarinsel fährt. Nicht ohne vorher natürlich Eintritt kassiert zu haben: Dreißig Malaysia-Dollar, „Snack und Softdrink inklusive“!

An der Landesgrenze zwischen Perak und Pahang

Wir verlassen nun den flachen Küstenstreifen und machen uns auf, um auch das Zentrum Malaysias näher kennenzulernen. Schon bevor wir Tapah erreichen, sehen wir, was uns erwarten wird: Hügelketten tauchen in der dunstigen Ferne auf, die auf den zweiten Blick schon als Berge zu bezeichnen sind! Endlich Salz in der Suppe, und nebenbei ist es da oben bestimmt angenehm kühl. Nach der geruhsamen Nacht in einem Hotel fühlen wir uns fit, den Angriff auf die Cameron Highlands zu wagen.

„Es sind nur 40 km bergauf. Für durchtrainierte Radler doch ein Klacks. Oder was meinst du, Susi?"

Die angriffslustigen Blicke, die ich von Susi ernte, sind eine letzte Mahnung, auf den ersten Steigungsprozenten nicht so schnell in die Pedale zu treten! Immer breiter und tiefer weitet sich das Tal neben uns aus. Große Baumfarne und noch größere Urwaldbäume bestimmen die Flora am Hang. Nur spärliches Licht fällt durch das Pflanzengestrüpp. Die Straße ist naß von der ewig hohen Luftfeuchtigkeit, und so fahren wir trotz schattiger Kühle viel vorsichtiger als sonst. Nach zwanzig Kilometer die erste Attraktion: Ein Wasserfall stürzt blaugrün in die Tiefe, völlig verschwitzt stürzen wir gleich hinterher und die anwesenden Fruchtsaftverkäufer stürzen sich auf unser Geld …

Nach dieser Abkühlung haben wir endlich unseren Rhythmus gefunden. Serpentine um Serpentine geht es weiter hinauf und schon am frühen Nachmittag erreichen wir den Paß. In 1200 m Höhe trennt er die Bundesstaaten Perak und Pahang und wird gleichzeitig als Eingangstor zu den Highlands bezeichnet. Bald dahinter sind die ersten Gärtnereien zu sehen. Die hier gezüchteten Orchideen, Nelken und Weihnachtssterne sind groß und farbenfroh. Ein Paradies für den wahren Florist! Etwas weiter tauchen die ersten Teeplantagen auf und lassen erkennen, daß sich die Pflanzenwelt im kühlen Hochland erheblich von den Kautschukwäldern der heißen Ebenen unterscheidet.

Das Hochtal wurde 1885 bei Vermessungsarbeiten von William Cameron entdeckt und schon ab 1931 verkehrstechnisch zugänglich gemacht. In dieser Gegend verschwand auch Jim Thompson, der sogenannte „Seidenkönig", auf rätselhafte Weise. Man vermutete Zusammenhänge mit der kommunistischen Guerilla, doch offiziell kehrte er von einem Jagdausflug nicht mehr zurück.

Ab 1960 wurde das Gebiet dann touristisch erschlossen, und Tanah Rata ist der schönste Ort der Highlands, so jedenfalls verspricht es die Werbung auf großen Plakaten. Außer einigen Tankstellen, Taxiunternehmen und Souvenirgeschäften können wir allerdings keine Schönheiten entdecken. Wir ziehen es vor, ein Stückchen weiter nach Brinchang zu fahren, um von dort einige Ausflüge zu machen. Auf unserem ersten Spaziergang entdecken wir gleich ein wenig Kultur. Am Golfplatz steht das „Ye Olde Smokehouse", ein altes, massives Holzgebäude, in dem früher wohl so manche Zigarre von englischen Plantagenbesitzern geraucht worden ist. Heute fungiert es als Hotel für betuchte und mit deutschen Automobilen fahrende Malayen. Der Blick auf den Golfplatz und die aus London importierte Telefonzelle sind im Zimmerpreis natürlich inbegriffen!
Etwas außerhalb von Brinchang sind wir überrascht, einen buddhistischen Tempel zu sehen. Böse dreinblickend wachen die betonierten Tempelwächter nicht nur über den Buddha, sondern auch über neue Hotelbauten, die die Umgebung verschandeln. Da das chinesische Neujahr kurz vor der Tür steht, trifft man auch im Tempel Vorbereitungen für das diesjährige Fest. Hinweisschilder, die Gläubige und natürlich auch Touristen aufrufen, fleißig zu spenden, werden kräftig geputzt, und auch der Innenhof, der ganz im Zeichen von Topfpflanzen steht, wird schnell noch entstaubt. Besen und Kehrschaufel sind im Kloster allerdings nicht aktuell. Der kahlgeschorene Mönch, der diese Arbeit übernimmt, bedient sich lieber eines Hochdruckstrahlers!

Nach einigen Wanderungen durch die umliegenden Wälder entdecken wir eine neue Möglichkeit, um in das „Buch der Rekorde" zu kommen. Wir fahren auf den Gunung Brinchang. Mit 2208 m ist er der höchste mit einem Fahrzeug zu befahrende Berg Malaysias. Susi graut es vor diesem Exzeß, doch schon kurz darauf sitzen wir beide im Sattel. Bald zweigt eine Straße nach links in die Hügel und die um den Berg führenden Serpentinen werden enger und enger. Zuerst fahren wir noch durch Teeplantagen, danach durch Gemüse, das wir nur allzugut kennen: Kartoffeln, Tomaten, Blumenkohl, Paprika, Spargel, Brokkoli, im Tiefland unbekannt, wachsen hier oben in Hülle und Fülle! Und doch gibt es Probleme mit Pestiziden, viel zu sorglos sind die Bauern mit chemischen Hilfsmitteln umgegangen. Jetzt werden resistente Schädlinge beklagt.

Ehe wir uns versehen, hat uns der Dschungel wieder verschluckt. Nur wenige Autofahrer verschlägt es hierher. Auch wir müssen bald schieben. Selbst für den ersten Gang ist die Straße zu schlecht und zu steil. Dann sind wir oben und genießen den Fernblick über die Westküste des Landes. Bei klarem Wetter ist sogar die über 100 km entfernte Insel Pangkor zu sehen. Wie aber meist bei solchen Rekordversuchen beschränkt sich der heutige Ausblick auf ein bewölktes „Tief".

Auf dem Rückweg weist ein großes Schild zu den „Butterfly Gardens". Hierher also haben sich die Schmetterlinge verkrochen. Unter riesigen Netzen flattert der „Raja Brooke", Malaysias Nationalschmetterling. Blau schimmernde Riesenfalter und tausende anderer, in den prächtigsten Farben leuchtende Artgenossen, versuchen verzweifelt und erfolglos, zurück ins Freie zu gelangen. Wer saft- und kraftlos zu Boden fällt, der wird aufgespießt und an Touristen verkauft. Den Aufkleber „I love Malaysia" gibt's gratis dazu! Wir sind angewidert von diesem Geschäft mit den wehrlosen Tieren, schalten schnell einen Gang zurück und beschließen den Boykott!

Chinesisches Neujahr! Die Jugend verschießt ihr Feuerwerk, und in den Tempeln werden mannshohe Räucherkerzen verbrannt. Für uns der Startschuß, die Highlands auf ungewöhnliche Weise zu verlassen.

„100 km? Lächerlich. Das schaffen wir locker an einem Tag!"

Unser Enthusiasmus nach einer leicht bewältigten Bergetappe ist auch mit Übermut zu beschreiben. Gipfel unter 6000 m sind momentan nur winzige Hügel, und wäre der Everest in greifbarer Nähe, ich würde sofort zu den Schneeketten greifen! Auf der ausgebreiteten Landkarte, die zwei Drittel des Hotelbetts beschlagnahmt, kann ich einige Linien ausmachen, die entfernt an Straßen erinnern.

„Wohin?" Susi steht vor dem Spiegel und hat statt Kartenkunde nur tropische Akne im Sinn.

„Nach Ipoh. Das ist die nächst größere Stadt."

„Das ist doch viel weiter als 100 km."

„Nicht, wenn wir die Abkürzung nehmen!"

„Welche Abkürzung? Ich hab' gedacht, wir fahren nach Tapah zurück und dann auf dem Highway nach Ipoh."

„Und abends halten sie uns wieder für Neger! Von wegen Diesel und so." Beim Gedanken an TÜV-unsichere Laster heb' ich die Hände und wehre entschieden ab.

„Schau' mal hier auf die Karte. Da führen einige Straßen durch den Wald und eine davon endet sogar erst im Stadtzentrum von Ipoh."
„Wer's glaubt, wird selig! Das ist doch keine Straße, sondern nur ein Weg!"
Woher weiß Susi das? Hat sie heimlich die Karte studiert? Zugegeben, der Maßstab dieser Orientierungshilfe läßt etwas zu wünschen übrig. Die Straße, um die es geht, könnte ebensogut eine Sackgasse sein. Zurück nach Tapah würde allerdings bedeuten, einen großen Umweg zu machen. Und außerdem: Zurück? Bis jetzt bin ich nur selten zweimal die gleiche Straße gefahren. Dort, wo es Hoffnung für ein Weiterkommen gibt, bin ich auch meistens weitergekommen.
„Laß' uns im Dorf erstmal fragen, ob es die Straße überhaupt gibt. Nachher fahren wir umsonst in den Wald und müssen den ganzen Weg wieder zurück."
Der Vorschlag von Susi scheint akzeptabel. Die nächsten zwanzig Minuten verbringe ich damit, den auf Mercedes stehenden Hotelmanager, der übrigens des öfteren vor dem „Ye Olde Smokehouse" parkt, über eine Straße auszufragen, die offensichtlich nicht existiert.
„Ja, es gibt eine Straße nach Gua Musang. Aber die ist schlecht. Bin ich noch nicht gefahren."
„Wir wollen ja auch gar nicht nach Gua Musang, sondern nach Ipoh!"
„Nach Ipoh? Da müßt ihr erstmal nach Tapah zurück!"
„Und was ist mit dieser Straße?" Ich halte ihm die Karte hin, zeige auf Ipoh und auf den unsichtbaren Weg.
„Ach so, die!" Sein Finger ruht auf Kuala Lumpur. „Die kenne ich auch. Das schafft ihr locker an einem Tag."
Susi ist immer noch mit ihren Pickeln beschäftigt, als ich ihr die frohe Nachricht überbringe.
„Sauber. Der Mercedes-Freak kennt zwar nur das „Ye Olde Smokehouse", ist sich aber sicher, daß durch den Wald eine Autobahn führt!"
Mit den Bemühungen unserer asiatischen Mitmenschen, vor allem wenn es darum geht, Straßen zu finden, ist Susi noch nicht ganz vertraut. Mir dagegen vertraut sie fast blind.
Wie immer werden unsere Räder kräftig bestaunt, als wir die Highlands durch die Hintertür verlassen. Riesige Baumfarne, bunte Orchideen und im Morgentau glänzende Spinnennetze haben die Straßenränder erobert. Die indische Pflücker-Frühschicht ist schon lange am pflücken, der Asphalt ist nach zwanzig Kilometern verschwunden und vor uns liegt das Ende der Welt.

130 Millionen Jahre ...

... alt ist der malaysische Urwald. Keine Eiszeit und keine Erdplattenverschiebungen haben jemals diesem Wald zu schaffen gemacht. Es dauert einige Minuten, bis wir begreifen, direkt vor der grünen Lunge Malaysias zu stehen. Etwas mulmig ist mir schon zumute, die Zivilisation zu verlassen. Der bis zum Horizont und über unzählige Hügel reichende Wald scheint wirklich erst im Nirgendwo zu enden. Ein letztes Mal drehe ich mich zu den Pflückern um, die Spannung kribbelt in den Beinen und die Hände spielen nervös mit dem Lenker. Dann lassen wir die Bremsen los und nur noch Reifenspuren bleiben zurück.

Hab' ich's doch gewußt! Von wegen, es gibt hier keine Straße! Die Piste, auf der wir entlangrollen, ist wunderbar zu befahren, und die nagelneuen Leitplanken lassen wirklich die Vermutung aufkommen, daß aus dem Waldboden bald Asphalt wachsen wird.

In den nächsten Stunden beschäftige ich mich allerdings nur damit, wie wir aus diesem Wald wieder herausfinden sollen. Je weiter wir rollen, desto endloser scheint das grüne Wuchern zu werden. Der längst herbeigesehnte Talboden ist nirgendwo zu entdecken. Es geht immer weiter bergab. Auf „normalen" Straßen wäre das natürlich gleichbedeutend mit sechs Richtigen im Lotto. Auf einer ausgewaschenen Urwaldpiste, die mit faustgroßen Steinen und Schlaglöchern übersät ist, fangen spätestens nach zwei Stunden die Bremsbeläge zu schmelzen an! Die Felgen laufen schon länger heiß und die an den Bremshebeln ziehenden Finger fangen an sich zu verkrampfen. Bremsen loslassen würde aber bedeuten, den daraus resultierenden Downhill nicht zu überleben! Der Weg ist einfach zu steil, und wir kommen wirklich nur im Schrittempo voran.

30 km weiter sind wir gerettet. Das glaube ich jedenfalls für die nächsten zehn Minuten. Vor uns wächst ein Dorf aus dem Wald, wir werden von kleinen Menschen umringt und das winzige, in der Menschenflut kaum noch zu sehende Straßenschild meint, daß es nur 102 km bis nach Gua Musang sind.

„Hier muß es doch irgendwo nach Ipoh gehen. Das ist auf der Karte doch genau zu erkennen. Sieht aber so aus, als wenn wir uns verfahren haben!"

In der Hoffnung, einen anderen Weg zu entdecken, fahr' ich zweimal um das Straßenschild herum.
„Wieso?“ Susi fährt mir blind hinterher. „Ich hab' nirgends eine Abzweigung gesehen. Der Weg hier ist doch sowieso das reinste Wunder. Ich frag' mich nur, wo wir hier überhaupt sind!“
„Das hab' ich mich schon in Johore Bahru gefragt“, geb' ich sarkastisch zurück.
Merkwürdigerweise findet Susi die Bemerkung nicht komisch. Umringt von kleinen Menschen, die mich glauben lassen, eine Abkürzung durch Afrika genommen zu haben, stellt sie mit großen Augen ängstliche Fragen.
„Wohin fahren wir jetzt? Wollen wir nicht lieber nach Tapah zurück? Gibt's hier was zu trinken? Wieso sind die Menschen so klein?“
„Ich glaub', das sind Orang-Asli. So heißen hier die Ureinwohner, und die sind alle so klein.“
Eine Unterhaltung mit diesen an Pygmäen erinnernden Zweibeinern kommt leider nicht zustande. Mein Malaysisch ist zu diesem Zeitpunkt nur mit „mangelhaft“ zu bewerten, Englischunterricht scheint es im Wald nicht zu geben und so will keiner verstehen, daß wir nach Ipoh wollen und durstig sind. Fortwährend zeigen einige von ihnen in Richtung Gua Musang. Der kleine Weg, der über den Fluß führt und auf der anderen Seite im Wald verschwindet, wird dagegen mit Händen und Füßen als Sackgasse bezeichnet. Nachdem ich einen letzten Blick auf die Karte geworfen habe, kann ich Susi davon überzeugen, daß der Weg nach Ipoh bestimmt bald auftauchen wird.
Wir rollen weiter bergab. So wenig wie auf den nächsten dreißig Kilometern haben wir uns bis jetzt noch nie zu sagen gehabt. Susi hat eindeutig Angst. Und ich weiß eindeutig nicht, wie ich ihr diese Angst nehmen kann, weil unsere Landkarte eindeutig ungenau ist.
30 km hinter der imaginären Abzweigung nach Ipoh überqueren wir einen Fluß, der sogar auf der Karte zu sehen ist. Eindeutig! Wir hätten die Sackgasse nehmen müssen, anstatt auf die Zeichensprache der Pygmäen zu hören. Zurück? Unmöglich. Streiche Ipoh, setze auf Gua Musang und alles weitere wird sich später ergeben.
Doch statt weiter bergab führt die Piste jetzt über endlose Hügel. Manche davon sind so steil, daß sie nur schiebend zu bewältigen sind. Am späten Nachmittag – wir fahren gerade über einen weiteren Fluß – überholt uns ein Jeep und ich frage die chinesischen Insassen, wie weit es noch bis Gua Musang ist.

Idylle an Malaysias Westküste
Was es nicht alles gibt: Elefanten-Lkw · Die Lagune von Marang

„Bis Gua Musang? Noch 50 km!"
„50 km! Gibt's keine Abkürzung?"
„Die fahren wir doch gerade!"
„Und wo geht's nach Ipoh?" Ich will's jetzt ganz genau wissen.
„Nach Ipoh? Da hättet ihr im Orang-Asli Dorf links abbiegen müssen. Habt ihr den Weg nicht gesehen?"
Noch 50 km. Und auch noch verfahren. Und in einer Stunde wird es dunkel. Oh, Mann. Wo sind wir hier überhaupt?
Direkt neben dem Fluß sehen wir eine waldlose Fläche. Wahrscheinlich ein altes Holzfällercamp. Wir entscheiden uns, hier das Zelt aufzuschlagen. Das Wasser im Fluß ist zwar warm, aber nach so viel Schweiß herrlich erfrischend. Nach einer schnellen Mahlzeit, die aus Tütensuppe, Tee und Keksen besteht, senkt sich die Dunkelheit über das Zelt. Der mit Sternen überflutete Himmel bietet ein prachtvolles Bild. Glühwürmchen schwirren leuchtend durch den Busch, und durch das Zirpen der Zikaden hört man das Kreischen nachtaktiver Vögel und Affen.
Am nächsten Morgen kriechen zwei unausgeschlafene Menschen aus ihrem Zelt und wundern sich, zwischen den alles abtransportierenden Waldameisen nicht als Ameisenfutter geendet zu sein. Nach einem schnellen Frühstück, das aus Kaffee und Keksen besteht, beladen wir die Räder und schieben sie den nächsten Hügel hinauf. Kleine Dörfer der Orang-Asli verstecken sich am Wegesrand. Aus ihren ursprünglichen Siedlungsgebieten vertrieben ist der im Herzen Malaysias liegende Urwald die letzte Zufluchtstätte dieser kleinwüchsigen, schüchternen Menschen. Sobald sie uns sehen, flüchten Frauen und Kinder in ihre Hütten, während mit Blasrohren und Netzen bewaffnete Männer die Chance ihres Lebens kommen sehen.
„Butterfly! Very cheap price! – Schmetterling! Sehr billiger Preis!" Mit der Präsentation der dörflichen Faltersammlung ist das Rätsel, wie die Schmetterlingsnachfrage in den „Butterfly Gardens" gestillt wird, gelöst.
Mitten auf dem Weg liegender Elefantenmist sowie übergroße Katzenspuren haben nicht nur zur Folge, daß der Adrenalinspiegel steigt, auch die Durchschnittsgeschwindigkeit ist heute höher als sonst. Affen, die in den Bäumen herumturnen, sowie riesige Eidechsen, die über den Weg huschen, werden kaum noch beachtet. Auf einmal empfinde ich diesen Wald als erdrückend und unheimlich riesig. Ich selbst fühle mich als kleines, bedeutungsloses Nichts, das man wie eine

Ameise zerquetschen kann. Niemand würde es merken, würden wir hier verschwinden. Zwei verrostete Räder im Wald, von Schlingpflanzen überwuchert. Hat dieses Schicksal nicht schon einige vor uns erreicht? Als Susi aufschließt, holt sie mich aus fröstelnden Träumen in die heiße Gegenwart zurück.
Urplötzlich ertönt das Geräusch dröhnender Motorsägen. Überlange Baumstämme verlassen auf überladenen Lastern den Wald. Die Menschen, die an der Ausbeutung unserer Umwelt teilnehmen, scheinen überhaupt nicht zu merken, wie sie den Wald dezimieren. In kurzer Zeit werden nur noch Fotos an ihn erinnern. Orang-Asli, Raubkatzen und Schmetterlinge gibt's dann nur noch im Museum zu sehen. Die Realität vom abgeholzten Urwald ist auch in Malaysia unerbittlich real!
In Gua Musang spuckt uns der Wald wieder aus. Die Abkürzung hat sich zwar als Umweg erwiesen, doch noch niemals zuvor hat Eiskrem besser geschmeckt!
Nach dieser orientierungslosen Fahrt durch den Wald beziehen wir ein klimatisiertes Hotel und studieren eingehend die Karte. Mit dem schnellen Erreichen von Ipoh wird das wohl nichts mehr. Außer dem Holzfällerweg führt von Gua Musang keine Straße nach Westen. Pläne sind aber dazu da, um verworfen zu werden.
„Wo wir schon mal hier sind, wie wär's denn noch mit einem kleinen Abstecher zum Strand?“ fragt Susi mit einem Augenaufschlag, dem nicht zu widerstehen ist.
Vor einigen Tagen hatten wir zwar noch vor, auf dem schnellsten Weg nach Penang zu kommen, doch von Gua Musang aus bietet es sich geradezu an, auch noch der Ostküste Malaysias einen Besuch abzustatten. Die neue Idee wird mit noch mehr Eiskrem gefeiert!
Der Weg nach Kuantan zur Küste ist weit, aber nicht sehr beschwerlich. Auf dem neuen Highway, der rund um den Taman Negara Nationalpark führt, sind Palmölplantagen und riesige Kalkfelsen kein Hindernis für uns. Wir verzichten darauf, den Nationalpark zu besuchen. Die letzten Tage im Wald haben uns vorerst gründlich kuriert!
Über Kuala Lipis und Jerantut erreichen wir eine der wenigen Straßen, die den Westen mit dem Osten Malaysias verbindet. In diesem Fall ist es der autobahnähnliche Highway, der von der Hauptstadt Kuala Lumpur nach Kuantan führt. Ziemlich verdieselt – über die Strecke rollt schließlich ein Großteil des Schwerverkehrs – kommen wir in Kuantan an und genießen das erste Bad im Südchinesischen Meer. Außer mehrsternigen Hotels und der Möglichkeit, leere Packtaschen mit neu-

en Schokoladenvorräten zu füllen und auf einem öde daliegenden Golfplatz das Putten zu üben, wird hier dem Reisenden nicht viel geboten.
In den Genuß eines richtigen Badeurlaubs kommen wir erst weiter nördlich am Cherating Beach. Feinsandige Strände und warme Wellen lassen uns die Straße vergessen. Das Leben in einem Bungalow ist ruhig und gemütlich. Im Wasser ausgetobt, machen wir lange Spaziergänge am Strand und können es nicht verstehen, wie man im nachbarlichen „Club Med“ seine Zeit verbringen kann. Dafür, daß man eingezäunt und von Kameras überwacht wird, soll man auch noch bezahlen?
Nachmittags wird *bala takraw* gespielt. Zur Grundausrüstung dieses attraktiven Sports gehören ein Volleyballnetz, sechs Spieler und ein gehöriges Maß an Artistik. Wie mit Gummibeinen versuchen die Spieler, den Ball über das Netz zu befördern, und weil die Hände nicht mitspielen dürfen, erinnern Fallrückzieher und Saltos an zirkusreife Stunts. Auf den harten Betonboden zu fallen, stelle ich mir weniger genußvoll vor. Einmal falsch gefallen und schon ist der Haxen gebrochen. Kein Wunder, daß das Spielfeld in Hospitalnähe liegt. Ich ziehe es lieber vor, unter den Zuschauern zu bleiben.
Im Gegensatz zur Westküste Malaysias, die sich fest in chinesischer Hand befindet, ist der Bundesstaat Terengganu im Osten der Halbinsel hauptsächlich von moslemischen Malayen bewohnt. Moscheen und Kopftücher sind die Markenzeichen der Städte, und statt mit „how are you?“ werden wir des öfteren mit „salaam aleikum!“ begrüßt. Um sich in der Wirtschaft zu behaupten, hat man auf Tourismus und die küstennahen Ölvorkommen gesetzt. Doch auch mit Tierexporten scheint man Profite zu machen. Vor einer Zoohandlung sehen wir einen Lastwagen geparkt, auf dem tatsächlich zwei Elefanten stehen! Die Gefühle dieser Dickhäuter, auf so unkonventionelle Weise durch die Lande geschaukelt zu werden, kann ich leider nicht beschreiben.
Den Strand fast immer in Sichtweite, ist die nach Norden führende Nebenstraße nur spärlich befahren. Fast ohne Geräuschkulisse macht das Fahren zwar Spaß, doch bald sind es die Geräusche, die wir vermissen. Nicht die des Verkehrs, aber die aus dem Wald. Der küstennahe Wald weicht immer mehr auf die Hügel zurück. Plantagen brauchen schließlich Platz. Riesigen Waldflächen wird gnadenlos der Garaus gemacht, und die dort nistenden Vögel noch gnadenloser vertrieben. Baumstümpfe und am Waldboden lebende Tiere werden ver-

brannt, und die roten, kahlgerodeten Flächen sehen aus wie eine tote Mondlandschaft. Stehen erst einmal die frisch gepflanzten Palmen, fällt die Schändung der Natur nicht weiter ins Auge. Nur die Tiergeräusche fehlen. Sich mit der Landbevölkerung über derartige Umweltprobleme auseinanderzusetzen, habe ich schon in Indien erfolglos versucht. Was zählt, ist der Profit von heute, nicht irgendwelche Tiere oder die Sorge des Klimaumschwungs, von dem ein ungebildeter Farmer sowieso nicht weiß, daß dieser droht.
„Elefanten? Die trampeln nur die Felder kaputt. Tiger? Allah sei mein Zeuge. Ausrotten muß man diese gefährlichen Biester! Gerade letzte Woche hat wieder so ein Monster einen Wasserbüffel gerissen. Das war jetzt schon das zweite Mal in diesem Jahr!"
So etwa hören sich die Antworten an, die ich von den Bauern bekomme, sobald wir anfangen, über Umwelt und Wirtschaft zu diskutieren. Im nächsten Augenblick frage ich mich aber, ob es mir zusteht, über andere Länder zu urteilen. Atlantische Ölkatastrophen und verheimlichte Unfälle in großen Chemiekonzernen sind in der Liste westlicher Umweltfrevel auch nicht zu übersehen! Was bleibt uns also übrig außer hochzuschalten und wenigstens noch Bambus zu finden.

Das Fischerdorf Marang ...

... taucht in dem Augenblick in unserem Blickfeld auf, als ein heftiger Sturm losbricht. Kokosnüsse hüpfen wie Pingpong-Bälle über die Straße und wir sind froh, ohne Kopfnußverletzungen eine Unterkunft zu finden. An Baden ist in den hereinrollenden Wellen überhaupt nicht zu denken, es sei denn, man hat vor, den Ertrinkungstod zu erleben. Für eine Badenixe wie Susi eine mittlere Katastrophe. Verzweifelt fängt sie an, ihre T-Shirts zu waschen, während ich vor dem Fenster sitze und anfange, die runterfallenden Kokosnüsse zu zählen.
Von unserem Bungalow überblicken wir die mit Plastiktüten verstopfte Lagune und beobachten die in der Mündung des Marang-Rivers auf- und abtanzenden Boote der Fischer. In den stürmischen Wellen wagt sich niemand aufs Meer. Dafür gehen Kinder und Väter einem Hobby nach, das an der ganzen Ostküste Malaysias seine Anhänger hat: Zwischen den Wipfeln der Palmen steigen aus Papier und Pla-

stikfolie gefertigte Drachen in einen Himmel, der heute nur aus schnell dahinziehenden Wolkenfetzen besteht. Die Kinder begnügen sich meistens mit den einfachen, rhombenförmigen Modellen, an deren Schwänzen bunte Papierfähnchen flattern. Die Erwachsenen gehen noch einen Schritt weiter. Sie haben ihre tatsächlich wie Drachen, Vögel oder Flugzeuge aussehenden Modelle in bunten Farben bemalt und müssen manchmal sogar den Nachbarn zur Hilfe holen, damit es so ein riesiges Flugobjekt auch schafft, sich in die Lüfte zu erheben. Die vielen in den Telegrafenleitungen hängengebliebenen Papierdrachen zeugen davon, daß es hier öfter stürmt und das Hobby „Drachensteigen" wirklich ernst genommen wird.
Am nächsten Tag flaut der Sturm etwas ab, Susis Wäsche flattert im Wind, und wir machen uns auf, einen Imbiß zu suchen. Der überwiegend aus alten Holzbauten bestehende Ort Marang vermittelt Ruhe und dörfliche Idylle. Die an Drachen und Modellbaukunst nicht interessierten Fischer sitzen unter dem Beratungsbaum, flicken Leinen und Netze und hoffen auf ein baldiges Ende des Sturmes, um wieder ihrer gewohnten Beschäftigung nachgehen zu können.
Gleich neben dem Beratungsbaum steht das „Hotel California". Der alte, in bunten Farben gestrichene Holzbau ist nicht mit dem „Raffles" in Singapur zu vergleichen. Und die vor dem Haus herumlungernden Hippies, die sich dort mit ihren Mopeds treffen, kommen nicht aus dem goldenen Westen Amerikas, sondern aus dem Dorf nebenan.
Jimmy und Hassim, zwei malaysische Cousins, die den Touristenaufschwung in Marang schon länger beobachten, haben vor, aus dem alten Hotel eine Batikstube zu machen. Im Moment sind sie noch mit Renovierungsarbeiten beschäftigt, und weil Susi und ich ernsthaftes Interesse zeigen, wie die Jungs ihr Geschäft aufziehen wollen, führt man uns bereitwillig herum.
Der Rundgang durch leere und halbfertig gestrichene Zimmer macht hungrig. Im „Hotel California" gibt es zwar nichts zu essen, doch nur ein Stück die Hauptstraße runter macht ein aus Kuala Lumpur abgewanderter Chinese Werbung für sein neues Menü:
„Lonely Planet says that we serve the best chicken in town of Marang! Try our chicken and you get a free dessert! – Welcome to Malaysia! Lonely Planet schreibt, daß wir das beste Hähnchen in ganz Marang servieren! Probieren Sie unser Hähnchen und bekommen dafür den Nachtisch umsonst"! Willkommen in Malaysia!" preist eine riesige Tafel das in blau-rosa Pastellfarben gestrichene Restaurant an.

▲ Malaysische Hippies und „Hotel California" in Marang
▼ Der große Beratungsbaum in Marang

„Zu aufdringlich und zu bunt!“ entscheidet Susi, die heute ihren aufdringlichen und bunten Batik-Sarong trägt. Daß sie die Blicke der vor dem „Hotel California“ herumlungernden Mopedbande wie ein Magnet auf sich zieht, merkt sie dabei nicht. Susi verwaltet die Kasse, und die Möglichkeit, gegen ihre Entscheidungen Einspruch zu erheben, ist ziemlich klein. Meine auf „chicken“ programmierten Geschmacksnerven müssen verzichten und ich nehme mir vor, in Zukunft einen Teil des Kassengeldes zu unterschlagen!

Am nächsten Morgen überredet uns Jimmy, einen Ausflug auf dem Marang-River zu machen. Zusammen mit einigen anderen Travellern und dem jungen Abi, der sich als Cousin von Jimmy vorstellt, besteigen wir einen Kutter und werden von einem älteren Fischer den Fluß hochkutschiert. Im Knattern des Diesels fahren wir durch eine dicht mit Mangroven bewachsene Flußlandschaft, beobachten Warane, die im Schlamm nach Krustentieren suchen und machen schließlich neben einigen weitab gelegenen Hütten fest. Stolz werden wir dort von Abi einigen Goldgräbern vorgestellt. Der Waldboden ist überall mit Kratern übersät, und die Pfannen und glänzenden Funde, die uns schlammverschmierte Digger unter die Nase halten, sind über jeden Zweifel erhaben. Nach dem Zustand der Hütten und fehlenden Zähne der Goldgräber zu urteilen, scheint es sich mit den Nuggets allerdings in Grenzen zu halten.
Große Mengen an Gold fördert man hier nicht. Dafür wird dem Erdboden mit Methoden zugesetzt, die auf längere Sicht nur als zweifelhaft bezeichnet werden müssen. Auch hier benutzt man nämlich Quecksilber zum Binden des Edelmetalls.
Nach einer eiskalten Cola aus einem nahen Kiosk machen wir eine Wanderung durch das modrige Schilf. Über Schleichwege, die nur den Cousins bekannt sind (nach unserem Abenteuer im Wald vermeide ich lieber das Wort „Abkürzung“), erreichen wir eine Flußbiegung, wo grüne, gelbe und rote Farben das Wasser verdunkeln. In der am Flußufer stehenden Batikfabrik erklärt uns ein Vorarbeiter den an Baumwollstoffen vorgenommenen Färbeprozeß.
„Zuerst wird das gewünschte Muster mit flüssigem Wachs auf den Stoff aufgetragen. Dann werden die so entstandenen Felder mit Farbe gefüllt“ erläutert uns der mit Farbspritzern übersäte Mann. „Sind mehrere Wachs- und Farbschichten notwendig, um z.B. ein kompliziertes Muster zu fertigen, wird der fixierte Stoff nach dem Trocknen

ausgekocht, das Wachs dabei entfernt und der Vorgang nach dem gleichen Prinzip wiederholt."
Einfache Muster „von der Stange" werden mit ca. 25 x 25 cm großen kupfernen Stempeln bedruckt, die es in vielen Ausführungen gibt. In der dampfenden Küche arbeitet rund ein Dutzend Männer und Frauen. Meterlange Stoffe werden von vielen Händen bedruckt und noch mehr Meter mit schreienden Farben bemalt. Ich frage mich nur, wie es die Arbeiter aushalten, zehn Stunden und länger mit dieser kochenden Brühe zu werkeln. Die drückende Hitze hat jedenfalls viel mit einer finnischen Sauna gemein. Fehlen nur noch die Lorbeerzweige, und ich würde Hemd und Hose fallenlassen.
Zurück in Marang hat sich der Sturm endlich gelegt. Die Fischer haben die Drachen wieder gegen die Netze getauscht, und nach einem sonnigen Tag am Strand kann ich Susi doch noch zu „Chicken und Nachtisch" im „Lonely-Planet-Restaurant" überreden.

Die nächsten 200 Kilometer haben wir es nur mit sehr wenigen Fahrzeugen zu tun. Auf Nebenstraßen und nur von einigen Motorrollern und Autos mit einheimischen Ausflüglern überholt führt uns die Tour durch ausladende Lagunen an herrlichen Palmenstränden entlang.
In Kota Bahru, der großen Stadt an der Grenze zu Thailand, werden wir dann mit den Feierlichkeiten des Ramadans konfrontiert.
„Maaangoooo, Mango, Mango, Maangoo!!" ist eines der wenigen Schlagwörter, das die Verkäuferinnen auf dem Markt von Kota Bahru beherrschen.
Die Ernte und der Verkauf dieser köstlich schmeckenden Frucht läßt sich auch durch den Fastenmonat Ramadan nicht verschieben. Dieses wohl wichtigste islamische Fest, das in den 9. Monat des mohammedanischen Kalenders fällt, verbietet tagsüber alle körperlichen Genüsse. Während des Ramadans besuchen viele Moslems ihre Familiengräber, zitieren dabei Verse aus dem Koran, besprenkeln die Gräber mit heiligem Wasser aus Mekka und bestreuen sie danach mit Blumen. Essen und Trinken darf man in diesem Monat nur nach Sonnenuntergang, und während extra einberufenen Gebetsstunden in den Moscheen werden die Gläubigen nachdrücklich daran erinnert, den Freuden des Lebens bis dem Ramadan-Ende zu entsagen. Kurz vor dem Sonnenuntergang sind die Nachtmärkte dann überfüllt mit hungrigen Menschen. Vor sich einen Teller mit dampfenden Leckereien warten alle auf das Signal.

Punkt 18 Uhr. „Allahhh …“ schallt es aus sämtlichen Moscheen der Stadt, des Landes und, mit leichter Zeitverschiebung, aus allen Moscheen der Arabischen Welt. Die Märkte bleiben in diesem Monat lange geöffnet. Bis zum Morgengrauen haben die Gläubigen nun Zeit, sich ein Polster für den nächsten Tage anzufuttern.
Es gibt aber auch Ausnahmen, um am Ramadan nicht teilnehmen zu müssen: Frauen, die ihre Periode haben, ist es verboten, die Moschee zu betreten. Kinder dürfen weiterhin zur Schule gehen und Menschen auf verantwortungsvollen Posten, wie z.B. Busfahrer und Piloten, dürfen weiterhin essen. Die von Malayen geführten Restaurants in Kota Bahru bleiben tagsüber aber alle geschlossen.
In „Johnty's Guesthouse“ sieht man das alles nicht so eng. Im Garten sitzen einige Männer und rauchen, vor dem Fernseher sitzen andere Männer und schauen sich die neueste Seifenoper an und hinter dem Haus entdecken wir einige Mädchen, die völlig erschrocken sind, weil wir sie beim Kaugummikauen erwischen.
In einer Ecke sitzt ein Traveller, der auf seiner Gitarre klimpert. Es ist André aus Wien, der zu jener Traveller-Gilde gehört, die monatelang auf thailändischen Inseln lebt. Irgendwann läuft aber auch das längste Visum ab. So hat André sich auf den langen Weg von Ko Phangan nach Kota Bahru gemacht, denn erstens gibt es hier ein thailändisches Konsulat und zweitens kann man sich auch bei „Johnty's“ wunderbar entspannen.
„Sag' mal André, wann willst du denn zurück auf deine Insel?“
„Wohl net so schnell. I bin doch grad erst zwoa Woche hier. Außerdem werd' I bestens versorgt, kann meine Gitarre spieln und wohn' umsonst.“
Zwischen riesigen Früchtebergen, die wir uns zusammen mit André reinziehen, haben Susi und ich einige Mühe, nicht in die gleiche Insellethargie wie unser Wiener Freund zu verfallen. Einmal sagt er: „Mei, I würd' ja au gern so a Radl wie ihr habn. Doch von dem Geld, was so a Radl kostet, könnt I glatt zwoa Monat auf meiner Insel wohnen. Da leih' I doch lieber das Radl von der Pension. Das kostet nix und bringt mi au wohin.“
„Stimmt schon, André. Doch mehr als Kota Bahru siehst du auf diese Art nicht. Gleich beim Town Guesthouse gibt es übrigens ein Fahrradgeschäft, das auch günstige Mountainbikes hat. Ich sag' dir, das ist besser als im Bus zu sitzen und müde Füße zu kriegen.“
Gesagt, getan. Am nächsten Tag finden wir uns unter den Fahrrädern

wieder und bringen beim Ausprobieren fast aller Modelle eine ziemliche Unruhe in das Geschäft. André kommen Zweifel.
„I woas net recht. Der Sattel paßt net, der Lenker paßt au net, und wo soll die Gitarre hin?“
Zwei Monate Lotterleben am Strand gegen zukünftige Schwerstarbeit im Sattel einzutauschen machen André die Entscheidung nicht leicht.
„Weißt du, André. Überleg's dir einfach noch einmal. Wenn du willst, treffen wir uns am Toba-See.“
„Am Toba-See? Wo ist das?“
„Auf Sumatra“
„Sumatra? Braucht man da ein Visum?“
Die bürokratischen Angelegenheiten sind neben den kulinarischen so ziemlich die einzigen, mit denen sich André beschäftigen muß. Gibt's ein Visum, dann ergibt sich alles weitere von selbst. Wir machen ab, uns in sechs Wochen, mit oder ohne Rad, am Toba-See zu treffen.

Der von uns erwartete Lkw-Strom auf dem neuen Ost-West Highway, der von Kota Bahru bis fast nach Butterworth führt, bleibt glücklicherweise aus. Vielleicht liegt es daran, daß einige Teile dieser ansonsten sehr guten Straße noch nicht asphaltiert worden sind. Vielleicht aber auch daran, daß einige Firmen fürchten, ihre Lkws an die Reste der kommunistischen Guerilla, die hier an der Grenze zu Thailand immer noch aktiv ist, zu verlieren. Der nördliche Urwald gilt als ihr Rückzugsgebiet und es kommt nicht von ungefähr, daß viele Militärposten entlang des Highways postiert sind.
Von der höchsten Erhebung des Highways, einem 1055 m hohen Paß, sind nur grüne Baumwipfel zu sehen. Mit siebzig Sachen rasen wir ins nächste Tal, zelten unter Kalkfelsen und baden im Tenengor-See. Der thailändische Grenzposten ist nur 20 km entfernt, doch nach Thailand steht uns nicht der Sinn.
Kurz vor Butterworth wissen wir genau, daß wir wieder die Westküste erreicht haben. Busse, Lkws und Autos mischen sich zu einem chaotischen Ringkampf. Jeder will die schnellste aus diesem Chaos herausführende Fahrspur erwischen. Es ist kurz vor 18 Uhr, und mit der im Smog untergehenden Sonne stehen wir an der Autofähre, die uns hinüberbringt auf die Insel Penang.
Georgetown, der große Hafen auf Penang, ist eine durch und durch chinesische Stadt. Zwischen alten chinesischen Tempeln, vor denen

zu Bündeln zusammengeknotete Räucherstäbchen süßlichen Duft verströmen, alten Kolonialbauten mit den so typischen hölzernen Fensterläden und Reklameschildern in nicht zu entschlüsselnden Schriftzeichen, präsentiert uns Georgetown ein Warenangebot, das keine Wünsche offen läßt. Von modernsten elektronischen Geräten bis hin zu Mountainbikes der neuesten Generation wird in den Geschäften fast „alles" verkauft. Auf der Hauptstraße bieten Tarrot-Kartenleser ihre Dienste an und in Second-hand Bookshops decken wir uns mit neugebrauchter Reiseliteratur ein. Ein wenig erinnert uns die Stadt an Singapur. Einziger Unterschied ist, daß es hier noch keine Wolkenkratzer gibt.
Eine Unterkunft zu finden ist in einer Stadt, die schon seit eh und je zu den Handelsposten Südostasiens gehört, nicht weiter schwer. Im „Eng Aun Hotel" treffen sich nicht nur Traveller aus aller Herren Länder, sondern auch die mitgebrachten Läuse und Wanzen! Daß die Kammerjäger der Stadt bis nächstes Frühjahr ausgebucht sind, ist nicht weiter verwunderlich.
Es wird Zeit, um zum Dinner zu gehen. Die Moscheen der moslemischen Minderheit in Georgetown sind bis unter die Dächer besetzt und auch die in engen Seitengassen aufgebauten Nachtmärkte sind gut besucht. Die Hauptstraßen sind wie leergefegt, und nur vereinzelt oder zu zweit sind einige Radfahrer zu sehen. Freie Fahrt? Warum nicht, auch eine Großstadt macht mal Pause.

„Die Welt zu sehen,
wie sie ist,
und sie dann zu lieben,
das ist
die größte Kunst."

Romain Rolland (franz. Schriftsteller, 1866–1944)

SUMATRA

„Jam Karet“

Die indonesische „Gummizeit“, die jede Planung ein wenig behindert, bestimmt von nun an das tägliche Geschehen. Ob sich die Holländer, die Indonesien fast 350 Jahre kolonial ausbeuteten, hier wirklich wohlgefühlt haben?
Im Gegensatz zu Malaysia, das vor allem wirtschaftlich unter dem Einfluß Singapurs steht, soll die Lebensgeschwindigkeit in Indonesien eher zu den gemütlichen gehören. Auf über 13.000 Inseln dauert es eben ein wenig länger, bis eine Nachricht vom nördlichen Sumatra das fast 5000 Kilometer entfernte Irian Jaya erreicht. Dazwischen liegt die Hauptinsel Java, mit über 100 Millionen Einwohnern einer der bevölkerungsreichsten Landstriche der Erde, das urwaldreiche Borneo, dessen östlicher Teil, Kalimantan, zu Indonesien gehört und die wie eine Orchidee geformte Insel Sulawesi. Östlich von Java schließen sich die Kleinen Sunda-Inseln an, von denen Bali und Lombok zu den touristisch erschlossenen gehören. Alles in allem ein Land, das man kaum auf einer einzigen Fahrradtour bereisen kann.
Wir haben vor, zuerst den Norden Sumatras zu besuchen, um dann auf zu diesem Zeitpunkt noch nicht festgelegten Straßen bis zum Südzipfel dieser Insel zu fahren.
Schon seit Tagen denken wir nur an Urwald und wilde Bestien, die Sumatra bevölkern sollen. Ein Fährschiff verkehrt zwischen Penang und Belawan, das an der nördlichen Ostküste Sumatras liegt. Am Ableger treffen wir auf Rucksackreisende aus Holland, biertrinkende Münchner und kleine, langhaarige Indonesier. Surfbretter australischer Beach Boys versperren den Weg und die letzten Infos aus aller Welt machen die Runde. Es hört sich so an, als bräuchte man nur nach Penang zu kommen, um zu erfahren, was in der Traveller-Welt alles passiert. Aber auch die Einheimischen mischen kräftig mit.
„Hello meester! You sell your Casio? I give you good price – verkaufen Sie Ihre Casio-Uhr? Ich geben guten Preis!“ Das unwiderstehliche Lächeln eines kleinen Indonesiers ist für einige Uhrenbesitzer unwiderstehlich, sie verkaufen.
Laut und ungestüm schießt das Schnellboot durch die Straße von Malacca, die Malaysia von Sumatra trennt. Hier sollen moderne Schiffspiraten kreuzen, doch Enterhaken bleiben uns glücklicherweise erspart. Kakerlaken trauen sich aus ihren Verstecken hervor, die Geg-

ner von Klimaanlagen versammeln sich auf dem vom Diesel verrauchten Oberdeck und tief im Rumpf verstaut vibrieren unsere zwei Räder den ersten Inselkilometern entgegen.
Bei der Ankunft im Hafen Belawan werden wir von Werftarbeitern bestaunt und warten mit den Bier suchenden Münchnern darauf, daß die Zollbeamten ihre Mittagspause beenden. Nach einiger Zeit haben wir zwar das Gefühl, daß sich die Pause bis zum Feierabend hinausziehen wird, bekommen dann aber noch vor Dienstschluß neue Einreisestempel „verpaßt".
Kaum sind wir auf der Straße, ist von „Gummizeit" nichts mehr zu spüren. Lkws machen Jagd auf überladene Busse, *bemos* – das sind die typischen indonesischen Sammeltaxen – gehen auf mit ganzen Familien besetzte Motorroller los, und mittendrin im Gewühl finden sich zwei hoffnungslose Radfahrer, die irritiert und erschrocken einem endlosen Verkehrsstrom ausgesetzt sind.
„Ist das wirklich schon Indonesien, oder nicht doch noch Malaysia?" Susi schafft es kaum, gegen den Lärm anzuschreien. Ich wollte sie gerade das gleiche fragen.
30 km weiter erreichen wir Medan. Vor vierzig Jahren war das „Syndrom", wie wir den Stadtmoloch fünf Minuten nach unserer Ankunft bezeichnen, nur ein größeres Dorf, heute ist das „Syndrom" zu einer heißen Millionenstadt mit einem verwirrenden Einbahnstraßen-System ausgewuchert. Die Nacht, die wir in einer stickigen kleinen Pension, einem *losmen* verbringen, besteht eher aus Träumen von kühlem Eis und frischer Luft als aus Schlaf. Am nächsten Morgen finden wir eine Bank, um Geld zu wechseln, beladen danach die Räder und sind froh, das unattraktive „Syndrom" verlassen zu können.
Trans-Sumatra-Highway! Ein hochtrabender Name für eine mit Schlaglöchern übersäte und von Überschwemmungen an vielen Stellen vernichtete Straße. Ihre Tücken scheinen sie wohl alle zu haben, diese zahlreichen „Trans-Highways" und „Trunk Roads", die sich durch viele Länder ziehen. Kilometerangaben und Hinweisschilder, die zu Orten abseits des Highways führen, suchen wir vergeblich, aber die Menschen, die entlang der Ausfallstraße wohnen, sind hilfsbereit und freundlich zu uns.
Die Sprache Indonesiens, „Bahasa Indonesia" gleicht der Sprache Malaysias und wird im ganzen indonesischen Archipel gesprochen. Unsere ungeschickt gestellten Fragen, mit denen wir als perfekt Bahasa sprechende Holländer eingestuft werden, beantwortet man uns mit

gestikulierenden Redeschwallen und der Frage nach Casio-Uhren! Daß wir keine *orang belanda,* also keine Holländer, sondern *orang jerman* sind, ist dabei nicht so wichtig. „*Terima kasih* – vielen Dank", lautet meistens unsere Antwort, und wir fahren dorthin, wo ein Finger zu allerletzt hinzeigt.
Auch im moslemischen Indonesien ist der Ramadan noch nicht vorbei. Hinter Binjai biegen wir auf eine Nebenstraße ab und finden zwischen Kautschuk- und Palmölplantagen einen geöffneten *warung,* einen Essensstand – was für ein Glück! Wir bekommen gerade noch einen Teller Reis und eine Flasche undefinierbaren Sprudel. Essen ist im Moment zweitrangig im Lande. Das einzige Genußmittel, auf das der Indonesier auch während des Ramadan nicht verzichten will, ist das Rauchen. Überall und zu jeder Tages- und Nachtzeit sieht man die süßlich riechenden Glimmstengel glühen. Die einheimischen Nelkenzigaretten sind der Renner unter den Nikotinsüchtigen.
60 km später erreichen wir den Leuser National Park, der einen Großteil der Nordhälfte Sumatras bedeckt. Die Straße endet in Bukit Lawang, wo es etliche Losmen und Warungs gibt. Doch noch wichtiger als die hier überall servierten Pfannkuchen ist die Orang Utan Rehabilitationsstation. Bereits in den Siebzigern wurde dieser wissenschaftliche Zoo von zwei Frauen aus der Schweiz gegründet. Mutterlose, gefangene und kranke Tiere dieser bedrohten Primatenart werden hier gepflegt und auf ein neues Leben in der Freiheit vorbereitet. Daß es hier gemütlich ist, hat sich auch im Wald herumgesprochen. Zu den Fütterungszeiten hängen die Orang Utans wie reife Trauben im Busch!
Um die Sicherheit der kameraschwingenden Touristen genauso wie die der Orang Utans zu gewährleisten, darf man den Nationalpark nur in Begleitung eines Rangers betreten. Jeder unserer Schritte wird von nun an streng überwacht. Farne, Bambus und riesige Urwaldbäume schimmern im Dunst. Nashornvögel fliegen aufgeschreckt davon und eine Gottesanbeterin zeigt ihren namhaften Tanz. Doch zum Glück herrscht Trockenzeit und von aderlassenden Blutegeln fehlt jede Spur.
Endlich ist der Fütterungsplatz erreicht. Die Ranger bauen ein Bankett aus Bananen und die Touristen ein Bankett aus Kameras auf. Die mitgebrachte Milch riecht echt verführerisch, und nur kurze Zeit später fängt's im Gebüsch an zu rascheln. Äste biegen sich unter rotbraunen Körpern, und genau über unseren Köpfen, noch nicht ein-

mal zwei Meter entfernt, macht das fellartige Bündel urplötzlich Halt. Riesige Augen und ein lächelnder Mund schauen uns fragend an.
„Na, auch die richtige Blende eingestellt?"
Ein klackendes Blitzlicht-Verschluß-Gewitter entlädt sich über das willige Opfer. Hinter wulstigen Lippen lachen zwei kräftige Zahnreihen, und mit ordentlich Schwung ist der Orang Utan bei den Rangern gelandet. Die nun von überall auftauchenden Fellbündel fressen sich gierig durch das Bankett. Bald sieht man nur noch gestopfte Mäuler, in die nicht ein Gramm Banane mehr paßt! Einige haben es nur auf die schmackhafte Milch abgesehen und sogar schon gelernt, aus einem Becher zu trinken. Ansetzen, in einem Zug leeren, mit dem Handrücken über die triefenden Lippen fahren und dem Ranger den leeren Becher hinhalten haben sie schon fleißig geübt.
„Noch eines, bitte!" Wie in der Kneipe. Ich lache in mich hinein, so menschenähnlich kommen mir die Affen vor.
Grumpfend zieht der breitgesichtige Affenboss mit seinen Bananen davon, und im nächsten Moment mache ich mir die größten Sorgen um seine Zukunft. In einem Land wie Indonesien, in dem jeder Rupiah umgedreht wird und in dem nahezu jeder zur Verfügung stehende Baum abgeholzt wird, haben noch 10.000 in Freiheit lebende Orang Utans kaum eine Chance.
Zurück in Bukit Lawang kommt Susi aufgeregt ins Zimmer gestürzt.
„Du, nebenan wohnt eine, die hat auch tropische Akne!"
„Und jetzt drückt ihr zusammen an den Pickeln?"
„Quatsch. Aber 'n Fahrrad hat sie dabei!"
Was für ein Zufall. Mitten unter den Affen treffen wir Uschi, die von Thailand die Nase voll hat und jemanden sucht, der mit ihr durch Sumatra fährt. Zwischen riesigen Fruchtsalaten und bei abendlichen Unterhaltungen im „Paradise Inn" entdecken wir gleiche Interessen … und weitere Pickel.
Eine Woche später verlassen wir Bukit Lawang und unser „Konvoi" hat sich um zwei 28-Zoll-Räder verlängert!

Zwei Frauen und ein Mann ...

... und das in einem moslemischen Land. Und dazu noch auf Fahrrädern unterwegs! Kann das überhaupt gut gehen? Zweifellos habe ich Bedenken, was das Zusammenleben mit zwei emanzipierten Akne-Gegnerinnen betrifft. In erster Hinsicht denke ich praktisch und habe nicht die geringste Lust, „fremde" Ketten zu ölen sowie „fremde" Plattfüße zu flicken. Der nächste Gedanke hat mit fraulichen Reizen zu tun und ich gelobe, nicht ein einziges Auge auf Uschi zu werfen. Abgesehen davon brauche ich auch beide Augen für den Verkehr.
Zurück auf dem Trans-Sumatra-Highway haben wir es weniger mit Autos als mit der neugierigen Bevölkerung zu tun. Der heiße Rhythmus, in dem sich die Pedale drehen, trägt dazu bei, die ohnehin schon hohen Temperaturen noch ein wenig zu steigern. Hat das auch Sinnestäuschungen zur Folge? Susi und Uschi werden ständig mit „Hello meester!" begrüßt, während meine langen männliche Haare ein magisches „Hello mees!" nach sich ziehen. Danach aber sind die auf Motorrollern vorbeifahrenden Schreihälse schnell wieder verschwunden. In der Masse aber fühlt sich der einzelne unheimlich stark. Anonym und unantastbar drängt selbst der kleinste Junge nach vorn und hofft, eine außerirdische Regung bei uns feststellen zu können. Vor allem während der Mittagspause im Warung, da warten alle auf eine „Show".
„Warum essen Sie mit der Gabel und nicht mit den Fingern?"
„Weil wir ..."
„Warum haben Sie Haare auf den Beinen?"
„Weiße Menschen sind ..."
„Warum sind Sie mit dem Fahrrad und nicht, wie die anderen Orang Putih, mit dem Auto gekommen?"
„Autos sind ..."
„Haben Sie kein Geld?"
Die Fragen kommen wie aus der Pistole geschossen. Kaum fange ich an, die erste zu beantworten, wird schon die nächste gestellt. Mittlerweile hat sich der halbe Ort um den Imbiß versammelt und alle wollen meine Kontoauszüge sehen. Verzweifelt überlegen wir nach einer Möglichkeit, den Fragestellern zu entkommen. Selbst die Hasenfuß-Taktik wird in Erwägung gezogen, kommt dann aber doch nicht in Frage. Ohne Warung würden wir höchstwahrscheinlich verhungern.

▲ „Hello meester“ – immer von neugierigen Kindern umzingelt
▼ „Wo kommt ihr her – wo fährt ihr hin …?“

„Wir sind ganz einfach noch zu weiß!“ Insgeheim hat Susi die australischen Surfer und den dazu passenden Strand im Kopf.
„Wir müssen schneller fahren!“ Ich hab’ doch gewußt, daß Uschi eine sportliche Ader besitzt.
„Nee, wir müssen schneller essen!“ Meine Schwäche für kulinarische Aktivitäten konnte ich noch nie verbergen. Ob das Verschlingen von Nudeln und Reis gegen neugierige Menschen hilft, muß sich aber erst noch beweisen!

Grüne Reisfelder, blauer Himmel und weiße Kraniche gehören genauso wie die morgendlichen Haferflocken zu unserem kontrastreichen Tagesprogramm. Und ein Tag ohne Bananen ist natürlich unvorstellbar. Fast pausenlos sind wir damit beschäftigt, die gelb-krummen Früchte zu sammeln. Ganze Stauden wechseln den Besitzer, werden auf Gepäckträger geschnallt und morgens in die gehaßte Haferflocken-Pampe gemischt. Doch wir sind uns einig: Mit Nudeln kann man einen Tag unmöglich beginnen, mit Reis noch viel weniger und bei dem bisher getesteten Brot hat man den Eindruck, auf recyceltem Gummi zu kauen! Haferflocken aber halten den Hunger und die damit verbundene Fragenflut im Warung bis zum Mittag zurück. Nicht auszudenken, sollte es der Regierung einfallen, die Haferflocken-Subventionierung eines Tages einzustellen!
17. Gang, Computerdurchschnittsgeschwindigkeit 18,34 km/h. Längst haben sich die Beine an tropische Kilometer gewöhnt. Gleißende Sonne und weiße Haut ergeben ein unwiderstehliches Braun. Ohne die rauschenden Palmen hätten wir glatt das Gefühl, durch einen Hochofen zu fahren. Die schwüle Hitze der Niederungen bedeutet, mehrmals täglich die Wasserflaschen zu füllen. Doch selbst damit trinken wir eigentlich nicht genug.
„Wir müssen mehr trinken!“ Als gelernte Krankenschwester geht Uschi mit schlechtem Beispiel voran. Stündlich werden wir genötigt, noch eine Cola zu trinken, und am Abend sind ihre eigenen Flaschen meist noch randvoll gefüllt!
Der alte Schienenstrang, an dem wir entlangfahren, wird bestimmt schon seit zwanzig Jahren nicht mehr benutzt. Vermodert sind die Schwellen, die einst blitzenden Schienen sind vom Dschungel überwuchert und schon lange verrostet. Der jährliche Monsun hat den Bahndamm unterspült und an vielen Stellen hängen die Schienen frei in der Luft. Die Bahntrasse stammt noch aus der holländischen Ko-

lonialzeit und wurde für den Abtransport von Pfeffer und Palmöl genutzt. Auf dem Rückweg wurde Militär in den Norden gebracht, um die wilden Acehnesen zu befrieden. Welche Grausamkeiten sich dort während verschiedener Kriege abgespielt haben, kann man in Geschichtsbüchern nachlesen. Die Holländer sind weg, geblieben ist der Schienenstrang. Die Regierung billigt es landlosen Familien zu, auf dem Bahndamm ihre Hütten zu bauen. Herrscht hier etwa Bauplatzmangel? Es sieht schon ziemlich komisch aus, wie die Schienen durch Gärten und manchmal gar durch die Küchen der Bretterbehausungen führen!

Zwischen rußgeschwärzten Ziegeleien, umzingelt von Mangrovensumpf, finden wir einen einsamen Warung, der die Möglichkeit zu einer ungestörten Mittagspause verspricht. Nudelsuppe und Kaffee lassen nicht lang auf sich warten und die wenigen Gäste halten sich auffällig zurück. Entspannt sitze ich im Plastiksessel und genieße den Ausblick über das brackig riechende Wasser. Die bedienenden Mädchen aber erkennen die Chance: Kichernd ziehen sie sich um und fangen an, für das Fotoalbum zu posieren.

Danach möchten wir zahlen. Doch die utopische Rechnung halte ich zuerst für einen Witz.

„5250 Rupiah? Das ist viel zuviel. Die haben sich verrechnet."

Keineswegs. Durch unschuldiges Rouge beharren die Mädchen auf ihrem Preis.

„Tiga mee bakso 3000 Rupiah, tiga kopi 2250 Rupiah – drei Portionen Nudeln 3000 Rupiah, drei Kaffee 2250 Rupiah"!

Ich muß grinsen. Typisch asiatisch will man den ahnungslosen Touristen kräftig erleichtern. Schnell nehme ich den Zettel in die Hand und beweise in fast perfekt geschriebenem Indonesisch, daß ich den erhöhten Preisforderungen Paroli bieten kann und nicht mehr als ein Einheimischer bezahlen muß!

„2250 Rupiah untuk mee bakso dan 1500 Rupiah untuk kopi. Semua 3750 Rupiah. Yang ini harga biasa – 2250 Rupiah für die Nudeln und 1500 Rupiah für den Kaffee. Zusammen 3750 Rupiah. Das ist der normale Preis!"

„Tidak bisa – das geht nicht!" Stöhnend reagieren die Mädchen auf meine Preisminderung. Die anderen Gäste, selbstverständlich herbeigeeilt, um ja nichts zu verpassen, habe ich lachend auf meiner Seite. Keuchend geben sich die Mädchen geschlagen. Ich bin stolz und bestell' noch einen Kaffee. Daß mein indonesischer Wortschatz

schon die Herausforderung besteht, einer Imbißrechnung zu trotzen, hätte ich niemals gedacht!
In Lhokseumawe wachsen riesige Öltanks aus dem sumpfigen Land. In Küstennähe sind Gas- und Ölvorkommen entdeckt worden, die gleich vor Ort verarbeitet werden. Moderne Bankgebäude und großartige Villen erzählen von wohlhabenden Menschen. Leere Taschen mit Schokolade und Haferflocken zu füllen, bereitet hier nicht das geringste Problem. Auch Supermärkte sind in reichlicher Anzahl vorhanden. Der See nebenan ist allerdings mit Plastik verstopft und die auf Stelzen gebauten Bambushütten werden den nächsten Sturm kaum überstehen. Reichtum sitzt genau neben der Armut. Ohne Altersversorgung ist die Großfamilie auf jedes Einkommen angewiesen, und auch der jüngere Nachwuchs wird zum Geldverdienen auf die Straße geschickt. Es gibt zwar viele Schulen, aber der Kinderreichtum, dem wir täglich begegnen, läßt vermuten, daß nicht jedes Kind zur Schule geht.
Merkwürdig: Als wir uns aufmachen, eine Unterkunft zu suchen, werden wir nur abweisend behandelt. Aus welchen Gründen bekommen wir nicht heraus, aber niemand will uns ein Zimmer vermieten.
Im letzten Losmen kommt mir die rettende Idee. Bevor es wieder heißt „Kein Zimmer frei!" erzähle ich, daß ich mit Susi und Uschi verheiratet bin. In Indonesien ist es noch immer rechtlich erlaubt, eine Doppelehe zu führen. Haben aufdringliche Männer erst einmal herausgefunden, daß „meine" Frauen verheiratet sind, bleiben Susi und Uschi auch viele Belästigungen erspart. Die Sätze „Ich bin verheiratet" und „Dahinten steht mein Ehemann" werden von den beiden schon fleißig auf indonesisch gelernt.
„Darf ich bitte Ihre Heiratsurkunde sehen?" Der Losmenbesitzer ist aber nicht so leicht zu beeindrucken. Langsam wird es mir aber zuviel. Ich sehne mich wirklich nach einem Bett.
„Also, wissen Sie. Ich schlepp' doch nicht all' meine Siegerurkunden mit mir herum!"
„Sie sind also wirklich verheiratet? Und wo sind die Kinder?"
Ein Ehepaar ohne Kinder wird noch mißtrauischer angesehen als ein Ehemann mit zwei Frauen. Der Besitzer des Losmen und seine um die Ecke schielende Mutter sind nur schwer davon zu überzeugen, daß wir Kinderliebhaber sind.
„Unsere Kinder sind daheim bei der Oma. Zum Fahrradfahren sind sie noch zu klein."

▲ „Kokosnußlaster“ auf dem Trans-Sumatra-Highway
▼ Typisch Sumatra: Reisfelder, Bauern und Moscheen

„Wie viele Kinder haben Sie denn?"
„Zwei mit Ibu Susi und zwei mit Ibu Uschi!" gebe ich selbstbewußt und erlogen zurück. Die Antwort scheint Eindruck zu machen und den Bann endlich zu brechen. Der Daumen geht hoch und es wird kräftig gelacht.
„Das ist noch nicht genug! Ich hab' schon dreizehn!" grinst der Besitzer, und wir bekommen das beste Zimmer im Haus.

In Bireuen biegen wir ab. Der flache Küstenstreifen wird uns zu monoton und außerdem steht das Ramadan-Ende kurz vor der Tür. Bei dem Gedanken, die ausschweifenden Abschlußfeiern in einer Hochburg der moslemischen Gesellschaft zu verbringen, wird uns mulmig zumute. Wir verzichten daher darauf, nach Banda Aceh zu fahren und flüchten lieber hinauf in die Berge.
Die nächsten 100 km kommen wir aus den unteren Gängen kaum noch heraus. Tieflanddschungel bleibt zurück, Nadelwald gewinnt an Terrain und schließlich fängt es an zu regnen! Nach tagelanger Hitze und fritierten Oberschenkeln schon ein merkwürdiges Gefühl: Rund um den Kopf ist es naß und kühl, doch um die strampelnden Waden strömt die Asphaltwärme wie in der Sauna. Die Wolkendecke, in die wir eintauchen, gleicht einem Wattebausch, und die nur schwer erkennbare Landschaft versteckt sich im dichter werdenden Nebel.
Mit der Dämmerung tauchen wir in einen seit Urzeiten erloschenen Vulkankrater ein, blicken auf den idyllisch liegenden Tawar-See und erreichen das Bergstädtchen Takengon. Am nächsten Morgen hat sich der Regen verzogen und vom Balkon unseres Losmen blicken wir über Hügel, Felder und den sauberen See. Ein angenehmes, kühles Hochlandklima ist zu verspüren, die Computer werden gestoppt und die Radelpause einprogrammiert.
Die Gegend ist vom Volksstamm der Gayo besiedelt und so bleiben drei „holländische" Radfahrer, die dafür noch aus Deutschland kommen, nicht lange unentdeckt. Ich bin gerade dabei, einige Briefe zu schreiben, da kommen Susi und Uschi atemlos von ihrem Einkaufsbummel zurück.
„Wir sind gerade zu einer Hochzeit eingeladen worden! Beeil' dich, zieh' dich um. Das Mittagessen wartet schon auf uns!"
Schnell haben wir ein kleines Geschenk aus Bildern und Medikamenten gebastelt und meine Frauen (Uschi versucht sich immer noch gegen diese Lüge zu wehren) wickeln sich in ihre besten Sarongs.

Die Feier findet gleich um die Ecke statt und kaum sind wir dort, werden wir sofort nach unseren Kindern gefragt. Betelnußkauende Großmütter mustern uns von Kopf bis Fuß und ununterbrochen wird uns bescheinigt, daß traditionelle Kleidung auch den Holländern steht. Indonesier verstehen es ausgezeichnet, Komplimente zu machen. Meine Ausgehkleidung – schwarze Hose, kariertes Hemd und Hosenträger – wird dabei höflich übersehen, und die Sarongs von Susi und Uschi sind eigentlich auch nur zum Putzen gedacht!
Mittlerweile häufen sich die Schuhe vor der Tür, schmutzige Kinder schauen durch schmutzige Fenster und nur was die Orang Putih machen, scheint jetzt noch zu zählen. Das Hochzeitspaar dagegen sitzt auf uralten Sesseln und blickt beinahe teilnahmslos auf eine chaotische Feier. Die Großmütter bearbeiten Trommeln und blecherne Gongs, das Brautpaar wird zum Tanz aus den Sesseln gezogen und alles biegt sich vor Lachen. Bald ist das Zimmer derart mit Menschen gefüllt, daß wir uns kaum noch bewegen können. Die Luft wird schwül, Nelkenzigaretten verbreiten süßlichen Duft und mir schwindelt, wie ich Susi und Uschi bei verzückten Tanzdarbietungen betrachte.
Draußen habe ich Schwierigkeiten, meine Schuhe zu finden, und schon werden wir zur Tafel geschleppt. Neben Nudeln und Reis macht man uns eindringlich mit moslemischen Gesellschaftsriten vertraut. Ein kariertes Hemd verdient es eben nicht anders, als zwischen Männern, Nelkenzigaretten und karierten Sarongs zu sitzen. Putzfrauen haben es einfacher. Die sitzen neben Großmüttern und müssen lernen, auf Trommeln und auf Gongs zu spielen. Das Eis ist schon lange gebrochen. Adressen werden getauscht und Einladungen zum Kaffeetrinken verteilt. Nur mit Mühe können wir uns aus den Umklammerungen befreien und machen uns langsam und auffällig davon!

Ein letztes Frühstück ...

... und, zum Leidwesen von Susi, wartet eine asphaltlose Piste auf uns. Noch einmal werden die Ketten geölt, sämtliche Bremsen überprüft und alle Lager nachgestellt. Auch Sumatra besitzt noch ursprünglichen Dschungel, und um nach Blangkejeren zu kommen, gibt es nur eine Möglichkeit. Quer durch den Leuser National Park gibt

es zwar keine Straße, aber immerhin einen Weg. Und der führt, nachdem uns der Losmenbesitzer sämtliche Abkürzungen erklärt, rund 200 km durch dicht bewachsenen Wald!
In 1500 Metern Höhe die frühmorgendliche Sonne zu spüren, ist ein herrlicher Genuß. Wir radeln durch ein weites, mit Reisfeldern übersätes Tal und werden von Straßenarbeitern begrüßt, die bei unserem Anblick nicht mehr wissen, wie man die Schaufel bedient. „Hati Hati! Orang Belanda! – Vorsicht, Holländer!" Den auf der Baustelle spielenden Kindern fallen die Spielzeuge aus der Hand, und die auf der Weide grasenden Pferde galoppieren ob dieser zweirädrigen Invasion kopfscheu davon. Sind eigentlich alle Radfahrer so auffällig wie wir?
Erste Schweißperlen tropfen aufs Oberrohr, die Straße verläßt den Krater und im nächsten Moment hat uns der Urwald gefangen. Gipfel über 3000 m sind keine Seltenheit. Busch und Bäume haben sich auch die höchsten Höhen erobert. Alles ist grün, und selbst die aus überholenden Jeeps hängenden Menschen haben eine ähnliche Farbe. Schon nach zwei von zwanzig Serpentinen wird auf dieser Strecke zur Brechtüte gegriffen.
Zur Mittagszeit erreichen wir Isak, verdrücken einen Haufen Mee Goreng und folgen kurz darauf einem reißenden Fluß. Auf den nächsten sechzig Kilometern ändert sich das Landschaftsbild: Die vielen Pinien erinnern eher an den Schwarzwald, aber nicht an tropischen Regenwald. Ein nicht alltäglicher Anblick, doch bei weitem nicht so erschreckend wie die später auftauchenden Schneisen, die Holzfällerwege und brandgerodeten Felder. Auch auf Sumatra muß der Urwald bald kapitulieren.
Nach einem kräftesparenden Downhill verlassen wir das Flußtal und schnaufen einen Hang hinauf. „Finished" steht in großen Lettern auf der Straße geschrieben – aus Asphalt wird Schotter. Die faustgroßen Steine verteilen knirschende Grüße und die gebeutelten Felgen knirschen lauthals zurück. Haben wir uns etwa schon wieder verfahren? Nein, die radelnde Wahrheit führt eben immer bergauf. Die nächsten Kilometer heißt es die Räder zu schieben, selbst grobe Stollen verweigern auf dieser Steigung den Dienst.
„Pass' auf die Viecher auf!" brüllt Uschi und versucht ihre immerzu quietschenden Bremsen zu übertönen. Sämtliche Räder blockieren, und die auf dem Weg stehenden Wasserbüffel denken nur an „Stampede"! Ungezählte Wasserbüffel später erreichen wir das kleine Dorf

Lumut und werden von freundlichen Bewohnern zum Essen und Übernachten gedrängt. Knurrende Mägen werden mit Gemüse gefüllt, und das Bad im kalten Fluß kühlt die erhitzten Glieder erstaunlich schnell ab. Eine weitere Gesellschaftsregel besagt, daß den Männern der obere Flußlauf gehört, und alles was dort die Toilette verläßt, den weiter unten badenden Frauen als Conditioner und Kurpackung dient … Auf der Frauentoilette erklärt Susi den Fachbegriff für tropische Akne und bändelt mit der Dorfschönheit an. Eine der Frauen kann der Versuchung nicht widerstehen, das von Susi angebotene Shampoo hat sie anscheinend noch niemals probiert. Daß ihr Haar nach der halben Flasche und dritten Spülung immer noch seifig glänzt, kann sie überhaupt nicht begreifen, sie zeigt auf ihre Kernseife und meint, daß diese besser und ergiebiger sei!
„Das gibt's doch nicht, das war meine letzte Flasche!" heult Susi und versucht, die letzten Tropfen zu retten. Zum Glück gibt es im Dorf einen Shop, der Kernseife verkauft.
Unsere Gastfamilie besteht darauf, daß wir im Kinderzimmer schlafen. Die Kinder werden zu den Büffeln ausquartiert, und in der Hitze des Zimmers läuft uns der Schweiß in Strömen herab. Nach einer schlaflosen Nacht sind wir froh, wieder im Sattel zu sitzen. Hinter Ise-Ise gleicht der Weg dem Lochstreifen eines Fernschreibers und die dort wohnenden Menschen erzählen Geschichten über menschenfressende Tiger. Der letzte „Unfall" liegt zwar schon 15 Jahre zurück, doch die aus dem Wald tönenden Geräusche hören sich an, als hätten sich alle auf Sumatra lebenden Tiger zum Angriff versammelt. Was für ein Glück, daß ich einen Rückspiegel besitze!
Das Tal ist zu Ende. Der unter Erdrutschen kaum noch erkennbare Weg windet sich einem unsichtbaren Paß entgegen. Der Schlamm, durch den wir schieben, ist mehr als knöcheltief, und an vielen Stellen schaffen wir es nur zu zweit, die Räder über abgestürzte Hänge zu ziehen. Mit jedem Meter, den wir überwinden, stellen wir fest, die Grenze unserer Leistungsfähigkeit schon lange überschritten zu haben. Nur der Gedanke, irgendwie, irgendwann und irgendwo anzukommen, treibt uns unaufhörlich weiter. Der vom Schweiß getrübte Blick kann außer Schlamm nichts erkennen. Schlamm, der langsam in die Schuhe sickert. Schlamm, der Bremsen und Reifen verklebt. Und Schlamm, der es irgendwie auch noch schafft, in die Nase zu kriechen. Ich würde jetzt (fast) alles dafür geben, eine Stunde zu schlafen. Doch mein Wunsch, eine Mittagspause zu machen, wird von Susi und Uschi

nicht akzeptiert. Stattdessen aber mit Machete und Klappsmühle zu drohen, finde ich wirklich nicht fair. Ich schwöre beim Schlamm, ab sofort nur noch meine eigenen Plattfüße zu flicken. 6 km weiter und fünf Stunden später haben wir die Paßhöhe erreicht! Reißende Tiger sind längst aus den Köpfen verbannt. Jetzt zählt nur noch Asphalt!
Die letzten 30 km nach Blangkejeren vergehen wie im Flug. Reisfelder und Wasserbüffel sind Nebensache geworden. Wir wollen nur essen, schlafen und vielleicht auch noch baden. Alles andere ist völlig egal. Der erste Warung im Ort wird ohne Umschweife besetzt und nach der ersten Nudelportion sieht der Schlamm gleich sauberer aus. Nach der zweiten Portion bekommen wir Hunger und nach der dritten sind wir völlig erstaunt, daß Uschis Tourenreifen immer noch prall mit Luft gefüllt sind.
Während wir essen, werden wir ununterbrochen von einer Horde Halbwüchsiger belästigt. Zuerst gelingt es noch, die Bande zu ignorieren. Auf einmal aber zischt es bei den geparkten Rädern, und ein Duell fürchtende Gangster laufen lachend davon! Wild West in Far East! Unglaublich! Allen Plattfußgefahren hat er bisher getrotzt, und jetzt ist mein Hinterradreifen nur noch zerschnittenes Gummi! Einer der sich offenbar langweilenden Jungs hat es tatsächlich fertiggebracht, sein Messer an meinem Reifen auszuprobieren! Der etwa 5 cm lange Schnitt quer durch die Karkasse ist schon fast als tödliche Verwundung zu bezeichnen. Ich bin ernüchtert. Die vierte Portion Nudeln bleibt unangetastet und der nun folgende Wutanfall unterliegt der Zensur.
Was nun? Ohne Ersatzreifen bleibt nur der Weg zum Vulkaniseur. Der staunt natürlich nicht schlecht, als er den Reifen sieht, macht sich aber gleich daran, den Schaden so gut es geht zu beheben. Völlig verunstaltet sieht das Endresultat nicht so aus, als ob es ewig halten wird. Gerüchten zufolge soll es in Medan zwar ein Fahrradgeschäft geben, das MTB-Reifen verkauft, doch bis dorthin sind es noch 300 km. Schon der Gedanke, dem „Syndrom" einen weiteren Besuch abzustatten, hat einen neuen (ebenfalls zensierten) Wutanfall zur Folge!
Der verbeulte Reifen rollt von nun an auf dem Vorderrad, und die nächsten Asphaltkilometer sind auf der Landkarte sogar als Straße verzeichnet. Ich habe allerdings Schwierigkeiten, mich über die Genauigkeit der Karte zu freuen. Mit jeder Radumdrehung rückt Medan in weitere Ferne, denn das zu allen Seiten bockende Vorderrad denkt nur an Rodeo und will nicht begreifen, daß es eigentlich zu einem Fahrrad gehört. Susi und Uschi nehmen wenig Rücksicht auf einen be-

hinderten Reifen und sind mir laufend um Kilometer voraus. Die haben bestimmt mit den Gangstern kollaboriert! Immer ein Ohr und ein Auge auf das hin- und herfedernde Gummi gerichtet warte ich gespannt auf den alles auslöschenden Knall, auf den zischenden Laut, wenn der Reifen seinen Druck verliert und auf das knirschende Geräusch, wenn die Felge auf dem Asphalt schleift. Als nichts dergleichen passiert, bin ich fast ein wenig enttäuscht.

Die Karo- und Toba-Batak ...

... sind Volksgruppen, die vor 3000 Jahren aus dem ehemaligen Indochina nach Sumatra eingewandert sind. Damals noch ihren heidnischen Göttern erlegen, wurden sie im 19. Jh. von Missionaren zum Christentum bekehrt und gleichzeitig von kulinarischen Geschmacksverirrungen befreit. Wer noch vor 130 Jahren vor einem Batak-Strafgericht stand, hatte schlechte Karten, denn Kannibalismus war eine gebräuchliche Form der Bestrafung! Verbrecher und Spione wurden hingerichtet und während eines Opferrituals genüßlich verspeist. Radfahrer standen zum Glück nie auf der Speisekarte, doch von vielen Missionaren hat man nie wieder etwas gehört.
Hinter der Provinzgrenze, die Aceh von Sumatra Utara trennt, wird das Straßenbild von Schlaglöchern bestimmt. Wir fragen uns, ob das Geld für neue Straßen von der Religion abhängig ist. Zwischen Kutacane und Berastagi hat kaum ein Mensch von Mohammed gehört und statt Moscheen sind fast nur noch Kirchen zu erblicken.
Die ersten typischen Batak-Häuser mit ihren steil nach oben ragenden Giebeln und verschnörkelten Balken sind verstreut in den Reisfeldern zu sehen. Man hat zwar schon damit angefangen, Wellblechdächer zu bauen, doch mit den Wellblechhütten der Flachland-Indonesier hat die ursprüngliche Architektur der Batak überhaupt nichts zu tun.
Die Beule in meinem Reifen hat irgendwie Ähnlichkeit mit tropischer Akne und veranlaßt Susi und Uschi nach weiteren Pickeln zu suchen. Ich mache einen Busausflug und fahre zurück nach Medan. Nach siebzig Kilometern steh' ich im Einbahnstraßen-Chaos und such' im Wörterbuch nach einem passenden Ausdruck für „Fahrradgeschäft“.
„Wissen Sie, wo ich ein *toko sepeda* finde?“

„Wo, bitte, geht es nach Bukit Lawang?“ • Gitarrenfreak-André
Der schöngelegene Toba-See auf Sumatra

Der Besitzer eines mit Hanteln und Tennisschlägern dekorierten Sportgeschäftes schaut zuerst mich und dann meinen Reifen an.
„Solche *sepeda* gibt es nicht in Medan!“ Welch’ ernüchternde Antwort.
„Ich brauche kein *sepeda,* sondern nur einen Reifen!“
„Solche Reifen gibt es nicht in Medan!“ Damit hat sich sein Wissen über Fahrräder erschöpft und er wendet sich wieder den Tennisschlägern zu.
Drei Hausnummern weiter finde ich ein Toko Sepeda, das indische Sättel, chinesische Rahmen und thailändische Reifen verkauft. Der Besitzer schaut zuerst mich und dann meinen Reifen an.
„Solche Reifen gibt es nicht in Medan!“ Damit hat sich auch sein Wissen über Reifen erschöpft.
Ich fange an, in den unter Staub und Zigarettenkippen gelagerten Pneus nach der richtigen Größe zu suchen. Nach 53 Reifen glaube ich es beinahe selbst, daß es in Medan solche Reifen nicht gibt. Doch Nummer 54 ist der erhoffte Lottogewinn! Der 26 x 2,125 dicke Gummiring wiegt zwar doppelt so viel wie ein komplettes Vorderrad, ist aber das einzige 26er-Modell, das die staubige Suchaktion ans Tageslicht befördert. Der Toko Sepeda-Chef beharrt weiterhin darauf, daß thailändische und deutsche Profile völlig verschieden seien. Selbst die Bemerkung, daß mein Reifen nicht aus Deutschland, sondern aus Korea stammt, macht keinen Eindruck auf ihn. Profil bleibt Profil, da gibt es nichts dran zu rütteln.
Zurück in Berastagi wird der Reifenkauf wie ein Olympiasieg gefeiert. Nach einer ausführlichen Befragung durch Krankenschwester Uschi „Was hast du getrunken?“ ist das Team überzeugt, daß psychische sowie physische Folgeschäden nach diesem Ausflug nach Medan nicht zu befürchten sind! Schon kurze Zeit später glänzt neues Gummi am Rad.

Wie Geschwüre ragen ein Dutzend Vulkankegel aus dem Hochland heraus und der gleich hinter dem Losmen qualmende Gunung Sibayak besitzt eine Anziehungskraft, der nur schwer zu widerstehen ist. Uschi hat Geburtstag, und diesen Feiertag nutzen wir, um unseren ersten Vulkan zu besteigen. Einziges Hindernis ist der mit Kopfsteinen gepflasterte Weg. Abgeladener Plastikmüll und von Wochenendausflüglern weggeworfene Essenreste haben zwar keinen Einfluß auf einen Fernblick, der seinesgleichen sucht, doch die Überbleibsel un-

serer Zivilisation sind eindeutige Beweise, daß wir nicht die ersten sind, die den Weg zum Gipfel wagen. Sogar einige Schaufelbagger stehen im Busch, und das letzte Stück bis zum Kraterrand wird wohl auch bald planiert.
Ein Gewitter zieht auf und nur Minuten später prasselt es aus schwarzen Wolken auf uns herab. Völlig durchnäßt stiefeln wir an fauchenden Schwefelquellen vorbei, um Zuflucht in einer Berghütte zu finden.
Eine Stunde und drei Riegel Schokolade später hört der Regen auf und wir steigen in den Krater hinab. Die hohen Felswände sind in gelbe Farbe getaucht, und die aus der Erde zischenden Fontänen haben den Siedepunkt schon lang überschritten. Als ich mich abstütze, verbrenn' ich mir beinah' die Finger, so heiß ist das Gestein. In dem ohrenbetäubenden Lärm ist eine Unterhaltung nicht möglich und eigentlich auch gar nicht nötig in diesem Moment. Mich überfällt ein Urzeitgefühl. Gedanken an Saurier und Lavaströme mischen sich mit Schwefelgeruch und aufziehendem Nebel. Noch näher kann man der Erde wirklich nicht sein.
Nur einen Tag später begrüßt uns das nächste Naturphänomen. Anmutig rauscht der Spiso-Piso Wasserfall ins grundlose Nichts, und die weite Wasserfläche des unter uns liegenden Toba-Sees endet unsichtbar erst hinter dem Horizont. Vor 50.000 Jahren trafen tiefliegende Wasserquellen auf heißes Erdgestein, und die damit verbundene Kesselexplosion formte den heutigen See. Mit 450 m Tiefe und fast vierfacher Größe des Bodensees ist der Toba-See der größte Süßwassersee Südost-Asiens. Unberechenbar gelaunt empfängt er uns mit Regen. Wir triefen vor Nässe und zittern vor Kälte. Die Finger sind aufgeweicht, die mit Wasser vollgesaugten Packtaschen wiegen auf einmal doppelt so viel, und nachdem wir den Früchtemarkt in Prapat besucht haben sogar dreimal so viel! Das Fährschiff, das uns zur Samosir-Halbinsel bringt, liegt daraufhin noch tiefer im Wasser. Mein Wörterbuch sagt nichts darüber, was „SOS“ auf Indonesisch heißt, und meine dringliche Frage nach Rettungswesten versteht der Captain als Einladung zum Lunch.
„Do you have any life-vests?“
„Vegetable? Yes, I like very much! Are you looking for house? – Gemüse? Ja, mag ich sehr gerne. Suchen Sie ein Haus?“
„No, I'm looking for a life-vest – nein, ich suche nach einer Rettungsweste!“

„My brother has Batak-house. Cheap price. You have Casio watch? – Mein Bruder hat ein Batakhaus. Billig. Haben Sie eine Casio-Uhr?"
In Tuk Tuk quartieren wir uns im Haus des Bruders ein. Zuerst müssen die Tagebücher, die in ihrem nassen Zustand an vergessenen Käse erinnern, und die in Wasserbetten verwandelten Schlafsäcke trockengelegt werden. Das dauert einen ganzen Tag.
Da steht auf einmal André in der Tür!
„Joa, da seid's ihr joa endlich! I hoab' scho' zwoa Woche auf euch g'wartet!"
Die Wiedersehensfreude ist groß, und in der zurückgekehrten Sonne dauert es einige Stunden, bis die Abenteuer in allen Einzelheiten erzählt worden sind. Dann folgt der große Moment.
„Sag' mal, André. Hast du dir das Fahrrad nun gekauft oder nicht?"
Ich bin natürlich riesig gespannt.
„Na klar. Es hoat zwoar no a goanze Zeit g'dauert, bis der Shopbesitzer moanen Proisvorstellungen noachgegeben hoat, oaber dann hoab' I sogar no Woasserflaschen, Ständer und oan Gepäckträger für die Gitarre bekoamma. Fährt sich echt guat!"
Stolz führt uns André sein Mountainbike vor, und nach kurzer Inspektion sind die letzten Zweifel verflogen, ob das Ding auch tourentauglich ist. Der „Konvoi" wird verlängert!

Für die Batak ist der Toba-See der Sitz kannibalischer Götter. Für uns das größte „Food"-Paradies, seitdem wir Singapur verlassen haben. Die nachbarliche Bäckerei wird australisch geführt, und was dort täglich aus dem Ofen kommt, ist „richtiges" Brot. Zum letzten Mal in Deutschland gesehen ist diese mit Käse und Salat belegte Delikatesse eine längere Gedenkminute wert. Bei „Evin" gibt es die größten Tacos und leckersten Pommes, seitdem der letzte Missionar verschwunden ist, und für das Kaffeehaus in Ambarita würde ich (beinahe) jedes Fahrrad verkaufen. Neben einer Bibliothek und etlichen Büchern über eben jene verschwundenen Missionare, neben italienischen Korbsesseln, neben einer in deutsch geschriebenen Speisekarte und neben Bananenkuchen, der tatsächlich nach Banane schmeckt, gibt es dort eine unübertreffliche Käsetorte „nach Omas Rezept"! International dagegen ist die Küche bei „Poppies". Dort wird mit „Gularsch", „Bifburger" und „Spannferkel" geworben. Zum Nachtisch gibt es „Fancakes", und wer es flüssig mag, der trinkt „Beek's Bir" vom Faß!

Auch die Souvenir-Branche verdient natürlich kräftig mit. Fast jedes Geschäft bietet einen „special pris vo bisnis“ an, und wer die Bequemlichkeit liebt, der wird im Bus nicht nur zum Flughafen, sondern auch zu nie entdeckten Missionarsgräbern gekarrt. Wie angenehm. Selbst die einen psychedelischen Ausflug versprechenden „Maschrooms“ braucht man nicht in der Kuhscheiße zu suchen. Wer bereit ist, die einmalige Landschaft auch aus der Fisheye-Perspektive zu betrachten, der setzt sich morgens auf die hauseigene Veranda und wartet darauf, daß der Pilzlieferant im Boot vorbeigerudert kommt. Formen und Farben, musikalisch abgemischt durch Eric Clapton, sind am Toba-See keine Grenzen gesetzt.
Zehn Tage Pause bedeuten kiloweise Übergewicht und einen neuen Blickwinkel, aus dem wir fortan die Vulkane betrachten. Eigentlich sind wir aber noch viel zu hungrig, um den Kalorientrip schon jetzt zu beenden.
„Terima kasih untuk makanan enak! Selamat Tinggal – vielen Dank für das leckere Essen! Tschüs, und bis zum nächsten Mal.“
„Gute Fahrt. Und kommt mal wieder vorbei!“
Evin winkt uns freundlich hinterher und für einige Sekunden bin ich doch leicht verwirrt. Stimmt ja. Wenn man am Toba-See anfängt, indonesisch zu reden, dann kommt die Antwort garantiert auf Deutsch!

Vier orang putih …

… und eine Gitarre umrunden den Nordteil der Samosir-Halbinsel, bestaunen traditionelle Batak-Häuser und finden heraus, wie es einem Lobster ergeht, den man in heißes Wasser wirft. Nach einem Bad in den Schwefelquellen von Pangururan sind aus Bleichgesichtern jedenfalls Rothäute geworden! Unterkünfte gibt es dort nicht, doch in der Dämmerung finden wir nahe am See einen Platz für unsere Zelte. Einzig die geruchsaktive Umgebung sticht ein wenig in der Nase. In der Dunkelheit ist der Grund dafür aber nicht zu entdecken. Nach einer ruhigen Nacht und einem herrlichen Sonnenaufgang finden wir uns inmitten von Plastiktüten und Essenresten wieder. Nicht daß wir schlecht geschlafen haben. Auf der örtlichen Müllhalde aufzuwachen, daran hat aber nicht einmal André gedacht! Immerhin. es ist niemand

zu sehen, der für den Campingplatz kassieren will. Für das Frühstück suchen wir uns allerdings eine andere Stelle.
Daß wir uns vorgenommen haben, um alle zukünftig auftauchenden Kraterränder einen Bogen zu machen gehört zu dem Hirngespinst, das für einen durch Sumatra fahrenden Radler nicht realisierbar ist. Die Straße, die hinauf nach Tele führt, ist dann auch ziemlich steil. Außer André, der mit Vulkanen, Kraterrändern und 34prozentigen Steigungen noch nichts zu tun gehabt hat, ist der Rest der Karawane nicht mehr davon abzubringen, im nächsten Ort wenn möglich einen Hubschrauber zu chartern! Voll und ganz mit den kleinsten Gängen beschäftigt, sind verschwitzte Kommentare nur allzu verständlich.
„Wo ist der nächste Strand?"
„Wir müssen mehr trinken!"
„Bis zum nächsten Warung sind's nur noch 20 km!"
Genau 20 km weiter dauert es, eine geschlagene Portion *nasi goreng* zu verdrücken, bis ein taumelnder André erscheint.
„I will z'ruck in moane Hängemoatte!"
Daß André seinen ersten Kraterrand ohne Schlaganfall überwunden hat, wird begeistert mit Eistee gefeiert. Plötzlich läuft es mir eisig über den Rücken. Und das liegt bestimmt nicht am Tee. Aus dem flimmernden Fernseher sind eindeutig deutsche Geräusche zu hören. Und zu sehen ist eine Stadt, die in Schneefall erstickt.
„Ihnen wünsche ich alles Gute. Alles Gute wünsche ich Ihnen. Ich wünsche Ihnen alles Gute!"
Ich bin zwar nicht mehr davon abzubringen, am Samstagabend einen Fernseher zu finden und ein aus Deutschland „live" übertragenes Bundesliga-Fußballspiel zu verfolgen, aber deutsches Schulfernsehen auf Sumatra? Und auch noch auf dem Dorf? Ich bin genauso baff wie Susi und Uschi und ein Wiener aus Wien.
17 Indonesier, die gespannt an ihren Nelkenzigaretten nuckeln und dabei die Sendung verfolgen, rutschen nervös hin und her. Die in Köln und mitten im Karneval spielende Geschichte macht ihnen genauso zu schaffen wie das Wort „Schneefall", das sie nicht im Wörterbuch entdecken können. Ungläubig starren sie auf Clowns und Trachtenvereine. Sehen Menschen auf Stelzen, mit Pauken und Trompeten bewaffnete Spielmannszüge und durch die Luft fliegende Bonbons.
„Helau!! Alaaf!!" Die Wörterbücher werden beiseite gelegt und die Blicke, die man uns zuwirft, lassen den Gedanken in mir keimen, daß es keine zwei Minuten mehr dauern wird, bis 17 Männer aufspringen,

um vier Eskimos in Zwangsjacken zu stecken. Mit Schneefall und Karneval gemischtes Schulfernsehen kann nur bedeuten, daß die in Holland lebenden Deutschen verrückt geworden sind! Die nicht mehr zu übertreffende Spannung wird durch die schüchterne Frage eines prächtig deutsch sprechenden Schülers entladen: „Hello meester. Vielleicht Sie haben eine Casio-Uhr zu verkaufen?“

Auf der Suche nach weiteren Fernsehern finden wir ohne Umwege zum Trans-Sumatra-Highway zurück. Momentan sind keine Krater zu sehen, und so werden die Pläne, ein anderes Fortbewegungsmittel zu chartern, in den Packtaschen verstaut. Auf der guten Asphaltstraße lernen wir dörfliches Leben kennen, das fast nur aus aufgewirbelten Hühnerfedern besteht. Männer, die auf halbverrosteten Fahrrädern sitzen, winken uns freundlich hinterher. An den Lenkerenden hängen bündelweise gackernde Hühner, die darauf warten, im nächsten Suppentopf zu enden. Hupende Bemos überholen uns, auf ihren Dächern gackernde Hühner geschnallt, auf dem Weg zum Wochenmarkt. Johlende Kinder hetzen Hühner durch die Vorgärten kleiner Ansiedlungen, nur um zwischenzeitlich vier exotische Radfahrer zu entdecken, und unter noch lauterem Johlen versuchen sie, Fahrradspeichen mit Stöcken zu malträtieren. Je weiter wir fahren, desto öfter frage ich mich, ob dies auch wirklich Sumatra oder nicht ganz einfach nur eine Hühnerfarm ist …
„Joa eh! Woartet's a mal!“
Mit quietschenden Bremsen und durch eine Schar gackernder Hühner biegt André in eine offene Toreinfahrt ab. Die vor uns auftauchende Garage ist über und über mit Musikinstrumenten behängt. Für André, den enthusiastischen Klampfenspieler, natürlich ein gefundenes Fressen. Für den Gitarrenbauer dagegen, der gerade dabei ist, seine neueste Akustik zu schleifen, ist unser Auftauchen der gefundene Grund, um eine Pause zu machen. Leider sind der Gegenüberstellung von sportlicher und künstlerischer Aktivität durch die Sprachbarriere gewisse Grenzen gesetzt. Das Wort „antike Violine“ zu übersetzen, ist einfach nicht möglich. Als wir den Meister darauf aufmerksam machen, sein verstaubter Kontrabaß sei von holzgeilen Termiten bewohnt, nickt er nur lachend, scheucht einige Hühner davon und fängt an, die Schalthebel der Räder mit den Tasten eines Klaviers zu verwechseln. Daß wir nur zufällig vorbeigekommen sind, scheint auch die Mutter des Hauses nicht zu verstehen. Wie fast je-

de indonesische Frau, die es wagt mit „Holländern" zu sprechen, hat sie nur Geschäfte im Kopf. Erst bekommen wir Kaffee serviert, und kurz darauf kann ich vor lauter vorgeführten Gitarren nicht mehr erkennen, wo unsere Räder stehen! Zum Glück hat André die Situation unter Kontrolle, packt seine eigenen Saiten aus und übt sich mit dem Meister schnell im Duett. Das Matinee wird ein voller Erfolg. Auch eine mütterliche Geschäftsfrau hat diesem nichts mehr entgegenzusetzen. Um unser kulinarisches Wohl äußerst besorgt, was mir sehr entgegenkommt, stößt sie mich leicht in die Seite.
„Suda makan? Hari ini ada soto ayam – habt ihr schon gegessen? Heute gibt es Hühnersuppe bei uns!"

Ungezählte Hühnersuppen später ist eine weiße, den Highway überquerende Linie, schon von weitem zu sehen. Wir haben den Äquator erreicht! Das Gefühl, sich die gesamte Erde in genau diesem Augenblick vorzustellen und dazu noch genau den Punkt herauszufinden, an dem wir uns im gleichen Augenblick befinden, ist schon ziemlich erhebend!
Meine Teamkollegen schauen mich nach diesem philosophischen Ausflug nur mitleidig an. Daß Uschi gleich nach dem Fieberthermometer sucht, finde ich aber doch übertrieben.
Die auf der südlichen Erdhälfte wartenden Souvenirhändler haben nur eines im Sinn, nämlich sämtliche T-Shirts, die jemals mit der Äquatorkugel bedruckt worden sind, an unschuldige Radfahrer zu verkaufen.
„Hello meester. You like nice T-Shirt? Cheap price – möchten Sie ein T-Shirt? Echt billig!"
Susi stellt schließlich die Frage, an die wir alle denken, die ein gestandenes Radfahrerherz aber niemals aussprechen würde: „Geht's von hier bis zum Südpol eigentlich nur noch bergab ...?"
Die Kompaßnadel zeigt zwar nach Süden, doch die Straße, die sich als Achterbahnschleife durch die Hügel windet, könnte aber ebenso gut die Attraktion bei Disneyland sein. Weder gackernde Hühner noch der leuchtend grün wuchernde Wald schaffen es, die Muskelkrämpfe und damit verbunden Uschis Aufforderung zu einem höheren Wasserkonsum zu ignorieren. Die Witze, mit denen wir uns bisher bei Laune gehalten haben, werden spärlicher, und zu den Schweißbächen, die bei diesen Steigungen strömen, kommt um die Mittagszeit noch der übliche Tropenregen dazu. Als wenn das alles noch nicht

reicht, hat das Schicksal auch noch eine schmerzhafte Überraschung parat: Endlich führt die Straße in ein Flußtal hinab. Die Räder wieder rollen zu lassen, ist für jeden von uns ein herrlicher Genuß. Kurz vor der Flußbrücke warnen mich etliche Wasserlöcher, daran zu denken, daß ein Fahrrad auch noch Bremsen besitzt. Die Warnung wird verstanden. Außer von André.

Unser Wiener Freund rast mit Höchstgeschwindigkeit an uns vorbei und verwandelt sich fünf Sekunden später in einen Tiefflieger. Eines der Wasserlöcher ist einen halben Meter zu tief, das Wasser spritzt nach allen Seiten, das Rad fliegt durch die Luft und auf den ersten Blick wirkt der gestürzte André arg ramponiert. Auf den zweiten ist seinem Fahrrad und der Gitarre zum Glück nichts passiert. Krankenschwester Uschi hat schnell die Apotheke und eine Wasserflasche zur Hand und der mit Schrammen dekorierte André ist weiß wie ein Geist!

„Junge, Junge. Mit dieser Kür hast du dir wirklich 'ne 9,9 verdient!"

Geschockt, aber froh, daß unserem Freund nichts Ernstes passiert ist, müssen wir alle lachen. Die am Fluß wohnenden Menschen sind langsam nähergekommen und schauen neugierig zu, wie Uschi fachmännisch Pflaster aufklebt. Ein älterer Mann drängelt sich vor und zeigt die Straße hinunter.

„Hello meester. Dua puluh kilometer lagi, ada rumah sakit! Berapa Rupiah untuk sepeda yang ini? – 20 km weiter ist ein Krankenhaus! Was kostet so ein Fahrrad?"

Ich glaube, er hätte auch nach dem Preis gefragt, wenn André von einem Laster überrollt worden wär!

„I bin nit sakit! – I brauch' jetzt 'n Kaffee!"

Typisch André. Erst die große Nummer hinlegen, um auch ja von Uschi verarztet zu werden. Und gleich darauf dem Tod von der Schippe springen und schon wieder nach Genußmitteln schreien!

Nach einigen Tassen süßlicher Plörre (mit nur halb so viel Zucker könnte man das Gesöff auch als Kaffee bezeichnen), und zähen, aber ergebnislosen Verhandlungen, einen Wasserbüffel gegen vier Fahrräder zu tauschen, quält sich das Opfer indonesischer Straßenpolitik zurück in den Sattel.

Bergaufführende Serpentinen sind durchaus geeignet, um mit den Zähnen zu knirschen. Da wird auch die links im Wald wachsende *Raflesia arnoldi,* eine Schmarotzerpflanze, die einen Blütendurchmesser von einem Meter erreicht und im wahrsten Sinne des Wortes zum Himmel stinkt, kaum eines Blickes gewürdigt. Ein weiteres Mal wird nach Hubschraubern gerufen und der Vulkan, der sich langsam in unser Blickfeld schiebt, stößt bedrohlich wirkende Rauchwolken aus.

... Strampelnd versuche ich, der glühenden Lava zu entkommen, die unaufhaltsam auf mich zugewalzt kommt. Wo sind die Pedale geblieben? Wir haben doch einen Hubschrauber bestellt! Meine Füße treten ins Nichts. Die Lenkergriffe fühlen sich an wie zerknüllt, und das aus dem Lavastrom resultierende Erdbeben schüttelt mich wild hin und her.

„Hallo Mister! Aufwachen! Du kannst aufhören zu fahren. Wir sind schon lange da!"

Es dauert einen Moment bis ich begreife. Der Lavastrom ist die morgendliche Sonne, die mir durchs Fenster den Hintern verbrennt. Und das Erdbeben heißt Susi, die sich beschwert und meint, mit der Bettdecke durchs Zimmer zu fahren, sei wirklich des Guten zuviel! Zum Fenster hastend schau' ich in die hoch stehende Sonne. Der Vulkan raucht noch genauso bedrohlich wie am Abend zuvor. Wegen Hubschraubern aber gleich Alpträume zu bekommen, das kann nur bedeuten, wir müssen pausieren.

Bukittingi ...

... ist ein größerer Ort, der sich weitläufig über ein flaches Hochplateau erstreckt. Mächtige Vulkane ragen aus der Umgebung heraus. Die höchsten, Gunung Singgalang und der immerzu rauchende Gunung Merapi, sind fast 3000 m hoch. Ein angenehmer Platz, dessen noch angenehmeres Klima dazu verleitet, bis zum späten Vormittag an den Matratzen zu horchen. Nach einem ausgiebigen Frühstück im „Jazz and Blues Café", in dem, wie sollte es auch anders sein, die letzten Hits von Bob Marley eine ausgelaugte Ehrenrunde drehen, machen wir einen Spaziergang durchs Dorf. Dabei finden wir heraus, daß sich Bukittingi kaum von anderen Ortschaften auf Sumatra unterscheidet. Tongas, die von Kleppern gezogenen Pferdekutschen haben genauso ihren Platz auf den Straßen wie auf Treppenstufen sitzende Großmütter, die Papayas verkaufen.

„Berapa Rupiah untuk papaya? – Was kostet die Papaya?"
„Dua ribu Rupiah, 2000 Rupiah." Das Lachen einer ungefähr 87jährigen Oma, die inmitten eines riesigen Haufens überreifer Papayas sitzt, kann ich nur als „clever" bezeichnen.
„Apa? 2000 Rupiah? Mahal! – Was? 2000 Rupiah? Das ist aber teuer! Ich nehme die hier für 600 Rupiah", und halte ihr die Frucht mit den wenigsten Druckstellen unter die Nase.
„Tidak bisa. Das geht nicht. Kalau enam ratus Rupiah, saya rugi. Wenn ich sie für 600 Rupiah verkaufe, mache ich keinen Profit."
Ich bin mir zwar sicher, daß ein Einheimischer nur 500 Rupiah bezahlen muß. Doch der Geruch des süßen Fruchtfleisches ist einfach verlockend.
„Na gut. 700 Rupiah."
„Tidak boleh. Unmöglich. Aber für 1500 Rupiah kann ich sie verkaufen."
Tiefes Stöhnen meinerseits. So schnell will ich mich nicht geschlagen geben.
„800 Rupiah."
„1300 Rupiah!"
„900 Rupiah!!"
„1200 Rupiah!!!"
Nach zwanzig Minuten und bei 1000 Rupiah angelangt wechselt die Papaya den Besitzer. Das Lachen der alten Händlerin bedeutet „gutes Geschäft gemacht", und ich denke mir, daß es nicht schaden kann, wenn sie durch mich heute ein paar Pfennige mehr verdient. Hauptsache gehandelt.

Langsam rinnt uns die Zeit davon. Die auf zwei Monate begrenzten Visa laufen ab und eine Verlängerung im Land selbst ist nicht möglich. „Ausreise" steht auf dem Programm. Schnell ist ein Zimmer gemietet, um Räder und Gepäck unterzustellen, der Rucksack wird auf den Rücken geschnallt und mit dem Bus fahren wir nach Pekanbaru, einer kleinen durch den Ölboom aufstrebenden Stadt im östlichen Sumpfland Sumatras. Die im Sumpf heimischen Moskitos tragen dazu bei, daß wir nur eine Nacht in Pekanbaru bleiben. Am nächsten Morgen besteigen wir eines der kleinen Schnellboote, das uns durch das mangrovenbewachsene Mündungsgebiet des Kampar-Rivers fährt. Nach insgesamt 30 Stunden auf Straßen und Flüssen spuckt uns das Schnellboot im Hafen von Singapur aus.

▲ **Takengon: Ein letztes Mal werden die Räder geputzt!**
▼ **Wer sein Radl liebt, der schiebt!**

Von ihrer Schnellebigkeit hat die Stadt seit unserem ersten Besuch natürlich nichts verloren, der Konsum- und Kaufrausch in den Glaspalästen und Shopping-Zentren boomt weiter. Schaut man aber genauer hin, sind die Kontraste zwischen alten Traditionen und „Futureworld“ deutlich zu sehen. Auf der einen Seite die riesigen Neubauten mit ihren gleichförmigen Fensterfassaden, auf der anderen Seite die alten, mit hölzernen Rolläden bestückten Wohnhäuser, in denen chinesische Großfamilien noch genauso wie vor hundert Jahren wohnen. Dazwischen wuchtige Bauten im englisch-viktorianischen Stil. Elegant, und doch irgendwie fehl am Platz.
Nicht ganz so auffällig, weil sie auf den ersten Blick nicht zu sehen ist, ist die MRT, die moderne U-Bahn Singapurs, die durch Sicherheit und Effizienz besticht. Damit sich Selbstmörder ihre Absichten überlegen, hat man die Bahnsteige hermetisch von den Schienen getrennt. In die Glaswände sind Türen eingelassen, die sich erst öffnen und den Zugang in das Abteil freigeben, wenn der eingefahrene Zug komplett zum Stillstand gekommen ist. Die Züge sind leise und klimatisiert, Essen, Trinken und Rauchen ist gegen Strafandrohung verboten, und nachdem es wegen verklebter Türen einige Male zu Verspätungen gekommen war, hat die Inselregierung 1992 auch das Kaugummikauen untersagt! Auf die Einfuhr von *chewing gum* steht seitdem eine Strafe von bis zu einem Jahr Haft!
Nach dem Kauf von schon lange aus dem Blickfeld geratenen Konsumartikeln wissen wir genau, wo unser Geld geblieben ist. Vor allem Susis Investition ist eine der etwas anspruchsvolleren Art.
Für längere Tagesetappen hat sich der Rahmen ihres Mountainbikes als zu lang erwiesen. Die Folge davon sind Schulter- und Rückenschmerzen, die auch bei längeren Pausen nicht mehr abklingen. Ein Mittel gegen Rückenschmerzen hätte es bestimmt auch in der Apotheke gegeben. Was Susi aber anschleppt, hat mit Pillen und Salben überhaupt nichts zu tun – es ist ein neues Fahrrad! Strahlend kommt sie auf ihrem neuen Gefährt um die Ecke gedüst. Mir fallen fast die Augen aus dem Kopf! Nishikis letzte Generation. Blankpolierte Schweißnähte, metallicblauer Glanz. Ein tolles Bike, das beinahe Neid in mir aufkommen läßt!
Damit allerdings ist unser Budget erschöpft. Beladen mit neuen Reifen, die wir für Testversuche zugeschickt bekommen, des weiteren beladen mit Vollkornbrot und Weizenkleie sowie mit neuen Visa in den Pässen machen wir uns auf den Weg zurück nach Bukittingi.

Einen Tag später sind begeisterte Indonesier kaum noch zu bremsen und streiten sich lachend um ein angebotenes Fahrrad. Sie haben aber nicht damit gerechnet, daß Susi sich zu einer unschlagbaren Händlerin gemausert hat. Während André und ich sämtliche Räder mit neuen Reifen bestücken, Gepäckträger, Sattel und Flaschenhalter umbauen, unterhält Susi eine immer größer werdende Käuferschaft. Zwei Tage später ist sie um 300.000 Rupiah sowie einem auf indonesisch geschriebenen Kaufvertrag reicher. Wir sind bereit, auch die zweite Hälfte Sumatras unter die Räder zu nehmen.

45 Serpentinen lang ist die Abfahrt zum Lake Maninjau. Schon lange erloschen ist auch dieser Vulkan, und der Krater, den man mit einer Kuchenform vergleichen könnte, ist ein von steilen Felsen eingerahmter See. Rasend schnell bleibt der Asphalt unter den Rädern zurück. Ewig steil sind die in kurzen Abständen auftauchenden Kurven. Die mit Preßluft in Höchstform gebrachten Reifen haben erste Gelegenheit, ihren Griff zu beweisen. Immer wieder bleiben wir stehen, um die Aussicht über Reisterrassen, Wolkenspiele und den gelbfarbenen Sonnenuntergang zu genießen. Tropische Natur ist Faszination.

Die Straße meint es auch weiterhin nur gut mit uns und hat stark nach unten führende Tendenz. Erst die Ankunft am Indischen Ozean führt eingeschlafene Muskeln aus ihrer Arbeitslosigkeit zurück.

Palmenhaine und Lagunen wechseln sich von nun an ab. Hellbraun schimmert der Sand und aufregend hoch brechen sich die Wellen am Strand. Die gute Asphaltstraße verläuft fast parallel zum Meer und ein leichter Rückenwind treibt uns stetig vor sich her.

Das Indonesien-Syndrom, in dem Einsamkeit und Abgeschiedenheit als „nicht normal“ verpönt ist, erfaßt uns aber auch hier. Kaum bleiben wir stehen, um ein Päuschen zu machen, werden wir von einer Kinderschar und Dorfbewohnern umzingelt.

„Orang putih! Orang putih! – Weiße Menschen! Weiße Menschen!“

Das Auftauchen anderer Hautfarben wird von den Dörflern selbst nach über 3 Jahrhunderten holländischer Kolonialherrschaft wie der Auftritt eines Zirkusclowns gefeiert. Das lassen wir nicht auf uns sitzen und spielen mit, so gut es eben geht.

„Orang chokolat! Orang chokolat! – Braune Menschen! Braune Menschen!“

Drauf ändern sie ihre Taktik: „Orang barat! Orang barat! – Wessi! Wessi!“ schallt es diesmal schlauer aus allen Kehlen.

Aber unsere Antwort läßt auch in diesem Fall nicht auf sich warten: „Orang timur! Orang timur! – Ossi! Ossi!“
Ob die immer und ewig lachenden Kinder verstehen, warum wir diesmal lachen, finden wir vor lauter Lachen natürlich niemals heraus!

Anstatt auf der flachen Küstenstraße zu bleiben, ziehen wir es vor, auch noch dem zweiten Kratersee in dieser Gegend einen Besuch abzustatten. Es bedarf allerdings einiger Anstrengung, den Lake Singkarak zu erreichen. Die in die Berge führende Steigung wird ein weiteres Mal nur von kleinsten Gängen gemeistert. Selbst Coca Cola und Eistee zeigen kaum eine Wirkung, die kochenden Muskeln zu kühlen. Am liebsten würden wir uns an die Zahnradbahn hängen, die sich neben der Straße den Berg hinaufzieht. „Made in Winterthur, Schweiz“, steht auf dem eisernen Roß geschrieben. Hier also investieren unsere eidgenössischen Nachbarn. Per Zahnradbahn von Padang nach Bukittingi. Wenn das keine Alternative zum Trans-Sumatra-Highway ist!
Vorbei an Vulkanen und durch das Hochland der Minangkabau, wo die verbogenen Hausgiebel wieder einmal an verwirrte Architekten erinnern, führt die Straße um Lake Singkarak herum.

Der Volksstamm der Minangkabau lebt schon seit dem 12. Jahrhundert in den Bergen rund um die Großstadt Padang. Ihre Gesellschaft, die sich äußerlich kaum von anderen Indonesiens unterscheidet, ist matriarchalisch organisiert. Das heißt, Reisfelder und andere Ländereien sind Besitztümer der Frauen und werden von den Müttern an die Töchter weitervererbt. Traditionelle, ungeschriebene Gesetze bestimmen das gesamte Leben dieses auf Sumatra einmaligen Volkes. So wohnen junge Männer bis zur Heirat im Haus ihrer Mutter. Erst nach der Hochzeit ziehen sie mit ihrer Frau zu der Familie der Schwiegermutter. André und ich passen auf, mit wem wir uns hier unterhalten. Die vielen aufmunternden Blicke, die uns von jungen und gutaussehenden Frauen zugeworfen werden, beflügeln die Phantasie.
Abends teilen wir den Warung mit wild aussehenden Männern. Die Ausgehmode tendiert zum Schlapphut und zu Gummistiefeln. Der Gürtelschmuck besteht aus Wasserflasche und Messer. Lautes Hundegebell ertönt unter den Tischen, und nach dem kurzen Vorstellungsgespräch, das aus „Woher? Wohin? Warum?“ besteht, stellt sich

heraus, daß hier der örtliche Jagdverein tagt. Wie lieb die Hunde aussehen, mit ihren schmucken, silbernen Halsbändern. Im Wald möchte ich dieser Bande aber nicht begegnen.
„Permisi dulu. Entschuldigen Sie. Worauf machen Sie Jagd? Tiger und Füchse sind hier doch selten, oder?"
Kopfschüttelnd verneint man den Vergleich zu fuchsjagenden Engländern.
„Nein, nein", flüstert mir einer der Jagdteilnehmer ins Ohr. „Wir machen keine Jagd auf Tiger. Wir ziehen *babi rusa* – Wildschweine – vor!"
„Babi rusa – Wildschweine!?" entfährt es mir ein wenig lauter. Urplötzlich wird es unter den Tischen lebendig. Mit dem Wort „babi rusa" verwandeln sich die harmlos aussehenden Kläffer in reißende Bestien. Urplötzlich wird der Imbiß zum Tollhaus, und zum Lärm klirrender Gläser und bellender Hunde sind nur noch sabbernde Kiefer zu sehen! Der Islam hat bekanntlicherweise eine Abneigung gegen Schweinefleisch. So nennt sich also das, was von der Jagd später übrigbleibt – Hundefutter! Nickend und wie immer lächelnd wird uns zugestimmt, daß der sportliche Charakter dieser Massaker natürlich nicht zu verschweigen ist.
„Nur eine Bitte", raunt mir einer der Jagdteilnehmer ins Ohr, „nehmen Sie das Wort *‚babi rusa'* nicht mehr in den Mund!"

In der Großstadt Padang lernen wir zuallererst die gleichnamige Küche kennen, die noch schärfer ist als in anderen Teilen des Landes. Das indonesische Nationalmotto heißt „Bhinneka tunggal ika – Einheit in der Vielfalt", und dies trifft auch auf die Küche zu, die nicht nur aus dem alltäglich Nasi, dem Reis in allen Zubereitungsarten, besteht. Da gibt es z.B. noch *ikan mas,* gebratenen Goldfisch; *gulai tempe,* gekochte Sojasprossen-Küchlein in einer leckeren Currysoße; *gado gado,* kurz gekochtes knackiges Gemüse, meist Bohnen und Kartoffeln in einer Soße aus zerstampften Erdnüssen und Kokosmilch; oder *sate kambing,* Schaschlik aus Ziegenfleisch mit Erdnußsoße als Beilage. Kulinarische Köstlichkeiten, die natürlich ein Wörterbuch erfordern. Man möchte ja schließlich wissen, was man überhaupt ißt. Einheitlich ist fast immer nur das Gewürz, das umsonst mit jedem Essen kommt. Der Fisch wird in Chili gebadet, die Eier werden in Chili gerollt und wenn's um Schaschlikspieße geht, die werden natürlich erst recht mit Chili gewürzt. Jedes Mahl wird oft zu einer kochenden Strapaze, die nicht selten mit einer gewissen Form von Zungenläh-

mung endet. „Scharf“ ist ja gut und schön. Doch selbst auf der Toilette wird an Schweißausbrüche gedacht.
„Na, haste mal wieder ein Loch in die Schüssel gebrannt?“ So oder ähnlich lautet meist die Begrüßung nach einer schweißtreibenden und mit Erfolg absolvierten Sitzung. Australische Haferflocken, die wir in einem Supermarkt entdecken, werden wahrhaft euphorisch begrüßt. Wenigstens das Frühstück ist somit gerettet.

Wieder dort angelangt, wo sich Land und Wasser treffen, radeln wir noch 30 km, um in eins der gemütlichen Fischerdörfer zu kommen. Am Pantai Bungus wird unter Palmen geträumt, müde Muskeln mit Schlafkuren erholt und Souvenirs in Form von riesigen Muscheln gesammelt. Wir schauen den Fischern beim Netzeflicken zu und trinken Kaffee mit dem Mittelstürmer der indonesischen Fußballelf. Als Carlos herausbekommt, daß auch ich ein Fußballnarr bin, ist er nicht mehr zu halten.
„Habt ihr Fotos von der Weltmeisterelf 1974 dabei?“
„Tut mir leid, Carlos. Selbst wenn du ein Äquator T-Shirt zum Tauschen hättest, ich hab sämtliche Fotoalben zu Hause gelassen.“
„Ich sammle alles, was mit Fußball zu tun hat.“ Und schon führt uns Carlos durch sein Haus, in dem gerade ein Elfmeterschießen abgehalten wird. Sämtliche Brüder, Cousins und Freunde von Carlos sind natürlich auch Fußballfans. Berichte über die laufende Europameisterschaft, die den fußballversessenen Indonesiern live übers TV serviert wird, liegen verstreut auf dem Boden. Daß Deutschland das Endspiel erreichen wird, ist keine Frage. Doch gegen wen Matthäus und Co. gewinnen sollen, darüber wird noch fleißig gewettet.
Jeden Abend sitzen wir gemütlich am Strand und pünktlich mit dem knallroten Sonnenuntergang tuckert die Fangflotte der Bungus-Fischer aufs Meer. Stundenlang leuchten Kerosinlampen am Horizont und zeigen uns deutlich, wo die Netze hängen. Frühmorgens wird der Fang unter den Fischern geteilt, und da das Küstengewässer reich an Meeresbewohnern ist, zappelt so manch dicker Brocken am Strand. Gleich ein Dutzend lederhäutiger Seemänner hat sich um einen meterlangen Schwertfisch versammelt. Schon sind einige Männer damit beschäftigt, den vor kurzem noch gefährlichen Räuber in mundgerechte Filets zu zerlegen. Scharfe Messer schneiden Innereien heraus, und plötzlich hält einer der Jungs das münzengroße Fischherz in der Hand! Meine Augen weiten sich, als ich sehe, wie das rötlich schimmernde

Fleisch bestimmt noch sechs- oder siebenmal schlägt. Ein Raunen und Gesang geht durch die im Sand knienden Männer, das gestorbene Herz wird hoch in die Luft gehalten und ein Gebet gesprochen für *idul fitri,* die tief unten im Ozean herrschende Meeresgöttin.
Ich weiß nicht recht, ob ich jetzt staunen soll. Noch während der Zeremonie klemmt sich einer der Fischer das abgesägte Schwert unter den Arm und schlendert lächelnd, wie auch sonst, in Richtung Hütten davon. Haben wir es hier mit einem Souvenirjäger zu tun? Oder war die ganze Zeremonie nur – Anglerlatein?

Zeit des Abschieds. Zwischen Zwiebelsäcken, Hühnern und Kindern tauchen André, Rad und Gitarre in den Bauch eines Frachtschiffes ein. Die indonesische Inselwelt ist unendlich groß, und als radelnder Solist biegt André jetzt ab.
„Eigentlich müßtest du ja noch länger mit uns fahren. Immerhin hast du den Kurs ‚Wie flicke ich einen Plattfuß ohne Flickzeug?‘ noch nicht bestanden!“
„I moach das dann als Fernkurs und schick’ dir moane Prüfungsunterlagen noach Jakarta!“
Grinsend macht André sich auf und ist schnell im Menschengewühl verschwunden. Als der Dampfer ablegt, stehen wir winkend auf dem Kai und wünschen ihm die größten Kokosnüsse der Welt!

Um zwei radelnde Reifen beraubt ...

... ist die Stimmung kurzzeitig gedrückt. Wie soll es weitergehen? Nach Kartenstudium, Kilometer zählen und Befragung des Mittelstürmers hat der neue Plan schließlich Hand und Fuß: Wir wollen Neuland erkunden! Der Reiseführer wird zugeklappt und wir folgen einer Straße, die selbst von Einheimischen als „nicht so gut“ bezeichnet wird. Das soll schon was heißen. Hierzulande werden Schotterpisten immerhin mit Schnellstraßen verglichen!
Hinter Painan wechselt sich der Tieflanddschungel mit im Brackwasser wachsenden Mangroven ab. Teiche mit Seerosen bringen Farbe ins Bild, und in fast jeder Bucht hat ein Fischerdorf Platz. Für einige Kilometer führt die Straße ins Landesinnere, und die Barisan Range,

eine Kette von Bergen, die sich bis zur Südspitze Sumatras erstreckt, ist deutlich zu erkennen. Inmitten der vielen Hügel ist der Gunung Kerinci auszumachen. Mit 3800 Metern immerhin der höchste Berg auf Sumatras. Für kurze Zeit spielen wir mit dem Gedanken, auch diesen Vulkan zu besteigen. Doch die Küstenstraße zieht uns schnell wieder in ihren Bann.
Bei Muko-Muko verschwindet der Asphalt und der Reifentest, den wir auf der folgenden Piste absolvieren, ist ganz nach den Regeln des ADFC.
„Wo ist der nächste Strand?"
„Wir müssen mehr trinken!"
„Ich hab' tierischen Hunger!"
Selbst als eingespieltes Team staunen wir fortan über die Zusammenarbeit von Mensch und Maschine. Was wir hier leisten, ist nicht nur Schwerstarbeit für Lager und Gepäckträger, sondern auch für Bandscheiben und Kopf. Um 6 Uhr lassen wir uns wecken. Um 7.30 Uhr geht's in die Sättel. Um 8 Uhr werden die Steine zu groß und wir fangen an zu schieben. An einigen Stellen führt die Piste derart steil hinauf, daß selbst das Schieben quälend wird. Oben angekommen bietet sich uns ein weiter Blick über Palmen und Wald. Verschwitzt hängen wir über den Lenkern und können es nicht fassen! Die wieder bergab führende Piste ist noch steiler als die eben erklommene Seite! Fahren unmöglich. Wir schieben also auch noch bergab.
Doch dann, unglaublich: Asphalt! Und das mitten im Wald! Nagelneu! Riecht sogar noch nach Baumaschinen! Doch warum gerade hier? 25 km rätseln wir auf jungfräulichem Teer. Dann folgt die Erlösung. Endlich wieder Schotter.

„Selamat siang – Guten Tag! Können Sie uns sagen, wo wir den nächsten Warung finden?"
Ernste Gesichter mit am Gürtel hängenden Macheten sitzen vor verfallenen Hütten. Die übers Knie gelegten Gewehre glänzen drohend im Licht. Keine Reaktion. Von der indonesischen Freundlichkeit ist nichts zu spüren. Kann es sein, daß wir hier nicht willkommen sind? Wie in einem Western öffne ich meine Weste, um zu demonstrieren, daß ich unbewaffnet bin. Sofort schwenken die Mündungen der Schrotflinten in meine Richtung.
„Permisi dulu. Entschuldigung. Wir haben einfach nur Hunger, müssen mehr trinken und Susi sucht ..., na ja, das ist ja nicht so wichtig."

▲ Indonesische Becak-Kollegen in Padang
▼ Auf schwerer Piste durch den Leuser-Nationalpark

Anscheinend werden wir als harmlos eingestuft. Die Gewehrmündungen sinken wieder nach unten. Einer der Männer läßt sich endlich dazu herab, uns eine Auskunft zu geben. Ohne uns anzusehen, zeigt er die Piste hinunter.
„5 km weiter gibt es einen Warung."
Und das war's dann auch schon. Mehr ist aus diesen Leuten nicht herauszuholen.
Im nächsten Ort erzählt man uns, daß es viele Banditen in dieser Gegend gibt. Es sieht fast so aus, als wären wir einer Räuberbande nur knapp durch die Finger geschlüpft.
Nach diesem Zwischenfall fragen wir uns, wieso derart verbitterte Menschen gerade in diesem Teil Sumatras anzutreffen sind. Die Antwort läßt nicht lang auf sich warten.
Im Zuge des indonesischen „Transmigrasi-Programms", das vorsieht, Menschen aus dem übervölkerten Java und Bali auf andere Inseln umzusiedeln, wird dem Urwald böse mitgespielt. Bekümmert hören wir die Geräusche von heulenden Motorsägen. Wälder werden hier zu Reisfeldern gemacht. Doch die Aufklärung fehlt. Keinem der neuen Bauern, die ihre Parzellen erst roden müssen, wird erzählt, daß der Urwaldboden für den Ackerbau nicht geeignet ist. Wen interessiert auch ein schützendes Blätterdach, wenn es um die tägliche Nahrung geht. Die Folgen sind katastrophal. Die Bodentemperatur steigt an, der Regen bleibt aus und Mißernten sind somit vorprogrammiert. Kolonnenweise kommen uns mit rot-braunen Urwaldriesen beladene Laster entgegen, die Zahnstocherlieferanten für eine wohlhabende Welt. Kahl geschlagene Flächen und schwelende Brände erinnern eher an einen Bombenangriff als an die Heimat vieler Tiere. Hat man auch an diese gedacht? Ausverkauf der grünen Lunge. Wer bietet mehr?
Die Überbevölkerung ist wirklich eines der größten Probleme Indonesiens. „Dua anak cukup! Zwei Kinder sind genug!" ein Slogan, den die Regierung in Form von Plakaten und Skulpturen im ganzen Land bekannt macht, wird von der ärmlichen und ohne Sozialabsicherung lebenden Bevölkerung nur milde belächelt. Wer soll denn sonst die „Rente" bezahlen?
Von Ärzten und Krankenhäusern werden zwar kostenlos Kondome verteilt. Doch in den letzten 35 Jahren hat sich die Einwohnerzahl Indonesiens auf heutige fast 200 Millionen verdoppelt! Wo bleibt die Verantwortung für die Zukunft? Wer denkt an die Erde und an die Ressourcen unseres Planeten? Nicht nur auf Sumatra sehen wir Men-

schen, die ohne Hoffnung und ohne Heimat am Straßenrand sitzen. Wer aber, außer den vielen Zahnstocherkonsumenten, hat das Kapital, unseren Planeten hoffen zu lassen? Wenn nicht bald etwas unternommen wird, um die wirtschaftlichen und sozialen Zustände in Asien zu verbessern, werden unsere Kinder den Regenwald nur noch als „Waldfriedhof" kennenlernen!

Menschen, Autos, Geschäfte – Bengkulu! Nach Hunderten von Kilometern durch Dschungel und Banditenland sind nicht nur die Haferflocken verbraucht. Da merkt man plötzlich, daß die Füllertinte alle ist, das Fahrradflickzeug nur noch aus einem Flicken besteht, der Bart nach Rasierklingen schreit und die Wäsche nach „Rinso", ein T-Shirt-Aufdruck auslöschendes Waschpulver, das nur in allerkleinsten Dosierungen anzuwenden ist! All diese Köstlichkeiten bekommt man eben nur in Bengkulu.
Frisch geduscht sitzen wir in der mit bunten Leuchtstoffröhren geschmückten „Gandhi Bakery" und staunen über die Qualität des örtlichen Rosinenbrotes. Gleichfalls kaufen wir eine Überdosis „Nutella, Made in Indonesia" und wundern uns des weiteren über die riesige Auswahl an Eis. Die Befürchtung, all diese Leckereien auf den nächsten 500 Kilometern vermissen zu müssen, führt zu der Bestellung von „Dreimal Schoko mit Sahne, bitte!". Und weil mich ein gewisser Heißhunger plagt, bin ich besonders unverschämt: „Hello! Äh, für mich bitte noch ein Banana Split spezial. Kann auch ruhig mit ein wenig mehr Sahne sein!"
Die kraushaarigen Bedienungen, einheitlich in „Gandhi"-Servierschürze gesteckt, können das übliche Kichern nicht unterdrücken. Nach rund 2000 Kilometern lächelndes Sumatra lassen uns diese Gefühlsregungen aber genauso kalt wie das Eis. Irgendwie aber haben Schoko und Banane einen komischen Geschmack. Susis ausgeprägte Geschmacksnerven meckern zuerst.
„Pfui Teufel! Das Eis ist schlecht!"
„Wieso?" Krankenschwester Uschi, schon ziemlich immun gegen alle umweltschädlichen Einflüsse, lutscht weiter und läßt sich's schmecken. Susis Alarm läßt mich aber doch etwas vorsichtiger werden. Eiskrem und Durchfall stecken immerhin öfter unter der gleichen Decke. So langsam schmecke ich es auch. Das Eis ist ... würzig! Jedenfalls nicht zu vergleichen mit dem, was man von italienischen Eisdielen gewohnt ist.

„Das Eis ist schlecht!" Susi springt auf, hält ihr Glas über die Theke und starrt in die verdutzten Gesichter der kraushaarigen Mädels. Über schlechtes Eis hat hier bestimmt noch niemand geklagt.
„Das Eis ist nicht schlecht. Wir haben unsere eigene Produktion und das Eis wird jeden Tag frisch gemolken!"
So hört sich jedenfalls die Verteidigung der Mädels an.
„Eis frisch gemolken? Häh?"
Susi ist irritiert, und wenn ich ehrlich bin, schieb' auch ich das Glas ein paar Zentimeter zur Seite. Einzig Uschi läßt sich nicht stören und schaufelt weiterhin Koli-Bakterien in sich hinein.
„Wir haben unsere eigene Produktion", beginnt eine der Kraushaarigen zu erklären. „Schauen Sie doch selbst."
Sie zeigt uns einen Durchgang zum Hinterhof und dort glaube ich kaum, was ich sehe: Hatte ich ein paar rostige Eismaschinen erwartet, sind die dort stehenden „Produzenten" ziemlich lebendig! Fünf Wasserbüffel stehen dort und wackeln vergnügt mit den Schwänzen.
„Die Wasserbüffel sind unsere Milchproduzenten. Sie werden mehrmals am Tag gemolken und die Milch wird in den nebenan stehenden Maschinen zu Speiseeis verarbeitet! Ist also garantiert frisch!"
„Und deshalb auch der würzige Geschmack!" entfährt es mir zwischendurch.
„Würziger Geschmack?" Die Kraushaarige kräuselt die Stirn. „Ich finde, das Eis schmeckt ganz normal."
Na ja, wenn man noch nie italienisches Eis probiert hat! Glücklicherweise haben indonesische Wasserbüffel nicht die Absicht, englischen Rinderwahn zu verbreiten. Die immune Uschi hat ihr Glas längst leer geschleckt und die „Büffelmilchdirektzueismachmaschinengeschichte" hat ihren festen Platz, wenn man uns fragt, was uns an Sumatra am besten gefällt.

Wieder im Sattel, fahren wir „Rekord". Am Ortsende von Bengkulu werfen wir noch schnell einen Blick auf das Domizil von Pak Soekarno, den ersten indonesischen Präsidenten, und schalten dann hoch in den 18. Gang. Etliche Nudelsuppen, Regengüsse und 143 km weiter erreichen wir Manna und sind völlig enttäuscht. Was für ein unfreundliches Dorf. Es gibt zwar einige Losmen, doch die sind entweder voll oder man verlangt ungeheure Preise für die schmuddeligsten Zimmer. Die ältere Generation trifft sich vor der Moschee, starrt uns böse an und winkt sofort ab, als wir den Ansatz machen, eine Frage zu

stellen. Mädchen und Frauen sind überhaupt nicht zu sehen. Am liebsten würde ich gleich weiterfahren. Doch durch die kräftigen Regenschauer sind unsere Klamotten ziemlich durchnäßt. Wir müssen wohl oder übel einen Tag bleiben, um alles zu trocknen.
Die lange Etappe sowie die unfreundliche Gesellschaft von Manna fordert ihren Tribut. Ziemlich ausgelaugt brauchen wir für die 80 km bis nach Bintuhan den ganzen Tag. Außer einem Fußballfeld, das nachts von grasenden Kühen bewohnt wird, dem üblichen Warung und dem so wichtigen Gemüsemarkt scheint dieses Dorf nicht weiter attraktiv zu sein. Am Strand aber werden wir eines besseren belehrt!
Haushoch türmen sich die Wellen und brechen sich donnernd am Riff. Verwegen aussehende Fischer stehen angelschwingend im Wasser, und bunte Segelboote liegen im perlweißen Sand. Was für ein Kontrast zu der braungebrannten Kinderschar, die uns mit 1000fachem „Hello meester!" verfolgt. Schnell wird Susis Hobby entdeckt, und von nun an braucht sie keine Muscheln mehr zu sammeln. Sie werden ihr gleich im Dutzend von den Kindern gebracht. Frisch gepflückte Kokosnüsse machen die Runde, und als ich mir die Menge etwas genauer betrachte, bekomme ich das Gefühl, daß das ganze Fischerdorf auf den Beinen ist, um den Besuchern „ihren" Strand zu zeigen!
Erst nachdem wir ein gutes Stück gelaufen sind, wird das Kindergeschrei leiser und verstummt schließlich ganz. Wir sind allein mit dem Strand, den Palmen und dem türkisfarbenen Meer. Sogar Korallen gibt es im flachen Wasser. Da bleibt es natürlich nicht aus, daß man Wanderschuhe gegen Schnorchel und Schwimmflossen tauscht. Wahnsinn! Da kriechen Seegurken, flitzen Papageienfische und verstecken sich Muränen im Riff. Aufgeregt tauch' ich zu tief und schlucke 'ne Portion gesalzenes Wasser! Wie unbekannt die Unterwasserwelt uns zu diesem Zeitpunkt noch ist. Mit Ketten und Ritzeln kaum zu vergleichen.
Daß einige Tage in Strandnähe zu einer gewissen Faulheit und Muskelschwäche führen, merken wir schon kurz darauf. Der im Südwesten liegende Nationalpark „Taman Nasional Bukit Barisan Selatan" ist noch von grenzenlosen Waldflächen bedeckt. Dörfer und Menschen suchen wir vergeblich. Dafür gibt's den üblichen Schotter und schweißtreibende Hügel. Langsam aber sicher nähern wir uns der physischen Reserve, und mehr als einmal möchte ich absteigen und die Pedale vergessen. Nur die einmalige Natur hält mich davon ab. Riesige Atlas-

motten flattern im Wind, grüne Baumschlangen mustern uns aus starren Augen und im Hibiskus versteckte Siamang-Affen können sich ein Brüllen niemals verkneifen.
Gerade als wir die Affen beobachten, kommt ein genauso brüllendes Moped um die Ecke gerauscht. Knallhart steigt der Fahrer in die Bremsen, als er uns sieht.
„Mensch. Daß man nicht mal mehr im Wald seine Ruhe haben kann! Wehe, wenn uns der Typ jetzt fragt, wohin wir heute noch wollen!"
Ich fühl' mich in diesem Moment ziemlich genervt.
Durch spotzende und fehlzündende Zylinder seh' ich ein lachendes Gesicht und hör' eine im Lärm kaum zu verstehende Frage.
„Mau ke mana? Wo soll's denn hingehen?"
Daß ich die Affen nicht um Beistand bitte, grenzt schon fast an ein Wunder.

In Krui erzählt uns der Losmen-Besitzer von einem bärtigen Biker. Wir sehen eine Notiz und staunen nicht schlecht: „Kollege" Tilmann Waldthaler war erst vor kurzer Zeit hier, erzählt von Schlamm und Tigern und grüßt die Radlerwelt!
Als wir schließlich die Barisan-Range überqueren, verliert Deutschland gegen Dänemark mit 2:0. Außer niedergeschlagenen Indonesiern begleiten uns Kaffeeplantagen und einheitliche Dorfsilhouetten. Aus 1000 Metern Höhe in die weite Ebene von Lampung zu rollen, bedeutet die lang ersehnte Pause für pedalmüde Beine.
Bakauheni. Die Straße endet, und Kielwasser aufwirbelnd dampft unser Schiff nach Java davon. Zärtlich streichelt Uschi über profillose Reifen, gedankenverloren schaut Susi auf zurückbleibende Berge. Computer und Straßenkarte erzählen Geschichten. Es wird Zeit, ein paar Postkarten zu schreiben.

Wer jeden Abend
sagen kann:
ICH HABE GELEBT
Dem bringt
jeder Morgen
einen neuen Gewinn

Lucius Annaeus Seneca, Philosoph

PHILIPPINEN

In Hamburg ...

... zählen Susi und ich die letzten Tage, zählen die freien Seiten im Paß und hoffen, daß man im Flugzeug den Speiseplan geändert hat. Letztes Mal gab es zum Lunch Chicken und Fish und zum Dinner Fish und Chicken. Sehr abwechslungsreich. Genauso wie unsere letzte große Tour, die uns durch Malaysia, Indonesien, Sri Lanka und durch Teile von Indien und Pakistan führte. Das liegt nun schon wieder 18 Monate zurück. Während dieser Zeit produzierten wir in Deutschland unsere erste Dia-Vision über die indonesische Insel Sumatra, sammelten Erfahrungen in diesem für uns neuen Wirtschaftszweig und stellten Überlegungen an, welchen Teil Asiens wir das nächste Mal unter die Räder nehmen könnten.

Nach ausgiebigem Kartenstudium fiel die Entscheidung: Wir würden zuerst auf die Philippinen fliegen und danach auf die von dort aus leicht zu erreichende indonesische Insel Sulawesi. Australien stand auch zur Debatte, doch bis zum Erreichen des „Roten Kontinents" würde bestimmt ein gutes Jahr vergehen.

Schon kurz nach unserer letzten Rückkehr nach Deutschland meldete sich Uschi wieder bei uns und gab bekannt, daß sie uns gerne auch auf der nächsten Tour begleiten würde. Zusammen mit ihrem neuen Freund Norbert wären wir dann ein aus vier Radlern bestehendes Team.

Im Januar 1995 geht's dann endlich wieder los! Das heißt, eigentlich geht es noch gar nicht los, denn wir stehen am Hamburger Hauptbahnhof und warten auf den Zug nach Frankfurt.

„Auf Gleis 13 hält in wenigen Minuten der ICE Hamburg – Kassel – Frankfurt!" schallt es aus dem Lautsprecher durch das Bahnhofsgewühl. Schon kommt der Zug. Schnelle und panische Verabschiedung vom Abschiedskomitee. Wir steigen ein. Der Zug fährt sieben Minuten zu früh? Und auch noch in die falsche Richtung! Nach Altona! Wir sitzen im falschen Zug! Das gibt's doch nicht! Die welterfahrenen und weitgereisten Globetrotter wollen nach Manila und die Philippinen besuchen, und steigen schon in Hamburg in den verkehrten Zug ... Schnell raus am Dammtor. Zurück mit der S-Bahn. Die hält natürlich auf Gleis 3, unser Zug fährt aber von Gleis 13. Treppen rauf, Treppen runter und gerade noch, wirklich gerade noch, sehen wir einen ICE um die Ecke verschwinden ...

Statt nach Frankfurt also mit der U-Bahn nach Hause. Als wir dort um Asyl bitten, staunt Mama nicht schlecht.
Am nächsten Tag schauen wir genau auf die Anzeige und schaffen es wirklich, in den richtigen Zug einzusteigen. In Kassel haben wir 15 Minuten Verspätung. Doch der Schaffner verspricht, daß wir pünktlich in Frankfurt sind. Kennt er 'ne Abkürzung? Wir müssen pünktlich sein, haben nur sieben Minuten Zeit, die S-Bahn nach Niedernhausen zu kriegen, um von dort mit dem letzten Bummelzug nach Limburg zu dackeln. Da warten unsere Mitradler Uschi und Norbert auf uns! Bitte schneller! Ich hab's gewußt. In Fulda trifft uns der Blitz. Die Regenfälle, die in diesen Tagen alles überschwemmen, überschwemmen jetzt auch noch den Rest. In Frankfurt haben wir 25 Minuten Verspätung. Die S-Bahn ist weg. Uschi anrufen. Wir fahren mit der nächsten S-Bahn nach Niedernhausen und dort holt man uns ab. Denken wir jedenfalls. Auf dem Bahnhof in Frankfurt lungern Penner und Besoffene herum und die hier schon lange stationierten Amerikaner feiern mit umgesiedelten Rußlanddeutschen zum x-ten Male Verbrüderung. Wollen die etwa alle nach Limburg? Oder gar nach Manila?
Die S-Bahn kommt, sie muß nur noch neun Minuten auf einen Anschlußzug warten, und als wir endlich in Niedernhausen sind, ist es zwei Uhr morgens und keine Uschi ist da. Wieso? Am anderen Ende des Telefons meint ein verschlafener Vater, daß Uschi vor acht Minuten angerufen hat. Da wir nicht am Bahnhof waren, fährt sie jetzt nach Frankfurt, um uns dort abzuholen. Was? Habe ich irgendwas von Frankfurt gesagt?
Eine Stunde Warten im Schneetreiben. Ein Golf stottert um die Ecke. Uschi und Norbert sind fertig, alle sind fertig, und der Wagen erst recht. 17- oder 23mal, ich weiß nicht mehr so genau, bleibt der Motor auf der Autobahn stehen. Um 4 Uhr morgens sind wir in Limburg, um 11 Uhr wach' ich auf, denk', daß wir in Manila sind und fang' an, die Räder zu beladen. Ein denkwürdiger Start.

> Zitat eines Reiseführers: *Haltet euch von den Hauptstraßen fern. Philippinische Kraftfahrer nehmen auf Radfahrer wenig Rücksicht. Oft hilft nur ein Ausweichen in letzter Sekunde aus unheilbringenden Bereichen. Es gibt keine Radfahrwege, und der Kraftverkehr ist nicht auf Radler eingestellt. Radfahren auf philippinischen Straßen ist lebensgefährlich, laßt es bleiben!*

Nach 12stündigem Flug mit einer betagten Boeing 747, die bestimmt schon 15 Jahre ihre Runden dreht und bestimmt schon bessere Tage als den heutigen Flug nach Manila gesehen hat (es gibt übrigens Chicken und Fish), empfängt uns der altvertraute Geruch von modriger Feuchtigkeit und schwüler Tropenluft. Ab durch den Zoll, Räder zusammenbauen und die üblichen Fragen beantworten, die ein Radler in Asien hört.

„Wie teuer sind die Räder? Verkaufen Sie die Pumpe? Wie viele Gänge? Fährt das Ding auch von selbst?"

97 % Luftfeuchtigkeit, Jet lag, Dreck und Lärm einer asiatischen Metropole tragen dazu bei, daß wir uns schnell wieder wie „zu Hause" fühlen. Waren wir eigentlich so lange fort? Die Monate sind wie im Flug vergangen. Kaum etwas hat sich geändert. Obwohl – auf den Philippinen sind wir ja noch gar nicht gewesen ...

Macht nichts. Dafür laufen die Mädchen in Hotpants herum. Dafür ist die Religion hier katholisch. Dafür gibt es zu Hauf weißliche Männer, Thailand ist wohl zu langweilig geworden. Dafür gibt es Camping-Gas im Supermarkt. Dafür verwesen Hundeleichen vor dem leuchtenden Disco-Palast und dafür funktioniert keine Dusche im Hotel. Doch dafür waren wir schon in Indonesien und wissen, wofür Eimer und Schöpfkelle sind.

Die Akklimatisation ist kurz, und nach gleichmäßigem Gepäckverteilen auf monsundichte Taschen versuchen vier Radler einen Ausweg aus dem smoggeschwängerten Irrgarten zu finden.

Tausende von „Jeepneys", Sammeltaxen, die noch entfernt an amerikanische Jeeps erinnern, mit den Jahren auf 5 m Länge angewachsen sind und mit übergroßen Lautsprechern bestückt rollende Discos imitieren, schicken uns mit ihren haarsträubenden Manövern fast in den Graben. Die Luft ist dieselgewürzt. Ozonverwöhnte Lungen mögen das gar nicht so gern. Ampeln sind selten und werden überhaupt nicht beachtet. Busse, Motorräder und Beerdigungsinstitute für lebensmüde Fahrer liefern sich einen zeitlosen Wettkampf im unüberschaubaren Straßenverkehr. Der nach Norden führende McArthur Highway ist mit Schlaglöchern und Baustellen gespickt, und mit exakt gemessenen 30 °C erreichen wir eine Schallmauer, bei der Radfahren und reines Vergnügen längst nicht mehr kooperieren.

Statt Urwald also Asphaltdschungel, und in den Werkstattstraßen, wo schweißtriefende Körper das universale Einheitsmodell Jeepney produzieren, denkt mein Kopf immerzu an dieses verflixte Zitat: *Radfahren auf philippinischen Straßen ist lebensgefährlich. Laßt es bleiben!*

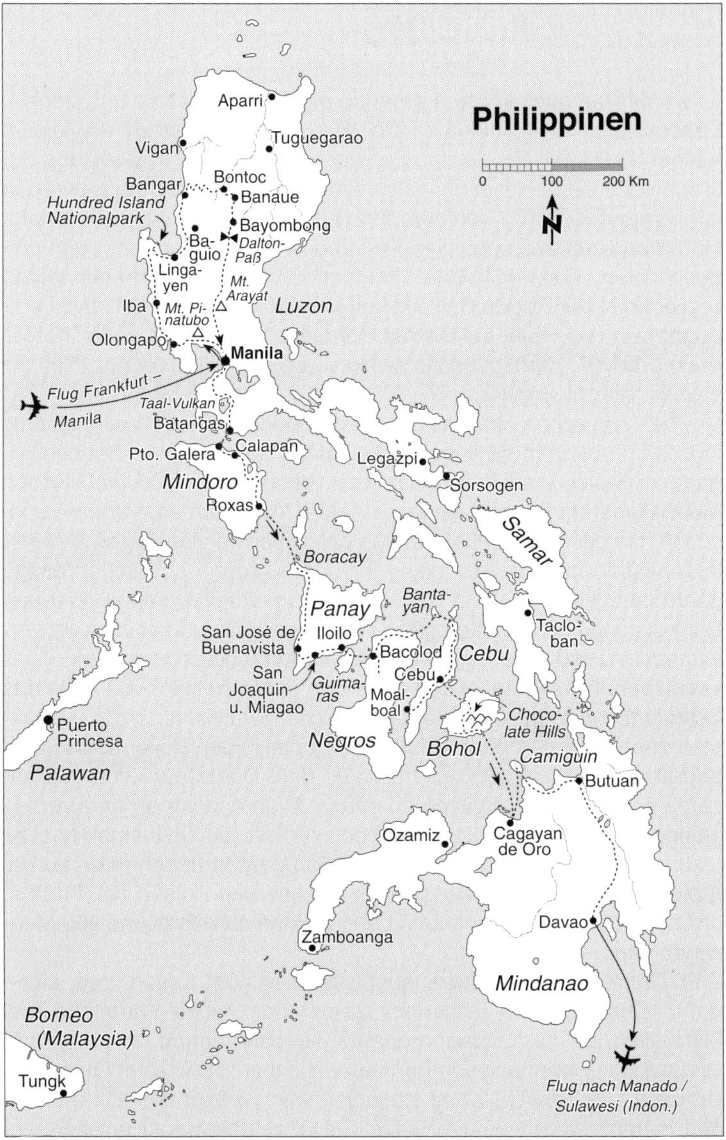
Philippinen
0
100
200 Km
N
Aparri
Vigan
Tuguegarao
Bangar
Bontoc
Banaue
Hundred Island Nationalpark
Bayombong
Baguio
Dalton-Paß
Lingayen
Mt. Arayat
Iba
Mt. Pinatubo
Luzon
Olongapo
Manila
Flug Frankfurt – Manila
Taal-Vulkan
Batangas
Calapan
Pto. Galera
Legazpi
Mindoro
Sorsogen
Roxas
Samar
Boracay
Panay
Bantayan
San José de Buenavista
Iloilo
Tacloban
Bacolod
Cebu
San Joaquin u. Miagao
Guimaras
Moalboal
Chocolate Hills
Puerto Princesa
Negros
Bohol
Palawan
Camiguin
Butuan
Ozamiz
Cagayan de Oro
Davao
Zamboanga
Mindanao
Borneo (Malaysia)
Tungk
Flug nach Manado / Sulawesi (Indon.)

Genau wie in Manila …

… werden wir auch in San Fernando mit der für Asien so untypischen Lebensweise der Filipinos konfrontiert. Die Stadt besteht aus einem riechenden Hotel, aus dem im Zimmer befindlichen Urinkübel (den Susi zuerst für einen Mülleimer hält und der für den Geruch verantwortlich ist) sowie aus Farbe verlierenden Buchstaben, die gegenüber eine Hauswand zieren. „Keep San Fernando clean and green“, steht dort geschrieben. Dazu gelb-rote Fast-food-Läden wohin man nur schaut und dröhnender Rock'n Roll aus fast jedem Geschäft. In der Nacht entpuppt sich das Hotel als lokales Bordell, und nebenan in der Kathedrale predigen die Gottesdiener, was den Klingelbeutel nur füllt! Wo sind wir hier bloß gelandet?
Um der tropischen Hitze und dem brandenden Verkehr wenigstens kurzzeitig aus dem Weg zu fahren, sitzen wir schon vor Sonnenaufgang im Sattel. Die Straße führt nach Westen, zum Südchinesischen Meer. Rund um Bacolor lenken wir die Bikes durch eine graue Landschaft, die der Vulkan Mt. Pinatubo bei seinem letzten Ausbruch 1991 hinterlassen hat. Obwohl diese Naturkatastrophe nun schon einige Jahre zurückliegt, dauern die Aufräumungsarbeiten immer noch an. Die Hilfsmittel der Regierung fließen nur spärlich, und so ist nicht verwunderlich, daß viele Einwohner abwandern und anderswo ihr Glück versuchen. Nach dem letzten Ausbruch wurde Bacolor von einer aus Schlamm und Asche bestehenden Laharflut förmlich überrollt. Die meisten Häuser liegen auch heute noch unter einer dicken Erdschicht begraben, Türen ragen nur halb aus dem Boden und von Gartenzäunen sind nur die Spitzen zu sehen. Während wir an den Verwüstungen vorbeifahren, fällt es nicht schwer, das ganze Ausmaß der Katastrophe, die wie eine Nuklearexplosion gewirkt haben muß, zu begreifen. 40 km hoch schossen die Aschewolken bis in die Stratosphäre, 1000 Hektar fruchtbares Land wurden verwüstet und 900 Menschen verloren ihr Leben.
Zum Glück hat so ein Vulkanausbruch auch gute Seiten. Zum einen enthält die aus dem Erdinnern stammende Asche Wertstoffe und Mineralien, die zum Düngen genutzt werden können, zum anderen wird sie zur Gewinnung von Baumaterial genutzt. Bis hinter Olongapo, wo noch 1992 die US-Navy stationiert war, verfolgt uns das drohende Pinatubo-Massiv. Erst in Subic dürfen wir uns wieder entspannen.

In einer schmuddeligen Bucht verfaulen dort die übriggebliebenen Hotels der Navy und in unzähligen Kneipen „verfaulen" auch die übriggebliebenen amerikanischen Boys. Tätowierte Arme und rote Gesichter zeugen von Seefahrt und Promillekonsum. Wir ziehen es daher vor, noch 20 km weiter bis San Antonio zu fahren.
Kaum zu glauben. Da fährt man mitten durch einen Vulkanausbruch, kommt in ein Kaff so groß wie Bummeldorf, quartiert sich ins „Big Foot Resthouse" ein und bekommt dort die beste Pizza seit Menschengedenken serviert! Ich bin immer mehr von einer kaum vorhandenen Kultur fasziniert und muß so was schon fast als äh, Kulturschock bezeichnen.
„Money, money, money ... it's so funny!" Karaoke aus turmhohen Lautsprechern zwingt mir den Gedanken auf, daß man hier sing- und vergnügungssüchtig ist. Das Imitieren von Abba, Eric Clapton, Frank Sinatra und dem ganzen Rest gehört aber genauso zu den sportlichen Aktivitäten wie kamikazehafte Überholmanöver von Victory-Liner-Bussen, der Konsum von Hundefleisch und der allerorts übliche Hahnenkampf!

Nach einigen Tagen haben sich die Muskeln ans Pedalieren gewöhnt, und obwohl die Straßenoberfläche eher an einen zerstückelten Feldweg erinnert, kommen wir auf unseren Trekking-Rädern zügig voran. „Hey Joe!" schallt es uns aus den Dörfern hinterher. Eine Begrüßungsform, die eigentlich amerikanischen GIs vorbehalten war, so viel wie „Hallo, guten Tag" bedeutet und ausdauernd daran erinnert, wie sehr sich die Filipinos den Amerikanern verbunden fühlen. Ansonsten gehören die Bewohner der Insel Luzon eher zu der zurückhaltenden Spezies Mensch. Selbst vier außerirdische „Joes" mit bis zum Bersten beladenen Rädern schaffen es kaum, sie aus der Reserve zu locken.
Die Tierwelt ist da schon aufgeschlossener. Kläffende Hunde reißen sich um vorbeirollende Reifen. Neben den Hühnerställen quieken Schweine, und Schlangen, die es nicht mehr über die Straße schafften, wurden von brüllenden Victory-Linern zerquetscht! An der Küste tauchen Eisvögel in mangrovenbewachsenes Brackwasser, und Wasserbüffel werden von Wassereis lutschenden Kindern zur sonntäglichen Kirche geritten. Es gibt aber auch Viecher, gegen die der Mensch eine natürliche Abneigung besitzt, Kakerlaken zum Beispiel, die Susi nachts dazu zwingen, noch tiefer unters Moskitonetz zu flüchten!

▲ Mt. Arayat, der größte Vulkan auf Luzon
▼ Für viele Filipinos ist Hundefleisch eine Delikatesse

Nach 359 Kilometern erreichen wir Lucap, den Ausgangsort zum Hundred Island National Park. Eigentlich hatten wir uns vorgenommen, Urlaub zu machen. Doch der passende Strand ist einfach nirgendwo zu finden. Vielleicht liegt das aber auch an unseren Gedanken und Vorstellungen, die immer noch in Deutschland sind. So hoch entwickelt wollen wir natürlich alles zusammen: Ein sauberes, von Palmen umrahmtes Beach-Ressort, daneben einen guten Supermarkt, in dem es Schokolade und Tiefkühlkost gibt und mindestens drei Restaurants, die 50 m vom Zimmer entfernt fangfrischen Fisch, Bratkartoffeln mit Remoulade und knackiges Gemüse servieren! Sorry, ha'm wa nich', gibt's hier nicht, und wird's, außer im Club-Med, wohl auch nirgendwo geben.
Dafür platzt, mitten im Restaurant, Uschis Hinterradreifen mit donnerndem Getöse. „Guerilla! Alle Mann in Deckung!" Hunde und Gäste flüchten unter die Tische. Erst der Hotelmanager, bewaffnet mit Schrotflinte, Kämpfergesicht und antikommunistischen Parolen gibt das Zeichen zur Entwarnung. Er zeigt auf den Reifen und meint lakonisch „Zum Vulkaniseur!"
Endlich Strand! Der zahnlose Ernie, Besitzer des örtlichen Bootverleihs und perfekt ausgerüstet mit Ray-Ban-Sonnenbrille und amerikanischem Slang, tuckert uns in seinem Auslegerboot zu den Inseln hinüber. Eigentlich sind es ja gar keine Inseln, sondern urzeitliche Korallenstöcke, die aus unerfindlichen Gründen nur hier so hoch aus dem Wasser ragen. Leichter zu verstehen sind dagegen tote Korallen, die durch Dynamitfischerei an die Strände gespült worden sind. Abgenagte Hähnchenknochen, die picknickmachende Touristen übriggelassen haben und hieroglyphenartige Graffities, mit denen letztere die Korallenwände beschmieren. Die verwendete Sprache zeigt übrigens deutlich, daß es auch philippinische Touristen gibt!
Uschi und Norbert wollen testen, wieviel Sonnenbrand ein unter Hosen versteckter Oberschenkel verträgt. Ernie ist froh, 'ne Runde Schlaf nachzuholen und Susi schreit irgendwas von Seeschlange entdeckt ... was? Unglaublich! Da liegt man nur eine Stunde am Strand, und schon schwimmt einem 'ne Seeschlange über den Fuß! Schwarz-weiß gestreift sieht sie völlig ungefährlich aus, gehört aber zu den giftigsten Exemplaren, die die Tierwelt produziert. Schlägt mein Herz wirklich schneller? Hab' gelesen, daß man mindestens eine Bißlänge Abstand halten soll.
„Susi, komm doch bitte mal kurz aus dem Wasser!"

Rund um den Golf von Lingayan nimmt der Verkehr wieder zu. Die Straße besteht nur aus Zementplatten, die mit dünnen Asphaltstreifen zusammengeklebt worden sind. Ein unangenehmes Geholper, alle 20 m über diese Schweißnaht zu fahren. Uschi und Norbert sind ziemlich zerknittert. Letzte Nacht tagte eine Nahostfriedenskonferenz zwischen residierenden Israelis und frisch eingetroffenen Glaubensgenossen direkt vor ihrem Zimmer. Zum Glück aber halten sich die Eskapaden der Motoristen in Grenzen. Radfahrer sind sowieso nirgends zu sehen, da drückt ein Trucker statt aufs Gas erstmal erstaunt auf die Bremse.
Neben dem Highway wachsen die krummen Gleise einer ausrangierten Bahn aus dem Boden. Nach unzähligen Erdbeben, die die Philippinen jährlich erschüttern, hat man das Vertrauen in Züge schon lange verloren. Dahinter wächst grüner Tabak, der abgeerntet in hohen Lehmtürmen getrocknet und in riesigen Fabrikanlagen zu Zigaretten verarbeitet wird. Die berühmten Corona-Zigarren sind in der ganzen Welt bekannt. Doch auf den Philippinen selbst werden hauptsächlich Mentholzigaretten geraucht. Zusammen mit den vielen Süßigkeiten aus unzähligen Sari Sari-Stores, 100%ig emanzipierte Dorfgeschäfte, die einheitlich Namen wie Angela-Store, Juanita-Store oder Conchita-Store tragen, ergibt das die herrlichste Kariesbombe, die man sich nur vorstellen kann. Kein Wunder, daß die Hälfte der Bevölkerung mit angefressenen Zähnen herumläuft, ganze Zahnpartien fehlen, und die Gebisse nur so klappern!
Als wir in der Dunkelheit Bangar erreichen, gibt es nirgends eine Unterkunft für uns. Auf dem Markt ist es dafür Mode, daß sich Kinder gegenseitig die Hosen runterziehen und sich mit Bambusstöcken die Hintern versohlen! Auch in der Kirche will man uns nicht. Erst als der Dieselschweiß anfängt zu jucken, hat die örtliche Polizei ein Einsehen mit uns. Sergant Sabas will unbedingt wissen, wie das Polizistenleben in Deutschland so ist.
„Wie lang ist Mittagspause? Trägt ein deutscher Polizist Gewehr oder Pistole? Wie viele Dosen Bier gehören zur täglichen Verpflegung?“
Nachdem ich als nie im Polizeidienst gewesener Bundesbürger alle Fragen beantwortet habe, stellt uns Sergeant Sabas das Rathaus zur Verfügung und meint, daß wir dort übernachten dürfen. Auch nicht schlecht, direkt vor dem Büro des Bürgermeisters zu schlafen! Wenn bloß die Ameisenstraße nicht wäre, die sich ihren Weg unter die Matratze gesucht und einige Späher in meine Unterhose geschickt hat!

Die Zentralkordilleren ...

... sehen auf den ersten Blick wie das Kleinwalsertal aus, auf den zweiten wie der Himalaya und auf den dritten ist es mir schleierhaft, wie wir dort jemals rüberkommen sollen!
Als wir auf die Nebenstraße abbiegen, die uns nach Cervantes und weiter nach Bontoc bringen soll, wissen wir noch nicht, was uns in den nächsten Tagen erwartet. 20 km weiter hören die Zementplatten auf, und der mit kopfgroßen Steinen gepflasterte Weg ist mit beladenen Rädern kaum zu befahren. Ein staubgepuderter Jeepney kommt uns entgegen.
„Ist der ganze Weg nach Cervantes so eine Schotterpiste?"
„Yes, und es wird noch schlimmer als hier. Wollt ihr etwa mit den Bikes da durch? Ooh, das wird schwierig. Ist ein langer Weg", macht uns der Fahrer Mut.
„Wirklich nirgendwo Zementplatten oder vielleicht sogar Asphalt?"
„Nein, hier nicht", lacht er uns an. „Nur einmal 100 m im nächsten Dorf. Danach geht's nur noch bergauf!"
„Vielen Dank für die Auskunft", und der Wagen staubt durch die Berge davon.
300 m weiter müssen wir absteigen, um die Räder durch diesen Steingarten zu schieben. Ich verwerfe den Gedanken, daß wir uns vielleicht auf der falschen Straße befinden, starre die hoch am Himmel stehende Sonne an, danach unsere Wasserkanister, die bis zum Platzen gefüllt sind und zum Schluß die unter den Reifen wartenden Felsbrocken, die bei näherem Hinsehen das Format von Fußbällen haben! Oh Mann, das kann ja was werden!
Fünf Stunden später hat sich der Wasservorrat erheblich dezimiert. Die Fußbälle schwellen zu Medizinbällen an. Wir schieben immer noch.
Das kleine Dorf Sujo spielt Schicksal für uns.
„Zu Fuß brauchen Sie etwa zwei Tage bis Cervantes", meint einer der Bewohner zu uns.
„Was? Zwei Tage für 35 km? Aber mit dem Rad ..." Er winkt ab. Welch' Schande. Er ignoriert die Räder. Es scheint ihm gar nicht in den Sinn zu kommen, daß wir mit den Dingern auch fahren können! Mann, bin ich kaputt.
Den nun folgenden Disput zwischen Uschi, Susi, Norbert und mir, wo-

bei ich als kaputter Extremist als einziger weiterschieben will, beendet eine keuchende Staubwolke, aus der ein rostiger Jeepney erscheint.
„Nach Cervantes?“ schreit uns der Fahrer an.
„Yes“
„2000 Piso! Let's go!“
„No!“
Eine Rostlaube, die es nicht einmal ins nächste Dorf schaffen wird, in einen 2000 Piso teuren Transporter zu verwandeln? 2000 Piso für schlappe 35 km? Das ist mir alles zuviel.
Nach 30 Minuten und bei 1100 Piso angelangt verladen wir Räder, Taschen und angegriffene Nerven. Die ruckelnde Fahrt beginnt, und hinter der nächsten Kurve erkenne ich sofort, daß die Entscheidung richtig war. Staubfontänen hinter sich herziehend kommt der Wagen aus dem ersten Gang nicht mehr raus. Wer ist eigentlich auf die Idee gekommen, diese Strecke zu wählen? Alle Augen ruhen natürlich auf mir.
1300 Höhenmeter weiter erreichen wir den Paß. Der Motor darf sich entspannen, aber das Gewackel geht weiter. In Cervantes angekommen, bezweifle ich, daß wir die Strecke selbst in vier Tagen geschafft hätten. Doch das behalte ich lieber für mich.
Unterkünfte sind Mangelware im Dorf. Doch wozu gibt es Mrs. Moreno? Die 81jährige Dame, die hervorragend englisch spricht, hat irgendwann damit angefangen, als Privatpension zu fungieren. Seitdem werden alle Reisenden, die aus unverständlichen Gründen nach Cervantes kommen, automatisch bei ihr abgeliefert. Bingo!
Für 30 Piso werden Kinder aus den Zimmern gescheucht, neue Bettlaken aufgezogen und starker Kaffee aus der eigenen Plantage kommt frisch auf den Tisch. Mrs. Moreno erzählt uns von der Besatzerzeit durch die Japaner. Davon, daß sie im Evakuierungscamp ihr Baby selbst entbunden hat. Davon, daß ihr Mann, ein spanischer Filipino, der aussah wie ein Amerikaner, aus diesem Grund vor den Japanern flüchten mußte und davon, daß er 1946, kurz nach der Unabhängigkeit, just an jenem Paß, den wir heute überquert haben, sein Leben verlor.
„Die Lenkung seines Jeepneys brach, und er fuhr geradeaus über die Klippe. Alle fünf, die im Wagen saßen, kamen ums Leben. Er war erst 33 Jahre alt, 5 Fuß 6 Zoll groß und sehr gut aussehend“, erzählt uns die alte Dame mit Augen, die weit in die Vergangenheit schau-

en. Ein Stück Geschichte aus allererster Hand. Ich fahr nie wieder Jeepney!
Nach einer Nacht, in der sich sämtliche Muskeln und Knochen, die in den letzten Tagen zum Einsatz gekommen sind, zu Wort gemeldet haben, gibt uns Mrs. Moreno eine Wegbeschreibung, aus der wir folgern, daß hier noch kein Einheimischer mit dem Rad entlang gefahren ist und wohl auch gar nicht auf diese verrückte Idee kommen würde!
Nicht nur, daß die Brücke über den nahen Fluß nie fertiggestellt worden ist. Auch die dafür baumelnde Hängebrücke hat ihre Lücken. Zum Glück gibt es eine Furt durch das reißende Wasser, was die Überquerung des 50 m breiten Flusses zwar leichter, aber keinesfalls ungefährlich macht. Bis zu den Knien langt die kräftige Strömung, und die wasserdichten Packtaschen lassen die Räder regelrecht schwimmen. Das Flußbett ist rutschig, und nur zu zweit schaffen wir es, jeweils ein Rad ans andere Ufer zu bringen.
Die nächsten Stunden bedeuten abwechslungsreiches Schieben und Fahren durch eine spärlich mit Busch und Kiefern bewachsene Steinwüste. Der Schweiß läuft in Strömen, die Muskeln fangen an zu flattern und so langsam reicht es mir. Ich sitze schließlich auch lieber im Sattel, als dauernd nur das Hinterrad durchdrehen zu sehen!
1200 m zeigt der Höhenmesser an, als sich die Straße entschließt, sich in die andere Richtung zu neigen. Die ersten Reisterrassen bieten eine grandiose Kulisse, und auf den ersten Zementplatten, die uns von nun an bis Bontoc begleiten, fallen wir vor Freude fast auf die Knie!
Haltet euch von den Hauptstraßen fern! Und wie sieht's auf'm Dorfacker aus? Zitat abgehakt.

Die Naturvölker der Zentralkordilleren gehören zu den größten ethnischen Minderheiten der Philippinen. Ob Bontoc, Kalinga oder Ifugao, die meisten dieser als Igorot (Bergmenschen) bezeichneten Gruppe sind ehemalige Kopfjäger, die erst vor 50 Jahren zum Christentum bekehrt worden sind. Seit dem Bau der Zementpiste aber laufen die Frauen nicht mehr barbusig herum, und die Mädchen lassen sich nicht mehr tätowieren. Nur noch selten tragen die Männer den traditionellen Lendenschurz und noch seltener wird auf Kopf um Kopf bestanden. Erstaunlich ist, daß sich der Einfluß der Moderne trotzdem noch in Grenzen hält. In Bontoc gibt es mittlerweile zwar Musikboxen und

Hamburgerbuden, doch mit Köpfen Fußball zu spielen, hat den Igorot noch keiner gezeigt! Es gibt natürlich Ausnahmen, doch die gibt es auch auf dem Frankfurter Flughafen, wenn man für 33 kg Übergepäck nichts bezahlen muß. Zuletzt passierte das 1977. Nein, nicht auf dem Flughafen! Bei einem Busunfall kamen fünf Ifugao ums Leben, und die Dorfgemeinschaft forderte den Kopf des schuldigen Fahrers. Seitdem macht das Busunternehmen einen großen Bogen um diese Gegend.

Häuser und Reisspeicher werden weiterhin auf überlieferte Weise gebaut. Geister und Götter spielen eine wichtige Rolle. So darf der Reisbeschützer Bulul, eine meterhohe, hockende Holzfigur, vor keinem der Reisspeicher fehlen. Während ursprünglicher Zeremonien wird Bulul in Hühnerblut gebadet. Damit werden die Reisgötter beschwichtigt und sorgen dafür, daß der Reis nicht schon vor der nächsten Ernte verzehrt worden ist. Nachdem wir die Gedanken an derartige Opferungen beiseite gewischt haben, steuern wir die nächste *carinderia* an und bestellen Hähnchenflügel am Spieß.

Auf einem unserer Tagesausflüge besuchen wir Sagada, einen kleinen Ort in luftiger Höhe, der auf der Reiseroute fast aller Traveller liegt. Ob das am leckeren Yoghurt liegt, den das jüdische Café serviert? Oder an den halluzinogenen Pilzen, die in der Gegend wachsen? Bevorzugtes Ziel sind jedoch die Kalkfelsen und Höhlen, die als Friedhöfe fungieren. In einigen der Höhlen liegen bis zu 15 Särge übereinandergestapelt, und unter überhängenden Felsen baumeln „Hanging Coffins“ in schwindelnder Höhe. Begräbnisse sind mehrtägige, mit Gerüstbau und Umtrunk versehene Akte. Logisch, daß man hier an Geister glaubt.

Was allerdings Pilze und Blutorgien bei weitem in den Schatten stellt, sind die phantastischen, 2000 Jahre alten Reisterrassen von Malegcong und weiter südlich die von Banaue.

Während der Trockenzeit werden neue Reispflanzen gesetzt. Überall arbeiten Bauern im knietiefen Schlamm, Wasserbüffel pflügen den Boden und die mit Verzierungen versehenen Reisspeicher blicken über das Land. Morgendliches Licht mischt sich mit leuchtendem Braun. Das eindrucksvolle Bild, wie sich die Terrassen Stufe um Stufe in den Himmel erheben, ist kaum zu beschreiben. Oben angelangt habe ich den Eindruck, in der VIP-Lounge eines Amphitheaters zu schweben, und auch wenn ich die anderen noch nicht gesehen habe, so hat das „Achte Weltwunder“ seinen Namen wirklich verdient.

▲ Schotterpiste durch die Zentralkordilleren
▼ Per Auslegerboot nach Boracay

Froh, wieder im Sattel zu sitzen, werden wir von Bestien verfolgt, die in Form von Hunden und anderen Knochenbündeln überhaupt keine Ahnung haben, daß es auch Radfahrer gibt. Noch weniger Ahnung haben anscheinend die Bergmenschen, wenn es darum geht, Feuer zu machen: Teewasser aufsetzen kann bedeuten, einen mittleren Waldbrand auszulösen, und Nudeln kochen, daß ein ganzer Landstrich in Flammen steht. Es könnte aber auch sein, daß es sich um ahnungslose Bauern handelt, die alles verfeuern, was es zu verfeuern gibt. Neuer Lebensraum ist hier wohl wichtig. Daß die für Umweltprobleme zuständigen Behörden ahnungslos in Manila sitzen und weniger Ahnung als Hunde haben, was in den Bergen überhaupt vor sich geht, muß ich als westlicher Kopf, der durch drohenden Klimaumschwung sensibilisiert ist, als rücksichtslos bezeichnen. Große, altgewachsene Bäume gibt es schon lange nicht mehr, und weil eine Steppe eben steppenhaft schattenlos ist, sind ofenheiße Temperaturen von 35 °C nur mit Sonnenschutzmitteln und Schutzfaktor 15 zu ertragen!
Da kommt uns das kühle Hotelzimmer in Bayombong gerade nur recht! Welch' Luxus, diesmal sogar mit Bad! Nebenan, in „Casim's Eatery", stehen 20 Kochtöpfe zur Auswahl, um den hungrigen Radler mit kulinarischen Genüssen zu verwöhnen. Chicken und Fish! Fünf Piso oder umgerechnet 30 Pfennig pro Teller! Wie genügsam man doch werden kann. Als Dreingabe noch „Die nackte Kanone" auf Video, die töchterliche Präsentation eines Hochzeitskleides und eine Mobil-Disco, die zum Glück nicht funktioniert. Schade, daß man diese wohnliche Bleibe nicht einfach chartern kann.
Westlich von Santa Fé, einem Truckstop, der nur aus Eateries und Carinderias besteht, führt eine Schotterpiste über den 1000 m hohen Dalton Pass, der kilometerweit sichtbar unter einer staubigen Dunstglocke liegt. Busse und Lastwagen wirbeln faustgroße Steine auf, und verschwitzt kreisen die Gedanken um einen eiskalten Drink.
„Es gibt keine Radfahrwege, und der Kraftverkehr ist nicht auf Radfahrer eingestellt!" Stimmt. Es geht aber auch ohne.
Auf einer Nebenstraße, die von Buslinien als Ausweichstrecke genutzt und deshalb genauso dicht befahren wird, kommen wir am 1026 m hohen Mt. Arayat vorbei, einem erloschenen Vulkan, der einsam aus der Ebene ragt. Ringsherum grünen die Reisfelder, und von deutschen Chemiekonzernen aufgestellte Schilder erzählen, welches Pestizid gegen philippinische Schädlinge kämpft. Leverkusen läßt grüßen.

Die Rückkehr in die Apokalypse Manila erweist sich als nur halb so schlimm wie erwartet. Busse und Laster sind zwar eindeutig überlegen und Jeepneys treten gar in Divisionsstärke auf, doch trotzdem wird es nie richtig gefährlich für uns. Kaum erkennen die Fahrer, daß sie es mit überladenen und dazu noch amerikanischen Radfahrern zu tun haben, reiben sie den letzten Belag von der Bremse und warten, bis sich wirklich eine Überholmöglichkeit bietet. Dabei grüßen sie uns noch mit freundlichem *„Hey Joe!“*

Es kommt wie erwartet. Die schon tagelang fühlbare Spannung im Team wird durch Uschi und Norbert entladen. Mangelnde Kommunikationsfähigkeit und soziales Mißverständnis sind die eigentlichen Gründe, an denen wir zerbrechen. Anders gesagt: Jeder hat seine eigenen Vorstellungen von dieser Reise, und um ehrlich zu sein, ist mir das Tempo, in dem wir Luzon abradeln, einfach zu hoch. Wenn wir außer Radeln etwas anderes unternehmen, empfinde ich dies als spannungsreiche Hektik und am nächsten Tag einfach nur als abgehakt. Da rasen wir mit Lichtgeschwindigkeit durch die Schlaglöcher, nur um ein bestimmtes Ziel zu erreichen, und später frage ich mich, warum wir nicht hier oder dort geblieben sind, anstatt so zu hetzen. Da rennen wir in der Mittagshitze herum, anstatt uns in den Schatten zu setzen und gemütlich ein Picknick zu machen. Mein Problem ist, daß ich während solcher Unternehmen so mit mir selbst beschäftigt bin, daß ich überhaupt keine Probleme erkenne. Es sieht so aus, als wenn wir vor allem die mitteleuropäische (Gefühls)-Kälte, die wir immer noch in uns herumschleppen, nicht so leicht „verdauen“ können. Weil ich aber weiß, daß es auch anders geht, empfinde gerade ich diese Krise zwischen uns als großes Problem. Obwohl, Probleme macht man sich ja meist nur selbst ...
Vielleicht liegt das Problem aber auch darin, daß wir bis hierher immer zu viert unterwegs gewesen sind. Eine Situation, der ich als Egozentriker mit unzähligen allein geradelten Kilometern wohl doch nicht ganz gewachsen bin. Warum dauern die Pausen nicht länger? Warum werden unwichtige Dinge bis ins kleinste Detail ausdiskutiert? Warum ist es nicht möglich, schnell und spontan eine Entscheidung zu treffen? Ich finde es nur schade, daß der Rest unseres Teams nichts zu den Differenzen sagen will. Und für eine weitere Psychoanalyse samt philosophischer Erkenntnis bin ich leider nicht studiert. Ich hoffe nur, daß sich das Reise- und Freiheitsgefühl, für alle Dinge offen zu sein

und nicht zu viel über den Sinn des Lebens nachzudenken, wenigstens bei mir und Susi bald wieder einstellen wird.
Uschi und Norbert werden mit einem der großen Fährschiffe auf die weitab gelegene Insel Palawan fahren, Susi und ich nehmen die Autobahn und rollen von Manila nach Süden.
Eine tolle Straße auf der eigentlich „Toll" bezahlt werden muß. Die Tollhäuser sind aber nur Ruinen, also fahren wir gebührenfrei. Viele Rennradler kommen uns entgegen. Vielleicht weil die Mindestgeschwindigkeit 50 km/h beträgt. Daß wir langsamer fahren, scheint hier aber keinen zu stören.
In den Vororten von Manila wird der Küstenstreifen ständig verbreitert. Ekliger Gestank zeugt davon, daß für die Erschließung unverbrannter Hausmüll herhalten muß. So werden wohl auch die letzten Pfahldörfer aus dieser Gegend verschwinden, in denen jetzt noch Fischmarkt abgehalten wird.
Ein leichter Rückenwind treibt uns den Berg hinauf. Hinter Silang fahren wir durch Ananasfelder, halten an Früchteständen, um ausgiebig tropische Vitamine zu kauen und erreichen schließlich den 550 m hoch gelegenen Kraterrand des Taal-Vulkans. Tief unten glitzert das Wasser eines riesigen Sees, und mittendrin steht der kleine, ebenfalls mit Wasser gefüllte Vulkan. Seit die Philippinen 1521 entdeckt worden sind, hat man schon über 40 Ausbrüche des Taal-Vulkans registriert. Somit gehört dieser winzige Krater zu den aktivsten und gefährlichsten Vulkanen der Welt.
Die Abfahrt zum Seeufer ist einerseits Entspannung, weil sich außer Schmetterlingen niemand in diese Gegend verirrt, andererseits bedeutet sie volle Konzentration und schmerzende Bremshände, weil sie steil und – natürlich – eine Schotterpiste ist. Nachdem uns ein Auslegerboot über den großen See gebracht hat, können wir den ausgetretenen Weg zum Krater nur als Spaziergang klassifizieren. Außer der im Moment kalten Lava scheint die Insel zunächst nur aus Maniok, weißen Kühen und messerscharfen Grashalmen zu bestehen. Weiter oben aber dampft heißes Gestein, und die bei den Ausbrüchen ans Tageslicht beförderten Mineralien leuchten rötlich und braun. Das türkisfarbene Kraterwasser wirkt dagegen dunkel und drohend. Aus unterirdischen Quellen zischt fauliger Schwefelgestank, und der philippinische Adler, der lautlos seine Kreise dreht, scheint hier völlig fehl am Platz. Na ja, vielleicht steht er ja auf Kühe und Touris, wer weiß.

Mindoro ist nicht weit ...,

... Batangas noch näher. Der schmutzige Fährhafen gleicht jedem anderen Ort, der irgendwie eine Möglichkeit bietet, harmlosen Reisenden das Geld aus der Tasche zu ziehen. Anscheinend hat sich hier die gesamte Dealergilde der Inselwelt versammelt, um alles zu verkaufen, was nicht niet- und nagelfest ist. In dieses Gewühl aus Handel und Betrug mischen sich kleine und große Gauner und coole Traveller, die alle nur eines im Kopf haben: hier wieder wegzukommen. Wir kaufen uns eine Autofähre (die Höhe des Fahrpreises erweckt wirklich dieses Gefühl) zur Insel Mindoro, landen in der Nähe von Puerto Galera und finden einen Strand, um das Erlebte zu verdauen.
Doch weit gefehlt, von Ruhe keine Spur! Seitdem der neue Bürgermeister von Manila das sündige Rotlichtviertel zum Touristenzentrum saniert, packt dort die Mafia ihre Koffer und macht es sich an den nahen Stränden hier bequem. Eigentlich hatte ich diesbezüglich immer nur Thailand im Kopf. Doch wohin man in die Wellen auch schaut, überall sind nur weiße Bäuche zu sehen, und jeder hat 'ne zierliche Filipina im Schlepp.
UV-Strahlen-gezeichnet kommt Susi atemlos vom Strand zurück. „Ich hab' gerade mit einer von den Nu..., äh, mit einem der Mädchen gequatscht. Die hat mir gleich ihre ganze Lebensgeschichte erzählt."
„Echt?"
„Ernsthaft. Von dem Geld, das sie durch ihre Freier verdient, kann sie sich genauso viel leisten wie ein Reisbauer, der seine Ernte verkauft. Dann hat sie mir erzählt, daß sie ein Kind von einem Deutschen hat, der aber nicht mehr bezahlt, dann, daß sie ein zweites Kind von einem Australier hat, der sie heiraten wollte. Sie aber nicht, weil sie Angst vor einer Scheidung hat. Außerdem war sie schon in Frankfurt und in Sydney, am Taal-Vulkan aber noch nicht, und ihre Mutter, die ungefähr 45 ist, zieht die Kinder groß und die verkauft alle Geschenke, die sie von ihrer Tochter bekommt. Schon nach einem Tag die neue Glotze und nach einer Woche den neuen Videorecorder. Für das Zimmer bezahlt sie 170 Piso am Tag und die Nacht mit einem Freier kostet 500 Piso. Weniger geht nicht. Sonst muß sie sich Geld von anderen Mädchen pumpen und kann ihrer Mutter, die denkt, daß sie reich ist, keine Geschenke mehr machen!"
Ich bin genauso außer Atem wie Susi.

„Und warum wartet sie jetzt vor unserer Tür?"
„Na ja, sie meint, ihrer Mutter würde bestimmt unser Moskitonetz gefallen. Sie möchte es gerne kaufen!"
Eine Woche in diesem Sündenbabel ist selbst für harte Seelen sieben Tage zu lang. Das Moskitonetz habe ich vorsichtshalber im Rucksack versteckt, und die jeden Preis bemängelnden israelischen Traveller werden hier längst nicht mehr „Low"-, sondern nur noch „No-Budget"-Touristen genannt!

Von Puerto Galera aus fahren wir nach Calapan und dann die Ostküste der Insel hinab bis nach Roxas. Das richtige Mindoro fängt eigentlich erst hinter Puerto Galera an. Dort, wo nach sechs Kilometern die Asphaltstraße endet, dort wo sich der Schotterweg durch Kokospalmen schleicht und dort, wo man von Hügeln zahllose Buchten und weißes Wellenspiel sieht. Wir bestaunen die Tamaraw-Wasserfälle, die selbst in der Trockenzeit kühlenden Sprühnebel verbreiten. Zum Glück fahren auf dieser Piste nur wenige Jeepneys. Der aufgewirbelte Staub dringt in die kleinsten Öffnungen aller Lager und Foto-Objektive. Regelmäßige Putz- und Flickstunden gehören schon lange zum Programm.
In Basco mischen wir uns unter die Zuschauer, um den philippinischen Volkssport Nr. 1 zu verfolgen. Basketball! Wer das wohl eingeführt hat?
In Pinamalayan versucht man uns übers Ohr zu hauen. 325 Piso soll das Hotelzimmer kosten. Es stellt sich heraus, daß das Innere des Hauses eine einzige Baustelle und unser Zimmer das einzig bewohnbare ist! Susis Handelsgeschick drückt den Preis schließlich auf 200 Piso, und dafür bekommen wir sogar einen Balkon mit Ausblick auf Promenade und Strand. Was sich dort am Abend abspielt, ist eine Szenerie, die aus Wind- und Wellenrauschen besteht, aus stundenlang herumplanschenden Wasserratten, aus kreischenden Mädchen sowie an- und abfahrenden Motorradtaxen, die, völlig überladen, nur aus Menschen und Stereoanlagen bestehen! Feierabend auf den Philippinen. Auf dem Balkon bekommen wir ihn aus allernächster Nähe mit.
Bis auf nur eine zusammengefallene Brücke gehören die 36 km nach Bongabong zu den besten und schnellsten Asphaltstraßen, die uns auf den Philippinen je unter die Reifen gekommen sind. Wunde Hintern erleben das einmalige Gefühl von Straßen, auf denen man auch radfahren kann. Die Durchschnittsgeschwindigkeit steigt, und zusammen

mit den so verläßlich rollenden Rädern dürfen wir uns endlich auch beim Fahren entspannen.
In Roxas teilen wir uns mit 40 anderen Passagieren ein kleines Auslegerboot, das uns auf die kleine Insel Boracay bringen wird.

Die Visayas ...

... bestehen aus mehreren großen Inseln: Panay, Negros, Cebu, Bohol und Leyte, und sie liegen im Zentrum der philippinischen Inselwelt. „Ein Toast auf die Visayas" bedeutet in diesem Fall aber nicht „Hoch die Tassen!", sondern fünf Stunden würgendes Wellengefühl, das nur durch das Auftauchen einiger Delphine etwas gelindert wird. Fünf Stunden qualvoller Tod durch Seekrankheit sind aber nicht unbedingt das, was sich mein Kopf unter einer Radtour vorstellen kann! Endlich den starken Strömungen der Tablas-Straße entkommen, wird der Himmel doch noch blau und ein Hauch von Südsee-Exotik schippert uns direkt ins Paradies. Endlose Palmenreihen stehen am schneeweißen Strand, schlanke Paraw-Segelboote pflügen pfeilschnell durch hellblaues Wasser und lachende Bikinis laden zum nächtlichen Tanz.
Wie alle organisierten Paradiese ist allerdings auch Boracay nicht stubenrein. Einsame Sandbuchten sind nirgends zu finden, und jeder Palmenschatten ist an Bungalows und Kneipen verkauft. Korallen sind wegdynamitiert und auch Muscheln sind selten im Wasser, dafür aber reichlich in Souvenirläden zu sehen. Zu riechen gibt's natürlich auch immer was. Zu viele Menschen heißt zwangsläufig auch zu viele Toiletten, die Abwässer laufen ungeklärt ins Meer, der Algenteppich wird immer größer und so wird der einmalige „White Beach" in einigen Jahren bestimmt nur noch „Green Beach" genannt!
Wir lassen es uns trotzdem schmecken. Die Moderne aus neuen Autos, Kaufhäusern, Touristendollars und Satelliten-TV sei schließlich allen Menschen gegönnt, solange sie bereit sind, dafür etwas zu tun. Wie das ehemalige Paradies aber in ein ursprüngliches Paradies zurückverwandelt werden kann, entzieht sich meiner Vorstellungskraft. Das 3-Gänge-Menü im „Nu Nooz" beinhaltet Leckereien wie Créme de Pilzsuppe, filierte Thunfischflosse und Dr. Oetker-Gummikuchen. Die

Nachrichten von CBS werden auf Panoramabildschirm serviert und erzählen uns, daß in Deutschland endlich Sommerzeit ist. Nach einer Woche im Paradies ist der Nachholbedarf an Kalorien und katastrophalen Nachrichten zum Platzen gedeckt.

Wir setzen über auf die Insel Panay und fahren kurz darauf durch einen der ärmsten Landstriche, den die Inselwelt zu bieten hat. Was für ein Gegensatz zum mit Touristen überlaufenen Boracay! Der auf der Karte verzeichnete vierspurige Highway ist in Wirklichkeit nur eine bessere Piste. Private Autos sind nirgends zu sehen, und fast alle jungen Leute haben die Provinz Antique verlassen. Antik wie die Straße ist auch das soziale System. Das Wort „Arbeitslosengeld" läßt sich, wie fast überall in Asien, nicht übersetzen. Für einen Krankenhausaufenthalt wird der Kampfhahn versetzt, acht von zehn Filipinos haben in ihrem ganzen Leben noch nie einen Doktor gesehen. Nicht, daß es keine Ärzte gibt, doch die meisten machen in Amerika oder in Deutschland Karriere und nicht in der „Antike".
Für uns hat die Westküste von Panay ihren besonderen Reiz. Kein Straßenlärm, kein Dieselgeruch und die Piste ist flach. Durch kleine Barangays, Dörfchen mit hübsch angelegten Blumen- und Gemüsegärten, steigt die Straße bis auf 240 m an. Hausfrauen stehen am Straßenrand und verkaufen *saguellas,* pflaumenartige Früchte, die fast wie Pflaumen schmecken. Ein neues, mit funkelnden Dachziegeln gedecktes Haus gibt uns zuerst ein Rätsel auf. Das Türschild „Villa Salzburg" löst es aber schnell auf wunderbare Weise von selbst. Ach so!
Die Südküste von Panay ist reich an spanischer Geschichte. In San Joaquim steht eine alte, aus Korallenblöcken gebaute Kirche, die nicht nur Fledermäusen eine Heimat gibt, sondern auch Fassadenkünstlern ein Spielfeld bot. Mit etwas Phantasie steht man mitten in der Schlacht zwischen Mauren und Spaniern.
10 km weiter, in Miagao, bestaunen wir eine weitere Fassade. Hier schaut der heilige Christopher zwischen Kokospalmen und Papayas hervor und beobachtet, wie seine Kirche eine tropische Restauration erfährt. Ganz schön aufwendige Arbeit, wie drei Jungs mit Glimmstengel und Spachtel bewaffnet über dem Altar hängen und irgendwie versuchen, den Tag als non-workaholics verstreichen zu lassen. Zosch! Der Coladeckel landet im Müll.
„Sind Sie Christ oder Zeuge?"

Beinah' sprudelt mir die Kohlensäure durch die Nase.
„Wie bitte?"
„Wissen Sie, daß es auf den Philippinen 120.000 Zeugen Jehovas gibt?"
Der ältere Herr, der mich mit dieser Auskunft überrascht, lächelt mehr als überzeugend und ich schaue, nach Rettung suchend, wo Susi bloß bleibt. Keine Chance. Wenn Susi erstmal über der Eiskremtruhe klebt, helfen selbst überzeugende Argumente nicht mehr.
„Darf ich fragen, woher Sie kommen?"
„Aus Deutschland, aber ich bin Protestant!" beeile ich mich zu sagen.
„Ah, Deutschland. Da gibt es 167.000 Zeugen, das habe ich auf der reformierten Universität in Manila gelernt. In Amerika gibt es sogar 243.000 Zeugen, auf der ganzen Welt 4 Millionen und nach den Reformen sind auch in Rußland welche aufgetaucht!"
„Die haben vorher bestimmt im Untergrund gezeugt."
„Wie bitte?"
„Ach, ich meine nur, daß ihre Organisation bestimmt mächtigen Einfluß in der Religionswelt besitzt."
„Das kann man wohl sagen. Und wenn Sie in Deutschland sind, dann grüßen Sie bitte meine Glaubensgenossen von mir."
Ich frage mich nur welchen. Endlich von der Auswahl an Eiskrem überzeugt, scheuche ich Susi zurück in den Sattel. Auf den nächsten drei Kilometern fallen mir auf Anhieb sieben Hamburger Bahnhöfe ein, nein, sogar acht, auf denen zwei in Schweigen gehüllte Persönchen, von der Menge durchschnittlich mißachtet, ihre Religion in Form von aufgeklappten Büchern präsentieren. 167.000? Und den U-Bahnhof als Kirche? Ich glaub', die Uni in Manila sollte ihr Programm schnell reformieren.
In Iloilo City lassen wir unsere Visa verlängern und verbringen die Wartezeit im „Broadway Café". Name und Musik versprechen New Yorker Ambiente, die von Gina präsentierte Speisekarte sogar richtigen Espresso, und das Publikum, das sich hier zum Frühstück trifft, hat intellektuellen Touch. Nach elf Jahren New York ist sich Gina immer noch nicht zu schade, Mangos zu schneiden und edle Fruchtsäfte selbst zu mixen.
Karfreitag. Der Tag, an dem die Filipinos Blut sehen wollen! Im ganzen Land sind die Kirchen bis zum Bersten gefüllt. Pilger geißeln sich mit Peitschen und Dornen, und die Titelseiten der Zeitungen zeigen Menschen, die sich wirkungsbetont „echt" ans Kreuz nageln lassen. Auf der

kleinen Insel Guimaras wird ein Theaterstück aufgeführt, das Stationen im Leben von Jesus Christus zeigt. Von Pontius Pilatus, römisch-philippinischen Soldaten bis zu Frau Gouverneur Lopez ist alles vertreten, was Rang und Namen hat. Daß zwei deutsche Radfahrer separat und mit gebührenden Ehren vorgestellt werden, ergibt sich da von selbst …
Als Jesus sein Kreuz schließlich nach Golgata schleppt (übrigens das lokale Basketballfeld hinter der 500 m entfernten Kapelle), wird er vom Publikum applaudierend begleitet. Aus Ghettoblastern tönt der „River Kwai March“, und hautnah bekommen wir die Kreuzigung mit. Hier allerdings nur gespielt, unser Schauspieler braucht seine Finger. Die Haltung nach seinem Ableben kann aber getrost als authentisch bezeichnet werden. Plötzlich bekomme ich die Eingebung, ein Teil unserer Weltgeschichte zu sein, wenn auch nur ein kleiner. Aber immerhin hab' ich hinter Frau Lopez gesessen!

Mit der Fähre fahren wir nach Negros, freuen uns über Zementplatten und wenig Verkehr und machen einen Abstecher zum Vulkan Kanlaon. In Mambucal, einem kleinen Ort im gleichnamigen Erholungspark, etwa 300 m hoch am Hang des Vulkans, nehmen wir ein Bad unter dem Wasserfall und stellen fest, daß es dem dortigen Urwaldrest schnell an den Kragen geht. Aus dem Radio tönt „The End“ von den Doors, aus dem Badezimmer tönt das Geräusch einer Bürste, mit der Susi wie wild auf T-Shirts und schmuddeligen Shorts rumschrubbt und von draußen tönen die Sirenen von Zikaden und der Lärm von Kettensägen ins Ohr.
Die Nordhälfte von Negros wird fast ausschließlich für den Zuckerrohranbau genutzt, Bäume werden hier schon länger gefällt. Abends ziehen Regenwolken über das Land und einige Tropfen wagen es, auf den Boden zu fallen. Doch Regen wie man ihn kennt, bleibt einfach aus. Der Grundwasserspiegel an den Hängen des Vulkans ist schon dramatisch gesunken. Viele der gelbbraun gefärbten Schwefelquellen sind trocken, und die Parkhüter erzählen uns machtlos, daß die Bodentemperatur dramatisch angestiegen sei.
Des einen Leid, des anderen Freud'. Auf den Zuckerrohrfeldern wird hart gearbeitet, und in Victorias besuchen wir eine der Zuckermühlen, in der wir den komplizierten Prozeß der Zuckergewinnung zwischen laut rotierenden Zahnrädern und stampfenden Kolben dieser 3000-Arbeiter-Fabrik buchstäblich in die Köpfe gehämmert bekommen.

▲ Fischerstrand auf Camiguin
▼ Punpun, der einbeinige Radler

Die eigentlichen Attraktionen aber heißen „Baldwin“, „Henschel“ und „Stafford“. Alte Dampflokomotiven aus den frühen Zwanzigern, die allesamt auf Schmalspur qualmen. Schon etwas zusammengeflickt brüllen die antiken Dinos auch heute noch ihr Lied und kreuzen über die Felder, um geschlagenes Zuckerrohr zu den Fabriken zu fahren.
Nebenan in der Arbeiterkirche wohnt „Angry Christ“. Der surrealistisch gemalte und böse dreinblickende Jesus wacht darüber, daß niemand es wagt, den Zucker zu klauen! Nicht mit uns. Wir sitzen lieber im Sattel und strampeln uns ab. Obwohl, die Sonne im überhitzten Negros brennt ohne Gnade vom Himmel, und um die Mittagszeit sind Reifen und Asphalt ein harmonischer Kleber.
Die „Gretchen II“, ein durch die Wellen tuckerndes Kutterschiff, das man auf den zweiten Blick eher als absaufendes Wrack bezeichnen muß, lädt uns auf Bantayan ab. Einer Insel, die nicht größer als ein Korallenfelsen ist. Sie besteht hauptsächlich aus Hühnerfarmen und Kokospalmen. Die Eier der Farmen werden millionenfach auf andere Inseln verschifft, während die Kokosnüsse zu Öl und Zucker verarbeitet werden.
Außer einigen Tankstellen, die den begehrten Treibstoff in Colaflaschen verkaufen, und freundlichen Farmern, die selbstgebrannten Kokoswein an den Radler bringen wollen, gibt es nur noch Sonne und Strand. Für Muschel- und Palmenfetischisten wie wir beide es sind, fällt es langsam schwer, eine Hitliste für philippinische Strände zu erstellen. Es gibt einfach zu viele.

Endlich auf Cebu ...

Zwischen Bogo und Sogod läßt uns das ewige Auf und Ab kaum zur Ruhe kommen. Auf der Straßenkarte ist das natürlich überhaupt nicht zu sehen. Erst nach einer 5 km langen Abfahrt durch Kalkfelsen und ärmlich aussehende Dörfer sind wir davon überzeugt, den Kampf mit Ritzeln und Pedalen gewonnen zu haben.
Im Gegensatz zum ländlich und durch weißgetünchte Häuser fast südeuropäisch wirkenden Küstenstreifen bedeutet Cebu City die Rückkehr zu Fast food und Zivilisation. Hin- und hergerissen zwischen klimatisierten Kaufhäusern, farbenfrohen Jeepneys und gut bestückten

Carinderias gehen wir zuerst zur Bank, bevor wir einem Kauf- und Eßrausch erliegen.

Besinnung finden wir schließlich in der „Basilica Minore del Santo Niño", wo herrliche Wandmalereien und flotte Gottesdienste das Gedankenleben erleichtern.

Nachdem Magellan die Philippinen entdeckte, wurde 1521 die erste katholische Messe abgehalten. Während dieser zweifellos großartigen Feierlichkeit wurden Häuptling Humabon sowie 800 seiner Stammesangehörigen christlich getauft. Das Taufgeschenk „Santo Niño", ein kleines, mit Edelsteinen besetztes Jesuskind, ist in der Basilica zu bestaunen. Nur zwei Wochen nach diesem Ereignis wurde Magellan vom Nachbarhäuptling kalt massakriert! Das Wort Neid schien auch damals schon bekannt zu sein.

Die Ausfallstraße ist bis hinter Naga mit Jeepneys gespickt. Irgendwann aber riecht es wieder nach Meer, und sogar einige Banyanbäume sind vor der Axt gerettet worden. Hinter Carcar schwitzen wir uns über das zentrale Gebirge und fahren die kaum besiedelte Westküste entlang.

Plötzlich überholt uns ein Rennrad, was nicht unbedingt erwähnenswert ist, in diesem Fall aber schon. Nicht, weil es auf den Philippinen nur wenige Rennradler gäbe, aber dieser Radler hat nur ein Bein! Wie fast alle Filipinos hat aber auch Punpun das Lachen nicht verlernt, obwohl er allen Grund dazu hätte. Einen schweren Unfall beim Motocross hat er mit dem Verlust seines linken Beines bezahlt. Daß er jetzt, nur 12 Monate später, schon wieder im Sattel eines Fahrrades sitzt und, wie wir später bei Ausflügen erfahren, 40 und manchmal sogar 50 oder 60 km als tägliches Trainingspensum absolviert, kann ich in diesem Moment kaum fassen! Wie viele Menschen gibt es in besser situierten Ländern, die in solchen Situationen nur an Rollstuhl, unerwünschtes Mitleid und schließlich Selbstmord denken? In Asien aber, wo alle Behinderten wie selbstverständlich in der Gesellschaft leben und Dorfbewohner keine Ahnung haben, was das Wort Unfallversicherung bedeutet, muß Punpun sehen, wie er allein zurechtkommt! Ich muß sagen, daß ich ihn nicht beneide, aber seine Willenskraft wirklich bewundere.

1984 sorgte ein Taifun dafür, daß vom Strand in Moalboal nur scharfkantiger Fels übrig blieb. Dafür gehört das Korallenriff der vorgelagerten Pescador Island zu den schönsten der Welt. Woher wir das wissen? Nun, der ganze Ort scheint eigentlich nur aus Dive-shops, Tauchschulen und Tauchern zu bestehen. Am nicht mehr vorhandenen Strand drängelt sich ein Tauchboot neben das andere, und überall werden Tauchkurse zu unschlagbaren Preisen verkauft. Der nächste Schritt wäre unweigerlich, für einen Tauchkurs Geld von der Tauchschule zu bekommen. Günstiger sind nur noch Goldfische und das Aquarium daheim.

Internationaler geht es ebenfalls nicht mehr. Von deutschen Kursen, englischen Kursen, schwedischen Kursen bis hin zu hebräischen Budget-Kursen (in Klammern „No Discount!") werden alle Kurse angeboten, die ein Zusammentreffen mit Fischen garantieren.

„Aufhören zu atmen bedeutet unweigerlich den Erstickungstod!" Das ist die erste Grundregel, die wir von Bernie lernen, seines Zeichens Tauchlehrer aus Füssen und mit 1500 Tauchgängen schon ziemlich dekomprimiert. Die „Visaya Divers" sind ganz nach Susis Geschmack. Wenn schon keine australischen Surfer, die sie schon seit Sumatra vergeblich sucht, dann wenigstens Allgäuer Dialekt, frische Unrasur und wallendes Haar. Na warte, bis es heißt, mal wieder die Räder zu putzen!

Die erste Theoriestunde im 5 m tiefen Pool heißt baden zu gehen. Nach 10 Minuten hängt Susi immer noch über den Wellen, während ich mir blubbernd überlege, wie man am besten Korallenleichen seziert. Endlich schafft es auch Susi zum Grund. Begeistert scheint sie aber nicht zu sein. Auf ihrem Gesicht kann ich die Frage ablesen, was sie hier eigentlich macht, keine Ahnung von Luftholen hat und so schnell wie möglich zum Strand zurück will.

Drei Tage später sind meine Korallenerlebnisse schon beinahe Legende. Zwischen Tarierweste, „Tongo Point" und Tauchgang Nr. 4 schafft es Susi, beim siebten Anlauf die Maske zu vergessen, endlich auch ohne die Sichtgläser eine Runde zu schwimmen (wohlgemerkt unter Wasser), bekommt von Bernie das Daumen-Zeigefinger-Zeichen gezeigt und ist ab sofort vollwertiges Mitglied im Stickstoffverein!

Nachdem wir auch die theoretische Prüfung abgelegt haben, schwillt stolz die Flosse an. Als ausgewachsene Tauchschüler, die noch nicht einmal die Rückwärtsrolle beherrschen, besitzen wir von nun an den Unterwasserführerschein. Kein Riff ist mehr sicher vor uns, und zwischen Clownfischen, Fächerkorallen und rostenden Blechbüchsen vergeht die Zeit wie im Flug.

Endlich einmal ruhige See. Durch die mit kleinen Atollen gespickte „Straße von Bohol“ bringt uns ein Fährschiff auf die gleichnamige Insel. Überhaupt Fährschiffe! Das sogenannte „Inselhüpfen“ von einem Landesteil zum nächsten ist so gut wie nie ein Problem. Bis auf wenige Ausnahmen sind fast alle Inseln miteinander verbunden. Selbst dort, wo es keine großen Fähren gibt, verkehren immer noch Auslegerboote. Da heißt es manchmal zwar das Rad selbst zu vertauen, doch Schwierigkeiten, uns und unsere zweirädrigen „Kollegen“ auf eine andere Insel zu schiffen, die haben wir nie.
Auf Bohol suchen wir unsere geliebten Zementplatten beinahe vergeblich. Die sogenannten „Straßen“ sind auch hier nur bessere Wege, und dort, wo sie einmal Straßen werden sollen, werden wir von Staub aufwirbelnden Lkws kräftig gepudert. So eine Piste, auf der wir durch den westlichen Teil der Insel fahren, verlangt natürlich nach einer Pause. Und die genehmigen wir uns an einem höchst spektakulären Ort.
Der Wecker in der Pension klingelt morgens um fünf, ein heller Mond strahlt in fast voller Größe und außer im Gebälk nistender Termiten und krähenden Hähnen ist nur die Stille zu hören.
Urplötzlich tauchen sie aus der aufgehenden Sonne auf, die „Chocolate Hills“. Über 1000 dieser mysteriösen Hügel sind auf der riesigen Hochebene verstreut. Aus Sandstein und Korallen gewachsen sehen sie aus wie mit dem Bagger angehäuft, eine Laune der Natur. Nirgendwo auf der Welt gibt es eine ähnliche Landschaft zu sehen, und selbst Wissenschaftler haben bis heute keine Erklärung für ihre Entstehung gefunden.
Unser Sitzfleisch hat mittlerweile die Metamorphose zu Sattelleder geschafft! Auf Straßen, die nur aus Zementstaub bestehen, kommen wir durch Baclayon, der ältesten registrierten Stadt des Landes, in der auch die mit 400 Jahren älteste Kirche steht. Die von Termiten zerfressenen und trotzdem noch zu erkennenden Kirchengemälde sorgen für Gesprächstoff bis Jagna. Die beim Bäcker stehende Kühltruhe, sonst mit Eiskrem gefüllt, ist leider leer. Soll erst nächste Woche wieder aufgefüllt werden, was bedeutet, daß sie nicht funktioniert. Der Hafenmeister von Jagna zuckt mit den Schultern und meint, daß es keine Schiffe mehr gibt. Das heißt, es gibt noch Schiffe, aber die fahren nicht dorthin, wohin wir gerne möchten. Die Insel Camiguin schon in Sichtweite nehmen wir einen Umweg in Kauf, schieben die Räder auf eine riesige Roll on-Roll off-Fähre, die wohl einst im englischen Ka-

nal gearbeitet hat und schippern durch eine strahlende Vollmondnacht. In Cagayan de Oro auf Mindanao wechseln wir schnell das Schiff und ein wackelnder Frachter, Made in Japan, palettenweise beladen mit Möbeln und Reis, bringt uns endlich ans Ziel.
Das kleine Inselchen Camiguin besteht aus sieben Vulkanen und einer aus Affen, Vögeln und Insekten akkumulierten Geräuschbatterie. Schmetterlinge und mit prachtvollen Orchideen geschmückte Gärten verbreiten ein Gefühl von Natur, und das abendliche Gecko-Konzert der unter dem Dach wohnenden Eidechsen ist beschwingende Abwechslung zu Diesel und Verkehr.
Nach tagelanger Entspannung im passenden Beach Bungalow machen wir einen Ausflug zum Katibawasan-Wasserfall. Auch ohne Gepäck gehört diese Strecke in die Kategorie „Unmöglich-im-Sattelsitzen-zu-bleiben", einfach zu steil ist der Weg. Immerhin, so können wir uns auf den letzten drei Kilometern voll auf den ausgebrochenen Schweiß und den am Hang wachsenden Wald konzentrieren. 50 m rauscht der Wasserfall zu Tal, und die kühle Umgebung ist die ideale Entschädigung, um ein Picknick zu machen.
Gleich um die Ecke plätschern die Ardent Hot Springs. 40 °C heißes Wasser bedürfen zwar der Gewöhnung, doch im untersten Pool schaff' ich es immerhin, 10 Minuten im Wasser zu bleiben, ohne gleich einen Hitzschlag zu kriegen. Danach aber sind Schweißausbrüche und Wasser nicht mehr zu unterscheiden.
„Kann man hier Land kaufen?" Uns gegenüber sitzt ein aus verschiedenen Hautfarben bestehendes Paar.
Eine Antwort fällt mir nicht ein. Der Dialekt hört sich aber an wie Starnberger See.
„Nein, ich komme aus Wien, wohne aber schon seit 10 Jahren in den States."
Ach so. Wir teilen also den Abend mit einem Wiener, der schon seit 10 Jahren in Washington wohnt, mit einer Filipina verheiratet ist, die neben ihm sitzt und ohne Ende lächelt, und der bisher dreimal auf den Philippinen gewesen ist, dabei aber nur das Dorf seiner Frau kennengelernt hat. Diesmal sind sie extra gekommen, um für die Familie kirchlich zu heiraten. Genau am Hochzeitstag aber bekam ihre Mutter einen Schlaganfall, und sie mußten 5 Stunden bis ins nächste Krankenhaus fahren, wo sie angesichts ihrer Kleidung und 50 % falscher Hautfarbe in die Rubrik „reich" eingestuft wurden.
„Da sollten wir gleich 25.000 Piso für eine Privatdiagnose bezahlen.

Das sind 1000 US-Dollar! Weil wir nicht so viel Geld dabei hatten, sind wir die 5 Stunden wieder zurückgefahren und die Mutter ist bei der Trauung gestorben!" erzählt uns das Paar.
Statt gefeiert wird also erstmal drei Tage getrauert, was einem Feiern gleichkommt, denn das ganze Dorf kommt mit Hühnern und Schweinen vorbei und aufgeräumt werden darf nicht und Duschen ist auch verboten und weil die beiden noch nicht von Camiguin gehört haben, sind sie 24 Stunden nach Manila zum Duschen gefahren! Reiselust oder Wahnsinn? Das ist hier die Frage. Jetzt sitzen sie also seit 10 Minuten am Strand und überlegen, ob sie hier ein Grundstück kaufen sollen. Oder nicht doch lieber auf Hawaii? Da fliegen sie in vier Tagen hin, denn eigentlich hat der Wiener die Nase voll von den Insulanern. In den letzten drei Jahren hat er schon 15.000 Dollar und Boot und Jeep in die Familie reingesteckt, und statt besser ist alles nur schlimmer geworden. Und weil er Fahrrad fahren wollte, ließ er ein Fahrrad kaufen. Doch das war nach drei Tagen kaputt, und dann kam der Besitzer und wollte das geborgte Fahrrad zurück! Doch wo das Geld geblieben ist, weiß keiner so recht.
„Und deshalb möchte ich einfach nur eine Toilette zum Spülen und bitte keine mehr von diesen verflixten Leuchtstoffröhren aus China, die alle nur bis nächste Woche halten!"
Am nächsten Morgen liegt ein Zettel bei uns auf dem Tisch, auf dem steht, daß sie zurück zu ihrer Trauung sind.

Die Philippinen ohne Hahnenkampf ist wie München ohne Oktoberfest. Unvorstellbar! Jeden Sonntag versammeln sich die Männer im eigens für diesen Sport gebauten „Cockpit", unter einem Arm den über alles geliebten Hahn geklemmt, unter dem anderen die Haushaltskasse.
Mit scharfen Messern „frisiert" wird aus dem Haustier eine gnadenlose Kampfmaschine gemacht. Der Einpeitscher quäkt durch ein knisterndes Mikro und sabbelt stundenlang über die Taten der Gegner. Gewettet wird per Zeichensprache, da halte ich mich lieber zurück. Endlich fliegen die Federn! Mit aufgestellten Kragen, die Hälse wie Gladiatoren nach vorne gestreckt, hecheln sich die Kampfhähne an. Auf den Rängen schwitzt, brüllt und wittert man die Pisos. Den Zuschauern quellen die Augen noch weiter raus als den mittlerweile federlosen Akteuren. Zwischen Sprüngen und Kreischen blitzen die Klingen, und nach 30 Sekunden ist alles vorbei. Siegreiches Gekrähe,

blutverschmiert bleibt die Arena zurück, und so manchen Glücklosen erwartet wohl das Nudelholz, wenn's statt gefüllter Kasse heut' nur Grillhähnchen gibt!
Die letzten 300 km durch den Ostteil der Insel Mindanao dienen nur dazu, den Gesamtkilometerstand zu verbessern. Im Westen der Insel kämpft die moslemische Freiheitsorganisation MNLF für einen autonomen Staat. Erst Schotter und jetzt auch noch Kugelhagel?
Es wird Zeit für uns, die Kurve zu kratzen. Post von Uschi und Norbert kommt aus Malaysia, wie kommen die denn da plötzlich hin? Am Airport von Davao City warten laufende Jetdüsen auf uns, und das indonesische Sulawesi ist schon beinahe zu sehen. *„Radfahren auf den Philippinen ist lebensgefährlich?"* Von 7107 Inseln haben wir 12 überlebt, aber Plattfüße haben wir keine gehabt.

Geh' sorgsam um mit Deinen Erinnerungen,
Du kannst sie nicht noch einmal erleben.

(unbekannt)

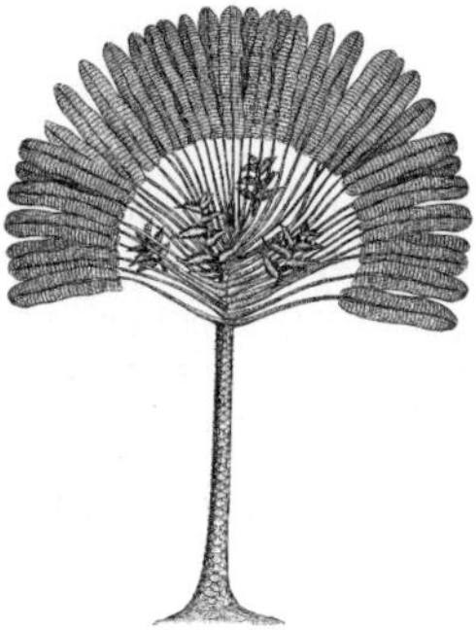

Der „Baum der Reisenden"

SULAWESI

Manado …

… begrüßt uns mit einem internationalen Flughafen, dessen Rollbahn dem Rasenacker einer deutschen Provinzlandebahn ohne Einschränkungen Paroli bieten kann! Begrüßt werden wir weiterhin von neugierigen Zollbeamten, die bei näherem Hinsehen so aussehen wie Indonesier und die eine Grip-Shift-Schaltung mit dem Gasgriff für ein 24gängiges Moped verwechseln. Wie überall in Indonesien begrüßt man uns auch auf Sulawesi mit „Dari mana – woher?“, obwohl unser Flug der einzige am heutigen Nachmittag ist und ohne Zweifel aus Davao kommt. Die Begrüßungsarie setzt sich mit „Mau ke mana – wohin?“ fort, obwohl nur eine einzige Straße den Airport verläßt, die ohne Umwege in die Stadt Manado führt. Zum Abschluß der Begrüßung werden wir von lächelnden Gesichtern begrüßt, die all diese Fragen sinnlos erscheinen und überdehnte Bowdenzüge schnell aus dem Gedächtnis verschwinden lassen.
„Wo sind wir hier bloß gelandet?“ Susi schaut verdattert.
„Also ehrlich, fängst du jetzt auch schon an, so komische Fragen zu stellen? Oder hast du den Zeitunterschied noch nicht ganz verkraftet? Indonesien, Susi! Sulawesi! Minahasa-Halbinsel! Das letzte Stück Straße, das uns noch nicht unter die Räder gekommen ist!“
Susi bleibt beharrlich und blickt orientierungslos umher.
„Weiß ich auch. Und trotzdem sieht's hier gar nicht indonesisch aus. Schau' dich mal um.“
Wo Susi recht hat, hat sie recht. Kirchen links, Kirchen rechts und haufenweise Miniröcke. Das soll Moslemland sein? Es ist zwar schon drei Jahre her, seitdem wir das letzte Mal in Indonesien waren, doch daß in dieser Zeit alle Moscheen gegen Kirchen ausgetauscht worden sind, will auch mir nicht in den Kopf.
In Manado klärt man uns auf, d.h., wir klären uns selber auf. Neben den Kirchen sprießen chinesische Tempel und gläserne Bankpaläste wie Pilze aus dem Boden. Dazu noch ein Haufen chinesischer Restaurants und jede Menge chinesisch aussehende Menschen, die genauso wie in Singapur einem täglichen Einkaufsrausch erliegen. Indonesische Chinesen? Chinesische Christen? Christliche Indonesier? Mein Weltbild fängt wieder einmal an zu bröckeln. Waren wir nicht gerade erst bei den Katholiken?
Das Rätsel wird im „Smiling Hostel“ gelöst. Peter, seines Zeichens

deutscher Losmen-Manager, seit mehreren Jahren in Indonesien verliebt und zwischenzeitlich auch in einige der weiblichen Bewohner (letzteres war wegen religiöser Ungereimtheiten leider nicht sehr erfolgreich), erzählt uns im Zuge seiner Traveller-Aufklärungs-Kampagne, daß 90 % der Minahasa-Einwohner christlichen Glaubens sind. Knappe 10 % sind staatlich anerkannte Moslems, und die restlichen Prozente, die sich orientierungslos dazwischen bewegen, pilgern lieber von buddhistischen Tempeln über Kirchen bis hin zu Moscheen, anstatt überhaupt keine Religion zu besitzen. Glaubenlos bedeutet nämlich Kommunist zu sein, und die sind seit drei Dekaden und einem zweifellos zweifelhaften Militärputsch revolutionärer Chinesen nicht gerne gesehen. Wahrscheinlich haben sich deshalb alle auf der Minahasa-Halbinsel versammelt!

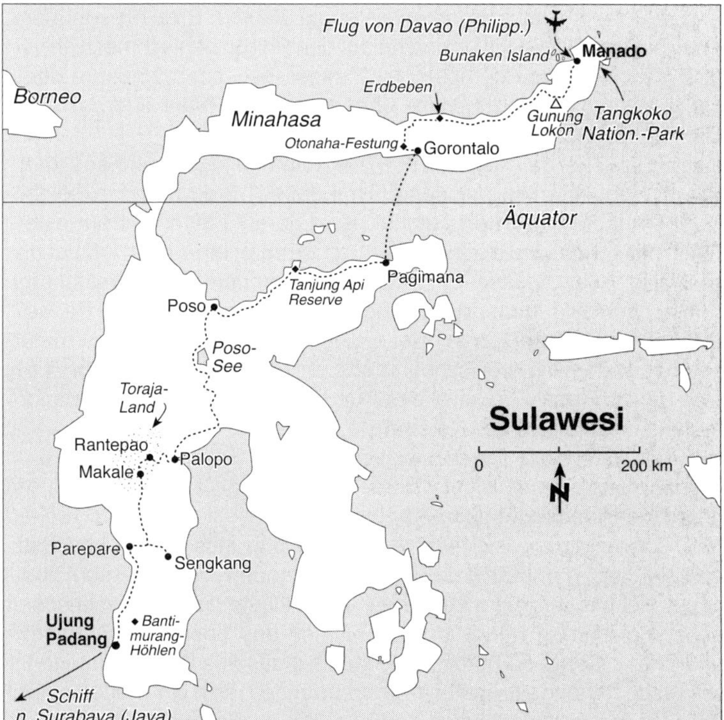

Nach einigen Tagen der Akklimatisation, in denen wir uns langsam aber sicher umstellen, statt „Hey Joe!“ wieder einmal „Hello meester!“ zu sein, folgen wir dem erneuten Ruf des Abenteuers. Statt im Sattel sitzen wir aber diesmal im Bus. Hinter das Lenkrad eines über und über mit arabischen Schriftzeichen dekorierten Vehikels geklemmt, fragt uns der offensichtlich zu den restlichen Prozenten gehörende Busfahrer, wohin wir denn wollen. Dann rührt er wie ein Berserker im Getriebe herum, findet einen unpassenden Gang, fragt weiter, woher wir denn kommen und ob wir schon indonesisch könnten und bringt das Fahrzeug endlich dazu, sich in Bewegung zu setzen. Nachdem wir auch die Fragen nach Kindern, Religion und Verdienstmöglichkeiten in Deutschland beantwortet haben, sind wir unserem Ziel, dem im östlichen Nordosten der Minahasa liegenden Tangkoko Nationalpark ein gutes Stück näher gekommen.
Erstaunlich. Im Nationalpark gibt's sogar Bäume! Eine Art von Flora, die wir in den letzten vier Monaten auf den Philippinen schmerzlich vermißt haben. Freddy, kompetenter Ranger, der schon 25 Jahre durch die Minahasa streift, führt uns über matschige Pfade und durch die Dämmerungsmusik vieler Vögel und Mücken.
„Gleich sind wir da. Keine Bange, sie kommen jede Nacht aus ihrem Baum. Habt ihr auch genügend Filme dabei?“ Freddy ist trinkgeldbewußt um jeden Touristen bemüht. Kurz darauf stehen wir auf einem Platz, der schon von unzähligen Füßen zertrampelt worden ist. Vor uns ein riesiger Urwaldriese, der noch riesiger in den Abendhimmel ragt. „Sie suchen sich immer die größten Bäume aus, die kleinen Bengel“, lacht Freddy, wobei ich an dieser Stelle versuche, möglichst naturgetreu aus dem Indonesischen zu übersetzen. „In diesem Baum wohnt eine ganze Familie. Zwei Männer und drei Frauen, aber die Männer hauen immer gleich ab. Da sind sie schon!“
Wie auf Kommando werden wir von winzigen Fellbündeln überrannt. Tarsier, Geistertiere! Nicht größer als eine Zigarettenschachtel. Mit überdimensionalen Augen und einem Kopf, der sich um 180° drehen läßt, schwingen sie sich von Ast zu Ast und lassen sich von Blitzlichtgewitter, Kameramotoren und klackenden Verschlüssen überhaupt nicht irritieren. Im Gegenteil. Die kleinste der Tierwissenschaft bekannte Affenart hängt in den Bäumen und posiert für Autofocus und Zoom. Gähnend bereiten sie sich auf das aus Eidechsen und Insekten bestehende Frühstück vor und wundern sich wohl jeden Abend über ein fast geräuschloses und nur aus entzückten Wortfetzen be-

stehendes Blitzlicht-Gewitter! Drei verschiedene Arten der Tarsier leben auf Sulawesi, dazu noch eine auf der philippinischen Insel Bohol. Wir fragen uns allerdings, in welchen nicht vorhandenen Bäumen die dort wohl wohnen? Nachdem Freddy uns zurückgeführt hat, sind wir jedenfalls der einstimmigen Meinung, daß uns der Wald samt Geistern einen tollen Inseleinstieg bereitet hat.
Ein zwischen den Gängen rührender Busfahrer, die üblichen Fragen fragend, die wir eigentlich schon mit dem Tonband beantworten könnten, bringt uns zurück nach Manado. Dort mach' ich mich daran, die Räder ein weiteres Mal auf Vordermann zu bringen, wechsle Reifen von vorne nach hinten, tausche Bremsbeläge aus und öle Bowdenzüge und Ketten. Schnell noch die Umwerfer auf exakten Umwurf eingestellt, und schon sind wir bereit, um Sulawesi vom Rad aus zu erkunden.
„Was? Ihr wollt schon los? Ihr seid doch noch nicht mal baden gewesen!" Peter ist ehrlich entrüstet, als er von unseren Aufbruchplänen hört. In der nächsten Minute hängt er am Telefon und führt ein eigenartiges Gespräch. „Hallo, Ricky? Ja, hier ist Peter. Ich hab' zwei Kunden für dich. Was? Keine Zeit? Die kommen aus Deutschland, aus Hamburg. Ja. Nein! Touristen?" Peter schaut zu uns rüber und runzelt die Stirn. „Nö, keine Millionäre. Also morgen dann, ja? 60 o.k? Was, 120? Ich ruf' dich nie wieder an! 100? Na gut. Aber mit Ausrüstung, Lunch und Musik! Alles klar, morgen früh um acht. Tschüs."
Peter lacht und scheint völlig zufrieden. Wir haben nur Deutsch verstanden und wissen, außer daß es um „100" geht, überhaupt nicht, was jetzt passiert.
Als wir am nächsten Morgen um „100" erleichtert worden sind, die Tauchanzüge anprobieren und ein wackeliges Tauchboot vor der Insel Bunaken den Anker wirft, ist das Geheimnis natürlich schon lange gelüftet. Unser Tauchführer, ein kugelrunder Indonesier namens Ricky, der eigentlich gar nicht so aussieht, als ob er schon 2000 Tauchgänge hinter sich hat, fällt wie eine Wasserbombe ins türkisfarbene Meer. Wir gleich hinterher, sehen außer „türkis" erstmal gar nichts, doch als wir die Nähe des Riffs erreichen, finden wir eine zauberhafte Unterwasserwelt vor. Zwei Tauchgänge lang staunen wir über eine Farbpalette, wie sie der beste Meister nicht zurechtmischen kann. Wir spielen mit Anemonfischen, entkommen nur knapp einigen zuschnappenden Muscheln und erfahren mit Kratzwunden, wie hart Korallen eigentlich sind. Nach dem leckeren Lunch, das aus Fisch und

Mineralwasser aus Plastikflaschen besteht, tuckern die Taucher, die ja eigentlich Radler sind, nach Manado zurück. Ricky erzählt uns nicht ohne Stolz, daß er acht Jahre in Hannover studiert hat. Daher auch sein perfektes Deutsch. Als wir ihn allerdings fragen, indonesisch bewußt, wie es um Frau und Kinder steht, winkt er nur ab.
„Heiraten? Kein Interesse. Als Christ brauche ich so was nicht.“ Mit schnellem Griff holt er eine Mundharmonika heraus und bläst aus voller Lunge „Auf deeer Reeperbahn nachts um halb eins ...!“ und zwischen dieselndem Geknatter und lauwarmen Wind fühlen wir uns beinahe auf die Alster versetzt.
Es nützt einfach nichts, wir müssen zurück in den Sattel. Die indonesische Regierung weist uns mit einem zweimonatigen Visum, das man auch in jüngster Zeit nicht verlängern kann, in gewisse Schranken. Der Tourist soll sich auf die Highlights des Landes beschränken, und wir als Radfahrer schaffen es deshalb nur, auf einer von über 13.000 Inseln zu touren.
„Laß uns bloß nicht zuviel planen!“ meint Susi in einer Tonart, die mich unwillkürlich von der Straßenkarte zurückschrecken läßt, „wir haben noch genügend Zeit. Was wir diesmal nicht sehen, das sehen wir eben auf der nächsten Tour. Außerdem, als urlaubsbewußte Zehnkämpferin dauernd durch die Wälder zu latschen, nur um am Ende von „Trekking“ zu erzählen, das liegt mir sowieso nicht!“
Oha, das sind ja ganz neue Töne! Dazu fällt mir gar nichts mehr ein.
„Ah, ja. Stimmt. Hast recht. Na, dann laß uns mal los ...“

Wie fast überall in Asien ...

... gibt es auch auf Sulawesi kaum eine asphaltierte Straße, die nicht von einem Haufen verschiedener Verkehrsmittel befahren wird. Die Hauptstraße nach Bitung ist da leider keine Ausnahme, sie wird von Lastwagen, Bussen unterschiedlicher Größen, privaten Pkws und Touristen die mit dem „Sepeda“, dem Fahrrad, unterwegs sind, benutzt. Straße bedeutet Leben, Straße bedeutet Geschäft, Straße bedeutet „Hier-kommt-man-irgendwie-weg“ und Straße bedeutet auch, daß hier bestimmt mal was Besonderes passiert. Etwas, das die ausdauernde und fast nie zu befriedigende Neugierde eines Indonesiers wenigstens für einige Minuten stillt. Auf dieser Asphaltstraße, gewalzt und

geplättet wie von göttlicher Hand und, im Gegensatz zu philippinischen Reifenfraßpisten, eher mit einer deutschen Autobahn zu vergleichen, läßt es sich wunderbar radeln. Bloß – es geht mal wieder bergauf. Eigentlich kein Wunder, denn Sulawesi ist das hügeligste Eiland Indonesiens. Der größte Teil der Insel liegt über 500 m, und ein volles Fünftel ist sogar weit über 1000 m hoch. Davon erzähl' ich Susi lieber nichts!
Bei Airmadidi biegen wir von der Hauptstraße ab. Der Vulkan Gunung Klabat, der eigentlich alles Weltliche überragen soll, hat sich längst wieder in den Wolken versteckt. Die kurze Abfahrt, die uns fast zurück auf Meereshöhe bringt, wird zwar mit Freude quittiert, doch im gleichen Atemzug wissen wir, daß es heute noch einige Höhenmeter zu bewältigen gibt.
Etwa 5 km weiter kommen wir durch den kleinen Ort Sawagan, der gleich mit mehreren Sehenswürdigkeiten aufwarten kann: Erstens gibt es im einzigen Dorfkiosk eiskalte Coke und zweitens ist der dörfliche Friedhof mit eigentümlichen Grabsteinen bestückt, wie es sie nirgendwo sonst auf der Welt zu bestaunen gibt. Die sogenannten „Warugas" stammen z.T. aus dem 9. Jahrhundert und sind quadratische Sarkophage, in denen die Verstorbenen hockend und mit vielerlei Beigaben aus dem täglichen Leben bestattet worden sind. Danach wurde das Grab mit einem hausähnlichen Dach, in das Familienwappen, Blumen oder Figuren eingemeißelt sind, luftdicht verschlossen. Ägyptisch anmutend und wahrlich interessant.
Das finden auch die zwei Buben, die mit Luchsaugen ausgerüstet wie aus dem Nichts auftauchen und ihre Neugierde nicht zurückhalten können. Schau' ich sie an, spielen sie „Hans guck in die Luft", tun so, als wenn sie überhaupt nicht vorhanden sind und verfolgen uns doch auffällig auf Schritt und Tritt.
„Mau lihat orang putih? – Wollt ihr euch weiße Menschen ansehen?" Zwei Augenpaare starren mich an wie ein Wesen von einem anderen Stern. Sie können nicht begreifen, daß sie auf einmal eine fremde Sprache verstehen und können noch weniger begreifen, daß es auch Menschen gibt, die ihre Sprache sprechen! Fluchtartig und völlig außer Fassung sind sie kurz darauf wieder verschwunden.
Die Straße wird steiler, bleibt aber zum Glück in sehr gutem Zustand. Mittagspause machen wir in einem der vielen Warungs und essen Zungenlähmung verursachenden Fisch! Nach philippinischen Pizzas und pseudo-amerikanischen Burgern sind wir das indonesische Essen

nicht mehr gewohnt, schaufeln Chilischoten wie anderswo die Bohnen rein und wundern uns, daß neben Straßenschweiß jetzt auch noch heißes Wasser aus den Poren rinnt. Die anwesende Warunggesellschaft besteht aus fünf schläfrigen Lastwagenfahrern, die allesamt die einzig zur Verfügung stehende Matratze zu einem Schläfchen nutzen wollen sowie drei Frauen, die in der Altershierarchie das Regiment über Fisch und Chilischoten führen. Nach unserer Bekanntmachung, wir seien erst einige Tage in Indonesien, stellen alle überrascht fest, daß wir „sudah pinta bahasa Indonesia – schon schlau in indonesisch!" sind. Wir selber übrigens auch. Das Gedächtnis hat einiges dieser einfach zu erlernenden Sprache behalten und so wie es aussieht, ist es ein leichtes, weitere Sprachlücken zu füllen.
Kurz vor Tondano fängt es doch tatsächlich an zu regnen. Regen! Wer hätte das gedacht. Regen! Die trockenen Monate auf den Philippinen haben uns fast vergessen lassen, wie sich das kühle Naß anfühlen kann. Regen! Wir fahren durch Bergregenwald, tauchen ein in Wolken und Nebel, und wundern uns, daß es 150 km vom Äquator entfernt anfängt zu regnen! Weniger erstaunlich ist, daß unsere wasserdichten Packtaschen auch diesmal wasserdicht bleiben.
Die nach dem Schauer gut bewässerte Straße führt in Serpentinen um einige Kalkfelsen herum, die alle 50 m auffällig durchlöchert worden sind. In der größten, extra für Touristen eingerichteten Restaurant-Höhle erzählt man uns, daß die Höhlen aus der japanischen Besatzungszeit stammen und zwischen 1942 und 1945 als Vorrats- und Munitionslager angelegt worden sind. Neugierig wie wir sind, werfen wir einen Blick ins dunkle Dunkel und stellen naserümpfend fest: Die ehemaligen Festungen sind zu Fledermaus- und Schwalbenhäusern degeneriert!
Auf der Ebene rund um den Tondano-See versuchen die Reisbauern verzweifelt, ihre Felder zu schützen. In den letzten Tagen vor der Ernte fallen vorwitzige Singvögel gleich hordenweise über die leckeren und reifen Körner her. Vogelscheuchen, Glockengebimmel und mit Steinschleudern bewaffnete Feldwächter werden nur milde lächelnd besungen, kennt man doch schon vom letzten Jahr …
In den nächsten Tagen bekomme ich das unbestimmte Gefühl, daß sich Vögel und Wächter einen regelrechten Wettkampf liefern. Wer pickt die meisten Körner und wer kann am besten die pickfreudigen Sänger verscheuchen? Das „Happy Flower Hostel" jedenfalls, mitten in einem der Reisdörfer gelegen, ist hervorragendes Niemandsland,

um die komische Reisschlacht bis ins Detail zu verfolgen. Die Ernte erklärt die Bauern schließlich zum Sieger, doch wie sie immer wieder von den Sängern reingelegt werden, ist bei längerem Zuschauen schon einen Lachorkan wert. Unverständlich für die Sänger, die ob dieser neuen Tonart erstmal fluchtartig das Weite suchen und unverständlich auch für die Bauern, die freundlich grinsend keinen weiteren Ausweg wissen als erstmal zu fragen, woher wir denn kommen – „dari mana?“

Die Neugierde der Bauern ist zu verstehen, denn seit die Herberge vor fünf Monaten eröffnet wurde, sind tagtäglich „orang putih, weiße Menschen“ auf den Feldern und Karrenwegen zu sehen. Was die hier wohl wollen? Außer einem verrauchten Berg gibt's hier doch gar nichts zu sehen! Von wegen. Immerhin regnet es weiter. Morgens, mittags und abends. Ganz nach dem Geschmack von Susi, die nicht mehr weiß, wie sie die Wäsche trocknen soll.

In einer der Regenpausen machen wir uns auf, bewaffnet mit Keksen und Schokolade (die Regenjacken lassen wir wohlwissend daheim), um dem hinter unserem Zimmer rauchenden Berg einen Besuch abzustatten. Hinter Hühnerfarmen, Friedhöfen und Kohlfeldern folgen wir einem erkalteten Lavastrom, steigen von Schmetterlingen und Vögeln begleitet immer höher hinauf und erreichen schließlich eine pflanzenlose Mondlandschaft.

Urplötzlich taucht aus dem Nebel der Gipfel des fast 1600 m hohen Gunung Lokon auf und schon kurz darauf stehen wir am Rand des Vulkans. Mineralien leuchten dort in verschiedenen Farben, und das gewichtlose Lavagestein, das mich von seiner Struktur her fast an Popcorn erinnert, läßt mich gierig die mitgebrachte Schokolade verschlingen. Obwohl wir schon einige Vulkankrater gesehen haben, ist dieser mit seinen unzähligen Rauchfahnen, stinkenden Schwefeldämpfen und gelb-schwarzen Kontrasten zwar nicht der größte, doch durch seine Lebendigkeit der bisher beeindruckendste für uns. Auf dem Rückweg werden wir mit einem Regenschauer der besonders heftigen Art belohnt. Der Baum, unter dem wir Schutz suchen, verschüttet nach kurzer Zeit noch dickere Tropfen als die ohnehin schon dicken Wolken, und als wir völlig durchnäßt unsere Unterkunft erreichen, meinen wir in einem faulenden Komposthaufen gelandet zu sein. Susis Wäsche ist natürlich immer noch naß.

„Was ist das schon? Einfach nur ein Vulkankrater“, meint einer der anderen Gäste, die immer nur mit den Köpfen schütteln, wenn sie

hören, daß wir „schon wieder" eine Pause machen und sie schon vor dem Frühstück „auf zu neuen Abenteuern" sind .
„Ich hab' schon so viele Vulkankrater gesehen, so riesig find' ich den hier auch wieder nicht."
Es scheint ihm nicht in den Sinn zu kommen, daß wir nach Wochen im Sattel und einem feucht-fröhlichen Aufstieg zum Gipfel eines Vulkans keine Lust mehr haben, den täglichen Trekking-Expeditionen zu folgen. Ich frag' mich nur, was mein Gegenüber hier eigentlich macht. Entweder der ist kratersüchtig oder kraterübersättigt. Vielleicht aber auch nicht, so ganz kann ich mir keinen Reim darauf machen. Was ich bei den abendlichen Unterhaltungen allerdings mitbekomme, das macht mir Angst. Eigentlich soll man eine Reise doch auskosten und genießen. Aber nein, die „Zeit-ist-Geld"-Mentalität und das Konkurrenzdenken, so viel wie möglich zu sehen und so wenig Zeit wie möglich dafür zu investieren, damit man auch lange genug herumsitzen kann, um das, was in Kürze an einem vorbeigeflogen ist, auszudiskutieren, ist leider unter vielen Reisenden verbreitet. Neuerdings kommt sogar in Mode, alle Highlights mit Inlandflügen abzugrasen. Erstaunlicherweise sind die meisten dieser modernen Hippies studierte Semester und wissen alles über das billigste Essen und das billigste Hotel. Den besten Treck haben sie schon vor Jahren in Nepal gefunden, und der neueste Spruch um aufzufallen ist nicht mehr, daß alles „nice and beautiful" ist, sondern nur noch so „Na ja, eigentlich hab' ich mir mehr davon versprochen." Man will ja schließlich nicht übertreiben. Es könnte ja sein, daß es noch schönere Palmenstrände, größere Pfannkuchen und tiefere Vulkankrater gibt!
Zwei Tage später findet die Sonne den Weg durch die Wolken. Die verwaschene Wäsche ist trocken verpackt und wir verlassen eine nach Abenteuern gierende Gesellschaft, die verzweifelt ein Telefon sucht. Von den Reisbauern weiß auch keiner, wie der Weiterflug bestätigt wird, und während wir uns verabschieden bin ich nur froh, daß unser Fortbewegungsmittel zu den unkomplizierten gehört

▲ Sulawesi: Durch Matsch und Bergregenwald nach Tondano
▼ Palmenlandschaft auf der Halbinsel Minahasa

415 Kilometer ...

... sind es bis Gorontalo. Mit dem Flugzeug 30 Minuten und, außer Wolken, nichts gesehen, mit dem Fahrrad vier Tage, ungezählte „Hello meester“ und der bessere Weg, um das Landleben auf der Minahasa kennenzulernen. Der blubbernde Kratersee vom Danau Linow bietet sich als Pausenstopp an. Der mit Schwefel übersäte Erdboden ist warm, das Wasser des kleinen Sees seifig und grün, und ringsherum wächst der Wald noch genauso wie vor Hunderten von Jahren. Die Ruhe und Idylle dieser traumhaften Landschaft genießen wir unter dem Dach eines nie fertiggewordenen Hauses, bewundern die Kunst von völlig deplazierten Graffities und machen uns Gedanken über den „Ring of Fire“, diese Kette von Vulkanen und heißen Quellen, die sich rund um den Pazifik zieht. Ein ums andere Mal fasziniert können wir eigentlich nie genug von der Urgewalt der Erde bekommen. Es findet sich immer ein Grund, um Abstecher zu Quellen und Kratern zu machen.

Erstaunlich. Um aus den Bergen zurück an den Strand zu gelangen, brauchen wir kaum einen Fuß in den Pedalen zu bewegen. Es geht wirklich bergab! „Super“, denk' ich am Mittag, und am gleichen Abend bin ich mit den Nerven am Ende. Nach 146 Kilometern stelle ich mir ernsthaft die Frage, ob es nicht langsam reicht, mit dem Fahrrad durch Asien zu fahren. Ob ich als ausgewachsener Mann nicht ein wenig Respekt von meinen Mitmenschen verlangen darf. Ob der „kurze-Hosen-Zuschlag“, den man offensichtlich überall bei bis zum Stehkragen zugeknöpften Moslems bezahlen muß, nicht zu den lächerlichsten Verhaltensweisen von Geschäftsleuten gehört. Oder ob das sogenannte „familiäre“ soziale Netz nicht doch voll riesiger Löcher steckt und Asien einfach keinen Platz für westlich-individuelle Radfahrer hat? Nach 17 Uhr jedenfalls dürfen wir uns kaum noch auf die Straße wagen. Und das, wie wir in den nächsten Tagen noch feststellen werden, nicht nur hier, sondern fast überall. Um diese Zeit nämlich fängt der tägliche Aji-No-Moto-Rausch an, seine Wirkung zu verlieren. Hervorgerufen durch den Geschmacksverstärker Glutamat, dem jeder Indonesier geistig und auch körperlich erlegen ist, schaffen es auch die schläfrigsten Gestalten nach 17 Uhr aus dem Bett und auf die Promenade, sprich auf die Hauptstraße zu krabbeln. Die Mädchen rechts, die Jungen links, und mittendurch zwei an Abendessen und Hotelzimmer denkende Radfahrer. Es dauert nicht lange, bis das erste „fuck you!“ ertönt. Man will ja was zu lachen haben, und die Mädchen sollen schließlich hören, welch’ lupenreines Englisch die Buben beherrschen! Die etwas weniger gebildeten trauen sich sogar bis zur Mitte der Straße und finden heraus, daß sie von weißen Radfahrern eventuell genauso über den Haufen gefahren werden können wie von ihresgleichen. Und wenn das Gebrüll die Lautstärke eines gut gefüllten Fußballstadions anzunehmen droht, dann kann es sein, daß man schon nach zehn Tagen Sulawesi das Fahrrad an den Nagel hängen will. Wie gesagt, nach 17 Uhr.

Es ist Sonntag, Laune und Höhenmesser pendeln sich auf Meereshöhe ein und zwischendurch werden wir auch noch von Gewittern verfolgt. Die Regenfront kommt fast täglich von Osten. Manchmal bleibt sie in den Bergen hängen und schüttet sich am Gunung Lokon ab, doch meistens schafft sie noch die letzten Kilometer zum Strand und verwandelt die Küste in ein graues Nordseebad. Doch diesmal haben wir Glück und finden Schutz unter einem Bambusdach, das vor einer Kirche als Bushaltestelle dient. In diesem Dorf spricht sich unser „Glück“ allerdings schnell herum. Fünf Minuten später sind wir von der halben Einwohnerschaft umringt und der flugs herbeigeeilte Pfarrer fragt uns ernsthaft, mit welcher Religion wir es wagen, Sulawesi zu bereisen und warum wir, in Gottes Namen, nach zwei Wochen Indonesien schon so gut die Landessprache beherrschen?

Daß wir den Pfarrer erkennen, liegt nur daran, daß er sich als solcher vorstellt. Mittlerweile ist es kurz vor besagten 17 Uhr, und jeder noch so gläubige Christ hat seine Glitzer-Sonntags-Ausgehkleidung, bestehend aus Stöckelschuhen, Krawatte oder Rüschenkleider längst wieder gegen Schmuddel-T-Shirt und Plastiksandalen getauscht. Den neu dazukommenden Dorfbewohnern müssen wir nach „dari mana?“ zum drittenmal unsere Lebensgeschichte erzählen, und als wir uns entschließen, die Regenjacken anzuziehen, da drängt die Menge unaufhaltsam vor, um ja nicht den entscheidenden Blick auf den geheimnisvollen Inhalt unserer Packtaschen zu verpassen! In wasserdichte Tarnkappen verpackt werden wir winkend verabschiedet und denken, daß das Auftauchen zweier perfekt indonesisch sprechender holländischer Radfahrer, die sich als Deutsche vorstellen, noch monatelang am Anfang jeder Predigt steht …

Man nehme eine Handvoll Lavagestein, einen Haufen Korallen und Fische, würze die ganze Pampe mit Sahneasphalt, wildgewordenen Kin-

dern und grün gebliebenem Wald und lasse das Ergebnis eine Nacht in sintflutartigem Regen ziehen. Was dabei rauskommt, sind Bäume und Berge, soweit das Auge reicht sowie Regenwolken, die tropisch tief bis in die Täler hängen. Prozentual gesehen unüberwindbare Steigungen, die immer wieder zum Schieben verleiten und auf dem Asphalt glänzende Flecken, die keinesfalls Ölspuren, sondern vom Oberrohr tropfende Schweißperlen sind.
Zwischen Inobonto und Kuandang ziehen kilometerlange Sandstrände an uns vorbei. Klares Wasser und endlose Korallenriffe sehen aus wie das gelobte Paradies. Zwar gibt es schon einige Restaurants, die den Aufenthalt im Paradies noch angenehmer machen, doch Captain Cook und die „Endeavour" sind allgegenwärtig. Grüne Palmen, weißer Sand und 3762mal „Hello meester!" am Tag, was kann noch schöner sein? Auf keinen Fall eine Übernachtung in einem der seltenen Truckstops am Weg. Wir sind zwar froh, im dünn besiedelten Küstenstreifen eine Unterkunft zu finden, doch im Rumah Makan „Safari" sind die Zimmer so klein, daß wir alle Taschen unter die Betten stopfen müssen, um uns beim Umziehen nicht auf die zu Füße treten. Die *mandis,* die Bäder, sind dermaßen schmuddelig, daß man die Türgriffe nur mit Taschentüchern anzufassen wagt, und der Preis des Abendessens dermaßen halsabschneiderisch, daß wir tatsächlich denken, auf einer „Safari" zu sein. Einzig die in grellen Farben geschminkten Bedienungen, die in meinen Augen entweder noch Jungfrauen oder dem Rotlichtviertel von Ujung Padang entsprungen sind, spiegeln das wider, was dem „Normal"-Reisenden in ganz Asien widerfährt: Alles ist schön und gut, sauber und cheap, great, lecker, phantastisch und immer schön lächelnd ... Daß es sich dabei nur um eine bittersüße Fassade handelt, die nach einigen falschen Wörtern genauso einzustürzen droht wie nachts das „Safari", das scheint kaum jemand zu merken. Der Erdstoß ist von einer derartigen Heftigkeit, daß ich mich ungewollt auf die andere Seite drehe. Im Traum erscheint ein Lkw, der die Hausrückseite rammt, und nur im Halbschlaf merk' ich, daß andere Gäste, Mädchen und Fernseher fluchtartig das Gebäude verlassen. Nach den gestrigen neunzig Kilometern Auf und Ab sind Susi und ich nicht ganz so schnell.
„Da ist wohl einer aus'm Bett gefallen." Meine Kommentare haben sich schon überzeugender angehört. Susi ist jedenfalls skeptischer, schon wegen der ungewohnten Aktivität morgens um drei!
„Das is'n Erdbeben! Sollen wir nicht auch raus?" Sie selbst bleibt aber

liegen, und außerdem ist das Gerüttel sowieso wieder vorbei. Dreißig Minuten später wird Susis Theorie bestätigt, und meine Traumblase vom Lkw findet keine Gläubiger mehr. Das Nachbeben ist aber längst nicht so stark, und am Morgen wird das nächtliche Intermezzo überhaupt nicht erwähnt. Ein Wort für „Erdbeben“ scheint es im Indonesischen nicht zu geben. Man zuckt mit den Schultern und fragt uns lieber, wohin wir heute denn fahren – „mau ke mana?“
Im frischen Morgen sitzen wir mit Glücksgefühl und 20 km Warmlaufphase im Sattel. Der Schweißverlust hält sich in Grenzen, und die spät erwachende Bevölkerung grüßt mit freundlichem „selamat pagi – guten Morgen!“ Selbst die endlos steilen Lavaströme, die wir spätestens ab km 21 überqueren müssen, sind heute morgen nirgends zu sehen.

Hinter Kuandang „vergessen“ wir zwar die alten Fort-Ruinen anzuschauen, doch dafür regnet es wieder und wir überlegen ernsthaft, noch einen weiteren Tag Pause zu machen. Die Entscheidung wird uns durch blaue Flecken, die über den Bergen erscheinen, erleichtert. Ab in den Sattel, den Hintern in das eingerittene Leder gekuschelt, und nach fünf Kilometern hört es auch schon auf zu regnen. Im Flußtal stehen die abbruchreifen Hütten vieler Umsiedler, die es aus unerklärlichen und wohl nur einigen Regierungsbeamten bekannten Gründen hierher verschlagen hat. Von hier bis Gorontalo geht es nur noch bergab. Am Ende des Limboto-Sees gelegen, der sich in den letzten zwanzig Jahren mehr und mehr in grüne Reisfelder verwandelt hat und nirgendwo zu sehen ist, bedeutet Gorontalo das Ende der ersten Etappe. Von hier gibt es eine Fährverbindung nach Zentral-Sulawesi. Der

Highway nach Süden soll nicht im besten Zustand sein. Also nehmen wir die Abkürzung über das Meer.

Während Susi noch schnell die örtlichen Supermärkte unsicher macht, gestatte ich mir, einen kulturellen Ausflug zu machen. Ganz ohne Fortbesuch kann ich die Minahasa doch nicht verlassen! In Lekobale, 10 km von Gorontalo entfernt, steht die Otonaha-Festung, die im 16. Jahrhundert von gorontalischen Königen gegen holländische Konquistadoren verteidigt worden ist. Wie dramatisch sich das Geschichtsbuch liest! Hört sich fast so an wie aus dem Leben der drei Musketiere. Muß ich weiterlesen. Aus der Geschichte geht hervor, daß das Fort aus einer Mörtelmischung gebaut worden ist, die aus Sand, Calcium und den Eiern des Maleo-Vogels bestand. Wie zerbrechlich diese Story ist, zeigt sich schon daran, daß nur noch die dritte Festungsplattform übriggeblieben ist. Die anderen Eierschalen haben sich in Luft aufgelöst, und der Maleo-Vogel hat die Kurve gekratzt. In Gorontalo wird mein Interesse am Maleo jedenfalls falsch interpretiert. Vom Omelett bis zur Eiersuppe bekomm' ich zwar alles serviert, sogar die dazugehörige Rechnung, doch vom Maleo hat noch keiner gehört.

Nachdem ich die 300 Stufen zu den Fortruinen raufgekeucht bin, werd' ich also nicht von Vögeln, sondern, na klar, einer „meester"-geilen Gesellschaft empfangen! Diesmal sind es Touristen aus Java. Und weil indonesische Touristen genauso gerne Fotos machen wie deutsche oder japanische, komm' ich als Opfer natürlich nicht heil davon.

„Hello meester! Come here!" Oha, Befehlston der Tochter des Hauses. Mama schwingt schon die Kamera. Vorsicht, nicht verwackeln. Papa hat sich schon lange bei mir eingeklemmt! Wie im Zoo fühl' ich mich hier. Tochter links, Mama rechts, und immer Gegenlicht.

„Meester alleine hier? Warum? Wo ist die Frau? Habt ihr schon Kinder? Wohin fahrt ihr? Schon in Manado gewesen? Ist Indonesien nicht schön? Come here, meester, one more photo!" Und das mit mir, wo ich doch so schweißgebadet bin. Scheint aber niemanden zu stören, alle haben nur „Foto" im Kopf. Foto allein, Foto mit Sonnenschirm, Foto mit Papa und Foto mit der ganzen Familie, die aus vierzehn lieblich um die Wette „meester!" schreienden Kehlen besteht! Oh, wie ich die Japaner doch liebe! Oder sind es die Javaner?

Ohne Maleo-Vogel und ziemlich bedient bin ich eine ganze Stunde zu früh im Hotel. Susi ahnt meine Folter, schaut mir ins zerknitterte Gesicht und meint: „Hallo Mister! Willste 'nen Kaffee, oder was?"

Im kleinen Hafen von Gorontalo wartet ein noch kleineres Fährschiff, um einen Lkw, zwei Radfahrer und weitere 398 Passagiere nach Pagimana, in den östlichsten Osten von Zentral-Sulawesi zu bringen. Nach Tee und Nasi Goreng aus dem Warung am Ticket Office wagen wir es, die Räder auf die kräftig in den Wellen schaukelnde Fähre zu schieben. Auf der wetterabgeneigten Seite suchen wir eine gemütliche Ecke und sind ein weiteres Mal den Fragen von 398 mit uns fahrenden Freunden ausgesetzt. Freunde muß man schließlich haben. Indonesier fahren nie allein irgendwohin. Und wenn man wirklich keine hat, dann muß man ganz schnell welche machen, sonst ist irgendwas nicht normal. Und „nicht normal" gibt's in Indonesien nicht. Wir beantworten also die üblichen Fragen, finden es langsam schon merkwürdig, daß nie etwas anderes passiert, wenn wir mit der Bevölkerung in kuschelnden Kontakt geraten und futtern Bananen und Kekse, die Susi in ihrem mittlerweile schon vier Tage andauernden Freßrausch besorgt.

„Ich glaub', die letzten paar hundert Kilometer haben mich hungrig gemacht!" und schon schaut sie sich nach der nächsten Kalorienquelle um.

Zusammen mit einer „dari mana"-Englischlehrerin, die verzweifelt versucht, uns über Kinder und ein 25 Jahre altes deutsches Heimatlied, das wir nicht kennen, auszufragen, machen wir uns Sorgen, ob wir in den hoch auf den Strand rollenden Wellen die diesjährige Äquatortaufe auch trocken überleben. Die Fähre legt ab, und im ersten Stock knattert Rambo über den Videoschirm. Zwischen Reis, Zigarettenqualm und bereitgehaltenen Brechtüten kuscheln sich 378 Indonesier in ausgeleierte Plastiksessel, während die übrigen zwanzig, zusammen mit zwei Weißen und dazugehörigen Rädern das Autodeck besetzen. Kaum aus dem Hafen, hat der Steuermann die unverschämte Idee, das Schiff um 180° zu drehen. Die erste Welle klatscht gleich über unsere Matratzen, bringt alles, was Beine hat, schnell auf dieselben und läßt uns, chaotisch und unorganisiert, Räder, Reis und langsam nach Backbord treibende Matratzen in die letzte trockene Ecke verstauen. Genau über der lauten, aber wärmenden Maschine sitzend begeben wir uns in das Schicksal eines immer heftiger stürmenden Sturmes. Der einsetzende Regen samt zwanzig Grad Temperatursturz bleibt natürlich nicht aus, und als die ersten Brechtüten über Bord fliegen, frag' ich mich ernsthaft, ob es heute überall am Äquator so regnet wie hier.

▲ Der Vulkan Gunung Lokon bei Tomohon
▼ Toraja-Hausgiebel gleichen einem Hafen voller Schiffe

Nach unzähligen Stunden ...

... erscheint ein Haufen übernächtigter Geister an Deck. Kaum daß wir im Hafen von Pagimana angelegt haben, stürzt der größte Teil dieser Geister auf genauso geisterhaft wartende Busse, um in den Genuß weiterer Rambo-Videos und leckerer Brechtüten zu gelangen. Der kleinere Teil folgt einer ähnlichen Spur. Einziger Unterschied ist, daß Susi und ich in wasserdichte Kokons verpackt auf den Rädern sitzen und Ausschau halten, um eine wenigstens halbwegs trockene Unterkunft zu finden. Neben der im Regen kaum zu erkennenden Moschee entdecken wir ein passendes Losmen mit dazu leidender Mama. Mama hat sich nämlich in den Finger geschnitten, und weil der Verband, den sie laufend rauf- und runterschiebt, schon eine zweiwöchige Farbe angenommen hat, fühlt sich die eingenistete Entzündung schon richtig heimisch bei ihr. Wie Susi wird auch mir der Finger unter die Nase gehalten, doch als Doktor hab' ich mich hier nicht einquartiert.
„Infeksi! Ke Hospital, cepat – Infektion, ab ins Hospital!“, ist das einzige was mir einfällt beim fauligen Anblick eines langsam abfaulenden Fingers. Mamas Miene wird blaß, als ich gleich darauf verlauten lasse, nach zehn schlaflosen Sturmstunden diesen Schlaf jetzt nachzuholen. Das unverständliche Gebrabbel, mit dem sie von dannen schleicht, scheint auszudrücken, daß die Weißen überhaupt nichts können. Nicht mal Finger amputieren haben sie gelernt!
12 Uhr mittags. Mitten aus den süßesten Fährschiffträumen reißt mich ein Trommelfeuer, das in Form sintflutartigen Regens auf das Losmen-Dach niederprasselt. Stimmen werden laut und dazu das Geräusch kehrender Besen. Ein Blick aus dem Fenster klärt die Sachlage bis ins wäßrige Detail: Der hinter dem Haus vorbeirauschende Fluß ist schon längst über das Ufer getreten, und daß vor dem Hauseingang irgendwo ein Volleyballfeld war, ist durch die Wasserwüste nicht mehr zu sehen. Mittendrin sitzen wir und hoffen, auf Noahs Arche noch zwei Sitzplätze zu ergattern.
Eine Stunde später ist es soweit. Die Flut findet den Eingang ins Haus! Durch die Mauern unseres Zimmers sickert das Wasser unaufhörlich hindurch, und das über dem Fluß plazierte Klo ist schon lange ersoffen. Als sich Finger-Mama auf den höchsten Sessel gerettet hat, alle Packtaschen in Sicherheit sind und die übriggebliebenen Hausbewohner – das sind außer Susi und mir noch Papa und die Haus-

hälterin – mit Besen und Schaufel ausgerüstet sind, beginnt ein Wettkampf mit Regen, Fluß und den auf der anderen Seite des Volleyballfelds ebenfalls schaufelnden Chinesen. Wer kriegt sein Haus als erster wieder trocken? Finger-Mama gibt Anweisungen wie ein Dompteur, der Regen hört wie auf Kommando auf, Papa hat sich verkrümelt und die Haushälterin macht schon mal Tee. Sohnemann kommt erst aus dem Büro, als alles halbwegs trocken ist. Die Tochter schleicht mit ihrem Baby im Arm wie Falschgeld herum, und die einzigen, die wild den Besen und die Schaufel schwingen, sind Susi und ich. Irgendwann sinkt der Wasserspiegel unter die Schwelle. Krabben, Ameisen und Kakerlaken finden den Weg ins Trockene zurück, und die Chinesen haben verloren. Sind immer noch am Schaufeln, als wir zum Abendessen schwimmen. Noahs Arche scheint heute Verspätung zu haben.

Unser nächstes Etappenziel heißt Poso, ist noch 340 km entfernt und angesichts der spiegelglatten Straßenoberfläche bestimmt schnell zu erreichen. So sieht jedenfalls die Planung aus. Bis nach Bunta gehört die Straße zum Besten, was uns in Asien bisher unter die Räder gekommen ist. Kaum eine Steigung, fast immer geht es an der Küste entlang, und die Aussichten, die sich uns bieten, sind oftmals spektakulär: Wolken hängen tief über den Palmen, Palmen noch tiefer über der Brandung, und da die Gegend nur sehr dünn besiedelt ist, haben wir es mit wenig bis gar keinem Verkehr zu tun. Die Landschaft hat kaum etwas von ihrer Ursprünglichkeit verloren und in den Bergen wuchert nach wie vor der Regenwald. Wald, in dem noch Schmetterlinge wohnen, Wald, durch den noch Nashornvögel fliegen, Wald, in dem noch Affen die Baumwipfel beherrschen, Wald, in dem es raschelt, keucht und fleucht. Das Erlebnis, einen derartigen Küstenregenwald noch fast unberührt zu sehen, wird zur harten Probe für Kameras und Filmreserven. Das Angebot an Motiven scheint unerschöpflich zu sein.
Gleich hinter Lubu überqueren wir eine breite Flußmündung auf einer eigentümlichen Holzkonstruktion. 1940 von den Holländern gebaut, hat diese Brücke schon so manchem Sturm und Hochwasser getrotzt. Trotzdem, indonesische Straßenbauingenieure konnte sie wohl nur wenig inspirieren, ihre eigenen Brücken fallen fast regelmäßig zusammen. Statt bei den westfriesischen Dammspezialisten hat man sich im 5. Kontinent umgeschaut. Genau wie auf Sumatra wurden australische Firmen engagiert, die mit unzerstörbaren Metallkonstruktio-

nen den spärlichen Verkehrsfluß aufrecht erhalten. Erst zwei bis drei Jahre alt werden sie bestimmt dazu beitragen, die Erschließung dieser Region voranzutreiben. Bye bye, Regenwald ...

Unglaublich! Es fängt schon wieder an zu regnen! Das anfängliche Nieseln, zuerst noch von den Regenjacken ignoriert, steigert sich wie immer zu einem heftigen Wolkenbruch. Dreißig Minuten später schüttet es wie aus Eimern. Schuhe und Socken saugen sich voll wie ein Schwamm, und die so gute Laune nähert sich rasend schnell einem taifunartigen Tief! Auch Witze reißen hilft nicht mehr, dem depressiven Sumpf zu entkommen. Nur noch mit uns selbst beschäftigt, versuchen wir, den aufgeweichten Fingern und der dazugehörigen Kälte zu trotzen.
Endlich in Bunta angelangt, akzeptiert mal wieder niemand den Umstand, daß wir gerade einer nassen Hölle entkommen sind. Die üblichen Fragen prasseln genauso wie der Regen auf uns herab. 100 % Luftfeuchtigkeit laden nicht dazu ein, die triefenden Klamotten auf die Leine zu hängen, und dann erzählt uns der Losmenbesitzer auch noch, daß die nächsten 100 Straßenkilometer „rusak" – kaputt und weggespült sind. Nach eingehender Auseinandersetzung über den indonesischen Wahrheitsgehalt, wenn es um Straßenzustände geht, beschließen wir, den Regen mit einzukalkulieren und uns den Schlamm vom Bus aus anzusehen.
Morgens am Terminal werden wir, wie üblich, von der üblichen Menschenmenge umkreist, werden wie üblich von vorne bis hinten begrapscht und wie genauso üblich wird jedes Teil unserer Ausrüstung mit einem üblichen Kommentar belegt. Besondere Aufmerksamkeit wird diesmal den aufgeschnallten Packsäcken geschenkt. „Apa itu – was ist das?" Als ich den Leuten erkläre, daß es sich um unser „kamar tidur", unserem aus Zelt und Schlafsäcken bestehenden Schlafzimmer handelt, wird diese Antwort mit brüllendem Gelächter quittiert. „Anda punya humor – Sie besitzen aber Humor!" Und schon geht's weiter mit der Fragenflut.
Schnell sind die Räder auf das Busdach verladen und mit unseren Packtaschen machen wir es uns auf der hinteren Sitzbank bequem. Die ersten 30 km sind enttäuschend gut asphaltiert. Bis hierher hätten wir es auch ohne Bus locker geschafft. Aber auf einmal verschwindet der Asphalt, es fängt wie immer an zu regnen und plötzlich sehen wir nichts mehr außer nur Schlamm! Wo die Brücken noch

nicht fertig sind, schwankt der Bus durch Hochwasser führende Flüsse. Erdrutsche und Dauerregen haben die einstmals wohl gute Straße in einen unkontrollierten Brei verwandelt, und schließlich geht es dermaßen steil bergauf, daß der Bus mit seinen abgefahrenen Reifen nicht mehr von der Stelle kommt. Alles dreht durch, der Fahrer genauso wie seine Reifen. Wir fangen an rückwärts zu rutschen, und plötzlich steckt das Busheck mitten im Hang! Wenigstens sicher geparkt. Davon bin ich überzeugt, als ich auf der anderen Straßenseite über die Leitplanke schiele. Außer der 100 m unter uns tobenden See ist hier rein gar nichts zu sehen!
Kein indonesischer Bus ohne Hupe und Werkzeugkasten. In Windeseile zaubert der Fahrer zwei Schneeketten, ich betone: Schneeketten! hervor. Die weiblichen Passagiere dürfen schon mal den Schlammhügel erklimmen, Fahrer und Helfer liegen im gleichen und hantieren mit den Ketten. Mit gemeinsamer PS- und Muskelkraft schaffen wir es, den Bus bis auf die Hügelkuppe zu schieben. Und ich hab' gedacht, wir können uns im Bus vor dem Schlamm in Sicherheit wiegen. Und wie seh' ich jetzt aus?
Nach dieser Aktion hätten Schuhe, Bus und Menschen eine Generalreinigung per Dampfstrahler verdient. Gibt's hier bloß leider nicht. Dafür sind die dauerqualmenden Mamas, die eine Reihe vor uns sitzen, völlig zufrieden und teilen mitgebrachte Früchte mit uns. Die Abfahrt auf der anderen Bergseite erfolgt nicht schneller als im ersten Gang, und nach weiteren Erdrutschen sowie aus der Verankerung gerissenen Urwaldriesen hat das Wetter in Ampana ein Einsehen mit uns. Zwischen Kakaobohnen, die süßlich-fauligen Geruch verströmen, und ausgebreiteten Kokosnußhälften, die ersteren an Geruch kaum hinterherstehen, ist die Sonnenseite des Hotelhofes bedeckt mit Tagebüchern, Briefmarken und entfalteten faltbaren Ersatzreifen. Nach tagelangen Regenfällen ist auch wasserdichte Ausrüstung nicht mehr ganz wasserdicht. Die Feuchtigkeit kriecht in die hinterste Ecke, durch die kleinste Scheuerstelle und durch jeden Verschluß. Schimmelpilz ist garantiert, also raus aus dem Haus und ab in die Sonne!
Im Hafen von Ampana versuchen wir ein Boot zu chartern, um zum Tanjung Api Reserve zu gelangen. Die sichtbar am Horizont liegende Halbinsel ist noch von einem bis zum anderen Ende mit Regenwald bewachsen. Haben wir zwar schon gesehen, und doch gibt es eine besondere Attraktion, die eine Fahrt dorthin lohnenswert macht: Ausströmendes und sich selbst entzündendes Gas!

Die Suche nach einem Boot gestaltet sich zuerst etwas schwierig. Durch den beständig zunehmenden Touristenstrom haben die Fischer angefangen, überhöhte Charterpreise zu fordern. Je weiter wir den Strand entlanglaufen, desto gieriger werden die Leute aufs Geld. Nach 45 Minuten handeln, Kinder vorzeigen und fragen, wohin wir eigentlich wollen, geraten wir schließlich an jene, die es tatsächlich brauchen und für einen fairen Preis bereit sind, auf die Insel zu fahren. Schnell einen Liter Benzin in den Außenborder gekippt, ab ins Wasser mit der zerbrechlichen Schüssel und mit Geknatter über das heut' zum Glück ruhige Meer geschippert. Die Schiffsjungen sind von der lustigen Sorte. Nachdem alle Fragen beantwortet sind, wenden wir uns den allgemeinen Hobbys zu. Abwechselnd werfen wir uns Schlagwörter wie „Rummenigge", „van Basten", „Mike Tyson" und „Michael Jackson" an den Kopf. Weltstars kennt halt jedes Kind.
Am Gasstrand angelangt blubbert Gas im flachen Wasser, zischelt Gas aus Löchern im Sand und züngelt brennendes Gas aus Spalten im Fels. Indonesische Touristen, die zusammen mit uns den Strand erobern, schwingen Kochtöpfe über etliche Feuer. Amateurphysiker, die mit brennenden Zweigen den Strand absuchen, verursachen eine ganze Kette explodierender Explosionen. Als ich die Kamera raushole, um die Inselversenkung fotografisch zu dokumentieren, da hat mich auch die letzte Reiseintopf schwingende Mama entdeckt! „Dari mana?" Nach dem Rückzug ins Rettungsboot erteile ich den Schiffsjungen striktes Frageverbot! Zweihundert Meter bevor wir die Hafenmole erreichen fängt es an zu regnen …

Was für ein Tag, es ist bewölkt! Ideal zum Radfahren, da läuft der Schweiß nicht gleich in Strömen. Denkt man sich so. Die Wirklichkeit sieht natürlich so aus, daß die äquatoriale Nähe und jede noch so kleine Steigung ihren Tribut an körperlicher Verdunstung fordert. Trotzdem genießen wir zumindest den Vormittag, denn einmal mehr zeigt sich der Asphalt von seiner besten Seite. Das gestrige Kettenölen hat sich gelohnt. Gut geschmiert gleiten die Räder dahin, und an den Steigungen bemerken wir die Kraft, die wir in den letzten Wochen für derartige Strecken aufgetankt haben. Um 11 Uhr haben wir bereits 60 km zurückgelegt und machen verfrühte Mittagspause im gänzlich aus Imbißbuden bestehenden Ort Padapu. Die lokale Spezialität *ikan bakar,* irgendein Fisch in irgendeiner Soße, verschlingen wir gourmetbanausisch, schauen nur auf die Uhr und sitzen kurz darauf schon wie-

der im Sattel. Susi macht Tempo und die Durchschnittsgeschwindigkeit steigt auf 17 km/h an. Angesichts der vielen Hügel, die wir am Nachmittag überqueren, ein höllisches Tempo. Immer wieder fall' ich zurück, dauernd 22 km/h zu fahren, um diesen Schnitt zu halten, ist mir eigentlich zu schnell. Nur an den Steigungen bin ich stärker. Dort schmilzt Susis Vorsprung schnell wieder dahin. Das tägliche Sightseeing-Programm beschränkt sich heute darauf, einen kurzen Blick auf den 2800 Meter hohen Gunung Katoposo zu werfen, nur um danach die Augen wieder zur Uhr wandern zu lassen. Landschaft, Kilometer und Zeit werden schnell miteinander verglichen und wir kommen zu dem Ergebnis, daß Poso noch vor Sonnenuntergang zu erreichen ist.
Kurz vor Uwekuli nur noch sumpfige Wiesen, tote Bäume und länger werdende Schatten. Aufgeschreckt fliegen unzählige Fruchtfledermäuse umher, verbreiten einen bestialischen Gestank und üben sich in Überholmanövern für die aufkommende Nacht.
Auf der Karte ist Uwekuli eine Kleinstadt. In Wirklichkeit fahren wir aber nur durch ein Dorf, in dem bis vor kurzem die Asphaltstraße geendet hat. Noch 50 km. Die Besiedlung wird dichter und es lohnt sich fast, die jetzt öfter auftauchenden Autos zu zählen. Wie eine „richtige" Straße und die Nähe zu einer größeren Stadt die Bevölkerung anzieht und damit schnell wachsen läßt, das ist schon ein Phänomen!
Den Regenwald haben wir schon länger hinter uns gelassen. Auf den Hügeln wächst nur noch Reis und Mais. Über wirtschaftliche Sanktionen nachzudenken, die zur Rettung des Regenwaldes beitragen könnten, hab' ich nach zehn Stunden Vollgas allerdings keine Lust mehr. Als wir kurz vor der Dunkelheit in das mit Menschen und Fahrzeugen pulsierende Poso rollen, ist die Luft einfach raus. 162 km zeigt der Computer an, und auf den Lorbeeren ausruhen, das haben wir uns jetzt wirklich verdient.
Ausruhen? Na ja, immerhin schlafen wir am nächsten Morgen bis zehn Uhr aus. Nach dem Frühstück aber heißt es den Supermarkt unsicher zu machen, die Bank zu erleichtern, Briefe zu schreiben, die Post zu finden, ohne Ende zu essen und steinesuchende Japaner zu beobachten, die gleich tonnenweise Flußsteine nach Hause schicken. Ob Künstler, verrückt oder beides zusammen bekommen wir mit unserem Japanisch, das sich auf „Sayonara", „Honda" und „Shimano" beschränkt, leider nicht heraus. Die Lorbeeren sind plattgedrückt, und bis nach Tentena geht's natürlich immer bergauf!

Die Eroberung ...

... des zentralsulawesischen Gebirges gehört zwar nicht zu den einfachen Unternehmungen auf dieser Insel, doch bis jetzt sind wir von dem, was Sulawesi tagtäglich zu bieten hat, überhaupt nicht enttäuscht. Im Gegenteil. Wir sind positiv überrascht und fühlen, daß wir mit unserer Einstellung und Erfahrung, die wir schon früher in Indonesien gemacht haben, überall willkommen sind. Das alte Reisefieber steckt längst wieder in den Knochen und alles, was auch nur entfernt nach „Abenteuer" riecht, wird mit Begeisterung quittiert. Meistens jedenfalls, Anfälle von Lustlosigkeit soll's ja auch in den besten Familien geben.

Die ersten Tageskilometer rollen wir durch das Mündungsdelta des Poso-Flusses, der an dieser Stelle schon eine gehörige Breite angenommen hat. Ich möchte nicht wissen, zu welchen Ausmaßen der Fluß in der Regenzeit anschwellen wird! Etliche Tage ununterbrochene Regenfälle wird dieser tiefliegende Straßenabschnitt wohl kaum überstehen. Durch wohlwissende Planung konnten wir den jährlichen Monsunzeiten, die in gewissen Monaten ganze Landstriche unter Wasser setzen, Straßen unpassierbar machen und den Verkehr zum Stillstand bringen, bisher entkommen. Klar, rund um den Äquator wird es immer Schlammschlachten geben. Doch die letzten Tage in feuchten Gefilden haben ein weiteres Mal bestätigt, daß das Reisen in der Trockenzeit einfach angenehmer ist. Auf Sulawesi weiß man allerdings nie so genau, was einen am nächsten Tag erwartet. Regen oder Sonne? Wolken oder blauer Himmel? Hitzschlag oder Kälteschock? Derartige Wetterumschläge würden in gemäßigten Breiten zu langen Warteschlangen vor den Ärztezentren führen. In Poso will man angesichts des drohend aufziehenden Gewitters eher wissen, was unsere Räder kosten und wohin wir bitteschön wollen. „Mau ke mana?" Gähn! Dreißig Minuten später hat sich das Gewitter genauso wie die Menschen verzogen, und der hinter Pandiri wieder auftauchende Regenwald ist uns schon richtig vertraut. Auch wenn es heißt, in den unteren Gängen zu pedalieren, ist es die Natur, die uns zum richtigen Zeitpunkt für anstrengende Stunden entschädigt. Helikoptergeräusche verursachende Nashornvögel, in rauhen Mengen dahinschleichende Tausendfüßler sowie ein lecker gemischtes Reisgericht, *nasi campur* aus einem der dörflichen Warungs, lassen uns fast vergessen, daß wir den ganzen Tag bergauf strampeln müssen. Pünktlich zur Kaffeezeit stehen wir dann am Ufer des riesigen, glasklaren Poso-Sees, und damit befinden wir uns mitten in der geologischen Geschichte Sulawesis.

Einige Millionen Jahre vor unserer Zeit bestand Sulawesi aus zwei unabhängigen Hälften, die mit den Kontinentalverschiebungen aufeinander zugewachsen sind. Dabei entstanden die heutigen Bergketten, und der Poso-See ist das letzte bißchen Wasser, das vom einstigen Meer hier übriggeblieben ist. 400 Meter Tiefe, weiße Sandstrände sowie ungezählte Muscheln und Krabben sind nur einige der optisch vorhandenen Zeugen, die diese einmalige Transformation in einen Süßwassersee überlebten. Allen voran aber schwimmt der *ikan isogili,* ein ausgewachsen über drei Meter langer Süßwasseraal, den man eher in Loch Ness als in den Tropen vermuten würde. Die Meinungen über die Schmackhaftigkeit dieses muränenähnlichen Monsters gehen dann auch weit auseinander. Einige Fischer halten ihn als Zierfisch in heimischen Teichen, andere wiederum verkaufen ihn als Leckerbissen auf dem Markt. Uns fällt jedoch auf, daß die meisten hier einkaufenden Familien nur scharf auf Goldfisch sind. Wir übrigens auch ...! Hat ein Goldfisch erstmal die Größe einer Forelle erreicht, kann man ihn vom Geschmack her auch mit Karpfen oder Heilbutt verwechseln. Von Ikan Isogili lassen wir lieber die Finger. Erwähnen wir im Rumah Makan diesen Namen, rümpft man dort gleich die Nase. Das hat bestimmt etwas zu bedeuten. Ob wir es hier mit einem seit Urzeiten umherpaddelnden Geisterfisch oder nur einem Grätenlieferanten zu tun haben, bleibt uns als indonesisches Rätsel mal wieder verborgen.

Es gibt einige Möglichkeiten, um von Tentena aus weiterzukommen. Entweder wir nehmen das Boot, das über den See nach Pendolo fährt, was als langweilige Angelegenheit erscheint, oder wir nehmen die Hauptstraße, die 100 km durch das Bergmassiv führt, was sich ziemlich anstrengend anhört. Es soll aber noch eine Straße geben, die der Westküste des Poso-Sees folgt. Die ist zwar auf keiner Karte verzeichnet, laut einiger Dorfbewohner aber sehr gut asphaltiert. Laut anderer ist sie aber nur ein Pfad, der mit dem Rad überhaupt nicht zu befahren ist. Übereinstimmend sagen aber alle, daß es auf diesem Weg nur 59 km bis nach Pendolo sind. Ob wir es glauben oder nicht sei einmal dahingestellt. Am nächsten Morgen jedenfalls finden wir uns auf der Westseite des Sees.

Die nicht existierende Straße besteht tatsächlich aus Asphalt! Vorerst jedenfalls. Einige der vielen Brücken werden zwar noch gebaut. doch wegen Regenmangel fällt die Schlammschlacht heute aus. Hinter den letzten Dörfern und den allerletzten Reisfeldern passieren wir die Abzweigung ins Bada-Valley, eine Straße, die bereits nach 17 Metern ihren Asphaltcharakter verliert und von Reisenden, die sich in das mit Mythologien und Osterinselfiguren gesegnete Tal verirren, in die Kategorie „Trekking-Tour" aufgenommen wird. Unsere Straße, die es ja nicht gibt, führt zwar durch wunderschönen, dichtbewachsenen Regenwald, ist aber nur eine Straße und zählt daher nicht. Oder? Mitten im Wald verwandelt sich der Asphalt doch tatsächlich in Schotter. Außer uns weiß das aber niemand. Von einer Anhöhe erblicken wir die Sandstrände, die den Poso-See so einmalig machen, und plötzlich stehen wir am Fuße eines genauso einmaligen Berges, der dem Everest in puncto Steigung keineswegs hinterherstehen muß! Auf drei Kilometern 300 Höhenmeter zu überwinden bedeutet, die beste Übersetzung zu wählen. Und das heißt: Schieben!

Schweißgebadet oben angekommen stellt der Ausblick jeden noch so schweißigen Trek und alle Blutegel, um die es dabei hauptsächlich geht, in den dunkelsten Schatten. Auf der einen Seite der glasklare, tiefblaue See und auf der anderen der undurchdringliche, in allen Grüntönen leuchtende Wald. Die Kinnladen nach unten geklappt atmen wir durch und genießen das Gefühl, mitten in der grünen Lunge unserer Erde zu stehen. Kahlschlag und Brandrodung sind noch Fremdwörter in diesem Gebiet. Doch die Bulldozer, die hier bald „aufräumen" werden, sind bestimmt schon gebaut! Susi und ich entschließen uns, diesen Wald auch als Wald in Erinnerung zu behalten und allen zu erzählen, daß es diese Straße nicht gibt!

Aus 59 Kilometern werden am Ende dann 78! Ich weiß nicht genau, wer sich verrechnet hat. Doch die dänischen Radler, die wir in Pendolo treffen, wollen nur wissen, wohin wir fahren und wo wir schon überall gewesen sind! Nachdem wir erfahren, daß es von nun an bergab geht, machen wir uns daran, einen 35 km langen Anstieg zu bewältigen, der vom Poso-See bis zu einer 1285 m hohen Paßüberquerung reicht! Laut Reiseführer befinden wir uns nun auf dem schlechtesten Stück des ganzen Trans-Sulawesi-Highways. Wunderbarerweise glänzt aber Asphalt unter den Reifen. Schon von weitem ist die riesige Wasserfläche der Bone-Bucht zu sehen, und durch Kaffee- und Kakaoplantagen rauschen wir endlich bergab!

Die Büffelschlachter ...

... sind einer der Hauptgründe, die den Besucher ins Torajaland zieht. Noch dazu versteht es die indonesische Touristenwerbung ausgezeichnet, das eigentlich kleine, von Christen bewohnte Tal rund um Rantepao in Szene zu setzen. Die Straße, die von Palopo aus in die Berge führt, ist nur wenig befahren, sozusagen der Hintereingang auf eine Theaterbühne, die sich heute in den Wolken versteckt.
Als wir über die neblige Paßhöhe und durch dichten Nadelwald fahren, da tauchen sie auf einmal auf: Die für das Torajaland so typischen Hausbauten mit bis in den Himmel reichenden Giebeln, die im Nebel eher an einen Hafen voller Schiffe als an ein Dorf voller Häuser erinnern. Im Hochtal dreht sich fast alles um Reis. Wohin man den Kopf auch dreht, in jede Richtung breiten sich in Terrassen angelegte Reisfelder aus. Auf vielen Baustellen wird fleißig gehämmert und genagelt, und je größer die in den Feldern stehenden Reisspeicher werden, um so wohlhabender ist der dort lebende Bauer. Viele Hausfronten sind mit aus Holz geschnitzten Büffelköpfen verziert. Die Wände sind mit roten, braunen und schwarzen Motiven bemalt. Am meisten sticht aber der *tongkonan* heraus: das seit Generationen der gleichen Familie gehörende Klanhaus ist mit unzähligen Büffelhörnern bestückt und als Rathaus, in dem für das Dorf wichtige Entscheidungen getroffen werden, auch der Dorfmittelpunkt.
In Rantepao angekommen werden wir von einer Flut von Hotels, Losmen und Privatpensionen begrüßt. Wir suchen uns eine Unterkunft etwas außerhalb der Stadt und besuchen in den nächsten Tagen die von der Werbung als „Highlights eines jeden Sulawesi-Aufenthaltes" proklamierten Orte des Tals.
Per Bemo fahren wir nach Lemo. Dort finden wir einen zwischen Souvenirständen versteckten Felsen, auf dem die *tau tau,* lebensechte Puppen, in denen die Seelen der Verstorbenen wohnen, von hohen Galerien über die Felsengräber wachen. Trotz der vielen Händler finden wir noch einen Platz vor dem Felsen und überlegen, wie die Toraja wohl auf diese Art der Bestattung gekommen sind. Da stören auch die vielen Kinder nicht, die versuchen mit „kasih gula gula – bitte Bonbons!" an die immer und jeden Tag prallvoll mit Süßigkeiten gefüllten Taschen von zwei radelnden Touristen zu kommen! Erst als einige Busse vorfahren, wird uns mulmig zumute. Mit Sonnenbrillen, Walk-

man und dicken Bäuchen bestückte Menschen bahnen sich ihren Weg über den rutschigen Pfad. Alles weitere passiert in Sekundenschnelle. Die aus allen Ecken herbeieilenden Kinder fangen wie auf Kommando an, ein „Oleeeee, ole, ole, oleee!!" anzustimmen! Jene Hymne, die auf dem europäischen Erdteil dem Fußballspiel vorbehalten ist, die indonesische Regierung aber aus (wie immer) unerklärlichen Gründen für ihren 50jährigen Nationalfeiertag auserkoren hat! Ob es den Lütten damit gelingt Gula Gula abzustauben, bleibt uns ebenfalls verborgen. Wir sehen nämlich zu, die Kurve zu kratzen, denn die mittlerweile aus dem Glutamat-Schlaf erwachten Händler scheren jedes Bleichgesicht über den gleichen Kamm. Rupiahzeichen ins Gesicht geschrieben verfolgen sie uns mit ihren „echten" Puppen, und im Bemo sitzend wundern wir uns atemlos, daß der Fahrer den korrekten Fahrpreis verlangt.
Schon sehen wir uns der zweiten Hauptattraktion des Freilufttheaters gegenüber. Londa. Ein riesiges Höhlensystem, Tau Tau-Galerie und unzählige, in Größe und Design an Schweine, Büffel und Torajahäuser erinnernde Särge. Weit weniger besucht brauchen wir uns nur über die Halbstarken ärgern, die zu überhöhten Preisen ihre Dienste und damit verbunden ihre Gaslaternen verleihen. Ohne Licht würden wir zwar im dunkeln tappen, doch handeln haben wir schon vor Jahren gelernt. Mit der Laterne voraus staunen wir nicht schlecht: Dicht an dicht stapeln sich die Särge, Grabbeigaben liegen in Plastiktüten und Einkaufstaschen herum, und dort, wo ein betagter Sarg nicht standgehalten hat, blinzelt ein Totenschädel samt aufgesetzter Brille hervor! Komisch, ich find' diesen Friedhof makaber. Susi hält sich die Nase zu, und die mit uns die Gruft durchstöbernden Indonesier kommen sich mal wieder vor wie im Lachkabinett. Was für ein merkwürdiges Volk. Ich meine die Toraja. Daß Indonesier einen Lachorkan entfachen, sobald man nur „Guten Morgen" sagt, ist ja schon allgemein bekannt. Die Toraja scheinen aber nicht nur gerne zu lachen, sondern auch noch gerne zu sterben! Wo man hinschaut, überall sieht man Gräber, Totenrituale, Menschentrauben, die auf dem Weg zu Beerdigungen sind, und ganze Bautrupps, die aus riesigen, in den Reisfeldern liegenden Findlingen neue Felsengräber stemmen. Da die Bestattungsrituale, die in der ganzen Welt vermarktet werden, auch noch ein hohes Einkommen, viele Parties und große Reisspeicher versprechen, ist es eigentlich nicht verwunderlich, daß die Toraja keine Angst vor dem Tod und noch weniger Angst vor Touristen besitzen!

Im Tourist Office wird irgendwas von Büffelschlachtung erzählt. Da werden meine Ohren spitz. Susi bleibt in der Stadt, die hat für Blutorgien nichts übrig. Ich sitz' morgens um halb acht im Bemo, das nach Buntao fährt. Holpernd geht es über nur selten befahrene Wege, und als wir nach zwölf Kilometern in Buntao ankommen, bin ich immer noch nicht da. Erst muß ich noch 500 Meter durch verschlammte Reisfelder waten. Vorbei an einheimischen Besuchern, die ihre Späße mit mir machen, und vorbei an den zum Tode verurteilten Büffeln, die zum Spaß noch einmal miteinander kämpfen dürfen! Daß so ein Gerangel nur zwei Meter neben dem Schlammpfad stattfindet, auf dem ich gerade balanciere, scheint niemanden zu stören. Im Gegenteil. Man wartet nur darauf, daß ich ins Rutschen gerate, und, von allen Büffeln gleichzeitig auf die Hörner genommen, die Reiskörner von unten betrachte. Heute nicht. Vollbehängt mit doppelter Kameraausrüstung und unter die Arme geklemmte Geschenke ist mir nicht nach Baden zumute. Mit Mühe und Not schaffe ich es halbwegs trocken in das winzige Dorf und such' als erstes den Familienboß. Im dritten Zelt hab' ich Glück. Die dort sitzenden Männer wissen, wer der Klanchef ist, führen mich zu seinem Haus und nehmen sich auch gleich meiner Geschenke an. Woher wissen die bloß, daß das Geschenke sind? Ich hab' doch gar nichts davon erzählt? Egal, Zucker, Mehl und Aji No Moto bringen jeden Klanchef zum Lächeln. Obwohl, an den aufgestapelten Bergen von Zucker, Mehl und Aji No Moto erkenne ich, daß ich nicht der einzige bin, der diese Geschenkidee hatte! Dafür bekomme ich einen Ehrenplatz auf der extra für Touristen reservierten Veranda. Der „Rante“, der Dorfplatz, auf dem schon fleißig gefeiert wird, ist nirgends zu entdecken, aber die Rücken anderer Besucher weisen mir ungefähr den Weg. Der Klanchef belohnt meine Geschenke mit Kaffee und Kuchen und ich frage ihn, was es mit der Büffelschlachtung eigentlich auf sich hat.
„Das ist eine einfach zu beantwortende Frage!“ Entzückt über einen derart neugierigen Touristen, der außer mit der Kamera herumwedeln auch noch sprechen kann, beginnt mein Gegenüber mit einem mehrstündigen Vortrag über die Vorzüge der Wasserbüffelhaltung.
„Woher kommen Sie?“
„Aus Deutschland.“
„Haben Sie dort Wasserbüffel?“
Ich denke an den Hamburger Zoo und sage vorsichtshalber „Nein, aber Kühe!“

▲ **Tau Tau-Galerie bei Lemo**
▼ **Abschied von Indonesien**

Der Vortragshaltende winkt ab. „Die zählen nicht, sind zu billig. Sehen Sie, jeder Mensch braucht ein paar Freunde. Und wenn man stirbt, braucht man eben ein paar Freunde, die wertvoll sind und auf die man sich während der Reise durch das lange Nichts verlassen kann." Nennt man so etwas nicht auch Philosophie?
„Die Toten, die wir heute bestatten, sind meine Tante und mein vor neun Jahren verstorbener Vater!"
„Was? Ihr Vater ist schon neun Jahre tot und wird erst heute bestattet?"
„Na ja, unsere Familie ist nicht besonders reich. Wir mußten für die Beerdigung sparen und außerdem ist ein Fest billiger als zwei!"
„Und wo haben Sie Ihren Vater so lange ... ääh, aufbewahrt?"
„Oh, der liegt schon lange im Sarg und hat mit uns im Klanhaus gelebt! Leider finden sich ja die menschlichen Freunde eines Verstorbenen nicht dazu bereit, mit ins Jenseits zu gehen. Ein Wasserbüffel aber stellt keine Fragen, ist pflegeleicht und dazu auch noch ein gutes Reittier, wissen Sie."
„Ja, aber ...".
Meine nächste Frage geht in lauter Flötenmusik unter. Das Bild von im Wohnzimmer aufgestapelten Särgen und durch den Himmel trabende Büffel verschwimmt und der Vortrag nähert sich einem vorzeitigen Ende.
„Entschuldigen Sie bitte, es kommen neue Gäste."
Aus den Augenwinkeln sehe ich weitere Kameras, die mit Zucker, Mehl und Aji No Moto beladen den Weg zum Klanhaus suchen. Im nächsten Augenblick füllt sich der Rante mit Menschen, und die als Begleitschutz auserkorenen Büffel werden dem Publikum präsentiert. Ich habe das Gefühl, daß auch die Büffel wissen, was jetzt passiert. Die Spannung über dem Rante ist kaum noch zu ertragen. Die Menge zappelt, der Matsch ist zäh und der erste Büffel wird auf die Reise geschickt. Weit holt der Besitzer mit seinem Haumesser aus, trifft eine dünne Kehle und verbreitet den Tod. Meterweit spritzt das Blut aus dem Hals, und der tödlich getroffene, wild hin und herspringende Büffel braucht bestimmt noch zehn Minuten, um seinen Freund im Himmel zu finden!
Nach dem dritten Büffel und einer weiterhin nach Blut lechzenden Menge find' ich das Schauspiel langsam schauerlich. Zum Glück ist Susi nicht dabei. Spätestens zu diesem Zeitpunkt hätte sie wohl mitsamt einem Plakat „Schützt die Wasserbüffel Sulawesis!" auf dem

Rante gestanden und wäre entweder als Freund behandelt oder kurzerhand aus dem Dorf gewiesen worden. Für mich wird aber wieder einmal klar, daß Asiaten Tieren gegenüber wenig Mitleid haben. Die Großfamilie, in der sich jeder seinen Rang erkämpfen muß, zählt mehr als alles andere. Langsam verstehe ich das Volk der Toraja, das ein Leben lang für den Tod arbeitet, um der Familie eine Freude damit zu machen. Das hinter mir durch die Menge keuchende Paar macht deutlich, daß die westliche Gesellschaft eigentlich nicht anders ist.

„Emma! Die liegen alle schon da! Wir sind zu spät!"

„Ooh, jetzt sind wir völlig umsonst durch den Schlamm gelatscht. Na, dann können wir ja gleich wieder nach Hause fahren."

Die mittelalterliche Tourgruppe, die sich den Weg durchs Reisfeld bahnt, kommt zehn Minuten zu spät. Zu spät für was? Sind wir nicht genauso sensationssüchtig wie ein einfacher Indonesier? Warum zu spät? Gibt's hier nicht noch was anderes zu sehen außer ein paar geschlachtete Büffel? Nein, man kommt ja schließlich wegen der Büffel her! Alles andere, und sei es noch so „exotisch", ist nur zweitrangig und überhaupt nicht mit einem öffentlichen Schlachthaus zu vergleichen.

Es nieselt, und der schlammige Pfad fängt an, sich in einen Fluß zu verwandeln. Bemos fahren keine nach Rantepao zurück. Doch der 12 km lange Spaziergang ist wie Balsam für die angeschlagene Seele. Als ich durchgefroren das Losmen erreiche, schaut mich die „Büffelemanze" gnadenlos an.

„Wie war's?" fragt Susi schon aus Gewohnheit.

„Schlammig, blutig, es gab leckere Kekse, ich hab' vergessen, dein Plakat aufzuhängen und Emma war zu spät! Willste noch mehr wissen?"

Etwas irritiert, als wenn sie es mit einem Indonesier zu tun hat, verdreht Susi die Augen, holt einmal tief Luft und meint, „nö!" Seitdem haben wir über Büffel nie mehr geredet.

Das Schauspiel nähert sich dem Ende. Ein letztes Mal beladen wir die Räder, verlassen das Hochtal durch den Haupteingang und glauben uns für kurze Zeit in die italienischen Dolomiten versetzt. Bis zu den im Himmel wohnenden Toraja ragen die Kalkfelsen hinauf, und mit rasender Geschwindigkeit rasen wir durch ein steil nach Süden führendes Tal.

Eine der letzten Haltestellen auf dem Weg nach Ujung Padang ist die

Seidenstadt Sengkang. Schon lange bevor wir den Ort erreichen, werden wir vom Geklapper der überall präsenten Webstühle begrüßt. Die hergestellte Seide gilt als Exportqualität und ist dementsprechend teuer. Ein Indonesier, der etwas auf sich hält, trägt maßgeschneiderte Seidenhemden aus Sengkang. Die Qualität der städtischen Badezimmer läßt dagegen ein weiteres Mal zu wünschen übrig. Nachdem wir die Unverfrorenheit besitzen, das Waschbecken zu benutzen, steht das Hotelzimmer knöcheltief unter Wasser!

Wasserprobleme scheint man auch im städtischen *pasar* (Basar) zu haben. Die Feuerwehr schafft es jedenfalls nicht, das Flammenmeer, das in der Nacht die Geschäfte verzehrt, unter Kontrolle zu bringen. Und das, obwohl der nachbarliche See den höchsten Wasserstand seit Jahren verzeichnet! Als wir die Stadt verlassen, besteht der Pasar nur noch aus schwelenden Trümmern, und die morgendliche Wäsche fällt wegen Wassermangels ins Wasser!

Die Höhlen von Bantimurang werden genauso gelobt wie Tanah Toraja. Warum, ist uns schleierhaft. Selbst die für Besucher zugänglichen Höhlen sind beinahe unzugänglich geworden. Die eine Hälfte wird von der sulawesischen Recyclingcompany genutzt, ist also nichts anderes als ein stinkender Müllhaufen, in dem sich nicht mal Fledermäuse wohlzufühlen scheinen. Daß Indonesien in naher Zukunft in Plastikmüll ersticken wird, ist auch in Bantimurang nicht zu verleugnen. Die andere Hälfte soll zwar erleuchtet sein, doch da nur jede vierte Lampe funktioniert, ist das Wagnis, in einen grundlosen Abgrund zu stürzen, nicht mehr zu kalkulieren. Wir wenden uns lieber der ausgezeichneten Schmetterlingsammlung zu, die aus 8000 aufgespießten und zwei lebendigen Exemplaren besteht. Der Kommentar, den ich für die Nachwelt ins Gästebuch schreibe, fällt auch diesmal unter die Rubrik „Zensur".

Die flache Ebene Südsulawesis empfängt uns mit trockener Hitze, und die chaotische Großstadt Ujung Padang mit ampellosem Verkehr. Das Ticket für die Überfahrt nach Java ist schon am nächsten Tag gekauft, und als wir auf dem Schiff unsere Kabinenplätze suchen, finden wir auch schnell einen Freund. Pak Cat, überzeugter Anhänger des geläuterten Cat Stevens, schiebt uns mitsamt den Rädern durch das mit weiteren Freunden überquellende Schiff. Bei unserem Einzug in die dritte Klasse will er wissen, wohin wir wollen, überhört völlig, daß wir indonesisch können und preist sämtliche Vorzüge seines mit noch mehr Freunden aus allen Nähten platzenden Heimatlandes

an. Laut Pak Cat tönt „Moonshadow“ jetzt nicht mehr nur aus den Kneipen einstiger Hippie-Paradiese, sondern neuerdings auch aus progressiven Moscheen! Philosophie und bodenlose Gedanken sind von nun an nicht mehr zu unterscheiden. Von unzähligen Freunden umringt, träume ich davon, mit Salman Rushdie auf einem Tandem zu sitzen.
Was soll jetzt noch passieren? Außer vielleicht – Hals- und Speichenbruch in Asien zu erleben?

„Die meisten Menschen reden von dem,
was sie nicht besitzen.“

Ein Traveller

STAY DRY!
WASSERDICHTE
FAHRRADTASCHEN
RUCKSÄCKE
PACKSÄCKE
PHOTOTASCHEN
WASSERBEUTEL
ORTLIEB®
OUTDOOR-EQUIPMENT

Clemens Carle

Rad-Abenteuer Panamericana

45.000 km von Feuerland bis Alaska

Startpunkt: Feuerland. Ziel: Das Eismeer in Alaska. Und wie Feuer und Eis war diese Bike (Tor)Tour auf – und noch viel öfter neben – der berühmten „Traumstraße der Welt“, der Panamericana, der längsten Straße der beiden Amerikas, die für PanAm-Biker Clemens Carle erst nach 45.000 Kilometern, 17 Ländern und nach 3 Jahren zu Ende war! Informativ und realistisch geschrieben.

„... prallvoll mit Erlebnissen und unglaublichen Geschichten“ (VELO). „Spannend geschrieben vermittelt das Buch nachhaltige Eindrücke und kann überall eindrücklich empfohlen werden.“ (ekz). „Ein Vertreter der Sparte 'Extremtourer', what a trip!“ (MOVE). „Der Mann muß was erlebt haben.“ (OUTDOOR)

312 S., 80 Farb- u. SW-Fotos, 5 Karten, ISBN 3-929920-13-1, DM 28,80

Tilmann Waldthaler

Die Äqua-Tour

Mit dem Mountanbike 35.000 km um die Erde

Die extremste und verrückteste Biketour des bekannten Südtirolers rings um den Bauch der Erde, möglichst immer nahe am Äquator entlang, durch 27 Länder und 4 Kontinente in 22 Monaten.

„...ein Buch für alle, die sich in der Schilderung außergwöhnlicher Unternehmungen den Appetit für eigene Abenteuer holen! Das Buch erzählt von vielen einzigartigen Begebenheiten mit Mensch und Natur“ (TOUR-Radmagazin)

„Wenn einer eine Äquatour macht, dann kann er was erzählen. Spannender und interessanter Reisebericht“ (Pedal)

„... locker aufgearbeitet, gewürzt mit Pointen u. persönlichen Erlebnissen. Lebendig geschrieben, läßt das Herz eines jeden höher schlagen, der auf eigene Faust die Welt erkunden will.“ (Sport Journal). „Eine Reise ins Innerste der Gefühle u. Gedanken. Waldthaler läßt den Leser teihaben“ (OUTDOOR)

300 S., 32 Farb- u. 45 SW-Fotos, 6 Karten, ISBN 3-929920-12-3, DM 28,80

Reise Know-How

Reise Know-How
Bücher werden von Verlegern gemacht, die Freude am Reisen haben und selbst Autoren sind. Wichtig ist uns, daß der Inhalt nicht nur im reisepraktischen Teil „Hand und Fuß“ hat, sondern daß er unterwegs wirklich hilft, die Reise zum Erlebnis zu machen. Die Reihe **Reise Know-How** soll auch dazu beitragen, andere Kulturkreise, ihre Menschen und ihre Natur kennenzulernen. Wir achten darauf, daß jeder einzelne Band gemeinsam gesetzten Qualitätsmerkmalen entspricht. Um in einer Welt rascher Veränderungen laufend aktualisieren zu können, drucken wir bewußt kleine Auflagen.

Rad & Bike
Unsere Rad & Bike-Bücher sind Bike-Guides für ausgewählte Radreiseländer und Radreise-Stories von besonderen, ungewöhnlichen Radtouren durch ferne Länder und Kontinente.
Wer eine große Tour plant – oder davon träumt – kommt an den Reise Know-How Rad & Bike-Büchern nicht vorbei!

SACHBÜCHER
Die Sachbücher vermitteln KNOW-HOW rund ums Reisen: Wie bereite ich eine Motorrad- oder Fahrradtour vor? Wie bleibe ich unterwegs gesund? Wie komme ich zu besseren Reisefotos? Und anderes mehr.
In der Sachbuchreihe von **Reise Know-How** geben Autoren, die sich auskennen, ihre Erfahrungen und ihr Wissen weiter.

Welt

Abenteuer Weltumradlung (Rad & Bike)
DM 28,80 ISBN 3-929920-19-0
Achtung Touristen
DM 16,80 ISBN 3-922376-32-0
Äqua-Tour (Rad & Bike)
DM 28,80 ISBN 3-929920-12-3
Auto(fern)reisen
DM 34,80 ISBN 3-921497-17-5
Die Welt im Sucher
DM 24,80 ISBN 3-9800975-2-8
Fahrrad Weltführer
DM 44,80 ISBN 3-9800975-8-7
Motorradreisen
DM 34,80 ISBN 3-921497-20-5
Outdoor-Handbuch
DM 39,80 ISBN 3-89416-629-0
Um-Welt-Reise (Reise Story)
DM 22,80 ISBN 3-9800975-4-4
Wo es keinen Arzt gibt
DM 26,80 ISBN 3-89416-035-7

Europa

Amsterdam
DM 26,80 ISBN 3-89416-231-7
Baltikum – Estl./Lettl./Litauen
DM 39,80 ISBN 3-89416-196-5
Bretagne
DM 39,80 ISBN 3-89416-175-2
Budapest
DM 26,80 ISBN 3-89416-212-0
Bulgarien
DM 39,80 ISBN 3-89416-220-1
Dänemarks Nordseeküste
DM 24,80 ISBN 3-89416-634-7
England, der Süden
DM 36,80 ISBN 3-89416-224-4
Estland
DM 26,80 ISBN 3-89416-215-5
Europa BikeBuch
DM 44,80 ISBN 3-89662-300-1
Großbritannien
DM 39,80 ISBN 3-89416-617-7
Hollands Nordseeinseln
DM 24,80 ISBN 3-89416-619-3
Irland-Handbuch
DM 36,80 ISBN 3-89416-194-9

Europa

Island
DM 44,80 ISBN 3-921497-35-3
Kärnten
DM 29,80 ISBN 3-89662-105-X
Lettland
DM 26,80 ISBN 3-89416-216-3
Litauen mit Kaliningrad
DM 29,80 ISBN 3-89416-169-8
London
DM 26,80 ISBN 3-89416-199-X
Madrid
DM 26,80 ISBN 3-89416-201-5
Mallorca
DM 34,80 ISBN 3-927554-29-4
Mallorca für Eltern und Kinder
DM 24,80 ISBN 3-927554-15-4
Mallorquinische Reise
DM 29,80 ISBN 3-89662-153-X
Osttirol
DM 24,80 ISBN 3-89662-106-8
Oxford
DM 26,80 ISBN 3-89416-211-2
Paris
DM 26,80 ISBN 3-89416-200-7
Polen: Ostsee/Masuren
DM 29,80 ISBN 3-89416-613-4
Prag
DM 26,80 ISBN 3-89416-204-X
Provence
DM 39,80 ISBN 3-89416-609-6
Pyrenäen
DM 39,80 ISBN 3-89416-610-X
Rom
DM 26,80 ISBN 3-89416-203-1
Schottland-Handbuch
DM 39,80 ISBN 3-89416-621-5
Sizilien
DM 39,80 ISBN 3-89416-627-4
Skandinavien – der Norden
DM 36,80 ISBN 3-89416-191-4
Südtirol und Dolomiten
DM 24,80 ISBN 3-89416-612-6
Tschechien
DM 36,80 ISBN 3-89416-600-2
Ungarn
DM 32,80 ISBN 3-89416-188-4

Deutschlan

Warschau/Krakau
DM 26,80 ISBN 3-89416-209-
Wien
DM 26,80 ISBN 3-89416-213-
Berlin mit Potsdam
DM 26,80 ISBN 3-89416-226-
Borkum
DM 19,80 ISBN 3-89416-632-
Harz / Ost
DM 19,80 ISBN 3-89416-228-
Harz / West
DM 19,80 ISBN 3-89416-227-
Mecklenburg/Brandenbu Wasserwandern
DM 24,80 ISBN 3-89416-221-
Mecklenburg-Vorpommer Binnenland
DM 19,80 ISBN 3-89416-615-
München
DM 24,80 ISBN 3-89416-208-
Nordfriesische Inseln
DM 19,80 ISBN 3-89416-601-
Nordseeinseln
DM 29,80 ISBN 3-89416-197-
Nordseeküste Niedersac
DM 24,80 ISBN 3-89416-603-
Oberlausitz
DM 24,80 ISBN 3-89416-165-
Ostdeutschland
DM 44,80 ISBN 3-89662-480-
Ostfriesische Inseln
DM 19,80 ISBN 3-89416-602-
Ostseeküste/ Mecklenburg-Vorpomme
DM 19,80 ISBN 3-89416-184-
Ostseeküste Schl.-Holste
DM 24,80 ISBN 3-89416-631-
Rügen/Usedom
DM 19,80 ISBN 3-89416-190
Sächsische Schweiz
DM 19,80 ISBN 3-89416-630
Schwarzwald
DM 24,80 ISBN 3-89416-611
Freistaat Sachsen
DM 26,80 ISBN 3-89416-177
Land Thüringen
DM 24,80 ISBN 3-89416-189

P R O G R A M

Afrika

frikanische Reise (Reise Story)
⁄I 26,80 ISBN 3-921497-91-4

gadir / Südmarokko
⁄I 34,80 ISBN 3-89662-072-X

keabenteuer Afrika (Rad & Bike)
⁄I 28,80 ISBN 3-929920-15-8

urch Afrika
1 56,80 ISBN 3-921497-11-6

gypten individuell
1 36,80 ISBN 3-921838-10-x

nführer Ägypten: Kairo,
akkara
1 32,00 ISBN 3-921838-91-6

nführer Ägypten: Luxor,
neben
1 29,80 ISBN 3-921838-90-8

airo, Luxor, Assuan
1 29,80 ISBN 3-89662-460-1

amerun
1 39,80 ISBN 3-921497-32-9

byen
1 39,80 ISBN 3-921497-05-1

adagaskar, Seychellen,
union, Mauritius, Komoren
1 39,80 ISBN 3-921497-62-0

arokko
1 44,80 ISBN 3-921497-81-7

mibia
1 44,80 ISBN 3-89662-320-6

geria – hinter den Kulissen
se Story)
1 26,80 ISBN 3-921497-30-2

nesien
1 44,80 ISBN 3-921497-74-4

nesiens Ferienzentren
1 29,80 ISBN 3-92149-76-0

estafrika
1 54,80 ISBN 3-921497-02-7

e Wolken d. Wüste (Reise Story)
1 24,80 ISBN 3-89416-150-7

nbabwe
1 39,80 ISBN 3-921497-26-4

Ozeanien

useeland BikeBuch
39,80 ISBN 3-929920-16-6

useeland-Campingführer
24,80 ISBN 3-921497-92-2

Asien

Auf nach Asien!
DM 28,80 ISBN 3-89662-301-X

Bali & Lombok mit Java
DM 39,80 ISBN 3-89416-604-5

Bali - Paradies
DM 29,80 ISBN 3-89416-618-5

Bangkok
DM 26,80 ISBN 3-89416-205-8

China Manual
DM 49,80 ISBN 3-89416-626-6

China, der Norden
DM 39,80 ISBN 3-89416-229-5

Indien, der Norden
DM 44,80 ISBN 3-89416-223-6

Israel/Jordanien
DM 36,80 ISBN 3-89662-450-4

Indonesien mit Kindern
DM 26,80 ISBN 3-922376-95-9

Jemen
DM 44,80 ISBN 3-89662-009-6

Kambodscha
DM 36,80 ISBN 3-89416-233-3

Komodo/Flores/Sumbawa
DM 36,80 ISBN 3-89416-060-8

Ladakh und Zanskar
DM 36,80 ISBN 3-89416-176-0

Laos
DM 29,80 ISBN 3-89416-218-X

Malaysia & Singapur
mit Sabah & Sarawak
DM 39,80 ISBN 3-89416-178-7

Mongolei
DM 39,80 ISBN 3-89416-217-1

Myanmar (Burma)
DM 36,80 ISBN 3-89662-600-0

Nepal-Handbuch
DM 36,80 ISBN 3-89416-193-0

Oman
DM 44,80 ISBN 3-89662-100-9

Phuket (Thailand)
DM 29,80 ISBN 3-89416-182-5

Rajastan
DM 36,80 ISBN 3-89416-616-9

Saigon u. Südvietnam
DM 32,80 ISBN 3-89416-607-X

Singapur
DM 26,80 ISBN 3-89416-210-4

Asien

Sri Lanka
DM 39,80 ISBN 3-89416-170-1

Sulawesi (Celebes)
DM 36,80 ISBN 3-89416-635-5

Taiwan
DM 39,80 ISBN 3-89416-614-2

Thailand Handbuch
DM 39,80 ISBN 3-89416-625-8

Thailand Küsten u. Strände
DM 29,80 ISBN 3-89416-622-3

Tokyo
DM 49,80 ISBN 3-89416-206-6

Vereinigte Arab. Emirate
DM 39,80 ISBN 3-89662-022-3

Vietnam-Handbuch
DM 39,80 ISBN 3-89416-620-7

Amerika

Amerika von unten
(Reise Story)
DM 22,80 ISBN 3-9800975-5-2

Argentinien (m. Urug. u. Parag.)
DM 44,80 ISBN 3-921497-51-5

Atlanta und New Orleans
DM 28,80 ISBN 3-89416-230-9

Canada Ost/USA Nord-O
DM 39,80 ISBN 3-89662-151-3

Canada, d. Westen mit Alaska
DM 39,80 ISBN 3-927554-03-0

Costa Rica
DM 36,80 ISBN 3-89416-166-3

Ecuador/Galapagos
DM 39,80 ISBN 3-921497-55-8

Guatemala
DM 36,80 ISBN 3-89416-214-7

Hawaii
DM 36,80 ISBN 3-89416-860-9

Honduras
DM 36,80 ISBN 3-89416-608-8

Kolumbien
DM 39,80 ISBN 3-89662-058-4

Maya, Spuren der
DM 39,80 ISBN 3-89416-623-1

Mexiko
DM 42,80 ISBN 3-89662-310-9

Panama
DM 36,80 ISBN 3-89416-225-2

Amerika

Peru /Bolivien
DM 42,80 ISBN 3-89662-330-3

Radabenteuer Panamericana (Rad & Bike)
DM 28,80 ISBN 3-929920-13-1

San Francisco
DM 24,80 ISBN 3-89416-232-5

Traumstraße Panamerikana (Reise Story)
DM 24,00 ISBN 3-9800975-3-6

Trinidad & Tobago u.a. I.
DM 36,80 ISBN 3-89416-174-4

„Und jetzt fehlt nur noch John Wayne ..."
(Reise Story USA)
DM 22,80 ISBN 3-927554-18-9

USA/Canada BikeBuch
DM 46,80 ISBN 3-929920-17-4

USA/Canada Handbuch
DM 44,80 ISBN 3-927554-19-7

USA der Westen
DM 39,80 ISBN 3-927554-20-0

USA für Sportfans
DM 32,80 ISBN 3-89416-633-9

USA, Gastschüler in den
DM 24,80 ISBN 3-927554-27-8

USA m. Flugz. u. Mietw.
DM 39,80 ISBN 3-89662-150-5

Venezuela
DM 44,80 ISBN 3-89662-040-1

Yanomami
DM 36,00 ISBN 3-89416-624-X

STADTFÜHRER:
Die Bücher der Reihe Reise Know-How City führen in bewährter Qualität durch die Metropolen der Welt. Neben ausführlichen praktischen Informationen zu Hotels, Restaurants, Shopping und Kneipen findet der Leser alles Wissenswerte über Sehenswürdigkeiten, Kultur und „Subkultur" sowie Adressen und Termine, die besonders für Geschäftsreisende wichtig sind.

REISE STORY
sind Reiseerzählungen: Erlebnisse, Eindrücke und Beobachtungen.